2004
北京区域统计年鉴
BEI JING AREA STATISTICAL YEAR BOOK

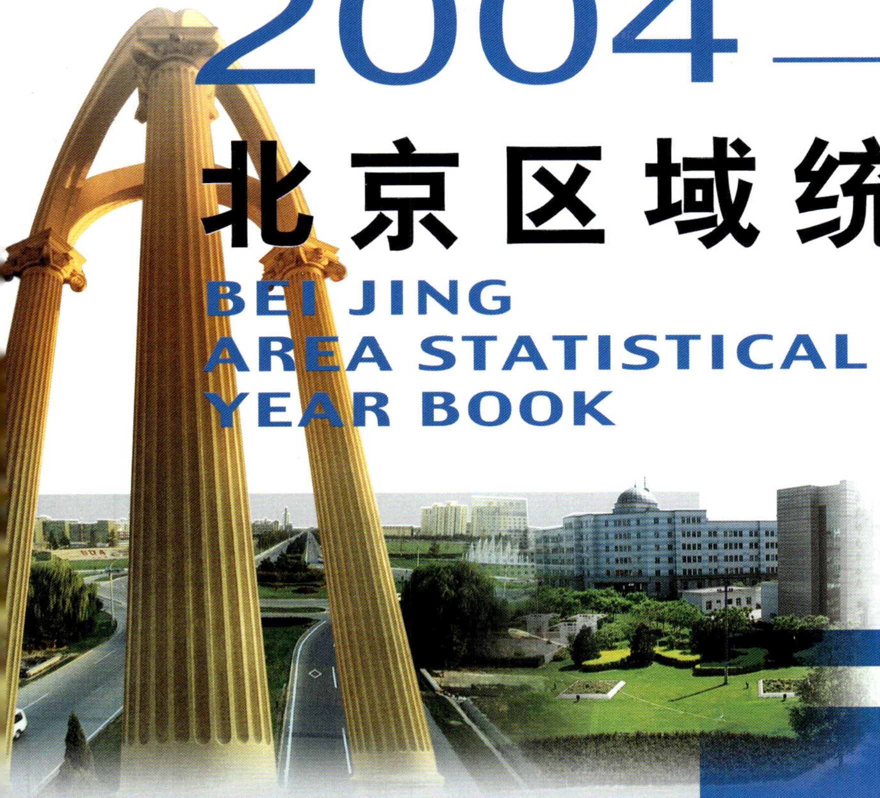

北京市统计局 编

同心出版社

经济增长率（比上年增长%）

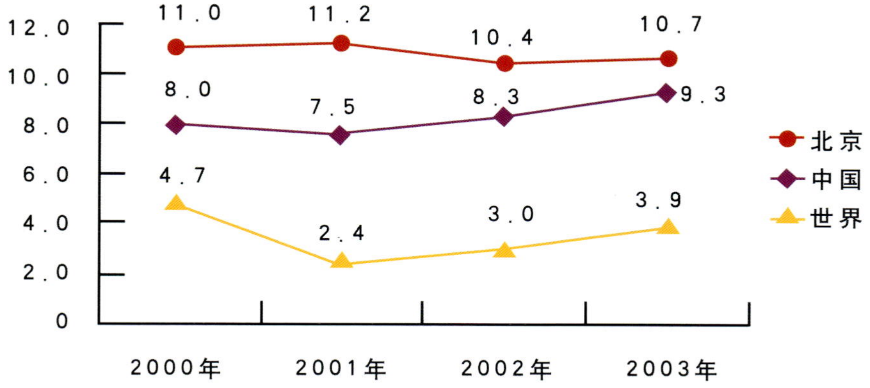

GDP（单位：亿元）

京、津、沪、渝金融机构（含外资）
本外币存款余额（单位：亿元）

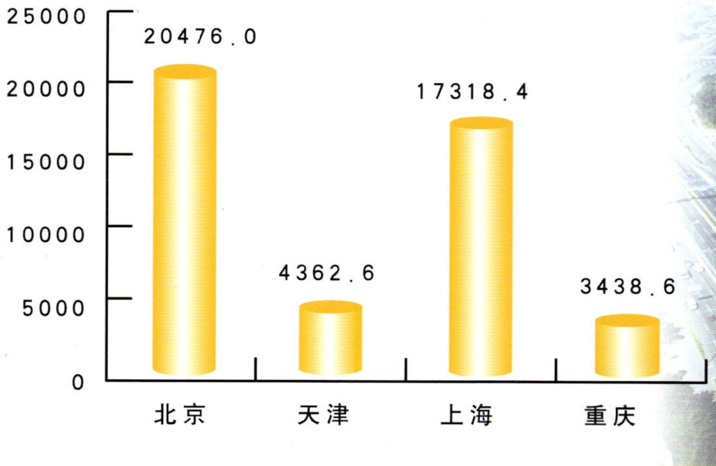

◆ 北京市总面积16807.8平方公里，占全国0.18%

◆ 2003年北京市的常住人口1456.4万，占全国1.1%

◆ 2003年北京市人均地区生产总值为23061元，在全国31个省区市中位居第二位

◆ 2003年北京市居民储蓄存款余额为5293.5亿元，在四大直辖市中仅次于上海居第2位

华北五省(区、市)城乡居民储蓄存款余额(单位：亿元)

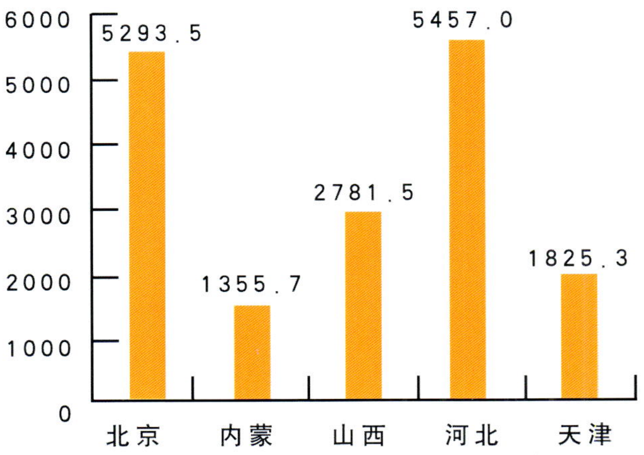

BEI JING
AREA STATISTICAL
YEAR BOOK

2004

北京区域统计年鉴

BEI JING AREA STATISTICAL YEAR BOOK

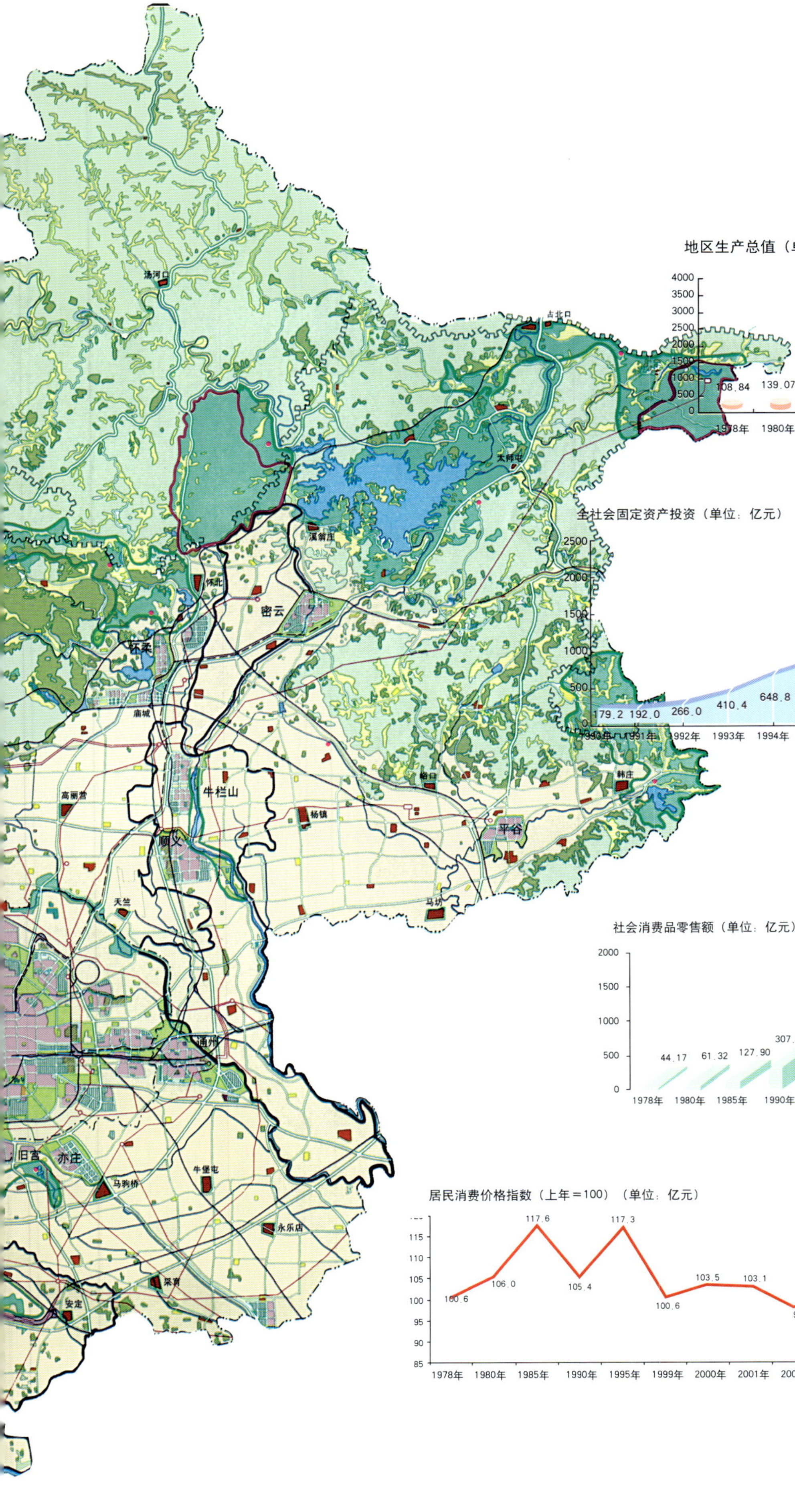

地区生产总值（单位：亿元）

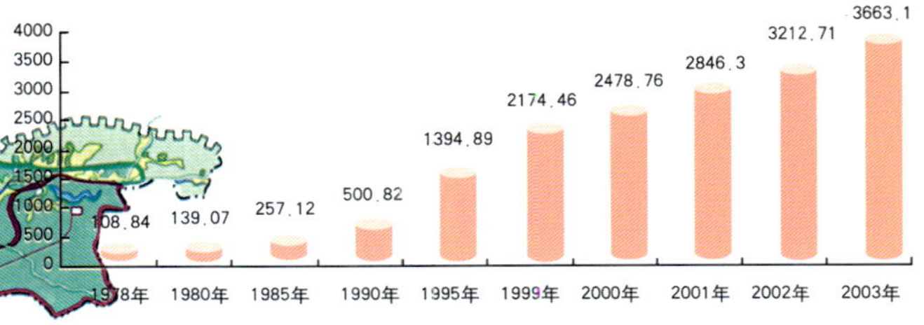

全社会固定资产投资（单位：亿元）

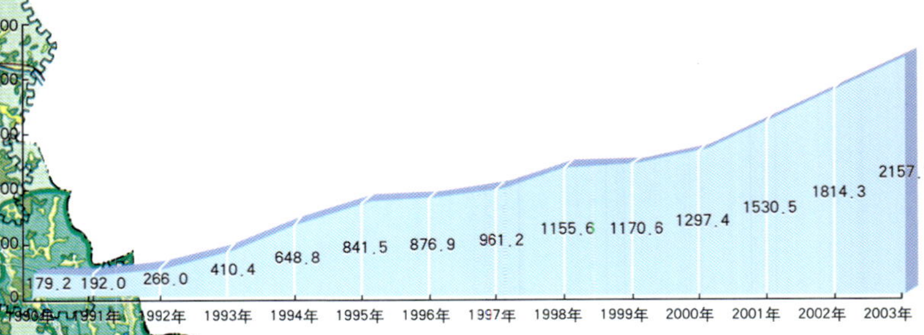

社会消费品零售额（单位：亿元）

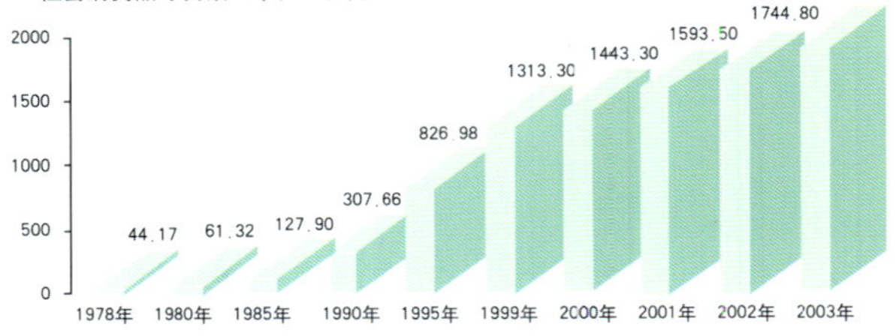

BEI JING

AREA STATISTICAL

YEAR BOOK

中关村科技园区

王府井

西单

金融街

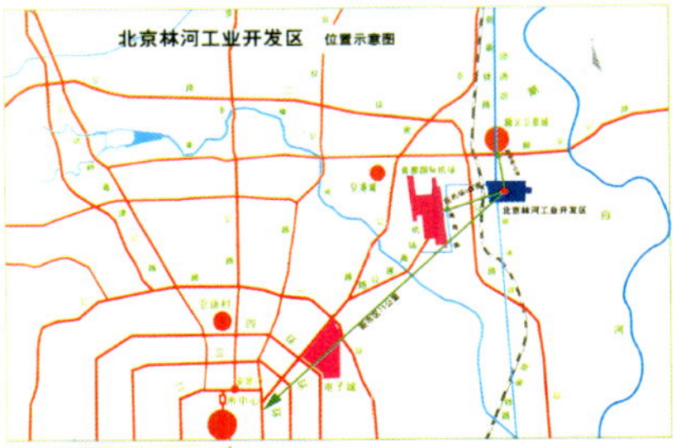

林河工业开发区

天竺出口加工区

北京商务中心区

北京经济技术开发区

BEI JING
AREA STATISTICAL
YEAR BOOK

亮丽东城

LIANGLIDONGCHENG

东城区位于首都北京中轴线的东侧，户籍人口64.3万人，是北京重要的政治活动区、繁华的商贸服务区和资源丰富的文化旅游区。东城区位显赫，物华天宝。作为元、明、清三代封建王朝古都的中心地区，长达700多年的历史，积淀了丰厚的历史文化遗存，现存故宫、国子监、雍和宫、普度寺等国家级和市级文物保护单位85处，占全市文物保护单位的26.7%。东城区历经多年改革开放的栉风沐雨，国民经济保持了持续、快速、健康发展，教育文化各项事业兴旺发达，两个文明协调发展，人民生活不断提高，城区建设展示出无限的活力和迷人风采。

在区委、区政府领导下，全面推进“两业、三区、六个突破、三大举措”发展战略，全区综合经济实力明显增强。经济结构不断优化，高科技产业和现代服务业高速增长。城市面貌日新月异，王府井现代化商业中心区、东二环交通商务区及雍和宫、国子监和地坛传统文化旅游区等三个经济功能区建设初具规模；以东方广场、皇城根遗址公园、菖蒲河公园、地坛园外园等为代表的一批标志性大型公建项目使城市形象大大改善；海运仓、交东、东四、民安四大片危改相继竣工，使昔日的大杂院和低矮的平房被整齐优美的楼房和街区取代，实现了现代气息和古都风貌的有机结合。

普度寺新景

全区以优化环境、加快发展为主题，抓紧经济结构调整升级，开拓进取、顽强拼搏，为实现在首都率先基本实现现代化的进程中走在前列的目标努力奋斗，一个现代化的东城将屹立在北京的中心。

府学小学

南池子四合

建国门内大街

缤纷西城

BINFEN XICHENG

西城区是北京的中心城区。集中体现了首都政治、文化中心的特征，凝结了世界文明古都和历史文化名城的精华。西城区既是中央办公区，又是居民生活区；既是金融商业区，又是文化旅游区，有着巨大的发展空间和美好的发展前景。

新北京、新奥运、新西城。新西城是投资者的热土，是创业者的乐园。我们热烈欢迎各类企业到西城区经营发展，与我们一道建设新西城，迎接新奥运。

西环广场

什刹海

西四

西单路口

复兴路口

崇文

现代化都市
文化休闲区

作为北京市中心城区之一，崇文区不但拥有优越的地理位置，便捷的交通条件，完善的基础设施，更拥有丰厚的文化底蕴和良好的投资、居住环境。

近年来，崇文区经济和社会建设取得巨大成就，国民经济持续快速增长，城市面貌日新月异，居民生活条件明显改善，各项社会事业蓬勃发展，城市功能越发完善，投资环境日趋优化。

为贯彻落实科学发展观，崇文区委、区政府积极探索首都中心城区现代化建设的跨越式发展之路，并根据本区实际制定了“一二三发展战略”，即全力打造以前门大街老字号传统商业文化街，祈年殿大街文化、旅游、娱乐和服务业一条街，崇外大街现代商务街，大都市街专业化主题市场街四条街组成的“王”字型经济磁场；建设以龙潭湖为中心的“龙潭湖体育产业园区”和以永外百荣世贸商城为龙头的“永外现代商贸园区”两个功能区；大力发展商贸服务、文化旅游、体育休闲三大产业，努力实现全区经济跨越式发展目标，将崇文区建设成为现代化都市文化休闲区。

崇文区区委、区政府一直把优化发展环境作为经济发展的中心工作，大力引导外向型经济发展。以香港新世界、美国博士伦集团为代表的一批世界知名大财团纷纷来到我区投资置业，在与崇文区的合作中取得了巨大的发展。

崇文区真诚欢迎海内外各界人士关注崇文，投资崇文，置业崇文，共同创造崇文美好的未来。

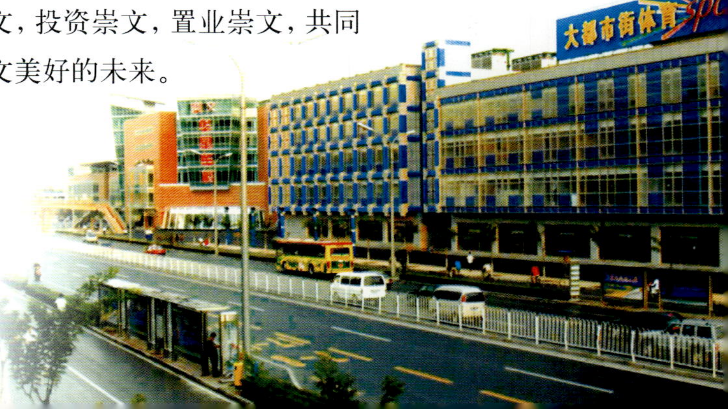

CHONGWEN

北京 宣武

BEIJING XUANWU

近年来，宣武区大力调整产业结构，确立“两街六区”的经济发展思路，使产业布局更为科学，经济发展更加快速。各具特色的功能区又是宣武区未来几年的投资重点。

国际传媒大道

——主要职能为服务中外各类传媒组织与机构、推动现代传媒产业开发经营、展销现代传媒技术与产品、集散现代传媒产业发展信息，是中外各类传媒机构进行传媒信息和传媒产品汇集、交流、展示、经营、交易的中心。目前，北京移动通信枢纽大厦已经竣工，北京通信大厦项目已经奠基，国际新闻中心建设项目基本完成拆迁工作，新闻出版总署办公大楼已经选址，各类重点建设项目正在有序向前推进。

广安大街

——横贯宣武区版图中轴线，是首都北京一条重要的交通大动脉。目前已建成的主要商业商务设施包括惠中大厦，菜百新世纪商场、新时代大酒店、信息大厦、高新大厦、深圳大厦等，即将启用中环广场、广安大厦等一批办公商务设施；中国华北电力集团、中国机械进出口总公司、中国铁路物资总公司、上海浦东发展银行等具有影响力的大型企业和机关聚集于此，为古老的南城增添了新的亮色。广安大街已成为汇聚中外知名企业和商家的理想街区。

琉璃厂文化园区

——琉璃厂享有“九市精华萃一衢”的美誉。建成后的琉琉厂文化园区，将是北京最大、品位最高的文化艺术品集散地和古都风貌游览区；具有相当规模的中国传统手工艺品集散地；中国重要的传统文化博物馆和民族文化教育基地；成为集文化、商业、旅游等于一体的文化园区，是首都乃至全国的传统文化中心。

大栅栏文化旅游商业区

——是北京30片历史文化保护区中最大的一片，具有悠久的历史，丰富的遗迹和独特的商业文化，是构成北京都城历史记忆和古都风貌的重要组成部分。

广安门办公商务区

——是集办公、娱乐、居住为一体的最佳商务办公街区。相继兴建的酒店、金融机构、办公楼、商业大厦等公共基础设施的投入使用；众多知名国内外企业总部和高新技术企业的纷纷入驻，必将进一步提升该地区的形象，带动“总部经济”和高新技术产业的发展。

马连道采购中心区

——是以大宗采购为支撑，具备专业化、批量化、国际化特征的新型商业区域。“京城茶叶第一街”成为华北地区最大的茶叶集散地，新华书店总店图书物流中心、医药物流中心已经建成，欧音德项目正式动工。

牛街民族特色街区

——是北京最大的回民聚集区、汇集了诸多具有伊斯兰教特色的饮食、服饰、旅游、商业等。历史悠久、享誉海内外的国家重点文物之一牛街礼拜寺坐落其中。

朝阳 HAO YANG

朝阳区位于北京市东部和东北部，是北京市面积最大、人口最多的城区，自古有京畿腹地的美誉，具有得天独厚的发展资源和竞争优势。经过改革开放二十几年的锤炼，朝阳区经济实力不断增强，第三产业蓬勃发展，基础设施日益完善，社会经济各项事业取得了鲜有的成就。特别是在中国加入WTO和经济全球化的背景下，朝阳区建设发展的视野更加宽阔，认识不断提高。

朝阳概况

作为北京国际商务中心区（CBD）和2008年奥运会主赛场所在地，跨入新世纪的朝阳区更具有现代气息和勃勃生机。从现在起到2008年，是全面建设小康社会、率先基本实现现代化的关键时期，是实现“新北京、新奥运”战略构想的关键时期，朝阳区将高举邓小平理论伟大旗帜，坚持以人为本，树立全面、协调、可持续的发展观，深化改革，扩大开放，优化发展环境，优化空间布局，优化产业结构，建设现代化新朝阳，为举办一届高水平的奥运会、率先基本实现现代化做出重要贡献。

①

丰台

丰台位于北京城区西南部，区政府设在丰台镇文体路2号，距天安门12公里。全区面积306平方公里，是北京市铁路路线最密集、客运货运站最多的区。交通便利是丰台的天然优势，全方位、立体的交通网络，成为北京连接中原、华北、华东地区，辐射华南、西北、西南地区的陆路交通枢纽。中关村科技园丰台园是国家级开发区，是高新技术产业发展的重要基地，同时丰台还是国家航天、航空、汽车、食品、军事科研的重要基地，分布着中央、市属等大中型企业数百家。在轨道交通、电气设备、工业自动化、新型建材等方面的技术处于全国同行业领先地位。

②

③

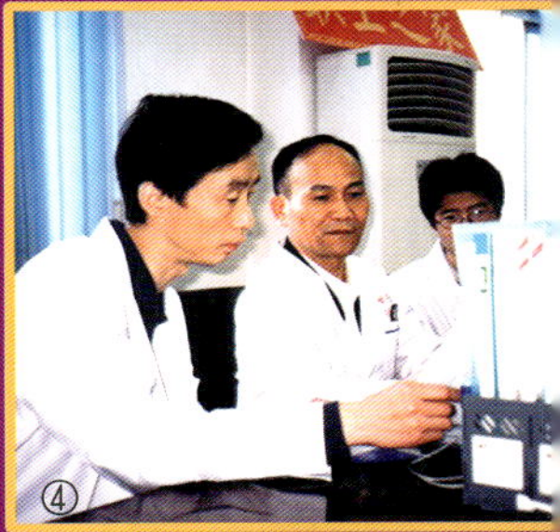
④

全区有区级以上重点文物保护单位35个，其中国家级的有卢沟桥(含宛平城)、水关遗址2处，市级有镇岗塔、莲花池、长辛店“二七”革命遗址、长辛店留法勤工俭学旧址、金中都城墙遗址、南岗洼桥、大堡台西汉墓、南苑兵营司令部旧址、大灰厂娘娘庙、药王庙等10处。北京世界公园、卢沟桥文化旅游区和青龙湖公园成为我区三大旅游区。

截止2003年，我区已探明储量的矿产7种，矿产地15处。主要矿产探明的储量：冶金用白云岩220万吨，制灰用灰岩2.87亿吨，水泥配料用页岩2703万吨。已开发的矿种有冶金用白云岩、制灰用灰岩、水泥配料用页岩、矿泉水及地热共5种。

2003年，在区委、区政府领导下，全区人民以“三个代表”重要思想为指导，认真贯彻落实党的“十六大”和市第九次党代会精神，努力克服“非典”对经济建设的不利影响，大力发展第三产业和高新技术产业，围绕发展这一主题，带领全区人民团结奋斗，开拓创新，扎实工作，圆满完成了“九五”计划，取得了“十五”计划的重大进展，为今后五年基本建成社会主义现代化新城区奠定了坚实的基础。

⑤

⑥

①北宫森林公园一角

②长辛店医务人员合影
③ 2003年首届大红门服装节闭幕式
④丰台区统计局人员在进行非典疫情分析

⑤世界公园丰台腾飞文化专场以色列民间歌曲团演出
⑥世界花卉大观园主展区一角

石景山

SHIJINGSHAN

石景山区位于北京市区西部，长安街延长线西段，距天安门16公里，人口50万。

首都国际雕塑公园

石景山区地理位置优越，坐落于历史悠久的西山风景区。境内山林秀丽，胜迹众多，既有国家级、市级文物古迹和园林名胜，又有现代化的游乐场所。近年来兴建了几处大型绿色广场，全区绿化覆盖率高达43%，人居环境堪称一流。这里交通便捷，一线地铁横贯东西，公交、铁路交错纵横，电信四通八达，水电畅通无阻。市容整洁，经济繁荣，教育、文化事业兴旺，体育、卫生设施完善。这里已成为“绿色都市休闲旅游”的胜地。

石景山区按照首都总体规划的功能定位要求，正在跨越式地奔向现代、绿色、文明的美好明天。现代石景山是石景山区未来经济的新特征；绿色石景山是石景山区未来城市的新形象；文明石景山是石景山区未来社会的新面貌。一个充满生机和活力的北京新城区，已崛起在世人面前。

北京市信息安全产业地

北京银河娱乐文化中心——现代国际娱乐港

HAIDIAN

海淀

——放飞梦想的地方！

海淀区地处北京西北郊，被誉为“北京绿肺”。区域内群山苍翠，河湖环绕，风光旖旎，钟灵毓秀。

海淀历史悠久，人文绵长。其最早的人类活动可上溯到4000年前。中国封建社会后期，历代帝王在海淀大兴土木，先后修建了颐和园（世界文化遗产）、圆明园、香山等三山五园皇家园林，美轮美奂、气象恢宏，为世界现存规模最大保存最完整的皇家园林。众多政治家、思想家、文化名人和学者在海淀留下过足迹。

优美宜人的自然环境和博大精深的古代文明为海淀的经济、社会发展提供了雄厚资本。国家致力于在海淀重点发展科学和教育事业，大批科研机构（中国科学院、中国农业科学院等）和诸多高等院校（北京大学、清华大学等）高度集中；文化、智力与人才资源高度密集，世所罕见。1999年国务院批复建设中关村科技园区，海淀人抓住机遇、乘势而上，逐步形成了以“中关村”为代表的技术、智力密集型产业形态，一个现代化海淀的形象越来越清晰地呈现在世界面前。

海淀！一片洋溢着热情、智慧的土地，一个充满希望的地方。聪明、果敢的海淀人将在“三个代表”重要思想的指引下，树立科学的发展观，发扬“海纳百川，淀积千里，服务首都，争创一流”的海淀精神，建设起一个富裕、民主、文明的现代化新海淀。

放飞希望

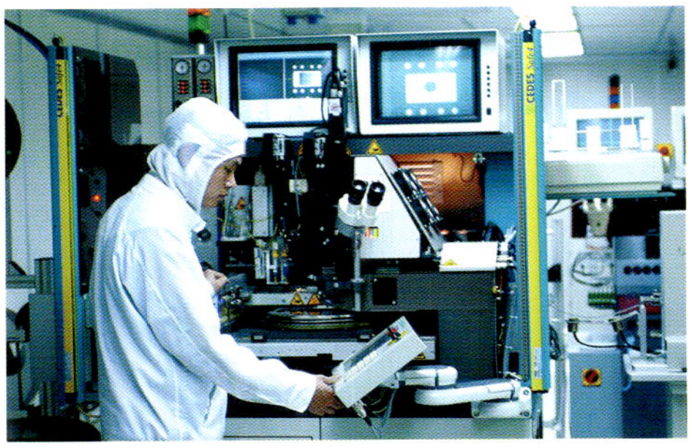

龙心也奔腾

美丽的海淀

门头沟

山水居住区

设施农业蓬勃发展

门头沟区位于北京西部，户籍人口24万，门城卫星城距市中心25公里。这里山青水秀，资源丰富，民风淳朴，是首都西部绿色生态屏障，是镶嵌在京郊大地上的一颗璀璨明珠。门城卫星城依山傍水，规划面积89平方公里，是全区政治经济文化和对外交往的中心，承载着全区2/3的人口和80%以上的地区生产总值。

门头沟区旅游资源十分丰富，特色明显，自然、人文景观俯拾即是。海拔2303米的灵山是北京最高峰，北京第一大河永定河蜿蜒百里横贯门头沟腹地，这里不仅有“三山两寺一湖一涧一村”为代表的精品景区，而且有传统的京西大庙会、灵山风情节、银冬冰雪节等一批大型旅游活动。优美的自然风光和深厚的文化底蕴吸引八方游客来门头沟春季踏青赏花、夏季休闲纳凉、秋季采摘观光、冬季滑雪健身，与大自然约会，与古文化交谈。

在新世纪的征程上，门头沟区人民将始终坚持科学发展观，积极推进“三大战略”和“一城带四区”发展思路，与时俱进，开拓创新，真抓实干，加快发展，全力打造现代化生态山城，全面建设现代化的新山区。

改建后的新桥大街

城子大街

京西南大门——108国道

房山

FANG SHAN

北京的根祖 溶洞的王国——房山

房山区旅游资源种类齐全、丰富多彩、特色突出、品味高雅，人文与自然资源有机融合，行、游、住、食、购、娱完善配套，是“探索自然变迁、欣赏秀美风光、浏览历史画卷、领略现代文明”的旅游胜地。

房山是北京根祖。“北京人的发祥地”——周口店北京人遗址；“北京城的发源地”——西周燕都遗址；“石经长城”——云居寺；北京城之基、石文化的故乡——大石窝；《没有共产党就没有新中国》词曲诞生地——霞云岭乡堂上村；107座历代古塔等构成了房山不断代的历史画卷。

房山是溶洞王国。中国首家溶洞地质公园、国家重点风景名胜区——北京石花洞国家地质公园；“华北的地下迷宫”——银狐洞；“北京的人间仙境”——仙栖洞、“地下艺术殿堂”——云水洞及经专家探明尚未开发的100多座溶洞，共同组成了中国北方最大的岩溶洞穴群。

房山是山水秀地。被誉为“青山野渡，百里画廊”的十渡国家地质公园；久负“南有苏杭、北有上方”之美称的上方山国家森林公园；赢得“生态公园”之美名的白草畔；雄、奇、神、险的圣莲山，早为北京“西山八景”之一；距首都最近的水域青龙湖被誉为“北京的小海滨”。独特的景观使房山成为中国北方著名的山水观光度假区。

房山是现代乐园。建设中的生态精品卫星城良乡是新兴旅游城镇，其蓬勃发展的饮食业在国内外烹饪大赛中屡获金牌，享有“吃在良乡”之美誉；京郊首富韩村河是以“乡村都市”为特色的旅游文明景村；十渡的高台蹦极、青龙湖的拓展训练都是中国首家以挑战自我为宗旨的运动基地；北京最大的狩猎场——蒲洼、最大的高尔夫球场——京辉、最大的垂钓园——碧溪，以及漂流、攀岩、悬崖跳伞、空中飞翔等一批前卫娱乐项目，使房山成为游客纷至沓来的好去处。

目前，房山区旅游业正在以建设旅游大区、旅游强区为目标，坚持可持续发展战略，大力发展奥运旅游和现代旅游，与时俱进，开拓进取，努力创造更加辉煌的业绩！

▲ 《没有共产党就没有新中国》词曲诞生地

◀ 上方山国家森林公园（AAA级旅游景区）

▲ 石花洞国家重点风景名胜区、国家地质公园（AAA级旅游景区）

▲ 历史悠久的昊天塔

▼ 全国农业旅游示范点——韩村河旅游景村（AAA级旅游景区）

▼ 十渡蹦极神州第一——十渡拒马娱乐有限公司（AAA级旅游景区）

四通八达的交通

北京通州

BEIJINGTONGZHOU

通州区位于北京市东南部、京杭大运河北端、百里长安街的东端，是北京通往华北和东北地区的交通要道。全区面积870平方公里，常住人口61万人，下辖11个镇（乡）4个街道办事处。

通州区历史悠久，区内交通便利，客货运输极为方便，京通快速路、京津塘、京沈京哈、六环路等5条高速公路穿境而过，西距北京天安门20公里，距首都国际机场23公里，距天津新港100公里，到北京CBD13公里。不久的将来，还将有一条水路即运河至通惠河再到颐和园，它将成为新世纪的生态走廊。十多座公路立交桥呈开放状态与区内通马路、通胡南路、滨河路、通州内环线、通顺等公路沟通。八能轻轨已经建成正式通车。

通州是首都农副产品的重要生产配送基地，并形成了蔬菜、中药材、林果花卉、牧草等主导产业；养殖业成为通州农业的"半壁江山"。

北京通州光机电一体化产业基地、物流配送基地、运河文化产业园区、服装服饰产业园区、食品工业园区、新材料园区、环保产业园区等通州的九大特色产业园区已经初具规模，将全力打造北京新城区。

顺义

SHUNYI

五大产业群落 打造绿色国际港

围绕“同心全面建小康，打造绿色国际港”的总体目标，顺义人民正在紧抓机遇，不断强化环境建设，大力实施信息工业化发展战略，加快构建空港国际化、全区空港化、发展融合化的经济运行机制，着力壮大空港高科技、现代制造业、都市型食品饮料、现代服务业、现代农业五大产业群落，全力打造“绿色国际港”新形象，推动全区经济实现跨越式发展，加快率先基本实现现代化步伐。

世界文化遗产－明十三陵

昌平

CHANG PING

昌平区历史久远，经过多年的建设和发展，城乡面貌明显改观，城市功能渐趋完善，形成了良好的投资环境。一是境内交通发达。八达岭高速路、立汤路、六环路、京承高速路、北京城市铁路等交通干道穿行其间，将昌平与市区以及周边省市紧密联系起来。二是境内环境优美。区内旅游资源丰富，举世闻名的十三陵风景区、亚洲最大的航空博物馆、居庸关长城、九华山庄等一大批旅游、休闲、度假景点景区位于辖区内。悠久的人文历史和天然的生态优势孕育了绿色的昌平，是“北京的后花园”。三是文化氛围浓厚。境内有114家科研机构、14所大专院校，社会力量办学123家。占地1万亩，入驻规模达10万人的沙河高教园区已开工建设。四是投资空间广阔。中关村科技园区昌平园、生命科学园、小汤山现代农业科技示范园享受国家级科技园区的优惠政策。其中中关村科技园区昌平园规划占地5平方公里，小汤山农业科技示范园规划面积111.6平方公里。昌平的发展新目标：力争用五年左右的时间，努力把昌平建设成为“投资创业、旅游休闲、生活居住”首选之区。

大兴 DAXING

——首都新世纪的发展空间

大兴区位于北京城南侧，永定河东侧，沿京开高速路和京津塘高速路已经崛起黄村、亦庄两座首都卫星城。一批具有完备基础设施的工业园区和重点小城镇，沿纵横交错的交通干线，以网点状分布在京南大地的“绿海田园”之中，大兴被首都城市规划战略家们称为“首都新世纪的发展空间”。

大兴区基础设施及区位功能完善，104、106、京津塘三条国道贯穿南北，四环、五环、六环横贯东西，京九、京沪铁路穿境而过。通信、信息设施完善，水、电、气供应充足，电子政务系统基本建立，信息化水平逐步提高。

在第一产业中，已形成以西甜瓜、果品、蔬菜、花卉为主的种植业主导产业和以奶牛、肉牛、肉羊、生猪、肉鸭、肉鸽六大主导产业为群体的畜牧业发展格局。第二产业以北京经济技术开发区配套协作区、大兴工业开发区、北京生物工程与医药产业基地、北京服装产业园区、北京精细化工基地为主导，初步形成了电子信息、生物医药、新型建材、食品加工等支柱产业。第三产业发展迅速，特别是房地产业。一批绿色生态、智能化、公寓式、环境优美、设施齐全的住宅社区吸引了众多的人到大兴安居。大兴已成为众有识之士投资置业的理想之地。

前进中的大兴工业开发区

1、大兴工业开发区内已初见雏形的基地公园——天水公园，一期工程已基本结束，将是基地居民娱乐游玩的好去处。

2、大兴工业开发区的“生命之源国际广场”标志性建筑群，别具一格的双塔建筑将成为未来大兴的地标。

3、大兴工业开发区的单体厂房，曾举办了“单体厂房设计大赛”，有50多家国内外作者及单位参加，评选出了10多个优秀方案。

4、标准厂房示范区占地面积200亩，将为入区企业提供完善的生产研发环境。

5、环境优美、功能齐全的住宅小区，吸引了大量的市区居民到大兴购房居住。

6、清城社区——清城社区的设计者充分考虑了社区特点和居住人群的协调，采用欧洲古典建筑三段式的建筑风格，使自然环境与建筑体融合为一，外立面精选高档面砖，凝重大气，典雅尊贵。

7、大兴区把扩大桑树种植面积，增加桑葚产量，作为增强“桑葚经济”影响力的途径之一。

8、葡萄产业已形成集食品加工、仓储和旅游为一体的多元化发展模式。

9、安居乐业——随着城乡居民居住条件和生活水平的提高，百姓的自娱自乐活动丰富多彩。

10、前进中的大兴工业开发区。

绿色休闲之都——

平谷

BIEJING PINGGU

::渔阳酒店::

::欢乐采摘::

::老象峰::

平谷——地连两大直辖市，位于北京的东北，天津的西北，山青、水秀，空气质量一级，被誉为“北京绿色休闲之都”。

平谷——山苍苍，绵延挺俊；水涟涟，秀丽万端。有北京市政府命名的“金海湖、大峡谷、大溶洞”市级风景名胜区、金海湖市级旅游度假区；有呈两区三带分布的十一大旅游景区；有载入吉尼斯纪录的世界最大的桃园；有人类先祖留下的上宅文化和代代相传的淳朴民风。平谷的奇峰、美湖、险峡、幽谷、雄关、古洞、温泉、花海，将使您心旷神怡、流连忘返。更有春红、夏绿、金秋、银冬这独具特色的“四色旅游”活动，使您不分朝暮、不论寒暑，都可以到平谷享受旅游休闲的快乐。

平谷旅游业已实现食、宿、行、游、购、娱的较高层次配套，有上百家高中低档的宾馆（饭店）、度假村和四通八达的交通网，是充满魅力的特色生态园、旅游观光园、度假会议园、休闲娱乐园和体验文化园。

::平谷大桃::

::飞龙谷旅游区::

::黄草洼民俗村::

怀柔
HuaiRou
——首都的后花园

∵新兴业态不断增加，购物环境逐步改善

∵城乡面貌焕然一新

怀柔位于北京东北部，是首都饮用水保护区，全区林木覆盖率达70%，大气质量属国家一级，素有“首都后花园”的美誉。

“北京板栗”、西洋参种植及加工，冷水鱼养殖是怀柔农业的三大特色产业。

在工业发展方面，怀柔已形成具有自身特色的生产格局，其中汽车制造业、食品饮料、包装物品制造业已形成为怀柔工业的三大支柱行业。

∵文体活动丰富多彩，生活质量显著提高

怀柔区旅游业发展迅速，现已开发了26个景点，慕田峪长城、雁栖湖、红螺寺、青龙峡都是我区著名景点。在旅游的辐射作用下，房地产、公交运输业、社会服务业、市政基础建设等都得到较快的发展。

怀柔——这颗镶嵌在京郊大地上璀璨的明珠，她绮丽的风姿正在逐渐被世人所认同。勤劳纯朴的怀柔人民，发扬“团结、凝聚、和谐、创新、发展”的怀柔精神，如今正以昂扬的斗志奔赴社会经济战略大发展的征程。首都城乡一体化进程的加快和奥运工程的全面启动，给新世纪的怀柔带来发展的良机，开辟出更加广阔的发展空间。在区委、区政府的正确领导下，充满智慧、满怀热情的怀柔人民一定能够把怀柔建设成为经济发达、设施一流、环境优美的首都卫星城，建设成为在可持续发展道路上阔步前进的国家级生态示范区，建设成为北京绿色食品、环保型产业基地和国际交往休闲娱乐中心，建设成为人民生活更加殷实幸福的美好家园。

∵汽车制造业成为怀柔的支柱产业

∵养殖业已在农业中占主导地位

密云

京东明珠魅力密云

MIYUN COUNTY

密云水库水源涵养林

板栗基地

云岫苹果园

京都第一瀑

密云是首都主要饮用水源地，2001年被国家环保总局批准为全国生态示范区试点县。

密云围绕保护首都饮用水源，走“环境立县、引进强县、科教兴县、依法治县”之路，大力实施生态建设。在密云水库周围建设了44.2公里护栏围网，关闭了境内小铁矿等污染、破坏生态环境的企业；取缔了网箱养鱼；在水库上游营造大面积水源涵养林。密云水库水质稳定达到国家饮用水源标准。

生态精品卫星城日新月异。以全民体育健身公园为代表的20余座公园，各具特色，为市民提供了休闲娱乐场地。城市人均绿地面积达到50.4平方米，形成了“三季有花、四季常青”的绿色走廊。城市供电、供水、供气、供热和污水、垃圾无害化处理能力明显增强。

生态经济初具规模。电子信息、生物工程等环保产业是我县的支柱工业。以生态资源为基础，实施绿色农业，建成果品基地54万亩，无公害蔬菜基地8万亩，并通过了国家级无公害蔬菜生态示范县验收。开发综合型农村新能源，推广节水灌溉，创建无化肥县等取得了可喜成绩。

生态旅游生机勃勃。瑞海姆度假村等一大批大型旅游企业落户密云。全县有司马台长城等旅游风景区29家，旅游饭店40余家，旅游民俗村26个，旅游民俗户4000余家。形成了以精品卫星城为中心，以东线、西线和南线为纽带的“一城带三线”的生态旅游格局。

伴随创建全国生态示范试点县工作，“环境也是生产力”已成为全县人民的共识。在“三个代表”重要思想指引下，密云作为全国生态示范区试点县，天将更蓝、山将更绿、水将更净。得天独厚的生态环境，必然成为密云经济和社会发展的优势，推动密云走向世界，走向辉煌的未来。

司马台长城

水景官邸

密云全民体育健身园

密云水库大气自动监测站

密云垃圾填埋场

密云灌区改造

密云污水处理厂

YAN QING

延庆

——发达的旅游业 优美的城市建设

优质的生态环境

延庆有着悠久的历史，境内留下了许多文物储藏和人文景观。复杂的地形，多样的地貌，又形成了丰富多彩的自然景观。这种较为特殊的历史条件和地理条件，为延庆造就了丰富、独特的旅游资源。

从1996年开始，延庆人利用自身冬冷夏凉的独特气候，相继推出了首届冰雪节和消夏避暑节。近年来，民俗游又成为了延庆旅游的新亮点。民俗村以淳朴的民风和深厚的民俗文化底蕴，加之国家级生态示范区所特有的生态环境，使游人回归自然怀抱，尽享自然之美。

经过多年的不断投入建设，充满南国风情的夏都公园、欧陆风情韵味十足的八达岭温泉度假村等一系列建筑如雨后春笋拔地而起，各具特色，它们错落有致地形成了延庆县城的新格局。

延庆县地处北京上风上水，良好的生态环境和有效的生态保护，使延庆成为无公害绿色农产品生产基地和生态旅游度假基地。2000年被国家环保总局命名为国家级生态示范区。2003年底县城绿化面积已达到了57.5%，人均拥有绿地面积70.9平方米。空气质量名列北京第一，以“净土、净水、净气”闻名遐迩。

发达的旅游业，优美的城市建设，优质的生态环境，三位一体，互相促进，使延庆昂首阔步迈入了一个崭新的时代。

西单路口（旧）

西单路口（新）

西部生态带

周口店遗址博物馆

圆明园大水法

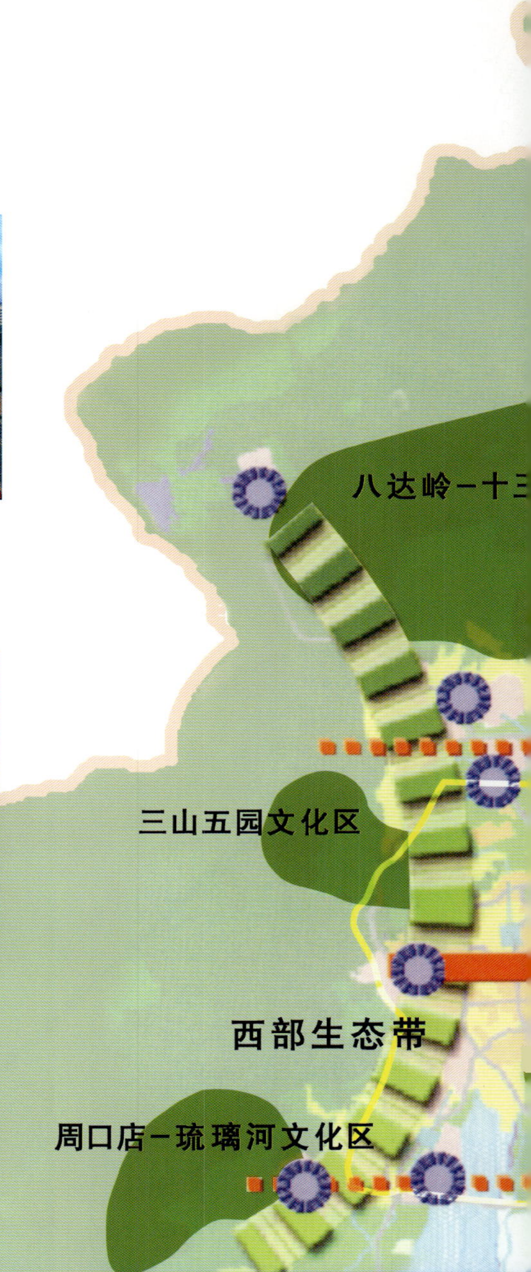

长城

朝阳四环路

总部基地远眺

复兴路口（旧）

复兴路口（新）

东部发展带

亦庄图

海淀全貌

石景山总体规划图

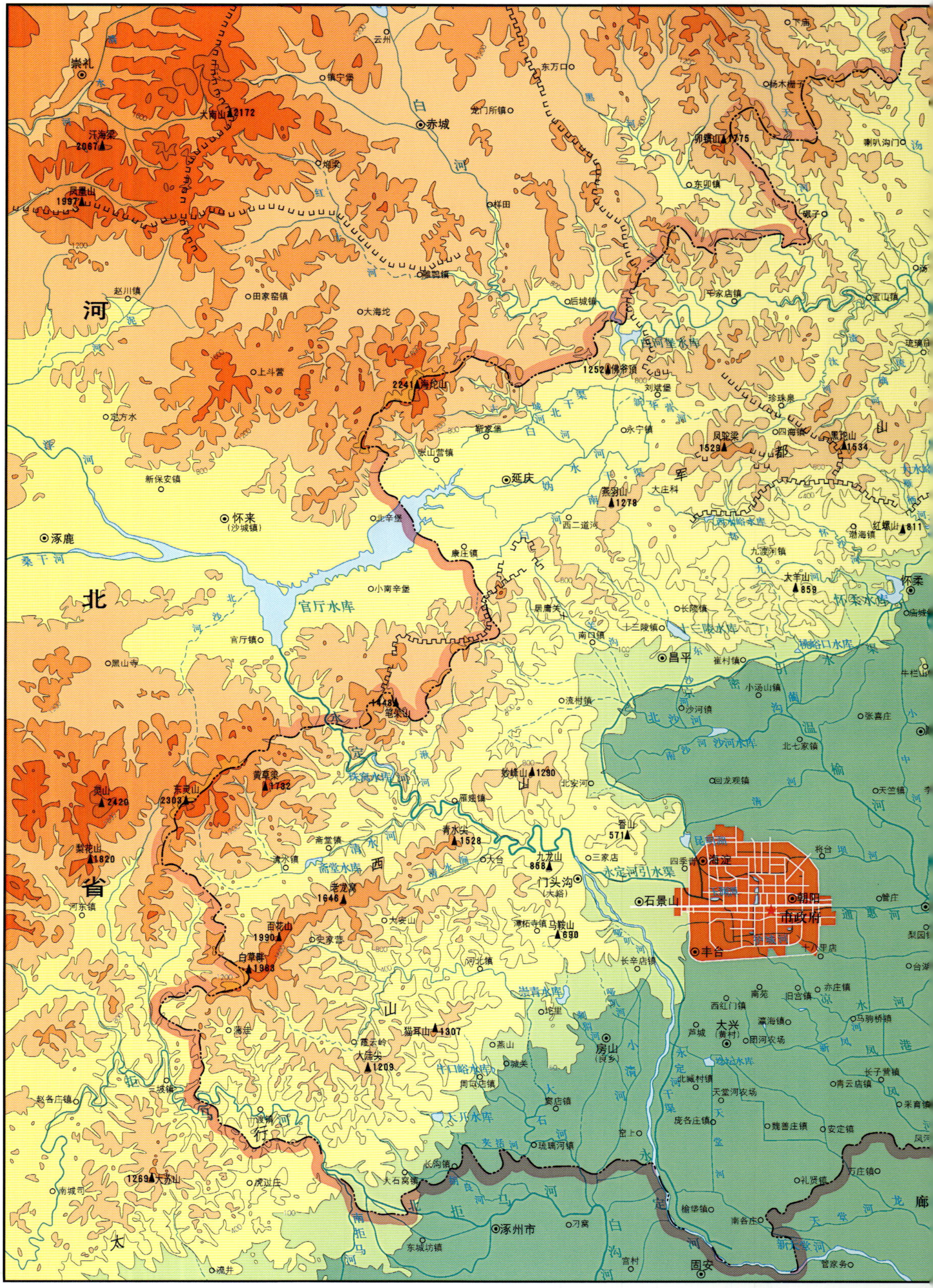
崇礼
赤城
河北省
延庆
怀来
(沙城镇)
涿鹿
桑干河
官厅水库
海坨山
2241
军都山
十三陵水库
昌平
怀柔
妙峰山
1290
香山
571
九龙山
868
门头沟
(大峪)
永定河引水渠
海淀
石景山
朝阳
市政府
丰台
灵山
2420
东灵山
2303
百花山
1990
西山
太行山
房山
(良乡)
大兴
(黄村)
涿州市
固安

北京市地形图

黑山嘴镇
金沟屯镇
张百湾镇
滦河镇
天桥镇
滦平
虎什哈镇
安纯沟门
长山峪镇
马山 1096
火斗山
鞍匠
平顶山 1052
桃山 1180
古北口镇
涝洋
新城子镇
雾灵山 2116
下台子镇
遥桥峪水库
半城子水库
太师屯镇
北庄镇
蓟手营子镇
北水泉
密云水库
溪翁庄镇
穆家峪镇
沙厂水库
大城子镇
六道河镇
兴隆
南天门
密云
镇罗营镇
四座楼山 1062
西峪水库
东邵渠镇
大华山镇
熊儿寨
孝山镇
刘家店镇
黄松峪水库
黄松峪
马兰峪镇
乐政务
靠山集镇
峪口镇
韩庄镇
王辛庄镇
南独乐河镇
大兴庄镇
平谷
张镇
夏各庄镇
马昌营镇
东高村镇
盘山 864
共水王
穿芳峪
马坊镇
蓟县
于桥水库
三河市
高楼镇
邦均镇
唐自头镇
桑梓
上仓
大厂
西集镇
渠口镇
陈家镇
香河
宝坻
方家庄
安平镇
刘宋镇
郝庄
林亭口
河西务镇
河北屯
大辛庄
大碱厂
大白庄
燕
山
河
北
省
天
津
市

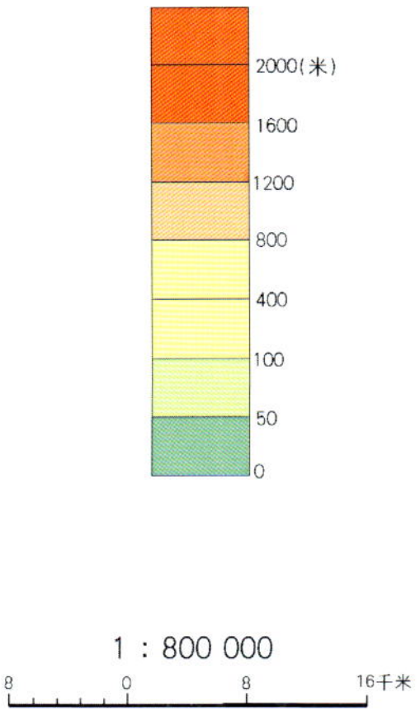

2000(米)
1600
1200
800
400
100
50
0
1 : 800 000
8
0
8
16千米

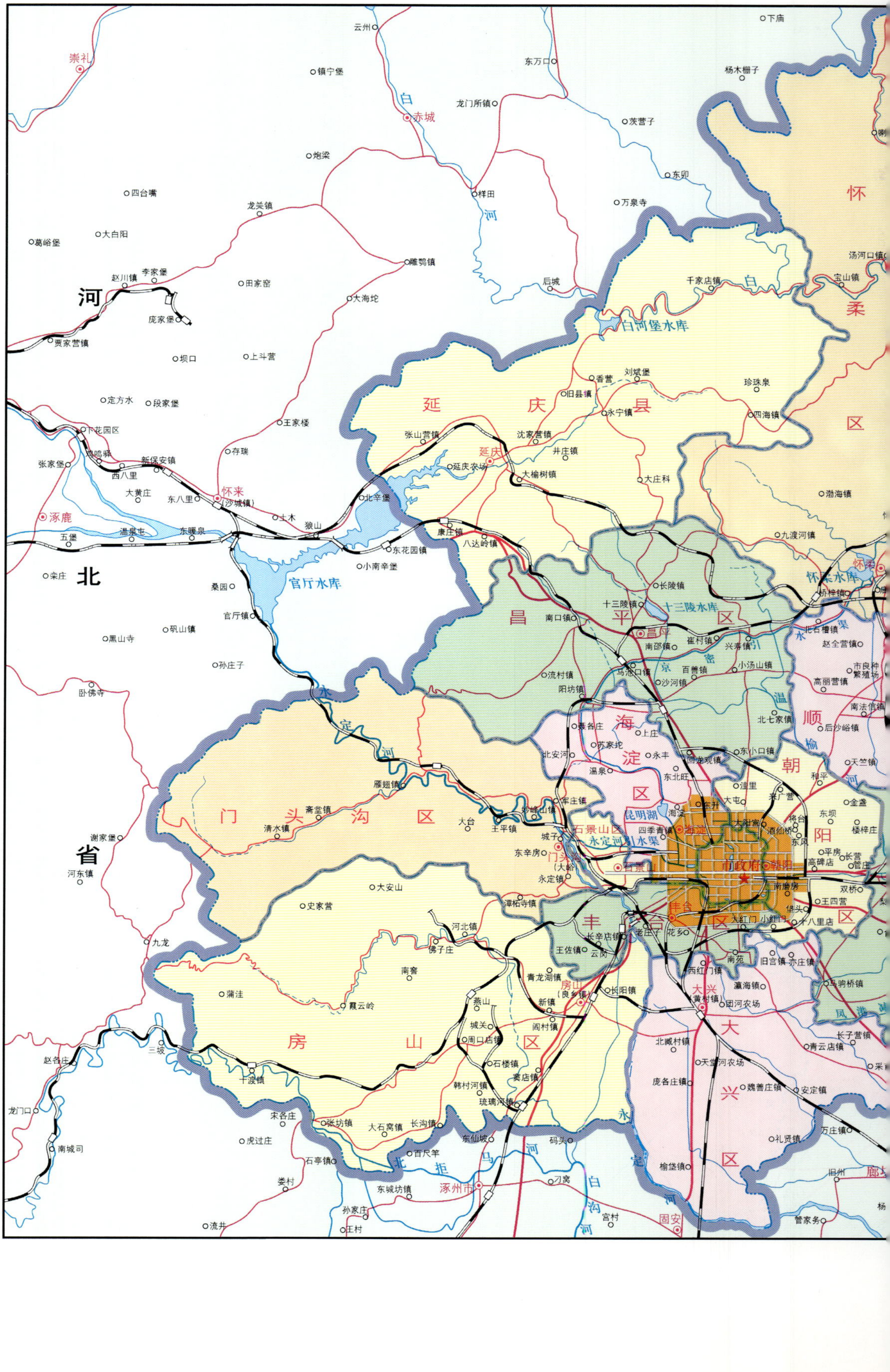
河
北
省
延
庆
县
昌
平
区
门
头
沟
区
房
山
区
海
淀
区
朝
阳
丰
台
区
大
兴
区
顺
怀
柔
区
官厅水库
白河堡水库
十三陵水库
怀柔水库
昆明湖
永定河引水渠
市政府
石景山区
崇礼
赤城
怀来
（沙城镇）
涿鹿
延庆
昌平
门头沟
（大峪）
房山
（良乡镇）
大兴
涿州市
固安
云州
镇宁堡
东万口
下庙
杨木栅子
龙门所镇
茨营子
炮梁
东卯
四台嘴
龙关镇
样田
万泉寺
大白阳
葛峪堡
李家堡
赵川镇
田家窑
雕鹗镇
后城
千家店镇
宝山镇
汤河口镇
大海坨
庞家堡
贾家营镇
坝口
上斗营
刘斌堡
香营
珍珠泉
旧县镇
永宁镇
四海镇
定方水
段家堡
下花园区
王家楼
张山营镇
沈家营镇
井庄镇
鸡鸣驿
新保安镇
存瑞
张家堡
西八里
延庆农场
大榆树镇
大庄科
大黄庄
东八里
北辛堡
渤海镇
土木
狼山
温泉屯
东暖泉
五堡
康庄镇
八达岭镇
东花园镇
九渡河镇
小南辛堡
栾庄
桑园
长陵镇
官厅镇
十三陵镇
矾山镇
黑山寺
南口镇
崔村镇
兴寿镇
南邵镇
马池口镇
百善镇
小汤山镇
孙庄子
流村镇
沙河镇
卧佛寺
阳坊镇
北七家镇
苏家坨
上庄
北安河
永丰
东小口镇
温泉
东北旺
雁翅镇
洼里
大屯
斋堂镇
清水镇
妙峰山镇
大台
王平镇
四季青镇
城子
谢家堡
东辛房
永定镇
河东镇
大安山
史家营
潭柘寺镇
河北镇
九龙
长辛店镇
王佐镇
云岗
佛子庄
南窖
青龙湖镇
长阳镇
西红门镇
瀛海镇
蒲洼
霞云岭
燕山
新镇
黄村镇
团河农场
城关
周口店镇
阎村镇
北臧村镇
长子营镇
青云店镇
三坡
赵各庄
石楼镇
窦店镇
天堂河农场
庞各庄镇
魏善庄镇
安定镇
十渡镇
韩村河镇
琉璃河镇
龙门口
宋各庄
张坊镇
大石窝镇
长沟镇
东仙坡
码头
礼贤镇
万庄镇
虎过庄
南城司
石亭镇
百尺竿
榆垡镇
娄村
东城坊镇
刁窝
孙家庄
宫村
流井
王村
管家务
永
定
河
白
沟
河
北
拒
马
河
白
河
白
河
永
定
河
引
京
密
温
榆
河
南
苑
旧宫镇
亦庄镇
马驹桥镇
平房
高碑店
王四营
十八里店
双桥
东坝
金盏
来广营
将台
酒仙桥
东风
楼梓庄
管庄
豆各庄
小红门
大红门
花乡
卢沟桥
老庄子
海淀
石景山
丰台
朝阳
赵全营镇
北石槽镇
高丽营镇
南法信镇
后沙峪镇
天竺镇
李桥镇
杨宋
天竺
孙河
崔各庄
桥梓镇

北京市行政区划图

1：800 000

8 0 8 16千米

BEI JING
AREA STATISTICAL
YEAR BOOK

《北京区域统计年鉴（2004）》编辑委员会

编辑说明

《北京区域统计年鉴 2004》系统收录了北京市各区县、北京周边区域及国内外同类地区 2003 年经济社会等各方面的统计数据，是一部全面反映北京各区县经济社会发展情况、对区域经济社会发展进行横向比较的资料性年刊。

1. 书中的分区县资料，除特殊说明外，全部为“在地”口径，资料年度为 2003 年。

2. 在本书的全市分区县数据中，土地面积、法人单位个数、人口、劳动工资、耕地面积、工业、建筑业、涉外饭店、金融保险、教育、社会福利几个部分的资料由北京市统计局各有关业务处提供，其余数据及各区县的文字概况等，均由区县统计局提供。

3. 受统计口径影响，统计表中分区县数据可能与相关链接（区县概况）中的数据及各区县统计局出版的统计年鉴中刊载的数据有所不同，请读者在使用时加以注意。

4. 部门统计数据由部门统计机构提供。

5. 外省市统计资料出自国家统计局和相关省市统计部门。

6. 分区县的土地面积由市民政局提供，与各区县规划部门或国土资源部门掌握的数据可能有所出入。

7. 京津冀北经济区包括北京、天津两大直辖市及河北省北部七个地级市（唐山、廊坊、秦皇岛、承德、张家口、保定、沧州）；根据《浙江省统计年鉴》，长江三角洲经济区包括一个直辖市及 15 个副省级市或地级市；根据《广东省统计年鉴》，珠江三角洲经济区包括十三个市县（区）：广州、深圳、珠海、佛山、江门、东莞、中山、惠州市区、惠东县、博罗县、肇庆市区、高要市、四会市，因受资料限制，本书只收录了其中的 9 个市：广州、深圳、珠海、佛山、江门、东莞、中山、惠州、肇庆。

8. 本年鉴采用的国民经济行业分类更新为中华人民共和国国家标准《国民经济行业分类和代码 GB/T 4754-2002》；三次产业划分仍使用国家统计局 1985 年制定的关于三次产业的划分标准。登记注册类型是按照 1998 年 9 月国家统计局、国家工商行政管理局颁发的《关于划分企业登记注册类型的规定》划分的；使用的度量衡单位均采用国家统一的标准计量单位。

9. 本资料使用的符号说明：“…”表示数据不足该表最小单位，“空格”表示该项指标数据不详或没有数据，“#”表示其中项，“ ”表示不在同一分组类中的其中项。

目　　录

一、北京概览

二、北京区县概览

三、北京特色经济区域

（一）开发区

四、华北五省（区、市）经济社会发展比较

五、四大直辖市经济社会发展比较

六、三大都市经济区发展比较

七、北京在全国的位置

附录：港、澳、台地区及世界主要国家统计资料

第一篇

北京概览

BEIJING GAILAN

统计图

北京市地区生产总值及增长率

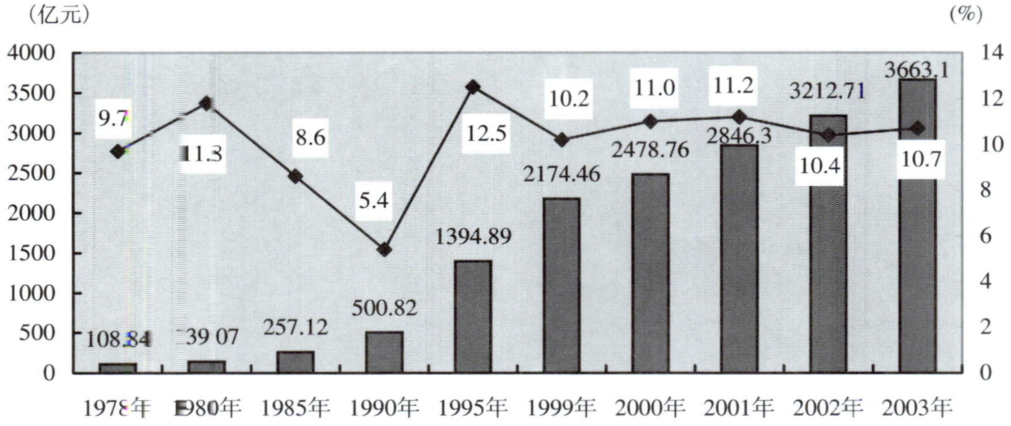

北京市全社会固定资产投资（单位：亿元）

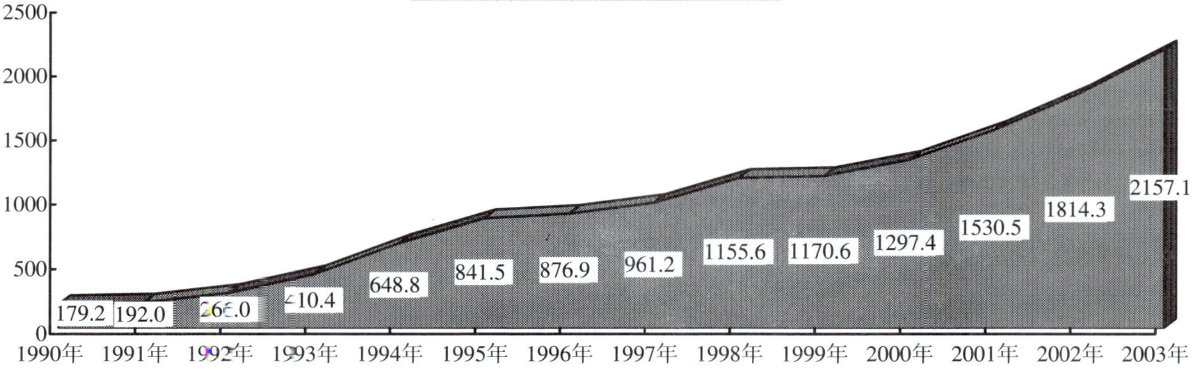

北京市社会消费品零售总额
（单位：亿元）

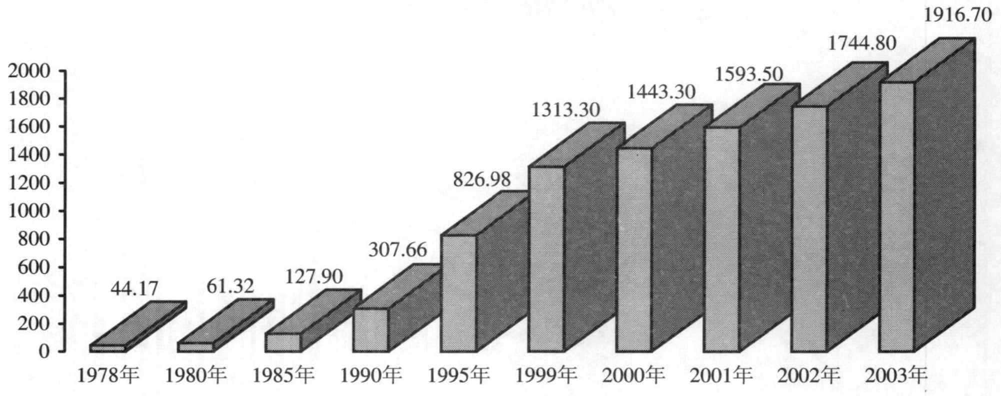

北京市居民消费价格指数（上年=100）
（单位：%）

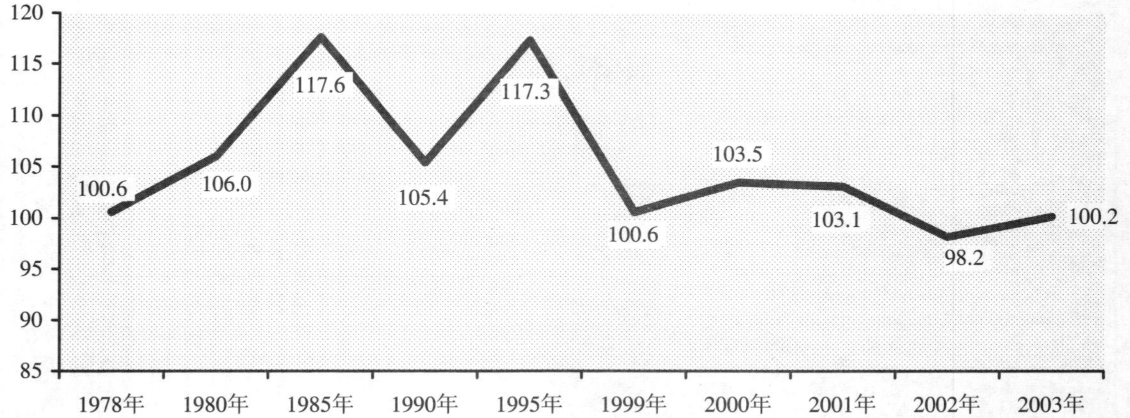

1-1 北京市经济和社会发展总量与速度指标

指　标	计量单位	2003	2002	2003年为2002年%
人口与就业				
人口	(万人)			
年末全市常住人口		1456.4	1423.2	102.3
年末户籍人口		1148.8	1136.3	101.1
就业	(万人)			
从业人员		703.3	679.2	103.5
# 在岗职工人数		436.3	434.2	100.5
城镇登记失业人数		6.96	6.02	115.6
宏观经济				
国民经济核算				
地区生产总值	(亿元)	3663.1	3212.7	110.7
第一产业		95.6	98.1	103.3
第二产业		1311.9	1116.5	111.9
第三产业		2255.6	1998.1	110.3
人均生产总值	(元)	32061	28449	109.4
工农业总产值(现价)	(亿元)	**4259.3**	**3603.9**	
固定资产投资				
全社会固定资产投资	(亿元)	2157.1	1814.3	118.9
# 房地产开发投资		1202.5	989.4	121.5
# 国有单位		745.1	771.5	96.6
财政				
地方财政收入	(亿元)	665.9	601.0	117.2
# 一般预算		592.5	534.0	118.2
地方财政支出	(亿元)	809.4	684.0	118.3
# 一般预算		734.8	628.3	116.9
物价				
居民消费价格指数	(%)	100.2	98.2	
商品零售价格指数	(%)	98.2	98.4	
工业品出厂价格指数	(%)	101.5	96.6	
在岗职工工资				
工资总额	(亿元)	1098.9	950.9	115.6
平均工资	(元)	25312	21852	115.8
利用外资				
协议利用外商直接投资	(亿美元)	32.7	28.1	116.5
实际利用外商直接投资	(亿美元)	21.5	17.9	119.8
产业				
农村经济				
耕地面积	(万公顷)	26.0	26.1	99.7
农业总产值(现价)	(亿元)	237.9	221.3	107.5
主要农副产品产量				
粮食	(万吨)	58.0	82.3	70.5
蔬菜	(万吨)	527.3	545.6	96.6
鲜蛋	(万吨)	16.2	15.2	106.6
牛奶	(万吨)	63.3	55.1	114.9
肉类	(万吨)	73.7	73.5	100.3
工业				
工业增加值(生产法，规模以上)	(亿元)	1012.5	840.4	120.5
工业总产值(现价，规模以上)	(亿元)	3810.4	3173.5	120.1
# 高新技术产业		1520.9	1175.9	129.3
# 轻工业		808.4	773.5	104.5
重工业		3002.0	2400.0	125.1

注：1. 地区生产总值绝对值按现价计算，发展速度按可比价计算。
　　2. 从2001年开始，有关职工的指标调整为在岗职工口径。

1-1-1

指　标	计量单位	2003	2002	2003年为2002年%
工业企业主要经济指标				
资产总计	(亿元)	5178.0	4742.9	109.2
负债总额	(亿元)	2751.2	2527.8	108.8
产品销售收入	(亿元)	3885.7	3182.8	122.1
利润总额	(亿元)	235.3	165.5	142.2
能源生产与消费				
能源消费总量	(万吨标准煤)	4707.5	4503.9	104.5
建筑				
建筑业总产值	(亿元)	1306.7	1055.1	123.8
运输				
货物周转量	(亿吨公里)	362.1	340.5	106.3
# 铁路	(亿吨公里)	241.0	221.4	108.9
公路	(亿吨公里)	79.0	83.6	94.5
民航	(亿吨公里)	20.8	19.6	106.1
旅客周转量	(亿人公里)	393.3	396.2	99.3
邮电				
邮电业务总量	(亿元)	304.0	254.0	119.7
年末全市移动电话用户	(万户)	1109.0	919.5	120.6
移动电话普及率	(部/百人)	77.0	80.9	95.2
商业				
社会消费品零售额	(亿元)	1916.7	1673.3	114.5
批发零售贸易业		1611.2	1366.4	117.9
餐饮业		121.4	112.4	108.0
其他		184.1	194.5	94.7
商业饮食业服务业营业网点	(万个)	44.1	32.3	136.5
# 商业		30.3	23.4	129.5
饮食业		7.3	4.0	182.5
服务业		6.4	4.8	133.3
对外经济贸易和旅游				
海关进出口总额	(亿美元)	684.6	525.1	130.4
进口额		516.1	399.0	129.4
出口额		168.5	126.1	133.6
地方企业进出口总额	(亿美元)	189.3	140.4	134.8
进口额		115.6	81.4	142.0
出口额		73.7	59.0	124.9
接待海外旅游人数	(万人次)	185.1	310.4	59.6
旅游外汇收入	(亿美元)	19.0	31.1	61.1
金融保险				
金融机构存款余额	(亿元)	20243.6	15276.0	132.5
金融机构贷款余额	(亿元)	11853.1	9224.8	128.5
城乡居民储蓄存款余额	(亿元)	5293.5	4389.7	120.6
城市	(亿元)	4926.5	4073.1	121.0
农村	(亿元)	367.0	316.6	115.9
保险费收入	(亿元)	278.1	226.8	122.6

1-1-2

指　标	计量单位	2003	2002	2003年为2002年%
教育、文化、科技、卫生				
教育				
在校学生数	(万人)	230.1	229.8	100.1
# 研究生		12.0	9.8	122.4
普通高等学校本专科		45.1	39.9	113.0
中等专业学校		11.7	11.4	102.6
普通中学		70.4	73.1	96.3
小学		54.7	59.4	92.1
文化				
出版数量				
图书	(万册.张)	138209.0	121627.0	113.6
杂志	(万册)	81772.0	82291.0	99.4
报纸	(万份)	724451.0	710227.0	102.0
公共图书馆藏书	(万册)	3355.2	3248.2	103.3
艺术剧团国内演出场次	(场)	8797.0	9528.0	92.3
科技				
专业技术人员	(万人)	147.0	144.5	101.7
研究与发展经费支出	(亿元)	230.8	219.5	105.1
卫生				
卫生机构病床数	(万张)	7.4	7.5	98.8
卫生技术人员数	(万人)	11.2	11.0	102.4
# 执业医师	(万人)	4.8	4.7	101.4
注册护师(士)	(万人)	4.0	3.9	102.7
平均预期寿命	(岁)	79.62	77.93	
#男性	(岁)	78.10	76.08	
女性	(岁)	81.14	79.78	
生活与环境				
婚姻				
结婚登记总数	(万对)	9.4	7.6	122.8
离婚数	(万对)	1.0	0.6	174.6
居住				
城市人均住房使用面积	(平方米)	18.67	18.2	102.6
农村人均居住面积	(平方米)	33.95	32.6	104.1
生活				
城市居民人均可支配收入	(元)	13882.6	12463.9	111.4
农村居民人均纯收入	(元)	6496.3	5880.1	110.5
工资				
在岗职工工资总额	(亿元)	1098.9	950.9	115.6
在岗职工平均工资	(元)	25312	21852	115.8
市政建设				
用电量	(亿千瓦时)	414.8	384.2	108.0
自来水销售量	(亿吨)	7.2	7.9	90.2
居民燃气用户	(万户)	406.0	341.2	119.0
城市公共交通客运量	(亿人次)	42.7	49.2	86.7
城市大型立交桥	(座)	368	180	204.4
环境				
城市绿化覆盖率	(%)	40.9	40.6	
污水处理率	(%)	50.1	45.0	
空气质量二级及好于二级的天数	(天)	224	203	110.3

注：平均预期寿命数据由卫生局提供

1-2 北京市经济和社会发展结构指标

单位：%

指　标	2003	2002
人口与就业		
人口		
城乡结构		
城镇	79.1	78.6
乡村	20.9	21.4
性别结构		
男	52.3	52.2
女	47.7	47.8
就业		
产业结构		
第一产业	8.9	10.0
第二产业	32.1	34.6
第三产业	59.0	55.4
宏观经济		
国民核算		
地区生产总值		
第一产业	2.6	3.0
第二产业	35.8	34.8
第三产业	61.6	62.2
投资		
全社会固定资产投资		
基本建设	23.9	22.9
更新改造	10.0	9.3
房地产开发	55.7	54.5
其他投资	10.4	13.3
资金来源结构		
# 国家预算内资金	9.8	15.3
国内贷款	21.0	22.8
利用外资	2.4	3.5
自筹和其他投资	63.8	54.6
财政		
一般预算财政收入主要税种		
增值税	12.7	12.5
营业税	44.5	42.7
企业所得税	15.8	19.2
个人所得税	9.7	11.5
能源生产与消费		
能源消费总量		
第一产业	2.1	2.3
第二产业	55.5	56.5
第三产业	27.8	28.2
生活消费	14.5	13.0

注：人口中的按“城乡结构”分组是根据2000年国家统计局“关于统计上划分城乡的规定（试行）”中的“城镇人口”和“乡村人口”口径计算的。

1-2-1

单位：%

指　标	2003	2002
产　业		
农业		
农林牧渔业产值结构		
农业	37.3	39.0
林业	5.7	5.6
牧业	52.7	50.9
渔业	4.3	4.5
工业		
工业总产值结构		
国有企业	13.5	18.9
集体企业	3.5	4.2
港澳台商投资企业	11.0	11.4
外商投资企业	29.8	28.2
建筑业		
建筑业总产值结构		
国有企业	32.1	30.5
集体企业	9.0	11.3
港澳台商投资企业	0.9	0.9
外商投资企业	1.9	1.6
交通运输业		
货运量结构		
按运输方式分		
铁　路	7.4	7.6
公　路	92.5	92.1
民用航空	0.1	0.1
管道输油(气)	0.8	0.1
国内商业		
社会消费品零售总额构成		
城市	84.8	84.4
农村	15.2	15.6
对外经济贸易		
出口商品结构		
初级产品	8.5	8.2
工业制成品	90.9	91.8
进口商品结构		
初级产品	9.2	7.1
工业制成品	90.6	92.9
国际旅游		
接待海外旅游人数结构		
外国人	82.5	85.8
港澳台同胞	17.5	14.2

1-2-2

单位：%

指　标	2003	2002
教育、科技、文化、卫生		
教育		
在校学生结构		
大学生	24.8	21.6
中学生	42.5	43.0
小学生	23.8	25.9
专任教师结构		
大学	33.0	30.7
中学	33.7	34.2
小学	26.2	28.3
科技		
科技经费筹集额结构		
# 政府资金	44.0	48.3
企业资金	36.0	34.5
金融机构贷款	3.1	2.1
科技经费内部支出结构		
# 人员劳务费	20.1	19.5
固定资产购建	14.1	16.8
卫生		
卫生技术人员结构		
# 执业医师	42.7	43.1
注册护士	35.6	35.5
生活、环境		
生活		
城市居民消费结构		
食品类	31.7	33.8
衣着类	8.2	8.4
用品及其他	51.5	48.8
居住	8.6	9.0
农村居民消费结构		
食品类	31.7	33.0
衣着类	7.1	7.5
用品及其他	41.4	42.5
居住	19.8	17.0
环境、灾害		
空气污染指数		
# 二级及好于二级	61.4	55.6
火灾事故损失额结构		
# 特大火灾		2.3
重大火灾	1.0	17.1

1-3 北京市经济和社会发展比例和效益指标

指　标	计量单位	2003	2002
人口与就业			
人口			
出生率	(‰)	5.1	6.6
死亡率	(‰)	5.2	5.7
自然增长率	(‰)	-0.1	0.9
就业			
城镇登记失业率	(%)	1.43	1.35
宏观经济			
国民经济核算			
产业结构	(%)	100.0	100.0
第一产业		2.6	3.1
第二产业		35.8	34.7
第三产业		61.6	62.2
全社会劳动生产率	(元/人)	52993	49121
第一产业		14673	14139
第二产业		56904	49487
第三产业		57028	55647
固定资产投资			
全社会固定资产投资相当于地区生产总值比例	(%)	58.9	56.5
基本建设固定资产投资交付使用率	(%)	69.7	89.7
财政			
地方财政收入相当于地区生产总值比例	(%)	18.2	18.7
地方财政支出相当于地区生产总值比例	(%)	22.1	21.3
利用外资			
实际利用外资额相当于签订利用外资额比例	(%)	65.7	63.8
能源生产与消费			
能源消费弹性系数		0.4	0.4
每万元地区生产总值消耗的能源	(吨)	1.29	1.40
产业			
规模以上工业企业效益			
综合效益指数	(%)	158.80	136.13
总资产贡献率	(%)	9.42	7.84
资产保值增值率	(%)	118.84	111.39

1-3-1

指　标	计量单位	2003	2002
资产负债率	(%)	53.13	53.30
流动资产周转率	(次)	1.69	1.51
成本费用利润率	(%)	6.34	5.37
全员劳动生产率	(元)	100439	78133
产品销售率	(%)	97.86	99.27
建筑业			
劳动生产率	(元/人)	130075	117482
产值竣工率	(%)	74.4	71.7
面积竣工率	(%)	36.9	37.4
单位工程优良品率	(%)	19.6	23.3
竣工面积优良品率	(%)	43.2	54.5
邮电通信业			
移动电话普及率	(部/百人)	77.0	80.9
主线普及率	(线/百人)	47.4	51.5
教育、科技、文化、卫生			
教育			
学龄儿童入学率	(%)	99.95	99.63
小学升学率	(%)	100.00	99.60
初中升学率	(%)	97.79	98.90
科技			
研究与试验发展经费支出相当于地区生产总值比例	(%)	6.3	6.8
文化			
每万人拥有公共图书馆	(个)	0.02	0.02
卫生			
婴儿死亡率	(‰)	5.89	5.56
孕产妇死亡率	(1/10万)	15.6	15.1
平均每千人拥有医生	(人)	4.21	4.18
平均每千人拥有医院床位	(张)	5.89	6.46
市政、环境			
市政建设与环境			
人均公共绿地面积	(平方米)	11.4	10.7
城市居民人均住房使用面积	(平方米)	18.67	18.2
农村居民人均生活用房面积	(平方米)	33.95	32.60

1-4 北京一日

指　标	计量单位	2003	2002
每天创造的财富			
地区生产总值	(万元)	100358.9	88039.5
第一产业		2620.3	2686.3
第二产业		35941.4	30589.9
工业		28274.8	23949.3
建筑业		7666.6	6640.5
第三产业		61797.3	54743.3
# 交通运输仓储和邮电通信业		6953.4	6453.7
地方财政收入	(万元)	18245.0	16464.6
地方财政支出	(万元)	22175.0	18739.0
发电量	(万千瓦时)	3975.9	3889.7
汽车	(辆)	950.8	495.4
移动电话机	(部)	91356.9	62468.7
每天消费量			
能源消费量	(万吨标准煤)	12.9	12.3
社会消费品零售额	(万元)	52512.8	45843.8
粮　食	(吨)	931.2	1279.1
猪　肉	(吨)	506.0	477.2
牛羊肉	(吨)	242.9	218.7
鲜　蛋	(吨)	212.6	201.2
水产品	(吨)	360.8	345.4
食用植物油	(吨)	376.2	346.9
鲜　菜	(吨)	4076.6	4335.1
生活用水(自来水厂)	(万吨)	159.7	157.5
每天其他活动			
新建住宅竣工面积	(万平方米)	6.4	6.0
货运量(包括管道)	(万吨)	84.7	84.4
客运量	(万人)	83.6	77.8
邮电业务量(2000年不变价)	(万元)	8329.7	6960.1
移动电话通话量	(万次)	3090.3	2479.0
地方企业海关出口额	(万美元)	2018.1	1616.2
旅游外汇收入	(万美元)	520.5	852.1
接待入境旅游人数	(人次)	5071.9	8503.7
市内公共交通客运量	(万人次)	1169.0	1348.3
每天人口变动和婚姻			
出生人口	(人)	201.2	253.7
死亡人口	(人)	205.1	219.1
登记结婚对数	(对)	256.2	208.6
离婚对数	(对)	27.8	15.9

相关链接

北京概况

自然环境

2003年平均气温12.9℃，一月份最冷，平均气温-3.1℃，八月份最热，平均气温26.2℃，年平均降雨量444.9毫米，属于降水量较少的年份。全年无霜期208天。

北京市全市土地面积16807.8平方公里，其中山区10417.5平方公里，占总面积的62%；平原面积6390.3平方公里，占总面积的38%。全市共辖16个区和2个县。

人口

截止2003年末，北京有常住人口1456万人，其中，户籍人口1148.8万人。常住人口密度为866人／平方公里。

首都经济

全市生产总值达到3663.1亿元，比2002年增长10.7%。第三产业比重61.6%，是全国第三产业比重最高的大城市。地方一般预算内财政收入完成592.5亿元，比上年增长18.2%；地方一般预算内财政支出734.8亿元，增长16.9%。

农业

2003年，农业总产值为237.9亿元，比上年增长7.5%。农业总产值中养殖业比重达到57%。

工业

2003年全市有工业企业1.95万家，其中国有及年销售收入500万元以上的企业4019家。2003年工业实现增加值1032亿元，全市规模以上工业企业利税总额418.99亿元。

建筑业

2003年，全市建筑业实现增加值279.8亿元，比上年增长10.7%。建筑施工企业已达到2419个，技术装备率和动力装备率分别达到12538元/人和9.08千瓦/人。

金融、保险业

2003年全市金融机构(含外资)本外币存款余额20476亿元；本外币贷款余额12043.1亿元。2003年末外国金融机构和组织在京代表处达94家（为非营业机构）。22家外资银行在京设立了分行。2003年保险业完成国内外保险业务收入278.1亿元，比上年增长22.6%。

房地产

2003年房地产开发投资1202.5亿元，销售商品房1895.8万平方米，其中住宅1771.1万平方米，商品住宅销售给个人的比例已达九成以上。

城市建设

2003年，全社会固定资产投资已达2157.1亿元。全市完成基础设施建设投资417.8亿元。

城市交通

到2003年末，全市公路总长14453公里。公路密度每百平方公里86公里。全市有机动车199.1万辆，其中私人小轿车已达65.6万辆。全市有发达城市公共交通体系，公交线路620条，年客运量42.7亿人次。2003年旅客运输量30520.2万人次。首都机场已开通200条国际国内航线。

邮政电信

邮电通信业稳步发展，实现增加值 170.8 亿元，比上年增长 10.4%。通信业快速增长，全市固定电话用户达 682.7 万户，比上年增长 16.6%。固定电话主线普及率达 47.4 线／百人；移动电话用户达到 1109 万户，移动电话普及率达到 77 部/百人。

城市环境保护与绿化

从 1998 年开始，全市先后分 8 个阶段实施了数十项控制大气污染的紧急措施。2003 年，全市空气质量达到二级和好于二级的天数为 224 天，占全年总天数的 61.4%。城八区共有 1900 多台燃煤锅炉改用清洁能源，超额 28%完成改造任务。全市天然气供应量达到 23.8 亿立方米。全年增加集中供热面积 736 万平方米。

北京正在建设三道绿色生态屏障，2003 年第一道城市绿化隔离带完成绿化面积 1000 公顷，年末公共绿地面积达到 91 5.7 公顷，全市林木覆盖率和市区绿化覆盖率分别达到 47.5%和 41.1%，分别比上年提高 2 个和 0.9 个百分点。

城市污水日处理能力达到 215 万吨，比上年增长 18.8%。全年污水处理率超过 50.1%。

全市在 250 个居民小区开展生活垃圾分类收集试点。城八区垃圾无害化处理率达到 95.3%。

旅游业

北京对外开放的旅游景点达 300 多处，北京共有旅游定点饭店 659 家（其中星级饭店 614 家），客房 10.9 万间，国际旅行社 163 家，有 21 个主要语种的导游人员 5000 多人。由于“非典”疫情的影响，2003 年上半年旅游业遭受重创，尽管下半年旅游市场逐步恢复，但全年接待海外游客仅有 185.1 万人次，旅游创汇 19 亿美元，出现了 1990 年以来的第一次下降。

商业、饮食业

2003 年实现社会消费品零售额 1916.7 亿元，比上年增长 14.5%。

社会发展

作为当代中国的文化中心，北京既有深厚的传统文化，又有富于激情与活力的文化氛围。如今，高科技已经渗透在北京人的生活之中。“科技奥运”成为城市发展的主题，为人民的生产造福。

科学技术

全市开展科技活动的单位为 3815 个。世界 500 强企业中已有 293 家在北京设立代表处或研发中心。北京地区拥有科技活动人员 27.1 万人，其中科学家和工程师（指大学本科及以上学历或有中高级技术职称的人员）22.7 万人，占科技活动人员总数的 82.8%。年末，拥有孵化器 61 家，在孵企业约 2082 家。全市技术合同登记 32173 项，合同成交总金额 265.4 亿元，其中技术交易额 226.6 亿元，分别比上年增长 19%、20%和 25.2%。

到 2003 年末，认定软件企业累计 1749 家，累计登记软件产品达到 4820 个，全国约有 70%的自主软件产品在北京开发。

教　　育

2003 年高等院校 74 所，在校研究生 12 万人，本科和专科在校生 45.1 万人。目前高等教育毛入学率已达 52%,比上年提高 3 个百分点。

文　　化

北京现有公共图书馆 26 家，博物馆 125 家。广播和电视节目实现 24 小时、多种语种播出。至 2003 年底，全市共有各类电影放映单位 214 个，其中电影院 65 个。放映场次 11.8 万场，观众人次达到 683 万人，票款收入 13451.2 万元。

医疗卫生

全市共有执业医师 4.8 万人；全市有各类医院 459 个，医院床位 6.7 万张。2003 年末，全市平均每千人拥有医生 4.21 人，拥有医院床位 5.89 张。医院硬件设施逐步接近国际先进水平，一般医院设备的普及率达到 100%。

体　　育

全民健身设施发展迅速，群众体育蓬勃开展。全年配建 1239 个全民健身工程，总面积 94.5 万平方米，总投资 1.7 亿元。全民健身晨、晚练活动场所达 3811 个。

竞技体育水平稳步提高。全市共有专业体育运动员近千人，共获得国际和全国性比赛奖牌 179 枚，其中金牌 68 枚，银牌 61 枚，铜牌 50 枚。在第六届全国残疾人运动会上，我市残疾人运动员共夺得金牌 34 枚，超 2 项世界纪录，破 27 项全国纪录。

百姓生活

2003 年城市居民人均可支配收入 13882.6 元，生活费支出 11123.8 元，城市居民恩格尔系数 31.7%。城市居民人均住房使用面积 18.7 平方米。2003 年农民人均纯收入 6496.3 元。农村居民人均生活用房面积 33.95 平方米。

对外关系

北京市已与 114 个国家和地区的 150 多个城市有友好往来关系，其中已与 24 个国家的 27 城市建立了友好城市。北京现有驻华大使馆 151 个,国际组织代表机构 18 个，外国新闻机构 215 个。在北京设立的国外驻京代表机构已达 8846 家，外国留学生 15000 多人。2003 年，北京地区外贸进出口总值 684.6 亿美元，其中出口总值 168.5 亿美元。2003 年，实际利用外资 21.5 亿美元。全球最大 500 家跨国公司已有 160 多家来京投资。

第二篇

TWO

北京区县概览

BEIJING QU XIAN GAILAN

统计图

北京市土地面积
(单位：平方公里)

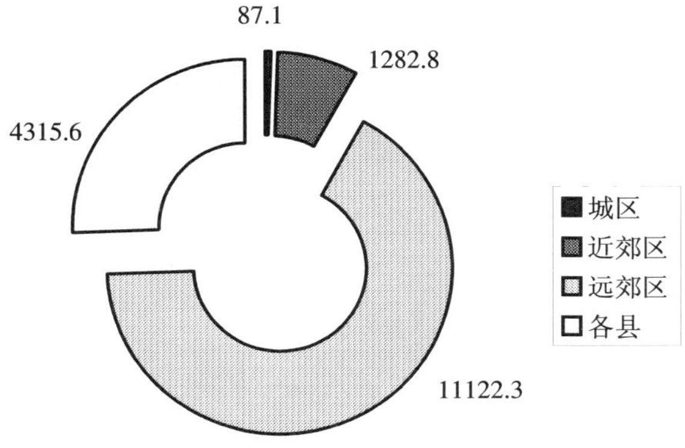

北京市地区生产总值
(单位：亿元)

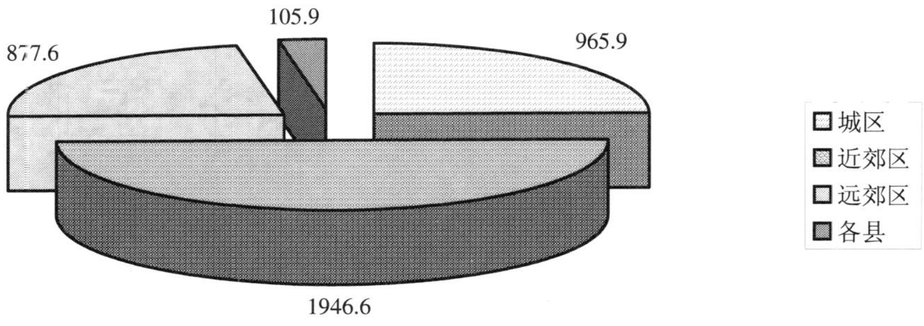

户籍人口
（单位：万人）

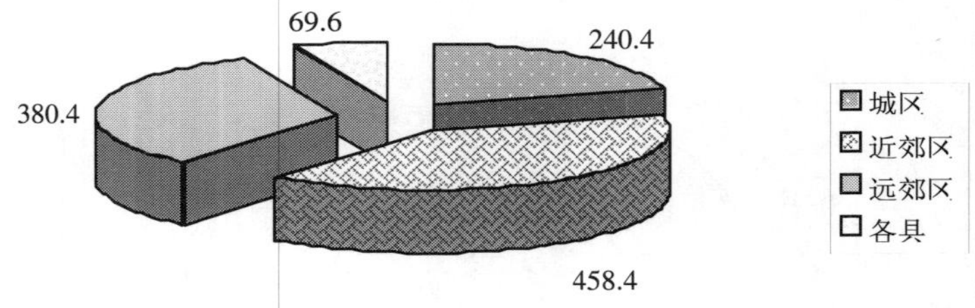

北京市全社会固定资产投资
（单位：亿元）

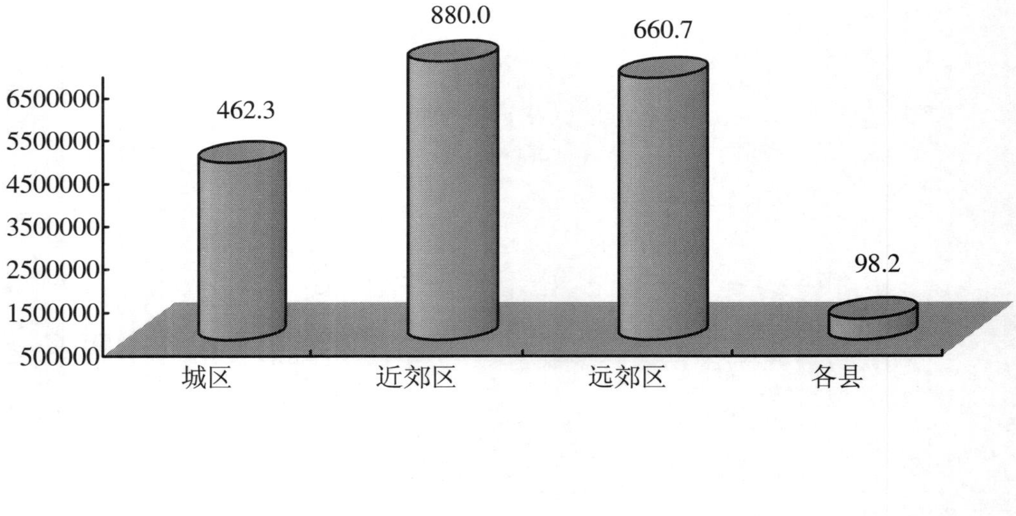

2-1 全部法人单位数(按所在地分)

单位: 个

年 份 地 区	法人单位数合计	单产业法人	多产业法人	# 企业法人
1997	99397	93384	6013	79532
1998	86805	83408	3397	68590
1999	93702	90383	3319	75361
2000	95950	92926	3024	78378
2001	166417	161185	5232	142220
2002	170181	165053	5128	145571
2003	191044	186080	4964	166450
东 城 区	12561	12105	456	10887
西 城 区	14443	13822	621	12274
崇 文 区	5498	5274	224	4792
宣 武 区	5827	5523	304	5011
朝 阳 区	33315	32623	692	30100
丰 台 区	16684	16229	455	15045
石景山区	5177	5011	166	4494
海 淀 区	48514	47876	638	45358
门头沟区	3226	2999	227	2207
房 山 区	7694	7527	167	6362
通 州 区	6006	5901	105	4898
顺 义 区	5309	5223	86	4349
昌 平 区	6851	6638	213	5524
大 兴 区	8396	8257	139	7249
平 谷 区	2969	2893	76	1966
怀 柔 区	3360	3244	116	2358
密 云 县	2897	2754	143	2080
延 庆 县	2317	2181	136	1496

2-2 地方财政收入

单位：万元

年份 地区	地方财政收入		一般预算财政收入		# 增值税		# 营业税	
	绝对值	为上年的(%)	绝对值	为上年的(%)	绝对值	为上年的(%)	绝对值	为上年的(%)
1997	2099055	125.5	1893913		326680	110.6	975355	119.5
1998	2620068	124.8	2273313	120.0	375807	115.0	1129996	115.9
1999	3204406	122.3	2813661	123.8	397193	105.7	1288567	114.0
2000	3983895	124.3	3449968	122.6	459557	115.7	1490539	115.7
2001	5076799	127.4	4541676	131.6	589957	128.4	1813472	121.7
2002	6009594	125.8	5339900	125.9	666884	113.0	2277893	125.6
2003	6659427	117.2	5925388	118.2	752553	112.8	2636946	115.8
东城区	313801	115.0	310331	136.7	16806	101.2	132238	114.5
西城区	343806	109.0	343473	109.9	28824	102.7	167696	111.1
崇文区	69657	106.7	69042	106.8	7500	103.2	28931	118.9
宣武区	194970	119.0	193781	118.4	28292	112.2	74561	118.8
朝阳区	565625	114.0	560802	113.6	73484	107.3	245595	109.3
丰台区	122042	113.7	119408	113.1	19054	103.9	53303	120.4
石景山区	74652	115.8	74402	116.3	26232	127.4	16603	104.0
海淀区	475348	119.5	472049	119.5	59847	114.1	234016	115.9
门头沟区	37016	111.8	36560	113.7	7756	108.3	19390	109.4
房山区	89542	117.3	88600	116.4	15686	109.4	31475	100.9
通州区	84397	121.6			10198	133.9	34687	118.0
顺义区	86458	137.2	84512	135.7	22046	180.4	27475	156.9
昌平区	88540	132.0	88540	132.0	12184	119.5	39674	136.6
大兴区	93497	125.7	93188	125.4	8757	128.6	48675	150.7
平谷区	45793	103.5	45288	102.8	4134	107.2	26482	133.9
怀柔区	54036	117.3	53389	117.2	7962	117.5	30428	121.1
密云县	83336	113.6	82291	112.4	5636	99.0	54616	149.3
延庆县	28128	121.0	27619	119.5	1674	93.1	12812	129.0

注：分区县财政收入为区县级财政收入。

2-3 地方财政支出

单位：万元

年 份 地 区	地方财政支出		一般预算财政支出		# 基本建设支出	
	绝对值	为上年的(%)	绝对值	为上年的(%)	绝对值	为上年的(%)
1997	2621984	124.1	2445761		248948	114.9
1998	3073329	117.4	2810718	114.9	326077	131.0
1999	3985328	129.5	3551932	126.4	454629	139.4
2000	4903419	123.0	4429969	124.7	574884	126.5
2001	6149230	125.4	5591063	126.2	929621	161.7
2002	6839751	111.2	6283496	112.4	643100	69.2
2003	8093859	118.3	7348043	116.9	719875	111.9
东城区	251302	112.3	248088	111.9	17950	66.2
西城区	290508	114.8	289364	114.9	39122	109.6
崇文区	146684	118.9	145291	118.7	11051	60.0
宣武区	206531	124.0	205821	123.7	36269	149.4
朝阳区	413971	111.5	390108	110.6	8719	76.1
丰台区	225936	108.3	210063	113.3	9750	84.4
石景山区	129069	118.9	127645	118.7	16023	85.3
海淀区	585188	113.5	545111	117.3	58919	106.4
门头沟区	125639	103.0	124067	103.4	19149	185.0
房山区	177598	112.9	176650	113.4	8565	144.4
通州区	192851	131.7			8805	126.4
顺义区	205982	125.9	200588	126.6	33578	185.2
昌平区	168376	137.8	168376	137.8	5444	132.8
大兴区	180279	117.6			7115	103.0
平谷区	145449	114.6	148174	117.9	14791	110.5
怀柔区	170421	114.2	168174	113.6	16628	113.8
密云县	179409	117.4	175856	116.3	12417	98.6
延庆县	117031	116.1	114222	114.2	7541	251.6

注：分区县财政支出为区县级实际支出。

2-4 地区生产总值

单位：亿元

年 份 地 区	地区生产总值		第一产业		第二产业		# 工业	
	绝对值	为上年的(%)	绝对值	为上年的(%)	绝对值	为上年的(%)	绝对值	为上年的(%)
1997	1810.1	109.6	84.9	101.0	738.6	108.1	588.4	108.7
1998	2011.3	109.8	86.6	101.5	786.9	109.6	610.7	108.7
1999	2174.5	110.2	87.5	102.5	840.2	112.0	649.3	112.8
2000	2478.8	111.0	90.0	104.0	943.5	111.4	745.3	113.2
2001	2845.7	111.2	93.1	104.5	1030.6	109.4	816.2	110.2
2002	3212.7	110.4	98.1	105.0	1116.5	108.5	874.2	107.8
2003	3663.1	110.7	95.6	103.3	1311.9	111.9	1032.0	112.2
东 城 区	329.4	112.0			21.0	107.1	10.5	100.1
西 城 区	348.8	112.5			41.9	97.9	26.7	95.7
崇 文 区	86.4	115.0			24.0	124.8	15.5	129.7
宣 武 区	201.3	108.9			58.5	88.4	49.7	85.9
朝 阳 区	684.2	115.6	2.4	82.8	173.6	105.8	137.6	107.8
丰 台 区	231.0	112.1	1.2	76.8	68.2	109.9	50.9	117.1
石景山区	138.5	116.6	0.1	59.7	98.6	119.9	89.4	117.5
海 淀 区	892.9	18.3	2.5	105.1	197.3	110.4	163.7	109.9
门头沟区	46.4	114.0	0.6	104.3	21.2	109.1	17.4	107.1
房 山 区	196.5	121.7	11.2	109.7	126.5	128.8	99.6	133.2
通 州 区	104.5	116.0	12.2	92.2	49.5	124.4	38.5	122.6
顺 义 区	183.1	137.8	21.9	100.1	102.9	178.3	90.2	186.3
昌 平 区	130.1	117.4	4.8	112.8	67.2	116.6	55.0	121.6
大 兴 区	103.7	117.9	13.7	110.1	42.1	122.9	31.9	124.8
平 谷 区	51.0	122.0	8.7	102.5	22.6	125.7	17.1	123.1
怀 柔 区	62.3	118.4	4.9	103.1	37.4	126.5	30.6	126.3
密 云 县	68.4	120.8	10.2	114.6	33.0	118.3	27.5	119.6
延 庆 县	37.5	118.5	8.2	106.4	13.8	119.3	7.6	120.2

注：1. 全市地区生产总值的绝对值为现价，速度为不变价；分区县的地区生产总值的绝对值及速度均为现价。

2. 分区县地区生产总值由各区县自行核算，未经北京市统计局评估。

2-4-1

单位：亿元

年 份 地 区	第三产业		# 交通运输、仓储和邮政业		# 批发和零售业		# 住宿和餐饮业		# 金融保险	
	绝对值	为上年的(%)	绝对值	为上年的(%)	绝对值	为上年的(%)	绝对值	为上年的(%)	绝对值	为上年的(%)
1997	936.7	111.8	135.8	112.8	202.5	105.2			246.9	128.5
1998	1137.9	110.8	154.5	110.0	207.3	104.0			277.6	109.4
1999	1246.8	109.1	167.5	108.9	210.4	102.7			316.4	113.7
2000	1445.3	111.1	190.1	110.9	218.5	105.0			378.9	116.4
2001	1722.0	112.8	218.5	107.3	237.8	109.9			441.2	113.1
2002	1998.1	112.0	235.6	107.1	256.3	107.1			469.4	105.8
2003	2255.6	110.3	253.8	107.4	279.7	109.2	69.7		537.3	110.1
东城区	308.4	112.4	35.6	96.4	52.4	114.2	15.9	89.3	45.0	149.3
西城区	306.9	114.9	1.5		34.7		7.7		137.1	132.8
崇文区	62.4	111.7	1.1	131.7	14.9	109.1	1.4	107.5	10.3	108.2
宣武区	142.8	120.4	6.3	97.5	31.8	119.6	4.9	129.3	25.9	114.0
朝阳区	508.2	119.6	56.0	96.6	66.6	131.6	23.1	102.7	102.0	114.6
丰台区	161.6	113.4	26.1	96.3	13.0	98.6	2.6	108.3	22.8	106.9
石景山区	39.8	109.4	2.7	75.1	5.5	136.1	0.6	70.0	5.1	105.8
海淀区	693.1	120.8	11.8	99.2	41.3	141.1	12.1	87.7	71.6	112.8
门头沟区	24.6	118.9	2.4	123.7	4.8	114.3	1.1	90.1	1.1	142.8
房山区	58.8	110.8	12.4	118.9	13.3	113.0	1.3	114.3	3.4	118.6
通州区	42.8	115.4	6.0	206.9	5.8	97.5	1.7	123.5	3.3	85.2
顺义区	58.3	109.4	15.1	101.8	8.3	118.4	2.8	106.2	5.5	89.0
昌平区	58.1	118.7	5.7	90.8	6.4	86.7	2.0	134.8	4.9	145.6
大兴区	47.8	116.2	5.4	185.6	5.1	112.6	1.7	108.0	5.7	172.0
平谷区	19.7	128.5	1.9	112.5	2.1	110.4	1.1	118.7	1.3	126.7
怀柔区	20.0	109.2	2.9	100.5	2.6	115.6	1.7	117.7	1.3	115.2
密云县	25.2	127.1	1.7	83.0	4.4	131.6	3.3	153.8	0.6	155.0
延庆县	15.5	125.4	1.5	118.5	1.9	116.6	1.4	114.7	1.2	135.5

注：本表中“住宿和餐饮业”是根据新国民经济行业分类标准分组，故2002年以前无此数据。

2-4-2

单位：亿元

年 份 地 区	# 房地产业		# 其他服务业	
	绝对值	为上年的(%)	绝对值	为上年的(%)
1997	41.2	106.4	10.3	116.4
1998	68.3	161.3	14.1	125.6
1999	69.5	101.7	15.7	111.9
2000	77.4	109.5	17.1	105.3
2001	111.0	140.8	17.8	94.9
2002	163.1	136.8	19.6	105.2
2003	190.6	112.1	20.2	101.1
东 城 区	15.0	121.8	144.6	110.0
西 城 区	27.9		2.4	
崇 文 区	10.8	135.1	23.8	104.8
宣 武 区	7.5	121.2	66.4	125.5
朝 阳 区	61.9	141.3	198.6	123.3
丰 台 区	10.6	134.1	86.5	102.4
石景山区	6.0	105.4	19.9	114.4
海 淀 区	24.7	93.2	531.6	123.9
门头沟区	4.2	148.4		
房 山 区	10.4	117.9	18.0	103.4
通 州 区	13.5	182.1	10.7	78.7
顺 义 区	8.8	114.6	17.8	119.5
昌 平 区	8.2	113.6	21.1	97.6
大 兴 区	14.2	132.0	14.3	85.6
平 谷 区	5.5	254.8	7.8	90.7
怀 柔 区	3.5	124.0	0.8	103.8
密 云 县	8.0	143.2	7.2	113.4
延 庆 县	3.1	167.8	6.4	118.5

2-5 户 数 及 人 口 数(户籍统计)

单位：万人

年 份 地 区	户籍人口						暂住人口
	户 数（万户）			人口数			
	合 计	非农业户	农业户	合 计	非农业户	农业户	
1997	375.7	250.9	124.8	1085.5	722.7	362.8	131.2
1998	383.4	259.2	124.2	1091.5	733.7	357.8	131.9
1999	390.3	267.5	122.8	1099.8	747.2	352.6	150.1
2000	397.9	275.5	122.4	1107.5	760.7	346.8	170.5
2001	405.3	283.7	121.6	1122.3	780.1	342.2	244.3
2002	416.2	296.7	119.5	1136.3	806.9	329.4	358.9
2003	427.6	309.3	118.3	1148.8	830.8	318.0	332.6
东 城 区	23.5	23.5		64.3	64.3		8.2
西 城 区	28.2	28.2	…	79.7	79.7	…	10.1
崇 文 区	14.8	14.8	…	39.6	39.6	…	4.5
宣 武 区	20.5	20.5	…	56.8	56.8	…	7.2
朝 阳 区	61.0	53.5	7.5	159.8	143.2	16.6	80.1
丰 台 区	33.8	27.9	5.9	86.4	72.4	14.0	32.1
石景山区	12.1	12.1		33.8	33.8		11.9
海 淀 区	56.7	51.6	5.1	178.4	167.0	11.4	71.7
门头沟区	10.0	6.9	3.1	23.6	16.5	7.1	4.5
房 山 区	28.6	13.1	15.5	74.9	31.3	43.6	11.4
通 州 区	26.3	12.0	14.3	61.0	23.8	37.2	15.3
顺 义 区	21.3	8.0	13.3	54.8	16.5	38.3	17.7
昌 平 区	17.8	8.9	8.9	45.3	22.0	23.3	25.2
大 兴 区	19.3	8.4	10.9	54.7	19.8	34.9	23.6
平 谷 区	14.4	5.8	8.6	39.2	13.1	26.1	2.0
怀 柔 区	11.2	4.4	6.8	26.9	9.8	17.1	2.3
密 云 县	16.8	5.7	11.1	42.4	13.0	29.4	3.0
延 庆 县	11.3	4.0	7.3	27.2	8.2	19.0	1.8

2-6 人　口　密　度(户籍统计)

年　份 地　区	户籍人口 (万人)	土地面积 (平方公里)	人口密度 (人／平方公里)
1997	1085.5	16807.8	644
1998	1091.5	16807.8	647
1999	1099.8	16807.8	654
2000	1107.5	16807.8	658
2001	1122.3	16807.8	668
2002	1136.3	16807.8	675
2003	1148.8	16807.8	682
东 城 区	64.3	24.7	26020
西 城 区	79.7	30.0	26551
崇 文 区	39.6	15.9	24925
宣 武 区	56.8	16.5	33954
朝 阳 区	159.8	470.8	3394
丰 台 区	86.4	304.2	2840
石景山区	33.8	81.8	3998
海 淀 区	178.4	426.0	4189
门头沟区	23.6	1331.3	177
房 山 区	74.9	1866.7	402
通 州 区	61.0	870.0	702
顺 义 区	54.8	980.0	559
昌 平 区	45.3	1430.0	317
大 兴 区	54.7	1012.0	540
平 谷 区	39.2	1075.0	365
怀 柔 区	26.9	2557.3	105
密 云 县	42.4	2335.6	181
延 庆 县	27.2	1980.0	138

2-7 外来人口在京分布状况

单位：万人

年 份 地 区	总 计	# 居住半年以上	# 务工经商
2001	328.1	262.8	256.1
2002	386.6	286.9	296.5
2003	409.5	307.6	318.5
东 城 区	10.9	7.4	7.9
西 城 区	12.1	9.2	10.0
崇 文 区	5.2	3.9	4.2
宣 武 区	9.2	6.9	8.0
朝 阳 区	92.8	69.1	73.6
丰 台 区	35.8	27.4	30.2
石景山区	14.9	11.2	11.4
海 淀 区	85.5	63.6	60.1
门头沟区	5.6	4.2	3.6
房 山 区	15.3	11.8	12.4
通 州 区	18.1	14.0	15.5
顺 义 区	21.8	16.8	18.1
昌 平 区	33.5	25.3	24.9
大 兴 区	35.7	26.9	28.4
平 谷 区	2.6	1.8	2.2
怀 柔 区	4.5	3.8	3.3
密 云 县	3.5	2.5	2.9
延 庆 县	2.5	1.8	1.8

资料来源：根据北京市外来人口动态监测调查资料推算。

2-8 城市单位劳动就业及劳动工资情况

年 份 地 区	从业人员(人)		从业人员劳动报酬(万元)	
	绝对值	为上年的(%)	绝对值	为上年的(%)
1997	4775443	101.0	5331682	107.4
1998	4431547	92.8	5695014	106.8
1999	4323128	97.6	6246634	109.7
2000	4318343	99.9	7207130	115.4
2001	4393910	101.7	8526825	118.3
2002	4804801	109.4	10499904	123.1
2003	4912329	102.2	12202989	116.2
东 城 区	398566	98.7	1152924	112.7
西 城 区	564176	115.5	1687999	125.8
崇 文 区	138745	101.2	284296	115.1
宣 武 区	263537	101.9	614948	120.0
朝 阳 区	851602	102.0	2441746	113.5
丰 台 区	446608	85.6	883245	108.2
石景山区	164470	98.6	387156	113.9
海 淀 区	954386	100.4	2767668	114.0
门头沟区	64376	101.4	115904	107.8
房 山 区	144272	100.1	275255	110.3
通 州 区	122300	100.0	193646	116.0
顺 义 区	154533	98.3	253653	113.7
昌 平 区	167877	109.9	291871	124.1
大 兴 区	202267	123.4	431585	144.2
平 谷 区	70325	135.6	99763	105.0
怀 柔 区	59195	105.9	112969	152.6
密 云 县	74002	120.9	111382	120.2
延 庆 县	40746	101.3	74695	105.9

注：本表数据不含城市个体、私营企业、农村从业人员。

2-8-1

年份 地区	在岗职工(人)		在岗职工工资总额(万元)		在岗职工平均工资(元)	
	绝对值	为上年的(%)	绝对值	为上年的(%)	绝对值	为上年的(%)
1997	4653489	101.0	5017353	113.4	10740	112.1
1998	4187600	90.0	5302905	105.7	12451	115.9
1999	4029540	96.2	5773301	108.9	14054	112.9
2000	3979251	98.8	6639343	115.0	16350	116.3
2001	4003165	100.6	7772635	117.1	19155	117.2
2002	4341771	108.5	9508796	122.3	21852	114.1
2003	4363391	100.5	10989365	115.6	25312	115.8
东城区	349199	98.4	1054229	112.6	30469	114.8
西城区	477399	111.9	1512467	122.1	31997	110.6
崇文区	125257	100.6	265231	115.2	21139	114.9
宣武区	238049	100.8	573174	118.7	25042	117.2
朝阳区	727536	98.8	2087638	111.9	28633	112.9
丰台区	382350	78.8	786699	103.2	21087	130.1
石景山区	152389	98.1	369141	113.8	23631	117.8
海淀区	837174	102.1	2483088	116.9	29985	115.9
门头沟区	60877	100.7	111683	107.6	18217	106.6
房山区	135957	98.4	258460	109.8	18317	115.2
通州区	116595	98.1	185043	114.8	15740	117.3
顺义区	150195	97.5	229943	110.9	15275	114.4
昌平区	159129	110.3	276539	125.7	17509	117.9
大兴区	185823	121.4	394791	145.2	21772	122.4
平谷区	67983	133.3	95944	112.0	13879	86.8
怀柔区	58348	105.3	102905	140.7	17405	136.1
密云县	71442	120.6	108874	121.9	15377	102.4
延庆县	40054	101.2	73467	105.8	16315	106.4

2-9 固定资产投资额

单位：万元

年份 地区	全社会固定资产投资	房地产投资总额（万元）	
		绝对值	为上年的（%）
1997	961.2	330.3	100.6
1998	1155.6	377.4	114.3
1999	1170.6	421.5	111.7
2000	1297.4	522.1	123.9
2001	1530.5	783.8	150.1
2002	1814.3	989.4	126.2
2003	2157.1	1202.5	121.5
东城区	1702707	1269155.0	110.5
西城区	1335592	983153.0	88.5
崇文区	616455	430632.0	89.1
宣武区	968372	699290.0	100.2
朝阳区	4799867	1749986.0	129.5
丰台区	777305	488250.0	123.1
石景山区	323941	83037.0	69.0
海淀区	2898447	1785157.0	132.1
门头沟区	426365	355023.0	118.3
房山区	1037206	488782.0	85.2
通州区	890727	550283.0	160.7
顺义区	850903	238847.0	104.3
昌平区	812579	515171.0	162.0
大兴区	1008939	676727.0	105.9
平谷区	914466	545440.0	251.8
怀柔区	665502	345061.0	97.9
密云县	726398	358292.0	74.6
延庆县	255814	125951.0	117.8

注：1. 全市分年度投资数据以亿元为单位。

2. 全社会固定资产投资分区县的数据不包含直报单位及亦庄开发区数据。

2-10 房地产基本情况

年 份 地 区	商品房屋施工面积(万平方米)		# 本年新开工面积	
	绝对值	为上年的(%)	绝对值	为上年的(%)
1997	2869.6	101.6	848.4	146.6
1998	3499.1	121.9	1193.4	140.7
1999	3784.0	108.1	1061.8	89.0
2000	4455.0	117.7	1676.9	157.9
2001	5966.7	133.9	2789.8	166.4
2002	7510.7	125.9	3206.0	114.9
2003	9070.7	120.8	3433.7	107.1
东 城 区	901.5	104.6	207.0	52.1
西 城 区	711.1	95.8	222.9	87.3
崇 文 区	317.6	93.5	114.4	120.9
宣 武 区	527.1	130.1	142.5	95.0
朝 阳 区	1406.2	116.2	400.3	93.8
丰 台 区	416.1	152.5	252.2	179.8
石景山区	59.4	82.4	39.6	291.0
海 淀 区	1072.5	125.1	435.4	144.5
门头沟区	203.2	119.5	105.9	116.4
房 山 区	424.6	87.8	147.8	67.5
通 州 区	463.1	154.7	285.9	184.6
顺 义 区	232.3	134.5	157.7	132.6
昌 平 区	388.6	1640.0	170.4	139.6
大 兴 区	590.8	133.0	257.2	111.6
平 谷 区	279.0	318.9	89.9	210.0
怀 柔 区	190.5	110.2	56.9	164.0
密 云 县	521.9	117.5	158.4	73.8
延 庆 县	123.6	120.4	78.0	240.0

2-10-1

年 份 地 区	商品房竣工面积(万平方米)		商品房销售建筑面积(万平方米)	
	绝对值	为上年的(%)	绝对值	为上年的(%)
1997	682.3	102.8	290.9	135.1
1998	842.8	123.5	409.2	140.7
1999	1208.5	143.4	544.4	133.0
2000	1365.6	113.0	956.9	175.8
2001	1707.4	125.0	1205.0	125.9
2002	2384.4	139.7	1708.3	141.8
2003	2593.6	108.8	1895.8	111.0
东 城 区	367.3	255.1	264.6	259.9
西 城 区	153.8	65.4	105.1	63.7
崇 文 区	114.2	100.1	61.5	126.2
宣 武 区	142.5	120.9	98.2	97.3
朝 阳 区	187.7	50.9	112.6	70.9
丰 台 区	111.9	114.7	77.5	167.0
石景山区	16.7	30.3	20.1	47.2
海 淀 区	228.0	86.6	103.3	69.3
门头沟区	45.8	38.8	56.3	116.5
房 山 区	210.8	79.6	172.9	82.5
通 州 区	160.6	107.1	136.6	107.4
顺 义 区	96.6	115.8	70.2	81.9
昌 平 区	116.1	181.1	91.9	175.4
大 兴 区	196.8	112.3	162.3	125.3
平 谷 区	69.7	175.6	78.5	199.7
怀 柔 区	75.3	157.6	55.4	205.1
密 云 县	162.1	117.0	123.9	107.9
延 庆 县	62.4	214.4	52.4	99.6

2-11 经济适用房

年 份 地 区	完成投资(万元)		施工面积(万平方米)		竣工面积(万平方米)	
	绝对值	为上年的(%)	绝对值	为上年的(%)	绝对值	为上年的(%)
1999	370959.0		350.3		129.1	
2000	479707.0	129.3	358.7	102.4	195.7	151.6
2001	718025.0	149.7	633.0	176.5	258.2	131.9
2002	898289.0	125.1	795.1	125.6	316.4	122.5
2003	922201.0	102.7	902.6	113.5	363.1	114.8
东城区	202160.0	111.4	199.7	102.8	139.1	226.2
西城区	55994.0	272.0	57.9	193.1	24.8	273.6
崇文区						
宣武区	59453.0	123.9	51.9	186.5	7.4	62.5
朝阳区	101597.0	241.0	103.7	149.2	15.0	157.9
丰台区	95894.0	311.9	86.5	356.0	19.7	
石景山区						
海淀区	5811.0	34.5	86913.0	83.4		
门头沟区						
房山区	252450.0	58.4	164.8	48.8	107.5	58.1
通州区						
顺义区						
昌平区	81234.0	628.9	73.7	599.2	4.1	67.2
大兴区	71271.0		54.6		4.8	0.0
平谷区						
怀柔区						
密云县	20194.0	209.9	19.0	246.8	3.4	
延庆县						

2-11-1

年份 地区	住宅销售面积(万平方米)		住宅空置面积(万平方米)	
	绝对值	为上年的(%)	绝对值	为上年的(%)
1999	45.8			
2000	168.2	367.2		
2001	185.2	110.1		
2002	220.7	119.2		
2003	320.0	145.0	896.9	117.5
东 城 区	132.7	370.7	1.6	
西 城 区	96.3	70.6	42.6	108.3
崇 文 区				
宣 武 区	6.7	44.5	3.7	246.7
朝 阳 区	104.7	98.9	102.6	77.9
丰 台 区				
石景山区				
海 淀 区	0.3	2.0		
门头沟区				
房 山 区	97.8	84.7	13.6	
通 州 区				
顺 义 区				
昌 平 区	87.9		91.3	
大 兴 区	4.8			
平 谷 区				
怀 柔 区				
密 云 县	116.0	101.0	76.3	
延 庆 县				

2-12 城市居民家庭基本情况

年份 地区	平均每一就业者负担人数(人)		平均每人年可支配收入(元)	
	绝对值	为上年的(%)	绝对值	为上年的(%)
1997	1.4	101.4	7813.1	113.5
1998	1.4	97.9	8472.0	108.4
1999	1.4	100.7	9182.8	108.4
2000	1.4	100.0	10349.7	112.7
2001	1.4	98.6	11577.8	111.9
2002	1.4	101.4	12463.9	113.5
2003	1.4	100.0	13882.6	111.4
东城区	1.8	98.4	14880.1	113.4
西城区	1.4	100.0	14539.0	112.6
崇文区	1.4	97.8	13494.1	114.9
宣武区	1.3	94.3	13170.2	118.7
朝阳区	1.4	99.3	13897.5	110.1
丰台区	1.8	93.4	12281.8	113.1
石景山区	1.7	100.0	11904.7	108.0
海淀区	1.4	98.6	14409.1	104.6
门头沟区	2.4	104.2	11051.3	108.2
房山区	1.8	127.0	11712.3	110.9
通州区	1.6	100.5	11968.6	118.7
顺义区	2.0	117.6	13203.0	112.5
昌平区	2.2	100.0	10372.6	110.1
大兴区	1.9	97.9	10811.7	111.6
平谷区	1.8	98.9	11964.2	109.0
怀柔区	2.0	95.2	12785.0	115.6
密云县	2.3	104.5	12023.0	114.0
延庆县	1.9	105.6	12852.6	113.1

注：人民生活部分的数据分别取自各区县抽样调查资料，本表中的平均每人年可支配收入选用现价速度。

2-12-1

年 份 地 区	平均每人年消费性支出(元)		城市居民家庭恩格尔系数(%)
	绝对值	为上年的(%)	
1997	6531.8	114.0	43.7
1998	6970.8	106.7	41.1
1999	7498.5	107.6	39.5
2000	8493.5	113.3	36.3
2001	8922.7	105.1	36.2
2002	10285.8	115.3	33.8
2003	11123.8	108.1	31.7
东 城 区	11607.3	112.0	33.9
西 城 区	11719.0	106.6	31.4
崇 文 区	11063.1	112.7	34.2
宣 武 区	10352.5	110.2	33.3
朝 阳 区	11588.9	105.0	30.8
丰 台 区	9928.8	103.8	32.5
石景山区	9544.0	104.6	33.0
海 淀 区	11125.3	106.6	30.6
门头沟区	9190.3	113.8	35.4
房 山 区	7669.8	101.1	32.0
通 州 区	8801.4	114.4	41.9
顺 义 区	9189.0	118.6	30.7
昌 平 区	8006.1	105.2	33.7
大 兴 区	7722.6	87.1	33.6
平 谷 区	9243.0	114.6	30.4
怀 柔 区	9108.9	108.4	32.5
密 云 县	8829.0	126.0	31.8
延 庆 县	7860.5	95.1	30.2

2-13 城市居民家庭人均现金收支情况

单位：元

地 区	现金收入			现金支出			# 消费性支出		
	2003	2002	2003年为2002年%	2003	2002	2003年为2002年%	2003	2002	2003年为2002年%
全 市	**14959.3**	**13253.3**	**112.9**	**13762.9**	**12249.6**	**112.4**	**11123.8**	**10285.8**	**108.1**
东 城 区	15924.4	13915.5	114.4	13749.5	12363.2	111.2	11607.3	10363.4	112.0
西 城 区	15813.0	13917.0	113.6	15380.0	14194.0	108.4	11719.0	10995.0	106.6
崇 文 区	14554.0	12528.9	116.2	14100.7	12127.5	116.3	11063.1	9819.3	112.7
宣 武 区	14252.0	11845.2	120.3	12977.1	10689.1	121.4	10352.5	9393.6	110.2
朝 阳 区	15119.8	13473.0	112.2	14731.2	12916.0	114.1	11588.9	11036.0	105.0
丰 台 区	13214.6	11588.6	114.0	12073.8	11438.4	105.6	9928.8	9574.7	103.7
石景山区	13538.0	12294.8	110.1	12410.0	11179.7	111.0	9544.0	9123.7	104.6
海 淀 区	15223.3	14353.0	106.1	13344.6	12182.0	109.5	11125.3	10434.6	106.6
门头沟区	12177.7	10972.3	111.0	13225.8	9851.8	134.2	9190.4	8075.3	113.8
房 山 区	12524.9	10065.3	112.9	9833.6	8885.4	102.5	7669.8	7300.1	101.1
通 州 区	12364.6	10376.3	119.2	10610.2	8472.8	125.2	8871.8	7691.0	115.4
顺 义 区	13661.0	12002.8	113.8	12938.7	11739.5	110.2	9189.0	7748.6	118.6
昌 平 区	10938.9	9832.5	111.3	10318.7	9089.4	113.5	8006.1	7613.8	105.2
大 兴 区	11219.5	9881.4	113.5	9868.1	10374.7	95.1	7722.6	8864.2	87.1
平 谷 区	12311.1	11114.5	110.8	10330.1	9166.2	112.7	9243.0	8068.1	114.6
怀 柔 区	13208.0	11219.0	117.7	13950.7	12131.0	115.0	9108.9	8403.0	108.4
密 云 县	12343.2	10794.4	114.3	10534.6	7987.7	131.9	8829.5	7006.0	126.0
延 庆 县	13356.1	11548.2	115.7	11702.0	12754.5	97.7	7860.5	8262.6	95.1

2-14 城市居民家庭平均每百户耐用消费品拥有量

年 份 地 区	组合音响 (套)	影碟机 (台)	摄像机 (台)	彩色电视 机(台)	钢 琴 (台)	其他中高 档乐器(件)	照相机 (架)	家用空调 (台)	淋浴热水 器(台)
2002	34.9	52.3	9.3	148.4	3.2	12.9	99.6	106.5	83.5
2003	37.6	60.4	11.3	147.0	3.7	13.8	103.3	119.3	85.4
东 城 区	43.0	65.0	11.0	157.0	3.0	18.0	115.0	115.0	76.0
西 城 区	38.0	67.0	11.0	162.0	3.0	11.0	113.0	129.0	89.0
崇 文 区	21.0	50.9	10.9	152.4	1.1	9.9	92.7	112.5	80.3
宣 武 区	35.0	68.0	9.0	145.0		15.0	101.0	104.0	71.0
朝 阳 区	47.5	56.9	10.6	146.3	4.4	14.4	114.4	131.9	
丰 台 区	26.4	50.9	6.4	122.7	2.7	10.0	74.6	86.4	67.3
石景山区	47.0	67.0	7.0	159.0	7.0	6.0	97.0	116.0	96.0
海 淀 区	35.8	60.5	15.8	150.0	5.3	16.3	102.6	122.1	91.6
门头沟区	26.0	48.0	4.0	140.0			56.0	94.0	82.0
房 山 区	32.5	46.9	7.5	124.5	2.5	2.5	73.2	94.5	90.2
通 州 区	28.0	51.0	5.0	133.0	3.0	1.0	83.0	108.0	89.0
顺 义 区	20.0	62.0	3.0	127.0	3.0	12.0	67.0	97.0	85.0
昌 平 区	23.0	48.0		115.0		5.0	59.0	65.0	75.0
大 兴 区	16.0	42.0		114.0		10.0	76.0	76.0	94.0
平 谷 区	28.0	68.0	8.0	125.0		5.0	48.0	105.0	65.0
怀 柔 区	28.3	56.7	3.3	135.0	2.0	5.0	63.3	98.0	105.0
密 云 县	27.5	40.0	2.5	130.0		7.5	45.0	75.0	47.5
延 庆 县	23.0	60.0		125.0	3.0	18.0	75.0	28.0	95.0

2-14-1

年 份 地 区	健身器材 (件)	家用电脑 (台)	移动电话 (台)	电冰箱 (台)	洗衣机 (台)	脱排油烟机 (台)
2002	9.2	55.5	94.0	101.6	98.6	78.5
2003	10.9	68.3	133.7	100.4	99.3	81.3
东 城 区	12.0	66.0	131.0	101.0	100.0	78.0
西 城 区	11.0	71.0	144.0	103.0	104.0	76.0
崇 文 区	13.1	69.4	157.8	104.5	108.1	77.7
宣 武 区	12.0	59.0	143.0	103.0	104.0	67.0
朝 阳 区	7.5	82.5	150.0	103.8	104.4	88.1
丰 台 区	8.2	48.2	90.0	80.9	82.7	70.0
石景山区	6.0	63.0	156.0	107.0	97.0	93.0
海 淀 区	14.2	69.5	122.6	103.2	98.4	89.5
门头沟区	4.0	42.0	110.0	102.0	108.0	78.0
房 山 区	10.0	35.6	100.8	98.0	87.4	91.3
通 州 区	8.0	48.0	102.0	106.0	104.0	88.0
顺 义 区	7.0	58.0	133.0	97.0	97.0	97.0
昌 平 区		35.0	68.0	99.0	86.0	73.0
大 兴 区	8.0	38.0	82.0	98.0	98.0	92.0
平 谷 区	10.0	53.0	105.0	95.0	100.0	93.0
怀 柔 区	5.0	47.0	137.0	107.0	98.0	100.0
密 云 县	2.5	10.0	62.1	99.8	90.0	77.5
延 庆 县	3.0	23.0	140.0	100.0	98.0	103.0

2-15 农民家庭基本情况

年 份 地 区	平均每一劳动力负担人数(人)		人均纯收入(元)		人均生活消费支出(元)	
	绝对值	为上年的(%)	绝对值	为上年的(%)	绝对值	为上年的(%)
1997	1.5	102.1	3762.4	105.6	2795.4	105.3
1998	1.4	97.3	4028.9	107.1	2945.5	105.4
1999	1.4	99.3	4316.4	107.1	3132.5	106.3
2000	1.5	105.6	4687.0	108.6	3441.4	109.9
2001	1.5	100.7	5274.3	112.5	3871.5	112.5
2002	1.5	97.4	5880.1	111.5	4206.0	108.6
2003	1.5	98.0	6496.3	110.5	4655.3	110.7
朝 阳 区	1.5	99.7	9492.0	114.9	6813.0	107.7
丰 台 区	1.7	97.4	7786.6	112.0	6400.0	109.0
海 淀 区	1.5	98.0	8519.9	107.2	8370.5	125.5
门头沟区	1.4	100.0	6015.3	118.1	4720.1	105.6
房 山 区	1.5	95.5	5966.1	108.6	4089.7	112.8
通 州 区	1.7	85.0	6445.0	110.5	3881.0	108.0
顺 义 区	1.6	100.0	6315.0	107.9	4689.0	106.1
昌 平 区	1.6	100.0	6256.3	108.8	5639.3	106.3
大 兴 区	1.4	100	6099.4	110.1	3864.2	105.3
平 谷 区	1.5	100.0	5826.1	114.2	3393.6	112.1
怀 柔 区	1.5	100.0	5814.2	109.6	3921.9	123.6
密 云 县	1.4	100.0	5885.0	113.8	3842.0	177.7
延 庆 县	1.4	93.3	5658.0	112.2	3627.5	114.9

2-15-1

年份 地区	人均住房使用面积(平方米)		恩格尔系数(%)
	绝对值	为上年的(%)	绝对值
1997	27.4	106.4	44.7
1998	27.6	100.9	42.2
1999	28.7	103.7	40.0
2000	28.9	100.9	36.7
2001	31.0	107.3	35.0
2002	32.6	105.1	33.0
2003	34.0	104.2	31.7
朝阳区	46.2	100.9	32.2
丰台区	33.8	116.6	29.5
海淀区	31.5	103.8	31.2
门头沟区	22.6	104.1	32.1
房山区	28.7	100.3	31.6
通州区	30.6	102.3	35.9
顺义区	35.2	108.0	31.7
昌平区	42.7	106.8	30.5
大兴区	40.1	108.7	30.4
平谷区	33.2	117.3	28.9
怀柔区	20.7	95.6	33.0
密云县	24.7	100.4	37.3
延庆县	31.7	101.3	32.9

2-16 农民家庭人均纯收入

单位：元

年份 地区	合计	生产性收入			非生产性收入		
			工资性收入	家庭经营纯收入		# 转移性净收入	财产性净收入
2002	5880.1	5130.0	3672.5	1457.5	750.1	284.4	465.8
2003	6496.3	5520.2	3909.4	1610.8	975.2	365.6	609.6
朝阳区	9492.1	6402.5	6102.3	300.2	3089.6	720.5	2369.1
丰台区	7786.6	5820.5	5574.1	246.4	1966.1	508.8	1457.3
海淀区	8519.9	6751.4	6729.7	21.7	1768.5	620.2	1148.3
门头沟区	6015.3	5371.1	4092.7	1278.5	644.2	514.7	129.5
房山区	5966.1	5494.2	3881.9	1612.3	471.9	244.4	227.5
通州区	6445.0	5833.0	3630.0	2203.0	612.0	385.0	227.0
顺义区	6315.0	5841.0	3814.0	2027.0	474.0	376.0	98.0
昌平区	6256.3	4951.6	4196.9	754.7	1304.7	442.0	862.7
大兴区	6099.4	5339.4	3226.7	2112.7	760.0	83.9	676.1
平谷区	5826.1	5363.4	2429.3	2934.1	462.7	123.7	339.0
怀柔区	5814.2	5335.7	3204.3	2131.4	478.5	189.2	289.3
密云县	5885.0	4858.0	3174.0	1684.0	1027.0	347.0	680.0
延庆县	5658.0	4841.2	2926.5	1914.7	816.8	524.1	292.7

2-17 农民家庭平均每百户耐用消费品拥有量

年份 地区	空调(台)	电风扇(台)	洗衣机(台)	电冰箱(台)	摩托车(辆)	彩色电视机(台)	收录机(台)	照相机(架)	录相机(台)	抽油烟机(台)	淋浴热水器(台)	移动电话(部)
2002	35.0	152.0	94.0	91.0	38.0	116.0	30.0	32.0	15.0	33.0	29.0	52.0
2003	39.0	150.0	94.0	94.0	38.0	116.0	31.0	32.0	14.0	36.0	36.0	77.0
朝阳区	97.0	184.0	108.0	116.0	42.0	143.0	43.0	66.0	30.0	82.0	71.0	103.0
丰台区	76.0	124.0	100.0	105.0	46.0	130.0	25.0	57.0	25.0	61.0	50.0	111.0
海淀区	95.6	171.9	103.0	108.1	43.0	156.3	34.1	60.7	23.0	76.3	50.4	132.6
门头沟区	14.0	103.0	91.0	102.0	13.0	111.0	22.0	29.0	25.0	18.0	28.0	66.0
房山区	28.0	142.0	93.0	93.0	33.0	106.0	31.0	30.0	17.0	29.0	24.0	77.0
通州区	40.0	165.0	103.0	102.0	127.0	117.0	29.0	23.0	15.0	33.0	27.0	65.0
顺义区	41.0	184.0	101.0	107.0	52.0	120.0	28.0	28.0	10.0	21.0	25.0	76.0
昌平区	43.0	143.0	84.0	97.0	36.0	115.0	32.0	34.0		38.0		89.0
大兴区	39.0	170.0	96.0	87.0	48.0	114.0	42.0	33.0	12.0	24.0		79.0
平谷区	20.0	218.0	95.0	90.0	49.0	118.0		24.0	5.0	10.0	95.0	67.0
怀柔区	20.0	116.0	87.0	86.0	36.0	102.0	24.4	18.8	15.2	36.0	28.0	60.0
密云县	17.0	129.0	90.0	76.0	31.0	94.0	24.0	10.0	5.0	23.0	22.0	57.0
延庆县	8.0	88.0	82.0	67.0	10.0	110.0	34.0	29.0	8.0	36.0		

2-18 乡 村 从 业 人 员

单位：人

年份 地区	乡村 从业人员	#农业	林业	牧业	渔业
2002	1656025	458846	78320	92539	11375
2003	1695993	413205	83859	88235	9974
朝阳区	108187	10740	7527	966	1020
丰台区	72552	13320	4333	590	96
海淀区	72992	6191	11035	737	253
门头沟区	40141	6040	2004	1947	59
房山区	216714	43293	6656	12298	509
通州区	221705	53917	5034	9603	2098
顺义区	186030	35264	3624	13068	1377
昌平区	123488	29650	8534	5403	617
大兴区	193026	64058	5332	12628	304
平谷区	142794	50826	2747	8510	2007
怀柔区	78187	18968	9425	3909	323
密云县	145108	42235	13431	12837	997
延庆县	95109	38703	4177	5739	314

注：乡村从业人员指乡村人口中16岁以上实际参加生产经营活动并取得实物或货币收入的人员。

2-18-1

单位：人

年　份 地　区	乡　村 从业人员	农村工业	乡镇工业	村及村 以下工业	农　村 建筑业	农　村 运输业	农村商业、 饮 食 业
2002	1656025	329647	110483	219164	157500	152961	145290
2003	**1695993**	**325015**	**105654**	**219361**	**164253**	**160505**	**188972**
朝 阳 区	108187	25459	8463	16996	6014	11192	16029
丰 台 区	72552	19988	4535	15453	3118	4300	6296
海 淀 区	72992	14968	7541	7427	5852	4248	19459
门头沟区	40141	6349	1577	4772	2466	7921	6107
房 山 区	216714	45147	5910	39237	31933	31709	24855
通 州 区	221705	44885	11470	33415	20903	19915	31463
顺 义 区	186030	52859	24165	28694	16237	16210	16795
昌 平 区	123488	18548	5481	13067	11403	15331	16404
大 兴 区	193026	29375	12712	16663	11404	15205	18130
平 谷 区	142794	35548	13755	21793	15720	8086	8819
怀 柔 区	78187	9678	2971	6707	6591	7789	7570
密 云 县	145108	17980	5493	12487	18143	11193	10784
延 庆 县	95109	4231	1581	2650	14469	7406	6261

2-19 农业总产值

单位：万元

年份 地区	农业总产值		# 种植业		# 林业		# 牧业		# 渔业	
	绝对值	为上年的(%)	绝对值	为上年的(%)	绝对值	为上年的(%)	绝对值	为上年的(%)	绝对值	为上年的(%)
1997	170.9	101.2	87.0	97.5	2.9	103.6	74.8	105.2	6.2	106.9
1998	176.6	103.3	89.2	102.5	3.2	110.3	76.6	102.4	7.6	122.6
1999	184.3	104.4	91.2	102.2	4.2	131.3	81.1	105.9	7.8	102.6
2000	195.2	105.9	91.1	99.9	5.4	128.6	90.6	111.7	8.1	103.8
2001	214.1	109.7	89.7	98.5	9.5	175.9	105.2	116.1	9.6	118.4
2002	230.4	107.6	90.1	100.4	12.8	134.7	117.2	111.4	10.3	107.1
2003	237.9	107.5	88.8	102.9	13.5	130.1	125.5	109.3	10.2	102.8
朝阳区	48099.9	88.5	22641.0	93.7	7080.9	104.9	9462.5	64.2	8915.5	102.3
丰台区	27699.4	81.7	18266.2	75.7	3390.8	107.6	4158.6	80.9	1883.8	126.1
海淀区	39845.0	101.0	18205.7	99.2	8343.2	100.5	8750.0	103.2	4546.1	104.8
门头沟区	16703.6	107.3	5364.7	99.3	1572.9	121.5	9282.4	110.3	483.6	108.5
房山区	279429.6	109.4	83369.9	106.0	16337.6	110.8	174307.1	111.1	5415.0	106.0
通州区	294646.3	109.1	133061.9	106.8	11869.2	109.8	128051.6	112.0	21663.6	106.2
顺义区	563749.5	106.0	199727.2	105.7	23713.6	120.3	320867.5	104.7	17235.8	103.1
昌平区	121712.7	103.6	45719.7	104.2	14424.2	106.3	54206.2	101.3	6512.7	99.4
大兴区	349800.0	112.0	161518.0	105.3	4048.0	108.1	180918.0	119.2	3317.0	96.0
平谷区	160610.9	107.5	67443.8	106.8	4915.3	75.5	76825.6	110.7	11426.3	110.6
怀柔区	106307.8	108.1	19660.4	84.7	15693.4	128.5	58016.4	113.6	8549.5	111.7
密云县	217273.6	126.5	65530.3	128.2	15182.2	134.7	127374.0	130.9	9187.1	76.3
延庆县	129820.0	100.7	45128.6	73.0	7980.9	84.0	74215.7	134.6	2494.8	102.1

注：全市分年度数据以亿元为单位，各区县数据以万元为单位，发展速度按当年价格计算。

2-20 耕　地　面　积

单位：公顷

地　区	耕地面积			# 粮食作物			# 经济作物		
	2003	2002	2003年为2003年%	2003	2002	2003年为2003年%	2003	2002	2003年为2003年%
全　市	**259860.3**	**260736.9**	**99.7**	**98248.9**	**114391.2**	**85.9**	**15964.0**	**17070.8**	**93.5**
朝 阳 区	6984.6	4266.1	163.7	556.1	1221.5	45.5	7.5	21.6	34.9
丰 台 区	4333.1	4664.7	92.9	471.5	1349.4	34.9			
石景山区	319.1	334.4	95.4						
海 淀 区	3661.6	4412.3	83.0	781.1	1644.0	47.5	13.3	26.7	50.0
门头沟区	1548.4	2604.3	59.5	1198.5	1715.9	69.8	68.5	20.9	327.8
房 山 区	30036.5	32446.7	92.6	13978.3	15112.4	92.5	1648.3	1477.1	111.6
通 州 区	41170.3	38596.5	106.7	14375.5	16387.2	87.7	2463.6	3393.2	72.6
顺 义 区	34682.9	35984.9	96.4	13056.3	16206.0	80.6	884.4	923.1	95.8
昌 平 区	13757.8	18024.0	76.3	6545.2	8443.6	77.5	55.1	64.7	85.2
大 兴 区	46155.9	42189.9	109.4	13565.8	15753.5	86.1	5041.9	5070.7	99.4
平 谷 区	14829.0	12721.0	116.6	5362.5	6520.0	82.2	871.7	836.9	104.2
怀 柔 区	9890.0	11994.1	82.5	5419.7	5567.5	97.3	1535.1	1589.7	96.6
密 云 县	22579.5	20724.3	109.0	4757.7	5183.3	91.8	3135.3	3500.1	89.6
延 庆 县	29911.9	31773.7	94.1	18180.6	19286.9	94.3	239.3	170.4	140.5

注：自2003年起耕地面积由北京市国土资源和房屋管理局提供。

2-21 主要农作物产量

单位：吨

年 份 地 区	粮 食	夏 粮	秋 粮	棉 花	油 料	药 材	蔬 菜	瓜 类	# 西 瓜
2002	823094	243394	579700	3497	46455	4466	5456330	429357	402285
2003	580276	184281	395995	3414	32953	5717	5273417	440369	413543
朝 阳 区	2198	76	2122		8	7	110334	15	15
丰 台 区	1237	439	798				56579		
海 淀 区	4373		4373			47	50760		
门头沟区	1067		1067		16	3	20144		
房 山 区	81769	28378	53391	371	2595	1437	252186	17134	16829
通 州 区	122818	54465	68353	1853	2682		914399	38050	38050
顺 义 区	88394	28009	60385	350	1781	221	1169869	115144	113335
昌 平 区	28588	6910	21678	30	77	18	107992	1031	573
大 兴 区	115424	41331	74093	380	1607	1596	132115	254551	235730
平 谷 区	30234	13186	17048	430	499	16	453457	8492	7892
怀 柔 区	30280	8452	21828		3892	903	39132	437	353
密 云 县	12290	2753	9537		5257	3	345370	300	300
延 庆 县	61604	282	61322		74	422	431817	53	53

2-21-1

单位：吨

年 份 地 区	干鲜果品	肉类	牛奶	鲜蛋	淡水鱼
2002	700196	735452	550805	152145	73676
2003	**736995**	**736500**	**632919**	**161755**	**71249**
朝 阳 区	518	5395	18857	323	2905
丰 台 区	2633	2452	3697	2188	565
海 淀 区	7529	3218	2685	753	4721
门头沟区	5587	4927	7861	828	300
房 山 区	81054	64052	40388	11488	2200
通 州 区	54648	59522	38565	14052	10991
顺 义 区	61910	222272	77905	20140	16427
昌 平 区	52277	30525	17153	4005	6525
大 兴 区	106179	121892	125168	38322	3525
平 谷 区	212856	53254	3166	26631	15240
怀 柔 区	47499	39541	32469	4699	2910
密 云 县	602750	79131	63863	21146	4500
延 庆 县	38039	38704	80167	16987	3008

注：房山区的数字中包括长阳农场的牛奶产量。

2-22 工业企业产值情况

单位：万元

年份 地区	工业总产值 (当年价格)	# 新产品产值	工业总产值 (1990年不变价格)	工业增加值 (生产法)	工业中间投入合计	本年应交增值税	全部从业人员年平均人数 (人)
1997	17161951		14540316	5257549	12661171	756769	1575228
1998	19886587	3733090	19234923	6052363	14740297	906073	1671140
1999	21446119	3538698	20810067	6352167	16002568	908616	1610811
2000	27074083	5892487	27227811	7452255	20647252	1025424	1456026
2001	29088152	7944233	29186596	7691583	22560735	1164166	1080216
2002	31734762	8373018	32002701	8404344	24605282	1211949	1075640
2003	38103630	9204021	37407303	10125288	29454017	1475676	1008107
东城区	501844	9911	483488	158501	360969	17627	14362
西城区	722455	13058	455334	291488	477523	46556	35307
崇文区	241105	1833	167959	118518	143699	21112	12762
宣武区	862028	6099	410415	603414	336868	78255	25924
朝阳区	5527088	1473329	6346214	1555094	4201648	229653	163217
丰台区	1641215	258108	1592889	490111	1217406	66302	70664
石景山区	4204185	530358	2541315	1021289	3370128	187232	89632
海淀区	5563506	4019779	6351094	1428250	4321252	185996	98921
门头沟区	299836	946	197794	126375	190746	17285	28215
房山区	3356481	128011	1651593	618773	2854912	117204	58835
通州区	924660	32262	918014	281537	676683	33561	57598
顺义区	3761602	216103	3772606	864513	3031769	134680	80012
昌平区	2962890	1355718	2660660	492187	2538950	68246	65599
大兴区	1151882	19036	1145636	317473	875483	41075	52812
平谷区	568003	4361	649129	135504	447416	14917	38382
怀柔区	1001585	2511	1024538	322060	726519	46994	29261
密云县	687065		674903	216983	494084	24002	43802
延庆县	70153	3864	71336	23650	50283	3780	5449

注：本表资料统计范围为全部国有及年销售收入在500万元及以上非国有工业企业。

2-23 工业企业主要财务指标

单位：万元

年 份 地 区	企业单位个数(个)	# 亏损企业	资产总计	负债合计	所有者权 益	产品销售收 入	利润总额	利税总额
2002	4551	1202	47429487	25278299	22151188	31827790	1655153	3156947.8
2003	4019	917	51779832	27511740	24239951	38856527	2352909	4189859.2
东 城 区	100	31	671590	353116	318474	540649	29799	48191
西 城 区	127	36	3159475	1069776	2089699	935567	40357	90982
崇 文 区	65	13	743006	340303	402703	269462	48654	72101
宣 武 区	88	27	3288624	2984799	303825	1172321	98923	185400
朝 阳 区	612	140	10837937	5431871	5406066	5537351	362696	676072
丰 台 区	323	89	2339140	1316079	1023061	1632599	116068	187022
石景山区	131	27	5752210	2955964	2796247	3432107	123375	330174
海 淀 区	432	94	7371398	4155396	3216002	6397105	315343	514827
门头沟区	82	19	742391	312882	429509	313845	20843	39903
房 山 区	166	41	2711943	1219511	1464291	3772100	102362	303275
通 州 区	261	49	1392583	723144	669440	913549	43240	79868
顺 义 区	237	68	3103235	1466689	1636546	3624529	378993	589306
昌 平 区	233	59	2253056	1262799	990257	2875966	97176	176478
大 兴 区	423	95	1384928	783437	601491	1090480	46723	92118
平 谷 区	188	21	588515	378227	210288	525234	28141	44676
怀 柔 区	225	20	970271	566010	404261	1001427	68691	134403
密 云 县	169	40	784121	451469	332652	674895	42794	74376
延 庆 县	37	14	94313	62433	31880	63395	1588	5688

注：本表资料统计范围为全部国有及年销售收入在500万元及以上非国有工业企业。

2-24 工业企业主要经济分析指标

单位：%

年份 地区	工业经济效益综合指数	总资产贡献率	资产保值增值率	资产负债率	流动资产周转率(次)	成本费用利润率	全员劳动生产率	产品销售率	增加值率	人均销售收入(元)
1997		6.19	117.80	60.14	1.21	2.37	28220	97.96	26.55	108371
1998		6.21	123.63	61.90	1.12	2.37	35033	97.55	26.28	121746
1999		5.91	109.08	60.80	1.23	3.17	36347	97.05	25.26	137734
2000		6.82	116.10	58.02	1.38	4.65	51469	96.01	24.91	193771
2001		7.38	108.57	55.29	1.48	4.63	71204	98.17	22.70	278361
2002	136.13	7.84	111.39	53.30	1.51	5.37	78133	99.27	22.79	295896
2003	158.80	9.42	118.84	53.13	1.69	6.34	100439	97.86	23.43	385441
东城区	160.95	8.04	132.71	52.58	1.45	5.69	110362	100.13	28.28	376444
西城区	123.02	3.39	112.09	33.86	1.06	4.11	82558	101.40	35.02	264981
崇文区	195.29	11.16	119.67	45.80	0.80	18.36	92868	96.09	39.73	211144
宣武区	247.22	6.14	134.24	90.76	2.60	9.21	232763	100.39	63.77	452215
朝阳区	150.70	7.87	121.00	50.12	1.20	6.65	95278	97.27	24.24	339263
丰台区	140.16	9.25	118.54	56.26	1.18	7.47	69358	97.47	26.20	231037
石景山区	152.56	7.54	99.16	51.39	1.67	3.74	113942	100.39	19.49	382911
海淀区	178.02	8.49	119.00	56.37	1.48	5.06	144383	96.60	22.48	646688
门头沟区	117.83	6.54	115.42	42.15	1.21	6.83	44790	98.60	37.30	111233
房山区	173.25	11.88	109.67	44.97	3.70	2.85	105171	99.08	15.76	641132
通州区	116.78	6.90	120.52	51.93	1.47	4.90	48880	97.42	27.14	158608
顺义区	215.22	21.62	124.33	47.26	2.33	11.84	108048	96.56	20.61	452998
昌平区	143.42	9.43	124.11	56.05	2.57	3.48	75030	98.10	13.86	438416
大兴区	125.23	8.34	122.01	56.57	1.57	4.44	60114	93.72	23.95	206483
平谷区	124.66	10.7	148.68	64.27	1.73	5.64	35304	96.65	21.13	136844
怀柔区	186.56	16.07	115.80	58.34	2.07	7.47	110065	101.59	28.30	342240
密云县	146.59	13.17	193.23	57.58	1.58	6.71	49537	98.00	27.58	154079
延庆县	104.26	8.36	138.45	66.20	1.24	2.57	43402	87.13	29.15	116342

注：2000年及以前的口径为全部独立核算工业企业，2000年以后的统计范围为全部国有及年销售收入在500万元及以上非国有工业企业。

2-25 建筑业基本情况

年份 地区	企业个数(个)		总产值(亿元)		从业人员(人)	
	绝对值	为上年的(%)	绝对值	为上年的(%)	绝对值	为上年的(%)
1997	1297	100.4	519.2	110.9	803362.0	97.4
1998	1482	114.3	624.7	120.3	755591.0	94.1
1999	1588	107.2	681.4	109.1	619574.0	82.0
2000	1697	106.9	727.5	106.8	566023.0	91.4
2001	1811	106.7	887.9	122.1	577853.0	102.1
2002	2122	117.2	1055.1	118.8	570401.0	98.7
2003	**2468**	**116.3**	**1306.7**	**123.9**	**591183.0**	**103.6**
东城区	170	110.4	60.0	116.3	29819.0	89.8
西城区	214	134.6	108.6	120.8	38151.0	76.5
崇文区	76	115.2	40.6	114.2	17788.0	114.3
宣武区	130	119.3	69.0	168.5	25393.0	166.3
朝阳区	391	108.9	226.1	119.4	74287.0	87.8
丰台区	179	125.2	94.1	103.1	32933.0	68.4
石景山区	67	108.1	44.7	196.0	21530.0	97.7
海淀区	273	100.7	238.6	134.0	98830.0	114.6
门头沟区	76	100.0	14.5	111.6	8649.0	103.6
房山区	100	185.2	82.6	150.7	57293.0	144.9
通州区	149	106.4	56.8	134.3	37165.0	100.3
顺义区	103	106.2	42.3	151.8	26710.0	121.2
昌平区	99	123.8	47.2	76.9	14880.0	95.9
大兴区	150	106.4	65.7	119.0	35112.0	128.3
平谷区	116	322.2	22.0	145.2	18555.0	146.0
怀柔区	61	122.0	29.5	116.0	26413.0	153.8
密云县	49	70.0	30.7	101.5	12794.0	88.0
延庆县	53	117.8	28.9	114.0	13579.0	73.1

注：1997－2001年统计范围为具有资质等级四级及四级以上的建筑业企业；2002年统计范围为具有新资质等级的建筑业企业，及未有新资质,原资质等级为四级及四级以上的建筑企业。故分区县的两年资料不可比。

2-26 社会消费品零售总额

单位：亿元

年 份 地 区	社会消费品零售总额		# 吃的商品		# 穿的商品		# 用的商品	
	绝对值	为上年的(%)	绝对值	为上年的(%)	绝对值	为上年的(%)	绝对值	为上年的(%)
1997	1051.5	113.8	389.7	104.8	140.6	106.0	492.2	122.5
1998	1195.2	113.7	347.9	89.3	145.5	103.5	664.9	135.1
1999	1313.3	109.9	374.5	107.6	155.6	106.9	742.1	111.6
2000	1443.3	109.9	410.2	109.5	173.0	111.2	810.9	109.3
2001	1593.5	110.4	460.0	112.1	193.1	111.6	884.8	109.1
2002	1744.8	109.5	470.0	102.2	191.3	99.1	1015.9	114.8
2003	1916.7	114.5	497.7	106.7	210.6	111.8	1131.9	118.9
东 城 区	166.0	114.7	44.3	105.5	28.1	96.2	92.3	127.5
西 城 区	164.1	106.4	34.6	109.6	41.4	106.6	88.1	105.1
崇 文 区	63.9	108.7	22.6	112.6	8.1	100.9	33.1	108.3
宣 武 区	69.8	99.5	16.2	98.7	11.1	107.2	41.3	98.8
朝 阳 区	298.7	111.5	98.2	107.4	48.6	106.4	133.4	114.1
丰 台 区	176.2	105.0	44.7	100.2	10.4	90.9	109.3	109.9
石景山区	99.1	148.8	33.2	166.1	3.0	142.3	62.0	141.4
海 淀 区	354.3	107.9	56.4	121.2	27.0	107.5	259.7	103.8
门头沟区	24.5	111.0	12.2	115.2	1.9	106.5	8.2	106.4
房 山 区	61.8	122.2	20.9	133.8	11.0	129.7	23.0	110.8
通 州 区	46.4	115.5	16.8	94.3	6.0	108.8	19.4	138.1
顺 义 区	50.4	111.0	15.1	136.0	7.0	104.5	26.8	116.0
昌 平 区	36.2	116.2	13.7	129.3	3.1	112.0	14.3	106.0
大 兴 区	41.4	115.6	19.0	111.0	4.4	110.0	11.5	109.6
平 谷 区	18.4	111.5	6.5	121.8	2.8	78.5	6.1	114.4
怀 柔 区	20.0	114.1	5.8	106.6	4.2	113.2	8.3	120.3
密 云 县	26.8	136.7	9.9	109.4	2.7	112.1	11.2	174.8
延 庆 县	29.9	106.5	11.2	92.6	5.1	100.0	12.0	120.0

注：1. 自2003年起社会消费品零售额中不再包括制造业及农民对非农民的销售情况，增长速度为可比速度。
2. 分区县数据不含直报单位及亦庄开发区数据。

2-27 大中型批发零售贸易业商品购、销、存总值

单位：万元

地区	全 市	东 城	西 城	崇 文	宣 武	朝 阳	丰 台	石景山	海 淀
商品购进总额	**43872820.6**	**6370985.0**	**11397695.0**	**1186154.0**	**3446566.0**	**6048824.2**	**2537457.0**	**1488482.1**	**7048985.0**
从生产者购进	**19481089.2**	3210587.0	2398179.0	496970.0	1926290.0	3195995.5	1564979.0	691264.0	4075517.0
# 农副产品	**134770.3**	28343.0	16193.0	4518.0	14246.0	20474.6	6490.0	4945.0	27961.0
市外购进	**9982264.2**	1798258.0	1164929.0	212750.0	1246113.0	1325642.9	612798.0	323156.7	2927273.0
从批发零售贸易业购进	**14694326.8**	2016958.0	4228669.0	575505.0	535817.0	2308683.6	907945.0	561541.1	1513169.0
# 市外购进	**5609598.0**	1213613.0	3295718.0	77123.0	193904.0	600813.5	66910.0	26058.6	186397.0
进口额	**9602354.3**	1115330.0	4768705.0	113546.0	982862.0	540943.4	59280.0	227724.1	1442073.0
其 他	**95050.3**	28110.0	2142.0	133.0	1597.0	3201.7	5252.0	7952.9	18226.0
商品销售总额	**45099542.2**	**7612568.0**	**9593640.0**	**1314978.0**	**3529330.0**	**6190771.5**	**2609641.0**	**1564112.7**	**7996499.0**
对生产经营单位销售额	**13508195.4**	1919980.0	2901790.0	102789.0	1325479.0	1471518.4	910789.0	342172.1	3159547.0
# 生产资料销售	**28903.9**		224.0	6.0	270.0	3625.5	1275.0	463.3	6071.0
市外销售	**7282306.6**	1280062.0	1365767.0	23725.0	1048662.0	444874.7	43301.0	5186.0	2838842.0
对批发零售贸易业批发	**16476796.9**	2937089.0	5120363.0	778835.0	1262592.0	1910183.6	454672.0	308891.2	2085308.0
# 市外批发	**7430322.8**	2085415.0	3724452.0	111061.0	711707.0	107287.3	53667.0	21678.6	754381.0
出口额	**5059393.2**	1641586.0	513676.0	61741.0	400892.0	914325.7	36450.0	7439.9	1457325.0
对居民的商品零售额	**7837818.1**	719112.0	849616.0	226528.0	416110.0	1609529.9	929049.0	749769.4	1045832.0
对集团的商品零售额	**2217338.6**	394801.0	208195.0	145085.0	124257.0	285213.9	278681.0	155840.1	248487.0
年末库存	**4622164.1**	**7721385.0**	**1101380.6**	**176469.0**	**426721.0**	**5060796.4**	**178130.0**	**1369490.5**	**746446.0**

地区	门头沟	房 山	通 州	顺 义	昌 平	大 兴	平 谷	怀 柔	密 云	延 庆
商品购进总额	**444250.0**	**750257.0**	**341396.0**	**560597.0**	**269141.0**	**712494.0**	**228334.0**	**119192.0**	**82666.0**	**57839.0**
从生产者购进	115638.0	429388.0	159152.0	160705.0	112151.0	360212.0	197803.0	45057.0	24013.0	15393.0
# 农副产品	187.0		121.0		11.0	2327.0			438.0	245.0
市外购进	87682.0	57724.0	27371.0	61308.0	5218.0	52536.0	51626.0	20413.0	11548.0	3015.0
从批发零售贸易业购进	314878.0	315897.0	181776.0	395541.0	155025.0	350316.0	30533.0	74137.0	58579.0	42383.0
# 市外购进	21545.0	16596.0	9029.0	31226.0	5302.0	25188.0	87.0	4532.0	1918.0	659.0
进口额		1500.0		3154.0		1060.0				
其 他	13742.0	3474.0	470.0	1198.0	1966.0	906.0			75.0	62.0
商品销售总额	**461504.0**	**804413.0**	**404248.0**	**612203.0**	**284772.0**	**727036.0**	**236543.0**	**159350.0**	**93758.0**	**66531.0**
对生产经营单位销售额	69802.0	322543.0	172949.0	58694.0	102320.0	259135.0	2320.0	39583.0	9505.0	7346.0
# 生产资料销售	373.0	3290.0	4287.0	1245.0	495.0	5545.0		1280.0	3561.0	1035.0
市外销售	32316.0	18005.0	5720.0		183.0	6899.0		318.0	346.0	889.0
对批发零售贸易业批发	150950.0	309061.0	61317.0	305479.0	63808.0	334007.0	205283.0	47463.0	23795.0	18682.0
# 市外批发	12816.0	21889.0	2735.0	49.0	-640.0	46351.0		5153.0		35.0
出口额		7946.0			562.0	241.0				
对居民的商品零售额	175406.0	116057.0	122428.0	173404.0	89548.0	104642.0	19503.0	62383.0	35731.0	28704.0
对集团的商品零售额	65292.0	48807.0	47552.0	74626.0	28536.0	29011.0	9441.0	9925.0	24729.0	11798.0
年末库存	**31372.0**	**644780.0**	**22890.0**	**33411.0**	**26420.0**	**47211.0**	**4239.0**	**10637.0**	**5131.0**	**5317.0**

2-28 商业、饮食业、服务业人员

单位：人

年 份 地 区	总计	商业	# 批发业	# 零售业	饮食业	服务业
2002	1553886	1000517	304403	696114	234282	319087
2003	1669916	1091652	343541	748111	260547	317720
东 城 区	179954	53522	23331	30191	21925	104507
西 城 区	222506	65156	20807	29989	14360	142990
崇 文 区	132418	24364	7102	13514	3748	24253
宣 武 区	92676	34942	15804	19138	5715	52019
朝 阳 区	277605	63468	30534	32934	19182	194955
丰 台 区	192820	131355	69287	62068	40478	20987
石景山区	51961	27557	5824	21733	3890	20514
海 淀 区	670639	54030	18707	35323	15075	601534
门头沟区	28883	21472	4178	17294	4263	3148
房 山 区	69333	39942	11983	27959	5975	23416
通 州 区	49167	41782			2652	3822
顺 义 区	64594	41499	5401	36098	7099	15996
昌 平 区	35649	20055			7480	4106
大 兴 区						
平 谷 区	13489	7476	1023	6453	2142	3871
怀 柔 区	34858	16473	4448	12025	6447	11938
密 云 县	32870	14048	2107	11941	3922	14900
延 庆 县	6349	1668	650	1018	1078	3603

注：大兴区无此项资料。

2-29 涉外饭店(公寓)基本情况

地　区	企业个数(个)		出租率(%)		平均房价(元/间天)		营业收入(万元)	
	2003	2002	2003	2002	2003	2002	2003	2002
全　市	**486**	**454**	**52.0**	**62.0**	**389**	**392**	**1418256**	**1534712**
东 城 区	53	51	55.5	69.3	513	511	234445	288491
西 城 区	46	42	57.2	64.0	342	343	110927	112406
崇 文 区	20	19	56.3	68.4	233	218	17298	22295
宣 武 区	27	23	53.6	66.8	250	263	47183	53117
朝 阳 区	125	119	55.9	66.6	488	483	626842	709506
丰 台 区	30	26	47.1	48.9	191	179	29377	19731
石景山区	10	8	42.0	43.1	195	193	11107	10182
海 淀 区	91	82	51.0	64.0	323	326	222573	220606
门头沟区	5	4	39.2	44.8	250	224	9306	8658
房 山 区	9	7	23.6	32.0	243	222	3795	4636
通 州 区	6	5	35.9	35.9	420	277	13947	8653
顺 义 区	6	4	44.3	42.2	212	174	5503	5794
昌 平 区	21	17	42.8	43.1	247	177	42270	27062
大 兴 区	3	2	38.6	45.3	295	261	6025	5345
平 谷 区	7	7	36.3	44.6	142	156	5106	6738
怀 柔 区	26	23	33.8	36.3	215	217	13875	14981
密 云 县	8	7	44.1	36.2	288	264	7578	4820
延 庆 县	9	8	23.3	30.3	260	251	11099	11693

2-29-1

地　区	利润总额(万元)		职工人数(人)		工资总额(万元)	
	2003	2002	2003	2002	2003	2002
全　市	**9463**	**64427**	**115898**	**118653**	**232402**	**238725**
东城区	-2131	8977	17500	19109	43599	45550
西城区	-5574	-5553	10657	10566	22043	21247
崇文区	-3309	-8125	2240	3103	3506	4619
宣武区	2525	6387	5487	5175	9481	8828
朝阳区	52747	83384	34891	38189	84662	93817
丰台区	-5914	-3521	4684	4044	6394	4820
石景山区	-1317	-404	1223	1066	1421	1604
海淀区	-13401	-4045	22905	22730	41294	40646
门头沟区	-772	-685	1044	1138	1426	1529
房山区	-980	-980	833	883	1174	1035
通州区	-860	-227	1357	1246	1704	1549
顺义区	-1919	-467	1068	873	1473	1386
昌平区	-3190	-4578	4980	3824	5698	4518
大兴区	816	-114	839	490	1304	604
平谷区	-486	-279	1107	1555	1141	1672
怀柔区	-3902	-2767	2398	2448	2714	2881
密云县	-1641	-744	1116	585	1706	824
延庆县	-1230	-1830	1569	1629	1663	1595

2-30 北京市中资金融机构人民币存、贷款情况

单位：万元

年份 地区	金融机构存款		#银行存款		#居民储蓄存款余额	
	本年余额	比年初增加额	本年余额	比年初增加额	本年余额	比年初增加额
1997	52280001	8628264	48916653	8205398	19752621	2614806
1998	66668368	12631644	62740154	12067272	22871883	3120266
1999	82671615	14289313	78223288	13769050	26806646	3900456
2000	97049590	14347357	91898097	13644084	29232063	2425421
2001	121314687	24391389	115332949	23434919	35363232	6131167
2002	152760305	31321542	145912679	30455654	43896899	8533709
2003	183219128	29294393	173316300	27403618	52935333	9038434
东城区	18497762		18497762		3951054	
西城区	45896080		45896080		6916531	
崇文区	5388652		5388652		2259813	
宣武区	14665150		14665150		2871800	
朝阳区	30283749		29131335		9974641	
丰台区	9936303		8872577		5238059	
石景山区	3058336		2873325		1431158	
海淀区	36751026		35201134		11564851	
门头沟区	705347		563813		361790	
房山区	2078385		1619386		1253811	
通州区	2402777		1761005		1380719	
顺义区	2584563		1883369		1142838	
昌平区	2633875		1987792		1222507	
大兴区	3288203		2611073		1441427	
平谷区	869669		546247		503168	
怀柔区	981270		671894		500142	
密云县	920085		658083		531114	
延庆县	630775		477675		346443	

注：分区县数据为各银行和农村信用社口径。

2-30-1

单位：万元

年份 地区	金融机构贷款		# 银行贷款余额		# 短期贷款		中长期贷款	
	本年余额	比年初增加额	本年余额	比年初增加额	本年余额	比年初增加额	本年余额	比年初增加额
1997	27206832	5079986	25444738	4897112	18353500	3353206	5524730	1396996
1998	33265705	6107967	31261511	5860469	20985647	3164450	7281840	1395971
1999	40077590	5595885	37612522	5134199	25601364	3604745	8229492	853048
2000	59446110	11161284	56667403	10847645	32138281	6305772	21569860	5322734
2001	72029099	12078739	68844214	11539770	29897095	1579402	32435549	6464278
2002	92248166	17415918	88528427	16881064	33244769		42971190	
2003	113432823	21317384	107989344	19572684	39794905	6722912	54579092	11580399
东城区	11960061		11960061		672291		6283257	
西城区	39829197		39829197		9678264		23924155	
崇文区	3373880		3373880		1449425		1464771	
宣武区	6455011		6455011		2576416		3030222	
朝阳区	16972646		16435088		8729901		5678479	
丰台区	7840570		7372450		1990624		5168960	
石景山区	1191648		1107071		552271		396248	
海淀区	14836272		12949118		6608228		4839568	
门头沟区	216099		175674		73446		90883	
房山区	1209122		961936		581698		269922	
通州区	1319192		983978		293551		674623	
顺义区	1415178		1054581		626802		331246	
昌平区	1907922		1607277		370952		1090605	
大兴区	1753556		1447618		531444		783027	
平谷区	562124		358796		183977		159437	
怀柔区	636453		468249		308707		122545	
密云县	803149		586661		210029		200176	
延庆县	407678		289131		214324		70968	

注：分区县数据为各银行和农村信用社口径。

2-31 银行、保险系统机构及人员

年 份 地 区	银行系统		保险系统	
	机构(个)	人员(人)	机构(个)	人员(人)
2002	2802	61422	236	7784
2003	3558	66339	235	17013
东 城 区	210	5999	24	1830
西 城 区	268	15978	30	3571
崇 文 区	106	1932	7	442
宣 武 区	152	4185	11	441
朝 阳 区	529	9881	41	3334
丰 台 区	334	4313	12	1032
石景山区	107	1307	3	54
海 淀 区	597	9615	26	2539
门头沟区	64	690	2	45
房 山 区	164	1759	16	439
通 州 区	164	1559	10	482
顺 义 区	138	1614	11	714
昌 平 区	156	1572	12	524
大 兴 区	155	1688	8	155
平 谷 区	106	1197	6	256
怀 柔 区	120	1114	6	221
密 云 县	104	1015	5	360
延 庆 县	84	921	5	574

2-32 教师基本情况

单位：人

地区	普通中学						小学					
	教职工人数			专任教师人数			教职工人数			专任教师人数		
	2003	2002	2003年为2002年%	2003	2002	2003年为2002年%	2003	2002	2003年为2002年%	2003	2002	2003年为2002年%
全　市	**76484**	**76418**	**100.1**	**51448**	**51364**	**100.2**	**63174**	**66235**	**95.4**	**49843**	**52840**	**94.3**
东城区	5276	5050	104.5	3269	3154	103.7	3148	3278	96.0	2104	2285	92.1
西城区	6432	6491	99.1	4109	4144	99.2	3439	3632	94.7	2662	2818	94.5
崇文区	2323	2334	99.5	1518	1483	102.4	1997	2080	96.0	1442	1522	94.7
宣武区	3393	3497	97.0	2186	2227	98.2	2340	2459	95.2	1769	1877	94.3
朝阳区	6532	7244	90.2	4287	4789	89.5	6498	6561	99.0	5399	5392	100.1
丰台区	5187	5343	97.1	3198	3217	99.4	4621	4837	95.5	3676	3876	94.8
石景山区	2251	2213	101.7	1418	1357	104.5	1857	1909	97.3	1480	1514	97.8
海淀区	8957	9436	94.9	6206	6397	97.0	6632	7103	93.4	5657	5970	94.8
门头沟区	1694	1928	87.9	1023	1148	89.1	2155	2178	98.9	1559	1578	98.8
房山区	5836	5770	101.1	4240	4176	101.5	5039	5188	97.1	3789	3895	97.3
通州区	4467	3581	124.7	3192	2713	117.7	3690	3724	99.1	3210	3342	96.1
顺义区	4370	4360	100.2	3433	3461	99.2	3709	4051	91.6	2954	3248	91.0
昌平区	3641	3504	103.9	2424	2322	104.4	3673	3684	99.7	3028	2987	101.4
大兴区	4300	4190	102.6	3271	3188	102.6	3435	3745	91.7	2800	3124	89.6
平谷区	3841	3733	102.9	2622	2561	102.4	2967	3366	88.2	2385	2853	83.6
怀柔区	2390	2243	106.6	1498	1482	101.1	2536	2491	101.8	1815	1783	101.8
密云县	2990	2959	101.1	1906	1955	97.5	3222	3549	90.8	2470	3119	79.2
延庆县	2604	2542	102.4	1648	1590	103.7	2216	2400	92.3	1644	1657	99.2

注：普通中学校数(所)为初中和高中合计。

2-33 普通中等学校基本情况

单位：人

地　区	普通中学学校数(所)			普通中学学校毕业生数			普通中学学校招生数			普通中学学校在校学生数		
	2003	2002	2003年为2002年%	2003	2002	2003年为2002年%	2003	2002	2003年为2002年%	2003	2002	2003年为2002年%
全　市	**763**	**786**	**97.1**	**234207**	**219988**	**106.5**	**218560**	**240680**	**90.8**	**704405**	**730722**	**96.4**
东城区	32	37	86.5	14797	14111	104.9	13735	15720	87.4	44824	47007	95.4
西城区	45	47	95.7	16995	16467	103.2	15541	16984	91.5	50014	51609	96.9
崇文区	23	24	95.8	8151	8256	98.7	6604	7495	88.1	22592	24927	90.6
宣武区	27	30	90.0	9483	9623	98.6	8720	9691	90.0	28261	29959	94.3
朝阳区	84	90	93.3	21299	20701	102.9	18866	20501	92.0	60583	64712	93.6
丰台区	53	55	96.4	13360	12813	104.3	11388	11927	95.5	36313	38993	93.1
石景山区	22	22	100.0	5428	5840	93.0	4807	5129	93.7	15630	16558	94.4
海淀区	86	85	101.2	29594	27373	108.1	31118	32342	96.2	95946	95686	100.3
门头沟区	19	21	90.5	4461	4219	105.7	3438	3837	89.6	11441	12895	88.7
房山区	64	68	94.1	19926	16468	121.0	17191	19963	86.1	59661	63538	93.9
通州区	48	48	100.0	14246	12610	113.0	15964	17409	91.7	48990	47713	102.7
顺义区	43	43	100.0	18163	16318	111.3	16091	19468	82.7	55094	57099	96.5
昌平区	45	40	112.5	9010	8249	109.2	7153	8003	89.4	23993	26199	91.6
大兴区	50	49	102.0	14042	13193	106.4	13189	14356	91.9	42410	43715	97.0
平谷区	33	33	100.0	13442	12248	109.8	12811	12746	100.5	38182	38894	98.2
怀柔区	30	31	96.8	5816	5960	97.6	5715	6538	87.4	18322	19044	96.2
密云县	26	29	89.7	9353	8900	105.1	9499	10166	93.4	29276	29247	100.1
延庆县	33	34	97.1	6641	6639	100.0	6730	8405	80.1	22873	22927	99.8

2-34 小学基本情况

单位：人

地区	小学校数(所)			小学毕业生数			小学招生数			小学在校学生数		
	2003	2002	2003年为2002年%	2003	2002	2003年为2002年%	2003	2002	2003年为2002年%	2003	2002	2003年为2002年%
全市	**1652**	**1824**	**90.6**	**123580**	**156683**	**78.9**	**82631**	**86406**	**95.6**	**546530**	**594241**	**92.0**
东城区	48	54	88.9	5979	7563	79.1	3988	4242	94.0	28022	29195	96.0
西城区	54	63	85.7	6337	8457	74.9	4350	4199	103.6	28868	30126	95.8
崇文区	32	35	91.4	3426	4539	75.5	2067	2012	102.7	15008	16273	92.2
宣武区	37	40	92.5	3822	5234	73.0	2327	2344	99.3	17039	18709	91.1
朝阳区	184	205	89.8	10268	13489	76.1	8181	8640	94.7	51989	57874	89.8
丰台区	96	106	90.6	7427	9035	82.2	6192	6531	94.8	39681	41828	94.9
石景山区	40	40	100.0	2746	3443	79.8	2350	2305	102.0	14397	15026	95.8
海淀区	134	146	91.8	14486	17579	82.4	13619	13670	99.6	84202	85951	98.0
门头沟区	57	58	98.3	2302	2712	84.9	1833	1900	96.5	12084	12527	96.5
房山区	188	211	89.1	10993	14928	73.6	6596	7112	92.7	43418	48576	89.4
通州区	126	136	92.7	10521	12577	83.7	4464	5093	87.7	33762	39911	84.6
顺义区	92	104	88.5	10202	14168	72.0	4322	4613	93.7	29488	35755	82.5
昌平区	101	114	88.6	4142	5054	82.0	3723	3668	101.5	22685	23021	98.5
大兴区	131	142	92.3	9058	11288	80.2	5172	5359	96.5	34365	38599	89.0
平谷区	108	121	89.3	7902	8449	93.5	3861	4228	91.3	27558	31775	86.7
怀柔区	55	57	96.5	3707	4519	82.0	2949	3194	92.3	19229	20529	93.7
密云县	79	90	87.8	6282	7472	84.1	3949	4443	88.9	26981	29464	91.6
延庆县	90	102	88.2	3980	6177	64.4	2688	2853	94.2	17754	19102	92.9

2-35 公共图书馆情况

地 区	个 数(个)			总藏数(万册、件)			总流通人次(万人次)			书刊外借册次(万册次)		
	2003	2002	2003年为2002年%	2003	2002	2003年为2002年%	2003	2002	2003年为2002年%	2003	2002	2003年为2002年%
全 市	**26**	**26**	**100.0**	**3355.2**	**3248.2**	**103.3**	**891.7**	**997.0**	**89.4**	**769.1**	**779.6**	**98.7**
东城区	2	2	100.0	103.8	95.4	108.8	38.8	43.3	89.6	38.5	51.2	75.2
西城区	2	2	100.0	58.4	51.6	113.0	56.9	57.0	99.8	38	74.7	50.9
崇文区	1	1	100.0	47.2	44.5	106.0	16.8	22.3	75.3	21.4	27.6	77.5
宣武区	1	1	100.0	27.5	26.5	104.0	12.7	17.1	74.3	27.1	15.9	170.4
朝阳区	3	3	100.0	407.5	378.3	107.7	158	187.8	84.1	132	118.3	111.6
丰台区	2	2	100.0	24.5	23.0	106.5	2.2	0.8	275.0	5.2	1.9	273.7
石景山区	2	2	100.0	52.2	48.7	107.2	21.6	28.3	76.3	31.6	39.8	79.4
海淀区	2	2	100.0	2441.7	2408.5	101.4	448.7	507.8	88.4	320.9	300.7	106.7
门头沟区	1	1	100.0	23.9	24.6	97.3	12.4	16.6	74.7	11.9	10.3	115.5
房山区	2	2	100.0	37.8	27.6	137.0	28.6	16.3	175.5	29.6	32.1	92.2
通州区	1	1	100.0	18.9	18.3	103.3	14.8	9.9	149.5	10	4.3	232.6
顺义区	1	1	100.0	19.9	18.1	110.4	13.5	12.4	108.9	18	22.3	80.7
昌平区	1	1	100.0	21.2	18.9	112.5	15.2	27.6	55.1	19	32.6	58.3
大兴区	1	1	100.0	20.1	14.0	143.3	18.1	16.1	112.4	26.8	12.8	209.4
平谷区	1	1	100.0	13.0	16.2	80.1	4.9	12.1	40.5	11.5	11.6	99.1
怀柔区	1	1	100.0	14.0	13.3	105.3	15.3	15.0	102.0	14.7	14.0	105.0
密云县	1	1	100.0	9.9	7.6	130.2	10	3.9	256.4	10.2	5.2	196.2
延庆县	1	1	100.0	13.7	13.2	104.2	3.2	2.7	118.5	2.7	4.3	62.8

注：首都图书馆于2002年从东城区迁至朝阳区。

2-36 卫生机构情况

单位：个

年 份 地 区	卫生事业机构	# 医院	社区卫生服务中心	卫生院	门诊部	妇 幼保健院	疾病预防控制中心	专科疾病防 治 院	诊所、卫生所、医务室
2002	4998	466	30	186	239	19	24	31	3901
2003	5075	459	30	187	273	19	29	30	3939
东 城 区	373	26	10		34	2	2	2	288
西 城 区	543	30				2	1	4	506
崇 文 区	196	19	6		5	1	1	1	163
宣 武 区	236	10	8		12	1	1		186
朝 阳 区	986	106	27	12	44	1	1	1	689
丰 台 区	487	52		6	15	1	1	3	409
石景山区	210	19	6	1	13	1	1	1	162
海 淀 区	771	74		11	78	1	2	2	536
门头沟区	150	14		10	7	1	2	1	110
房 山 区	389	20		26	1	1	1		340
通 州 区	154	11		15	9	1	1	1	111
顺 义 区	118	12	22		1	1	1	1	80
昌 平 区	72	31		25	8	1	1	1	
大 兴 区	208	13	14	27	4	1	1	1	147
平 谷 区	43	6	10	15	3	1	1	2	5
怀 柔 区	454	10	10	10	21	1	1	1	150
密 云 县	350	8	3	15	43	1	1	2	277
延 庆 县	91	5	1	13		1	1	1	67

2-37 医院、卫生院基本情况

年 份 地 区	诊疗人次数(千人次)	# 医院	健康检查人数(千人)	平均开放病床数(张)	入院人数(千人)
2002	60695	49167	1984	64043	901
2003	**51569**	**45134**	**2353**	**68498**	**831**
东城区	7218	5825	183	7457	105
西城区	8231	8127	101	1647	118
崇文区	1742	1507	62	1736	23
宣武区	3295	2912	52	3110	43
朝阳区	8754	7530	539	10300	116
丰台区	825	656	207	209	61
石景山区	1584	236	125	3086	27
海淀区	9306	8046	730	7402	95
门头沟区	1186	678	26	2241	14
房山区	2904	2819	69	4092	51
通州区	935			1992	
顺义区	2774	2583	162	1785	34
昌平区	1410			1343	
大兴区	3040	3040	2230	2735	41
平谷区	1063	1014	44	1246	26
怀柔区	946	897	34.5	946	17.5
密云县	1539	1464	89	1090	20
延庆县	426.2	379.1	8.2	536.0	8.7

2-38 卫生机构人员及卫生条件

单位：人

年份 地区	卫生技术人员	# 职业医师	# 注册护师(士)	平均每千人拥有职业医师	平均每千人拥有注册护师(士)	平均每千人拥有医院床位(张)
2002	109564	47236	38879	4.2	3.4	6.5
2003	112212	47887	39912	4.2	3.5	5.9
东城区	14876	6233	5426	9.7	8.4	11.6
西城区	13799	5297	5658	6.7	7.1	9.4
崇文区	4051	1722	1483	4.4	3.7	4.9
宣武区	7141	2701	2608	5.0	4.8	7.2
朝阳区	17591	7443	6363	4.6	4.0	7.2
丰台区	8555	3375	2974	3.9	3.4	6.0
石景山区	3909	1620	1530	4.8	4.5	8.0
海淀区	14483	6391	4971	3.7	2.9	4.7
门头沟区	2477	806	921	3.9	3.9	9.5
房山区	4376	1716.0	1651.0	2.3	2.2	5.5
通州区	3882	1070	1047	1.8	1.7	3.3
顺义区	2885	1432	801	2.7	1.5	3.4
昌平区	3672	1510	1393	4.2	3.2	12.9
大兴区	3070	1539	919	2.8	1.7	5.0
平谷区	1591	1122	469	2.9	1.2	3.2
怀柔区	1580	900	445	3.5	1.7	3.7
密云县	2612	1005	633	2.4	1.5	3.0
延庆县	1372	649	404	2.4	1.5	3.3

2-39 优抚及主要救济对象情况

单位：人

指标 \ 地区	全市	东城	西城	崇文	宣武	朝阳	丰台	石景山	海淀	门头沟
享受伤残保健金人数	**8922**	639	872	274	526	1442	722	407	1588	178
享受伤残抚恤金人数	**2155**	9	9	4	8	39	39	6	98	86
享受定期抚恤金人数	**2465**	72	79	50	35	101	60	34	136	141
# 城市享受人数	**714**	70	79	50	35	81	47	34	94	30
# 烈属	**1705**	57	68	39	27	83	46	22	108	127
# 牺牲、病故军人家属	**760**	15	11	11	8	18	14	12	28	14
享受定期补助人数	**11267**	33	55	15	21	319	167	52	356	237
# 在乡复员军人	**10263**	28	42	10	20	295	155	41	332	224
在乡退伍军人	**454**	4	13	5	1	24	12	5	15	7
在乡红军老战士等	**4**	1							1	
社会救济										
# 城市居民最低生活保障人数	**160732**	16703	11348	16966	16724	10222	13943	14661	10012	18113
城市居民最低生活保障家庭数	**72372**	7672	5614	7129	7516	5106	6009	6155	4696	7377
城市临时救济人数	**57762**	29352	1156	34	25907	757		44	72	145
农村居民最低生活保障	**67005**					1357	1079		1859	2316
农村定期救济人数	**1938**									

指标 \ 地区	房山	通州	顺义	大兴	昌平	平谷	怀柔	密云	延庆
享受伤残保健金人数	364	348	287	228	239	198	161	271	178
享受伤残抚恤金人数	213	95	265	110	219	204	293	251	207
享受定期抚恤金人数	180	114	267	90	200	287	218	246	155
# 城市享受人数	23	28	21	22	19	33	20	19	9
# 烈属	126	64	210	47	69	241	42	197	132
# 牺牲、病故军人家属	54	50	57	43	131	46	176	49	23
享受定期补助人数	927	1071	1792	765	865	899	1272	1151	1270
# 在乡复员军人	880	949	1470	731	838	868	1262	871	1247
在乡退伍军人	46	41	81	33	27	31	10	76	23
在乡红军老战士等	1			1					
社会救济									
# 城市居民最低生活保障人数	7830	4418	1356	1692	2018	5477	3089	1107	3067
城市居民最低生活保障家庭数	3117	2056	649	826	1144	2185	1392	545	1198
城市临时救济人数		83		1					211
农村居民最低生活保障	12936	7418	6367	4657	4103	6376	6583	5081	6873
农村定期救济人数			589		499	803			47

2-40 婚姻登记情况

指标 \ 地区		全市	东城	西城	崇文	宣武	朝阳	丰台	石景山	海淀	门头沟
登记结婚对数	(对)	**93526**	**5026**	**6683**	**2626**	**3631**	**14036**	**7136**	**2822**	**16627**	**1894**
内地居民登记结婚	(对)	**92765**	5026	6683	2626	3631	14036	7136	2822	16595	1894
初婚人数	(人)	**158729**	8799	11207	4116	5762	23407	12046	4593	28882	3139
再婚人数	(人)	**26801**	1253	2159	1136	1500	4665	2226	1051	4308	649
# 男 性	(人)	**13483**	694	1017	608	800	2512	875	403	2416	317
# 恢复结婚	(人)	**2227**	181	175	213	279	203	324	170	157	83
离婚登记	(对)	**10142**	**928**	**936**	**409**	**782**	**1058**	**944**	**204**	**1964**	**264**
内地居民登记离婚	(对)	**10130**	928	936	409	782	1058	944	204	1964	264

指标 \ 地区		房山	通州	顺义	大兴	昌平	平谷	怀柔	密云	延庆
登记结婚对数	(对)	**5729**	**4727**	**3932**	**4422**	**3931**	**2647**	**1852**	**3007**	**2006**
内地居民登记结婚	(对)	5729	4727	3932	4422	3931	2647	1852	3007	2006
初婚人数	(人)	10080	8811	6864	7937	6631	4636	3212	5013	3476
再婚人数	(人)	1378	643	1000	907	1231	658	492	1001	536
# 男 性	(人)	630	301	502	456	614	313	321	464	236
# 恢复结婚	(人)	54	31	111	45	42	47	43	48	21
离婚登记	(对)	**582**	**256**	**290**	**376**	**364**	**188**	**199**	**217**	**164**
内地居民登记离婚	(对)	582	256	290	376	364	188	199	217	164

注：离婚对数不含法院离婚数。

2-41 部分基层法律服务所主要工作情况

地区	担任常年法律顾问(家)	民事代理(件)	代写法律文书(份)	协办公证(件)	解答法律咨询(人次)
全市	**3383**	**8510**	**14136**	**1590**	**92633**
东城区	18	109	144	1	2110
西城区	102	68	312	3	1230
崇文区	54	174	255	1	1627
宣武区	29	164	287	12	2500
朝阳区	85	453	847	74	5669
丰台区	22	421	695	16	2687
石景山区	15	219	503	8	925
海淀区	214	2021	1102	797	27246
门头沟区	29	92	200		7300
房山区	436	575	1515		6422
通州区	1158	852	1112	593	3241
顺义区	255	755	1375	20	4511
昌平区	502	603	1404	25	5462
大兴区	245	534	1323	8	7657
平谷区	53	320	457	7	1237
怀柔区	16	32	24	6	231
密云县	183	904	2112	17	10118
延庆县	69	282	469	5	2460

2-42 全市公证处办证情况

单位：件

地 区	总办证量	# 国内民事	# 国内经济
全 市	**118610**	**100577**	**18033**
东城区	16588	16011	577
西城区	5008	4988	20
崇文区	3230	3068	162
宣武区	3830	3565	265
朝阳区	6137	5624	513
丰台区	2512	2109	403
石景山区	1646	1639	7
海淀区	10188	8828	1360
门头沟区	730	676	54
房山区	896	439	457
通州区	2010	1785	225
顺义区	840	567	273
昌平区	1838	1538	300
大兴区	2235	2178	57
平谷区	480	359	121
怀柔区	727	488	239
密云县	469	416	53
延庆县	230	210	20

相关链接

—— 十八区县概况

东城区概况

东城区是首都北京的中心城区之一，是重要的政治活动区，繁华的商贸服务区和资源丰富的文化旅游区。有着得天独厚的政治优势、文化优势、资源优势和人才优势。

一、自然地理简述

东城区位于北京城中轴线东侧，东西最宽 5.2 公里，南北最长 8.3 公里，地域总面积 25.38 平方公里，全区下设十个街道办事处和一个北京站地区管理处。

东城区街道构成为棋盘格状。东长安街、平安大街等 6 条主要干道横贯东西，北起安定门外，南接前门东大街；北起雍和宫，南抵崇文门；北起和平里，南至北京站等 5 条干道纵贯南北。

东城区是北京重要的政治活动中心区。中华人民共和国的象征——天安门坐落在这里，全国重大的政治活动和庆祝活动都在这里举行。中共中央、国务院机关 10 多个和北京市委、市政府及所属机关单位 20 多个都设在东城，在这里指挥着全国和北京市的工作。东城区还处于国际、国内交往的中心，是国内外宾客和旅游者工作、活动的重要区域。

二、旅游资源

东城区旅游资源丰富，得天独厚。东城区拥有众多名胜古迹和旅游景点，是首都著名的文化旅游区，如天安门、故宫、中山公园、劳动人民文化宫、国家博物馆、王府井、国子监、地坛等。有元、明、清三代祭祀儒家学派创始人孔子的场所——北京孔庙；有明清两代皇室祖庙——太庙；有建于元代的钟楼、鼓楼；有北京规模最大，保存最完好的藏传佛教寺庙——雍和宫；有经历了 500 多年历史的北京古观象台；还有五四运动的发源地北大红楼等。东城区拥有丰富的文化内涵，以皇室文化为代表的中华民族文化精华，在东城得以充分体现，是北京城文物古迹最为集中的区域，拥有区级以上重点文物保护单位 127 处，其中：国家级 19 处，市级 66 处，区级 42 处。此外，还有毛泽东、茅盾、老舍等一些名人故居也坐落在东城。

东城区还拥有北京饭店、王府饭店、王府井大饭店、港澳中心、天伦王朝、华侨大厦、贵宾楼、亚洲大酒店、和平宾馆、国际艺苑、国际饭店、台湾饭店、东方君悦大酒店等一批高档宾馆、饭店。全区的文化、艺术、娱乐服务企业达 329 家，旅馆 250 家。丰富的文化旅游资源，齐备的服务设施，展现了东城区旅游业发展的广阔前景。

三、国民经济概况

2003 年全区实现地区生产总值 329.4 亿元，比上年增长 12%，其中第二产业增加值 21 亿元，增长 7.1%；第三产业增加值 308.4 亿元，增长 12.4%。地方财政收入 31.4 亿元，比上年增长 15%。全区从业人员人均收入达到 30685 元，比上年增长 13.6%。

1. 人口、劳动力情况

2003 年全区总人口为 72.5 万人。其中：户籍人口 64.3 万人。暂住人口 8.2 万人。按常住人口计算的人口出生率为 2.5‰。死亡率为 4.3‰。自然增长率为-1.8‰。在常住人口中男性人口 31.8 万人，女性人口 32.1 万人。按常住人口计算的人口密度为每平方公里 2.5 万人。居民中汉族占 93.6%，少数民族有回、满、蒙、朝鲜等 43 个民族。全区从业人员期末数为 34.3 万人，其中：在岗职工人数为 29.5 万人，专业技术人员为 12.4 万人。

2. 工业基本情况

2003年全区共有工业企业381个，从业人员平均人数17697人，完成现价工业总产值51.9亿元。工业企业涉及47个行业，占国民经济工业中类行业目录总数的11.9%。主要行业是：食品制造业、纺织服装鞋帽制造业、家具制造业、印刷业和记录媒介的复制业、通讯设备计算机及其他电子设备制造业、仪器仪表及文化办公用机械制造业。主要产品有：糕点、服装、家具、程控交换机、仪器仪表。

3. 固定资产投资及城市建设

2003年全社会固定资产投资170.3亿元，其中：基本建设投资38.6亿元，更新改造投资1.9亿元。房地产开发投资126.9亿元，其他2.9亿元。

2003年投入"三区"建设资金共计48.7亿元，占区属固定资产投资额的58.0%。其中：王府井现代化商业区21.9亿元；东二环交通商务区25.5亿元；雍和宫、国子监和地坛传统文化旅游区投资1.3亿元。

截止2003年底、东城区城市绿化面积640.3公顷。公园7个，其中：市属3个（中山公园、东单公园、劳动人民文化宫），区属4个（地坛公园、青年湖公园、柳荫公园、南馆公园）。公园面积127.8公顷。全年植树12万株，绿化覆盖率为27.6%，人均绿地面积10平方米。全年清运垃圾45万吨，每万人有公厕16座。

4. 商业

东城区是北京最繁华的商贸中心区。历来商贾云集，尤其是经过三期大规模改造的王府井，集购物、旅游、餐饮、娱乐、休闲为一体，既具有现代化的国际风格，又充满了深厚的东方文化底蕴，现已跻身世界著名商业街区之列。

全区社会消费品零售额166亿元，比上年增长14.7%。按商品用途分类：吃的商品44.3亿元，穿的商品28.1亿元，用的商品92.3亿元，烧的商品1.3亿元。

2003年底，全区共有大型商厦12座，分别是：王府井百货大楼、东安市场、隆福大厦、东方新天地、新东安商厦、世都百货商场、利生体育用品商厦、工美大厦、和平商业大厦、三利百货商场、王府井新华书店和丹耀大厦。

5. 外经、外贸

2003年批准利用外资项目71个，当年合同外资额6228.2万美元。实际利用外资21088.8万美元，比去年同期增长31.1%。出口商品交货额1269.8万元。

2003年全区有各类"三资"企业426家，其中外商独资（含港澳台商独资）企业119家，中外合资（含与港澳台商合资）企业243家，中外合作经营（含与港澳台商合作）企业64家，外商投资领域主要涉及工业、餐饮业、房地产开发与经营业、居民服务业、娱乐业、信息咨询业、综合技术服务业。2003年全区"三资"企业产值达39.8亿元。

6. 财政金融

2003年全区财政收入31.4亿元，比上年增长15%，其中各项税收29.4亿元，增长11.3%。财政支出25.1亿元，增长12.3%，收支顺差6.2亿元。2003年末，全区居民储蓄存款余额309.9亿元，比上年末增长15.4%。

7. 文化、教育、卫生、体育

2003年东城区影视放映单位共7个，各类娱乐场所201个，其中：影剧院19个，放映电影、演出场次2.1万场；文化馆1个，举办各种文化活动456次。公共图书馆1个，馆藏图书41.2万册。档案馆1个，博物馆2个，文物机构1个。

东城区是教育发达的地区。拥有一批全市乃至全国著名的重点学校（如：景山学校、二中、五中等），有一批在教育界享有较高声望的著名校长和教师，教育水平居全市前列，特别是东城区初、中等教育在全市乃至全国都处于领先地位。

2003年东城区初等中等各类学校共88所，在校学生79674人，其中，少数民族学生5665人，占学生总数的7.1%；教职员工9596人。在各级各类学校中，普通中学38所(含职高校)，在校生51341人，其中少数民族学生3521人，占学生总数的6.9%；教职员工6290人。小学校48所，在校生28022人，其中，少数民族学生2144人，占学生总数的7.7%；教职员工3148人。

东城区现有各类医疗卫生机构373个，其中：卫生部所属18个；市卫生局所属7个；区卫生局所属18个。区属全民所有制单位13个，集体所有制单位5个，企事业及社会办医330个。

全区共有卫生技术人员14876人。其中：卫生部所属5466人；市卫生局所属4377人；区卫生局所属3115人。全区共有医生6233人，护士5426人。平均每千人口拥有卫生技术人员23.1人、医生9.7人。全区卫生机构共有病床7457张，其中：区属医疗单位1749张，平均每千人口拥有病床11.6张。

2003年东城区拥有各类体育场、馆、厅、房共计352个，举办运动会862次，参加人数32万人，运动员获奖牌246块，其中：金牌134块、银牌60块、铜牌52块，发展等级裁判员65人。

8. 人民生活

2003年，我区130户居民调查资料统计，居民年人均可支配收入14880.1元，年人均消费性支出11607.3元，每百户拥有空调115台、彩电157台、家用电脑66台，移动电话131部，汽车3辆。

西城区概况

地理位置

西城区位于北京市中心西北部，北纬39° 53′ 45″ 至39° 58′ 14″；东经116° 19′ 8″ 至116° 23′ 34″ 之间。全区东西宽5.5公里，南北长7.5公里。面积31.66平方公里。东以鼓楼外大街、人定湖北巷、旧鼓楼大街、地安门外大街、地安门内大街、景山东街、南长街、北长街、天安门广场西侧为界与东城区相连；北以南长河、西直门北大街、德胜门西大街、新街口外大街、北三环中路、裕民路为界与海淀区、朝阳区毗邻；西以三里河路为界，与海淀区接壤。

区域特点

西城区集中体现了北京作为全国政治中心和文化中心的性质，充分展示了北京作为历史文化名城和世界文明古都的特色。

西城区是党和国家首脑机关的现代办公区。西城区作为我国党政军首脑机关及其大部分职能机构所在地，政治文化以及对外交流交往活动频繁，是全国政治中心的重要载体。

西城区是经济繁荣、金融活跃的商贸金融区。全区55%的地域在二环路以内，交通便利，通讯发达。国家经济指挥中心及国家级银行、金融机构总部大多设在区内。历史上形成了西单、西四等10个商业区，汇集了主要的商业、服务业企业。商业服务业和金融业既有传统优势，又具备现代化发展优势，规模较大、行业齐全、设施先进。

西城区是资源丰富、社会事业先进的文化旅游区。区内文化文物旅游资源得天独厚，体现了北京作为历史文化名城、世界文明古都和现代化大都市的基本特征，历史文化底蕴深厚。教育发达，文化特色鲜明，卫生体育等事业发展水平较高。

西城区是环境优美、服务完善的居住区。随着危旧房改造和市政基础设施建设步伐加快，城市环境质量日益提高，社区服务功能逐步完善，地区居民的生活和居住环境越来越好。

经济发展

西城经济近年来保持了较快的发展速度，主要经济指标均呈上升趋势；经济总量稳步增长，运行质量不断提高，综合实力进一步增强。2003年西城区生产总值达到348.8亿元，同比增长12.5%，人均国内生产总值达到5258美元，在全国及全市处于领先水平。中央及地方三级税收达到367.5亿元，其中区级财政收入完成34.4亿元，同比增长10.6%。社会消费品零售额完成164.1亿元，同比增长6.4%，全社会固定资产投资完成 133.6 亿元，居民可支配收入达到 14539 元，同比增长 10.2%。人民群众整体生活水平稳步提高，成为北京市重要的经济区域。初步形成了以商业、金融业、邮电通讯业和房地产业为主体的现代服务业体系。实施“总部经济”战略，一批知名企业落户西城，重点产业的竞争优势得到巩固。商业规模不断扩大，业态较为齐全；金融业聚集态势日趋明显，增加值占西城区生产总值的比重达到 39.3%，成为推动西城区经济发展的支柱产业；邮电通讯业快速发展，中国移动、中国网通等 4 家国家级电信集团落户西城；房地产业稳步发展，成为区级财政收入的重要来源；文化资源得到有效保护开发，文化旅游业呈现较好发展态势。

今后五年经济发展的主要目标:国民经济保持持续快速协调健康发展，西城区生产总值年均递增10%左右，经济实力显著增强；基本建立以现代服务业为主体，高聚集、强辐射、广就业的产业体系，提高产业竞争力和经济效益。建立全方位开放的新格局，以开放促改革，以改革促发展；建立以“八横八纵”道路骨架为重点的基础设施体系，改善生态环境，完善城市功能，提高城市发展的承载能力。

实施经济强区、文化兴区和环境优区三大战略。

全力推进功能街区协调发展，形成组团式产业布局。将西单和金融街打造为现代流通业和金融业高度聚集的平台，使之成为西城经济的核心地带；将阜景街和什刹海地区打造为彰显历史文化内涵、展示人文奥运的平台，推动文化旅游和休闲产业发展；将西外和德外地区打造为科技、商务、旅游和交通功能综合配套的平台，吸引具有创新活力的产业群体，使功能街区成为西城区经济发展最具活力的区域。

社会事业

西城区教育资源丰富，名校较多。区内有四所高中示范校——四中、八中、北师大实验中学、北师大第二附属中学。教育体系较为完善，形成了由学前教育、基础教育、职业教育、特殊教育、青少年校外教育和成人教育构成的终身教育体系，初步形成社区教育三级管理体制及社区教育培训体系，以建设学习化城区为核心，社区教育目标得到确定，学习型组织试点工作进一步推广。荣获“北京市创建学习化社区先进区县”称号。

西城区是历史文化城区。西城区的历史文化底蕴深厚，资源丰富，种类繁多，特色鲜明。辖区内不但皇家宫苑、王府私邸、寺观坛庙星罗棋布，而且众多历史文化名人及革命先驱都曾在西城留下了足迹。辖区内有国家和市级博物馆 18 个，各级文物保护单位 103 处。其中国家级重点文物保护单位 10 处，占全市 60 处的 17%；市级 53 处，占全市 262 处的 23%；区级 33 处，占全市 501 处的 6%；暂保单位 1 处。全区有 12 片历史文化保护区，占全市 25 片的 48%。此外，我区还有 130 余处文物普查登记项目和近期已挂牌的保留传统四和院 154 个。区域内不但拥有北海、景山两处北京城区内惟一的皇家园林，还有如广济寺、白塔寺、广化寺、白云观、天主教南堂、北堂和刚刚修缮的历代帝王庙，以及恭亲王府、醇亲王府、摄政王府、盛园、鉴园等一大批历史悠久的寺观坛庙，王府私邸。西城区是中国佛教协会、中国道教协会和中国天主教协会所在地。众多历史文化遗存文化名胜遍布西城，是典型的北京历史文化城区。

西城区医疗资源丰富，共有各级各类不同规模、不同隶属关系的医疗机构 543 个。形成了西城区服务全区、面向全市、辐射全国的医疗服务网点。坐落在西城区的中央、市属医疗机构共 8 所。这 8 所集医疗、教学、科研于一体的大型三级综合性医院，学科门类齐全、医疗力量雄厚，医院拥有我国一流的专家、学者、设施设备和技术水平，在我区形成了一个高层次的全国性医疗中心。

西城区体育事业持续快速发展，竞技体育运动水平保持在全市的前列，体育设施建设进一步完善，体育产业发展迅速，体育法制体系逐步健全；

群众体育蓬勃开展，居民体质明显改善，目前全区体育活动场所面积已达到64.6万平方米，人均体育用地0.8平方米，与1999年相比，增长60%。开发健身工程178个，国民体质测试站26个，逐步满足了群众体育健身的需求。社会体育组织管理体系和网络逐步健全，社会体育骨干队伍不断壮大。每千人拥有社会体育指导员近1.5人，2003年底经常参加体育锻炼的人数达到全区总人口的56%。

精神文明

西城区委、区政府高度重视精神文明建设工作，我区精神文明创建活动坚持“巩固、提高、延伸、辐射”的原则，以争创全国文明城区活动为契机，以文明街道、文明行业、文明机关和争当文明市民四项创建活动为载体，动员社会各界深入开展群众性精神文明创建活动。为进一步加强文明社区创建的规范化建设，制定了《西城区文明社区标准及管理办法》等文件和文明社区指标评价体系。在区属机关单位连续开展“创文明机关，做人民满意的公务员”和“文明机关达标”活动，优化区域发展环境。

1995年，西城区被批准为国家级可持续发展实验区，长期以来，西城区委区政府始终坚持科教兴区和可持续发展战略，坚持以人为本，以科学的发展观指导全区经济建设、社会发展和城市生态环境保护，较好地完成了《1994—2000年西城区经济社会发展总体规划》各项指标，通过几年的努力，全区综合经济实力显著增强，城市建设取得突破性的进展，科技、教育、文化、卫生、体育等各项社会事业全面进步，精神文明和民主法制建设不断取得新成果，人民生活水平总体得到较大提高，全区可持续发展能力明显增强。2002年，西城区接受了科技部可持续发展实验区工作验收，9大类63项指标通过了专家组的评审，即将首批跨入国家可持续发展示范区的行列。

展望未来我们充满信心，西城区将坚持以科教兴区和可持续发展为目标，通过实施经济强区、文化兴区和环境优区的“三区”战略，把西城区建设成为设施完善、服务一流的中央办公区，资本活跃、市场繁荣的金融商业区，教育先进、特色鲜明的文化旅游区，社会安定、环境优美的居民生活区。

崇文区概况

崇文区是北京市的4个中心城区之一，位于北京市区东南部。区境南北长4.65公里，东西宽4.51公里，总面积16.46平方公里。区境北和东城区相交，东部、东北部与朝阳区相连，南同丰台区接壤，西与宣武区毗邻。西北部的前门西大街路口中心是东城区、西城区、崇文区与宣武四区交界点。前门城楼北面正对天安门广场，往南经南中轴路与复建后的永定门城楼遥相呼应。闻名世界的天坛屹立于区境之中。崇文区辖前门、崇文门外、东花市、体育馆路、龙潭、天坛和永定门外七个街道办事处，79个社区居民委员会。2003年末户籍人口为39.63万人，户籍人口密度为每平方公里2.41万人。

崇文区交通十分便利。北京站和北京南站分别位于崇文区的东北角和西南角，南面紧邻京津塘高速公路，前门大街、二环路和地铁二号线沿区而过，正在修建中的地铁五号线贯穿区境中部。崇外大街、广安大街、南中轴路等城市主干道和新建、扩建的道路已构成了四通八达的城市道路网络。

作为古都北京的一部分，崇文区有着700余年的漫长历史，积淀了许多闻名遐迩的历史古迹和丰富的旅游资源。被列为世界自然与文化遗产和国家级文物保护单位的天坛公园就坐落于区境西部。正阳门、前门箭楼、东便门角楼都是北京市著名的标志性古典建筑。除此之外还有隆安寺、燕墩、金台书院、阳平会馆戏楼、袁崇焕祠、药王庙、夕照寺等共23处国家、市、区级文物保护单位。前门大街作为全市最繁华的商业街之一，汇集了“全聚德”、“便宜坊”、“都一处”等多家驰誉京华的百年老店。

位于永定门内大街东侧的北京自然博物馆是目前全国最大的自然博物馆。天坛公园、北京游乐园和龙潭湖公园形成了崇文区的游览区，以红桥市场和元隆丝绸为代表的购物场所在国内外旅游者中知名度很高。崇文区还拥有地热资源，境内的地下温泉水温在40——60摄氏度之间，有较高的开发利用价值。

崇文区医药资源比较富集，有中国医药（集团）公司、中国药材公司、中国医药保健品进出口公司等国家级大型医药销售企业和北京同仁堂股份有限公司这一享誉海内外的著名医药生产销售企业，以及万全堂、千芝堂等百年中药老店。

国家体育总局及其下属的中国足协等国家体育管理机关绝大部分均在崇文区境内办公，区境内的北京体育馆、天坛体育场、国际网球中心、中国棋院及部分国家专业训练场馆设备先进，环境优雅，集竞赛、健身、娱乐于一体，李宁、康威等国内体育名牌厂商均在崇文区设有地区性总部，作为北京乃至中国北方的体育用品集散地，崇文区具有得天独厚的优势。

作为北京市的中心城区之一，崇文区将自身的发展目标定位为现代城市服务经济较为发达，充分展现古都文化风貌和现代生态景观，环境优美、社会安定、生活舒适的现代化都市文化休闲区。为实现2008年人均地区生产总值突破6000美元，经济跨越式发展这一蓝图，崇文区坚持以人为本，树立和落实全面、协调、可持续的发展观，以招商引资为龙头，实施“一二三”发展战略，即打造一个“王字型”经济磁场，建设东南龙潭湖体育产业园区和西南永外现代商贸中心两大版块，大力发展文化旅游、商贸服务和体育休闲三大产业。

2003年崇文区国内生产总值完成86.4亿元，比上年增长15%，其中第二产业实现增加值24.02亿元，增长24.8%，第三产业实现增加值62.38亿元，增长11.7%。财政收入完成6.97亿元，按可比口径计算增长20.6%。固定资产投资额为62.25亿元，增长2.8%，其中房地产开发完成投资43.06亿元，占69.2%。社会消费品零售总额完成63.95亿元，增长8.7%。实际利用外资4294.3万美元，增长39.3%。海关进出口总额为16271.2万美元，增长5.2%。居民年人均可支配收入为13494元，增长14.9%；全年人均消费性支出11063元，增长12.7%。恩格尔系数为34.2%，比上年降低2.6个百分点。

经过数年建设，以新世界商场为核心的崇外商业街已成为北京市内有名的购物场所。其中的崇文门饭店、哈德门饭店、新世界中心、新世界太华公寓、新世界正仁大厦和在崇外大街延长线上的红桥市场已经成为北京市的名牌企业。广安大街两侧建设的北京大都市街东起崇文门外大街，西至前门大街，全长1.8公里，是亚洲第一条双向步行内藏式商业街，集现代商业购物、娱乐、休闲于一体，兼备办公、展示和展览功能。大都市街和它所连通的崇外商业街、前门商业街及即将建设为文化旅游特色街的祈年大街，共同构成了崇文区的“王字型”经济磁场，形成了既有吸引力，又有辐射力的大型经济圈。亚洲最大的现代化商品交易中心百荣世贸商城位于北京中轴线南端，总建筑面积达46万平方米，是以批发为主、批零兼营的综合性商品交易市场，在北京市制定的“大北京”发展思路中占有十分重要的战略地位。由北京市和崇文区两级政府共同立项、扶植的“京城百工坊”聚集了130多位“国宝级”工艺美术顶级大师，是国内规模最大的专业工艺美术创作研发基地。

在危旧房改造方面，崇文区更是取得了骄人成绩。以金鱼池小区为首，东花市南里、崇外1号、2号、5号地、左安西里等一大批危改项目相继开工，使全区居民居住条件大为改善。特别是备受社会瞩目的金鱼池危改一期工程实现了让居民一年之内喜迁新居的目标，创下了全市危旧房改造的记录。新建成的居住小区景观靓丽、配套齐全、管理到位，优美、舒适、便利的人居环境为全市危旧房改造增添了浓重的一笔。党中央、国务院和北京市领导多次视察崇文区的危旧房改造项目，并给予充分肯定。至 2003 年底，全区已经完成 5 年危改任务的 66%，使 5.6 万户居民改善了住房条件，危改地区居民的人均住房面积从 6.9 平方米提高到 28.5 平方米。崇文区计划在 2005 年底前，完成全区二环路以内全部危旧房的改造任务。

为了创造更优美的城市，崇文区大力整治环境，新建城市绿地，改造原有公园。明城墙遗址公园铺种草坪 7 万余平方米，栽植乔木、灌木、花卉共计 12 万株，是全市面积最大的环境整治和文物保护工程。江泽民、李岚清、丁关根、万里等党和国家领导人及部分十六大代表相继到该公园参观。重新改造一新的龙潭公园被评为北京市十大精品公园之一，并成为首都警察开放日、庆祝申奥成功两周年等多项大型活动的会场。

崇文区坚持经济建设和社会事业协调发展的战略。几年来先后修缮了袁崇焕祠墓、火德真君庙等一批文物古迹。加大教育资源优化速度，示范校建设稳步推进，初步建立了优势互补、资源共享的职业、成人教育体系。汇文中学、光明小学、一师附小等学校已具备“名校效应”，在社会上颇有影响。其中汇文中学被认定为北京市首批示范性普通高中学校。卫生事业得到发展，天坛医院、普仁医院等专业科技特色突出，医疗设备先进，达到了国内外先进水平。

宣武区概况

宣武区是首都北京的四个中心城区之一，有着 3000 多年的历史，是古都北京的发祥地，是“宣南文化”的孕育地，蕴藏着丰富的历史文化资源，具有悠久的商业文化传统。

一、自然地理及旅游资源

自然地理

宣武区位于北京市中心西南部，东起前门大街、天桥南大街、永定门内大街，与崇文区毗邻；西至广安门外马连道北路、马连道路、马连道北里、湾子街、太平里，与丰台区接壤；南从永定门以西，沿护城河至鸭子桥路及马连道仓库专用铁路线为界，与丰台区隔河相望；北至前门西大街、宣武门东西大街、天宁寺路及莲花池东路，与西城区、海淀区交界。区内交通便利，广安门内外大街是一条联接内城与二环、三环的快速通道。截至 2003 年末，全区有 8 个街道办事处，110 个居（家）委会，有街巷胡同 576 条。

旅游资源

截至 2003 年末，宣武区内有国家级重点文物保护单位 4 处，即天宁寺塔、牛街礼拜寺、法源寺、先农坛。市级文物保护单位 23 处，其中较为著名的有陶然亭慈悲庵、康有为故居、湖广会馆等。区级文物保护单位 15 处，其中较为著名的有纪晓岚故居、崇效寺、绍兴会馆等。全区有区级以上公园 4 个，其中比较著名是: 大观园和陶然亭公园。2003 年我区共接待游客 3929.6 万人次，实现旅游收入 28110.9 万元。

二、国民经济概况

功能街区建设稳步推进，重点项目进展顺利

“两街”开发取得实质性进展。国际传媒大道规划建设，重点工程北京移动通信枢纽楼竣工交用，庄胜广场、丽晶酒店初具雏形，国际新闻中心、富卓广场即将开工建设，北京通信大厦已经举行奠基仪式，新闻出版城正式签约。

“六区”建设稳步推进。大栅栏地区规划方案已经市政府批准，煤市街道路拓宽工程前期准备工作正在积极推进，月亮湾整治工作全面启动。琉璃厂文化区一期工程的规划设计方案基本确定。马连道采购中心区规划调整工作基本完成，成功举办了第三届茶叶节，新华书店总店物流中心、北京医药物流中心已经建成，欧倍德项目正式动工。广安门办公商务区功能进一步完善，聚集了一批具有影响力的大企业、大机关，知名度进一步扩大。先农坛地区招商工作取得新进展，其周边经济环境正在加紧建设。

国民经济

2003年，宣武区实现国内生产总值201.3亿元，比上年增长8.9%，其中第二产业增加值58.5亿元，比上年下降11.6%，第三产业增加值142.8亿元，比上年增长20.4%，地方财政收入19.5亿元，比上年增长19%。

人口、劳动力情况

人口情况

2003年末，宣武区总人口为60.5万人。其中，户籍人口为54.4万人，暂住人口为6.1万人。户籍人口中男性人口27.3万人，女性人口27.1万人，性别比为101.1∶100。人口密度为每平方公里28570人。人口出生率为2.2‰，死亡率为4.8‰，自然增长率为-2.6‰。

劳动力情况

2003年末，宣武区在岗职工年平均人数23.3万人。在岗职工全年劳动报酬总额为537008万元，年平均工资为23095元。

工业情况

2003年末，在280家工业企业中，从业人员平均人数31764人；完成工业总产值（不变价格）44.7亿元，比上年下降38.8%；工业产品销售收入120.7亿元，比上年下降2.1%。

我区工业生产涉及26个行业，主要集中分布在印刷业、发电业、通用设备制造业和机械制造业。

固定资产投资及城市建设

固定资产投资

2003年，宣武区全社会固定资产投资96.8亿元，比上年增长3.2%。固定资产投资完成26.9亿元。其中基本建设投资21.1亿元，更新改造投资5.8亿元。房地产开发投资69.9亿元。

城市建设

城市建设取得新的突破，基建规模继续扩大。2003年，宣武区施工面积54.8万平方米，竣工面积22.9万平方米。基础设施建设继续加强，全年实施道路建设工程13项。其中宣外大街（西侧）、输入胡同、红居仓储路（局部）等道路建成通车。南新华街、广义街、枣林前街（东段）等10条道路已开工建设。危旧房改造继续推进。全年拆迁居民4221户，拆除危房7万平方米，超额完成市政府下达的拆迁计划。7个重点危改区的36栋回迁楼中已有29栋开工建设，其中新安中里的3栋已经竣工交用。

2003年末，宣武区区管道路526条，长度为158.5公里，面积为92.2万平方米；公共绿地面积为121.23万平方米，绿化覆盖率为23.23%；当年清运垃圾21万吨，现有果皮箱1115个，公共厕所673座，每万人有公厕12.4座。

国内贸易

截至2003年底，宣武区共有贸易业法人单位1734个，从业人员34942人。餐饮业法人单位208个，从业人员5715人。

年末集贸市场45个，摊位5944个，成交总额47566万元，农副产品成交总量789577百公斤。

2003年，宣武区实现社会消费品零售额69.8亿元，扣除物价因素，实际增长1%。其中售给居民54.3亿元，售给社会集团15.5亿元。

外经、外贸

2003年，外资企业销售收入为297276.9万元，同比增长7.5%。其中直接出口销售收入为987万美元。出口交货总额为9173.2万元，比上年增长32.7%。出口较多的行业主要集中在轻工业。

2003年末，宣武区外资企业有114家，资产总额1534857.2万元。年内新批三资企业11家。实际利用外资1140.6万美元，比上年增长68.9%。

文化、教育、卫生、体育、科技

文化

群众文化活动丰富多彩。成功举办了第三届厂甸庙会、第八届大观园庙会、北京建都纪念阙揭幕仪式、第二届北京宣南文化节等活动。开展夏日文化广场和优秀电影进社区等活动，丰富了群众生活，提升了社区文化工作水平。2003年末，全区有影剧院6个；公共图书馆1个，宣武图书馆建筑面积3499平方米，馆藏图书27.2万册，外借25.8万册次；档案馆1个，馆藏案卷10.3万（卷），开放档案6656卷，利用人次4556人次，编研出版史料16.2万字。

教育

继续加大教育调整的力度，全年共调整学校16所。中考、高考工作取得了较好成绩，中考合格率94.7%，高考达到了93.98%的上线率。全区87.4%的小学应届毕业生升入优质初中，84.5%的初中应届毕业生升入优质高中。全区共有中小学校67所，比上年减少6所。中小学专任教师4375人，比上年减少3.8%。中小学在校学生51189人，比上年减少6.7%。

宣武区各类成人学校2所，在校学生4613人，毕（结）业生877人，专任教师45人。

宣武区幼儿园、学前班31所，191个班。在园幼儿数4502人，教师397人，保育员378人。

卫生

2003年末，宣武区内有各类卫生机构236个。在卫生机构中，医院18个，医院床位4043张。妇幼保健所1个。平均每千人拥有医生5.0人，平均每千人拥有医院床位7.2张，平均每千人拥有卫生技术人员13.1人。

体育

全民健身活动广泛开展，成功举办了宣武区第六届全民健身体育节。新建社区全民健身体育彩票工程40处。中小学生体育锻炼达标率达到95%以上。2003年末，宣武区共有各类体育场馆58个，场馆面积13.4万平方米。共举办运动会29次，参加竞技比赛运动员5100人次。现有教练员37人，裁判员379人。

科技

2003年，宣武区各类企事业单位拥有专业技术人员55998人，每百人拥有专业技术人员23人。其中，建筑业10308人，占18.4%；教育业6504人，占11.6%；卫生保障福利业7321人，占13.1%；科学研究业4049人，占7.2%。

财政金融

2003年，宣武区地方财政收入194970万元，同比增长19%；当年地方财政支出206531万元，同比增长24%。

2003年末，驻我区国有银行存款余额1466.5亿元，比年初增加290.2亿元，其中，居民储蓄存款余额为287.2亿元，比年初增加45.8亿元。贷款余额645.5亿元，比年初增加135亿元。

人民生活

2003年，宣武区居民人均可支配性收入13170元，比上年增长18.7%；人均消费性支出10352元，比上年增长10.2%；人均住房使用面积12.39平方米，比上年增长12.2%。

再就业工作成绩显著。组织举行“阳光就业行动”洽谈会暨政策咨询等活动，千方百计拓宽就业渠道，缓解就业压力，保持了就业形势的基本稳定。全年安置失业人员19172人，失业人员再就业率为68.9%。城镇登记失业率为1.78%。开发社区就业岗位11361个。社会保障制度进一步完善，参加退休基金统筹、失业保险基金统筹、工伤保险基金统筹和医疗保险基金统筹人数分别为16.8万人、16.9万人、13.1万人和31.7万人。社会救助工作进一步加强，7253户家庭享受城市最低生活保障待遇，累计发放金额为3800万元，为431户低保家庭办理了医疗救助。

朝阳区概况

朝阳区位于北京市东部和东北部。东与通州区接壤，西与海淀、西城、东城、崇文四区毗邻，南连丰台区、大兴区，北接顺义、昌平区。区域轮廓呈南北略长，东西稍窄的多边形。辖域面积470.8

平方公里，常住人口 258.5 万人，是北京市面积最大、人口最多的城区。朝阳区四季分明，气候宜人，区内蜿蜒的 8 条主要河流，勾勒出自然与现代相融合的美景。

秦至隋唐，该地域先隶属广阳郡，后属幽州所辖的蓟县，辽时归属南京（即燕京）道析津府，金时属中都路大兴府，元代改为大都路大兴县。明清时属京师顺天府，仍为大兴县所辖。民国 14 年（1925 年）时称北京市东郊区。1945 年将东郊区划分为两个区，第十三区和第十四区。1949 年 6 月两区合并为第十三区。1950 年 8 月易名第十区。1952 年恢复东郊区名称。1958 年 5 月，将区名定为“朝阳区”沿用至今。

朝阳区历代为京畿要地的一部分，留有许多文物古迹。其中列为国家级重点文物保护单位的有两处：东岳庙、西黄寺；列为市级重点文物保护单位的有 6 处：元大都北土城遗址、八里桥、朝日坛、十坊诸佛宝塔、北顶娘娘庙、491 台；列为区级文物重点保护单位的有 7 处。

朝阳区是北京国际商务中心区（CBD）的所在地，2008 年奥运会主赛场所在地，更是首都对外开放的聚集地。朝阳区素有“中国涉外第一区”的美誉，中华人民共和国外交部大楼以及先后建成的第一、二、三使馆区，均在朝阳区辖区内。

朝阳区是北京改革开放前的工业大区，纺织、化工、汽车、电子、医药、机械等工业都集中在这里。改革开放后，朝阳区逐渐成为多种经济成分和多种业态共存的极具发展潜力的经济大区，主要经济指标均居北京市区县前列。

2003 年，在区委、区政府的正确领导下，全区人民以“三个代表”重要思想和党的十六届三中全会精神为指导，围绕“优化发展环境、建设学习型城区、深化改革开放”的战略目标，面对突如其来的非典疫情，坚持一手抓防治非典不放松，一手抓经济建设不动摇，团结一致，奋发进取，开拓创新，区域经济保持了持续、快速、健康增长的良好势头，经济运行质量、效益同步提高，各项社会事业全面发展，人民生活不断改善。据统计，2003 年全区实现地区生产总值 684.2 亿元，比上年增长 15.6%；地方财政收入完成 56.6 亿元，比上年增长 14.0%；社会消费品零售额完成 298.7 亿元，比上年增长 11.0%；全社会固定资产投资完成 285.0 亿元，比上年增长 44.8%；实际利用外资 9.6 亿美元，比上年增长 26.3%。

一、第一产业

全年第一产业实现增加值 2.4 亿元，比上年下降 17.8%，占地区生产总值的比重为 0.3%。

农业结构调整继续深化。全区完成农林牧渔业总产值 48099.9 万元，下降 11.5%。耕地总资源由年初的 7.8 万亩调减至 6.3 万亩。全年粮食播种面积 9267 亩，比上年减少 13135 亩。

现代都市型农业特征基本形成。旅游休闲农业发展势头良好，16 家具备观光条件的企业全年接待游客 120 万人次，实现收入 1.7 亿元，增长 33%。出口创汇农业克服非典影响，全年出口供货额达到 1.3 亿元。全区新建安全食品基地 3 个，14 个种养殖基地被评为市级标准化示范基地。蟹岛绿色生态度假村、方圆平安食品开发有限公司被评为国家级农业产业化重点龙头企业。

农业现代化、机械化程度稳定在较高水平。全年农用化肥施用量 3511 吨，农村用电量 4.7 亿千瓦时，农业机械总动力 11.5 万千瓦。

二、第二产业

全年第二产业实现增加值 173.6 亿元，比上年增长 5.8%，占地区生产总值比重为 25.4%。

1. 工业

全年工业实现增加值 137.6 亿元，比上年增长 7.8%，占地区生产总值的比重为 20.1%。

汽车制造业迅猛增长，全年共生产汽车 40574 辆，增长 67.5%，其中轿车 18141 辆，增长 2 倍。高新技术产业稳步发展，规模以上工业实现不变价工业总产值 629.1 亿元，增长 20.3%，其中高新技术产业实现不变价工业总产值 398.7 亿元，增长 13.4%，在工业总产值中的比重达到 63.4%。

工业产销衔接较好，规模以上工业实现产品销售收入 548.9 亿元，增长 22.1%，产销率达到 87.3%。工业经济效益继续提升，规模以上工业企业经济效益综合指数为 143.4%，比上年提高 12.1 个百分点。工业企业利润大幅增长，规模以上工业企业实现利润总额 36.4 亿元，增长 17.6%。工业产品的竞争力增强，规模以上工业企业完成出口交货额 61.3 亿元，增长 5.2%。

2. 建筑业

全年建筑业实现增加值 36.0 亿元，下降 1.1%，占地区生产总值的比重为 5.3%。

建筑业保持平稳发展。全年完成总产值 227.8 亿元，下降 0.3%。房屋建筑施工面积 2121.9 万平方米，增长 6.6%；房屋建筑竣工面积 726.3 万平方米，增长 10.3%。全区建筑施工企业共承接施工项目 6940 个，竣工项目 4594 个，竣工产值 175.5 亿元，增长 6.4%；实现利润总额 3.2 亿元，下降 15.8%。

三、第三产业

全年第三产业实现增加值 508.2 亿元，比上年增长 19.6%，占地区生产总值的比重为 74.3%。

1. 交通运输、商业和集市贸易

全年交通运输、仓储业实现增加值 53.1 亿元，比上年下降 4.0%。

消费品市场繁荣活跃。易初莲花、欧倍德、百安居等知名企业在我区相继投资建店。全区全年实现社会消费品零售额 298.7 亿元，比上年增长 11.0%。分商品用途看，吃类商品实现零售额 98.2 亿元，增长 7.4%；穿类商品实现零售额 48.6 亿元，增长 5.9%；用类商品实现零售额 133.4 亿元，增长 13.6%；烧类商品实现零售额 18.4 亿元，增长 28.7%。汽车类消费品明显升温，全年实现零售额 57.4 亿元，增长 70.3%。

批发、零售贸易及餐饮业全年实现增加值 71.2 亿元，比上年增长 30.9%。

城乡集市贸易蓬勃发展。2003 年末，全区共有集贸市场 253 个，比上年末增加 29 个，年成交额 29.7 亿元，增长 13.8%。

2. 金融业

金融业稳健发展。全年金融业实现增加值 102.0 亿元，比上年增长 14.6%。年末，全区银行各项存款余额 3028.4 亿元，比年初增加 574.6 亿元，增长 23.4%，其中储蓄存款余额 997.5 亿元，比年初增加 185.8 亿元，增长 22.9%；银行各项贷款余额 1697.3 亿元，比年初增加 440.5 亿元，增长 35.0%。

3. 房地产业

房地产业保持较快增长。全年房地产业实现增加值 61.9 亿元，比上年增长 41.2%，占地区生产总值的比重为 9.0%。全年房地产开发投资额 175.0 亿元，增长 29.4%，其中商品房建设投资额 80.3 亿元，增长 4.7%，占房地产开发投资额的比重为 45.9%。全年房屋施工面积 1406.2 万平方米，增长 16.0%；竣工面积 158.2 万平方米，下降 39.9%。全年实现商品房现房销售面积 112.6 万平方米，下降 36.6%；实现销售额 71.4 亿元，下降 42.7%。

年末，全区商品房空置面积 150.3 万平方米，比上年末减少 30.6 万平方米，下降 16.9%，其中商品住宅空置面积 102.6 万平方米，下降 22.1%。

4. 租赁、商务服务、居民服务和其他服务业

全年租赁、商务服务、居民服务和其他服务业实现增加值 57.1 亿元，比上年增长 12.4%。

5. 科教文卫体事业

全年科教文卫体事业实现增加值 85.0 亿元，比上年增长 32.6%。

高科技园区建设取得突破。电子城东区、电子城西区和健翔科技园累计入园企业达 600 余家，成为我区高新技术产业和现代制造业发展的主要基地。松下部品、双鹤药业等一批项目投产，摩托罗拉、北电网络等重大项目落户。

基础教育均衡化、优质化、国际化。全区共有各类初、中等学校 281 所，在校学生数 12.5 万人，共培养毕业生 3.4 万人。其中：小学 186 所，在校学生 5.2 万人，毕业生 10268 人；普通中学 84 所，在校学生 6.1 万人，毕业生 21299 人；职业中学 11 所，在校学生 1.2 万人，毕业生 2636 人。全区 7 所学校通过市级示范校初审，2 所学校被评为市级示范校，8 所国际学校相继建成。

群众性文化活动蓬勃开展。开展了夏日文化广场、北京民俗文化节、国际风情节等群众喜闻乐见的文化活动。加快了社区图书馆等文化设施的建设步伐，全区目前共有文化馆、文化站 44 个，图书馆藏书 59.9 万册，比上年增加 4.3 万册，区级以上重点文物保护单位 16 个，比上年增加 3 个。

医疗卫生环境进一步优化。全区共有医疗卫生机构 866 个，床位 11548 张，卫生技术人员 17591 人。建成了区预防保健中心、六里屯医院，改扩建了区第二医院、安华医院、和平老年病医院，完成了十八里店医院等农村医院的改造。建立了 27 个社区卫生服务中心和 89 个社区卫生服务站，农村全部实现合作医疗。

体育事业成绩突出。2003 年，全区共获国家级、市级金牌 48 枚，银牌 35 枚，铜牌 28 枚。竞技体育位居全市前列，朝阳体育中心、郡王府体育中心投入使用，成功申办 2006 年第九届世界青年田径锦标赛。新建社区文体广场 185 个，完成了 677 个全民建设居家工程，群众性体育活动广泛开展。

四、固定资产投资

固定资产投资大幅增长，实现历史性突破。全区完成全社会固定资产投资 285.0 亿元，比上年增长 44.8%，其中基本建设投资 66.3 亿元，更新改造投资 26.1 亿元，房地产开发投资 175.0 亿元。

五、外经外贸

外商投资快速增长。全年实际利用外资额 9.6 亿美元，比上年增长 26.3%。新批“三资企业”（区属）342 家，增长 6.8%，130 家世界 500 强企业落户朝阳。进出口贸易跃上新台阶，全年外贸出口交货总额（区属）15.7 亿元，增长 42.7%。

六、城乡居民生活

收入水平不断提高。2003 年在岗职工年平均工资 27661 元，比上年增长 13.9%；城市居民人均可支配收入 13898 元，比上年增长 10.1%；农民人均纯收入 9492 元，比上年增长 14.9%。

生活质量继续改善。城市居民人均消费性支出 11589 元，比上年增长 5.0%；恩格尔系数 30.8%，比上年降低 4.3 个百分点。农村居民人均生活消费支出 6813 元，比上年增长 7.7%；恩格尔系数 32.2%，比上年降低 0.6 个百分点。全区城市居民人均住房使用面积 15.5 平方米，与上年持平；农村居民人均住房建筑面积 46.2 平方米，比上年增加 0.4 平方米。

七、人口、计划生育

人口自然增长比较平稳。年末，全区户籍人口 160.7 万人，比上年增加 3.3 万人，增长 2.1%，人口自然增长率为-0.79‰。其中非农业人口 144.1 万人，占总人口的 89.7%。全区晚育率 84.29%，计划生育率 98.68%，一孩率 95.47%。

丰台区概况

一、自然地理简述

丰台区位于北京西南郊，毗邻 8 个区县，东为朝阳区，北为崇文、宣武、海淀和石景山区，西北为门头沟区，西南和东南为房山和大兴区。区政府设在丰台镇文体路 2 号，距天安门 12 公里。全区面积 305.87 平方公里，呈东西狭长形，最西端马鞍山至最东的四道口村相距 35 公里；南北最宽处 14 公里。

截止到 2003 年底，全区辖 16 个街道办事处，243 个社区居委会；2 个镇，4 个乡，71 个行政村。

二、旅游资源及矿产资源

2003 年末，全区有区级以上重点文物保护单位 35 个，其中国家级的有卢沟桥(含宛平城)、水关遗址，市级的有镇岗塔、莲花池、长辛店“二七”革命遗址、长辛店留法勤工俭学旧址、金中都城墙遗址、南岗洼桥、大堡台西汉墓、南苑兵营司令部旧址、大灰厂娘娘庙、药王庙等 10 处。北京世界公园、卢沟桥文化旅游区和青龙湖公园成为我区三大旅游区。全年共接待中外游客 620 万人次，增长 26.5%，实现旅游收入 2.5 亿元，下降 30.6%。

截止 2003 年，我区已探明储量的矿产 7 种，矿产地 15 处。已探明的主要矿产有冶金用白云岩、制灰用灰岩、水泥配料用页岩、矿泉水、地热等。主要矿产探明的储量：冶金用白云岩 220 万吨，制灰用灰岩 2.87 亿吨，水泥配料用页岩 2703 万吨。

已开发的矿种有冶金用白云岩、制灰用灰岩、水泥配料用页岩、矿泉水及地热共 5 种。已开发的矿产地总数 11 处。

三、国民经济概况

2003 年，在区委、区政府领导下，全区人民以“三个代表”重要思想为指导，认真贯彻落实党的“十六大”和市第九次党代会精神，努力克服非典对经济建设的不利影响，大力发展第三产业和高新技术产业，不断推进现代化新城区建设步伐。全区实现地区生产总值 231 亿元，可比增长 12.1%。其中一产实现增加值 1.2 亿元，下降 23.2%；二产实现增加值 68.2 亿元，增长 9.9%；三产实现增加值 161.6 亿元，增长 13.4%。三次产业比重为 0.5%、29.5% 和 70%。

1. 人口、劳动力情况

2003 年末，全区常住人口 140 万人，其中户籍人口 86.4 万人，人口出生率为 2.9‰，死亡率为 4.5‰，自然增长率为-1.6‰；男性 44 万人，女性 42.4 万人，人口密度为每平方公里 2824.9 人。从业人员为 37.2 万人，其中二产 19.4 万人，三产 17.6 万人。

2. 工业情况

2003 年，全区工业实现增加值 51 亿元，增长 17.1%。完成现价工业总产值 176.5 亿元，增长 13.4%。其中科技园区企业完成 43.9 亿元，增长 24.1%，占全区工业总产值的 24.9%，提高 2.2 个百分点。

全区有工业企业 1076 家，其中国有企业 84 家，减少 55 家，完成现价工业总产值 42.6 亿元，增长 5.3%。工业经济效益明显改善。独立核算企业实现销售收入 176.8 亿元，增长 15.5%，产销率为 97.6%。经济效益综合指数达到 124.3%。实现利润 11.4 亿元，增长 52.4%。

3. 农业情况

2003 年，全区实现现价农业总产值 2.8 亿元，下降 18.3%。花卉种植受非典影响较大，实现产值 1 亿元，下降 15.1%，占农业总产值的比重为 35.9%。

4. 固定资产投资及城市建设

2003 年完成固定资产投资 77.7 亿元，增长 42.8%。其中基本建设投资 24 亿元；房地产开发投资 48.8 亿元，增长 86.2%。商品房销售额 30.1 亿元，增长 58.1%，销售面积 77.5 万平方米，增长 66.9%。

城市基础设施不断完善。五环路、万寿路南延和玉泉路南延等道路已建成通车，马家堡西路、永定路南延、方庄路南延、右外大街南延和地铁五号线三个站点的拆迁工作全面完成。完成了小龙河综合治理工程，治理李家峪小流域 7 平方公里。吴家村污水处理厂已正式投入使用。

继续推进危旧房改造工程。全年累计实现开复工 72.4 万平方米，竣工 39 万平方米，拆迁居民 3510 户，回迁安置居民 1424 户。樊家村、大红门西路和丰台桥南五期三个新的拆迁工程全面启动。

环境保护和治理成效明显。全年环保工作总投资 8.1 亿元，比上年增长 2.5 倍。全年完成 3400 个单位的环保达标检查工作，改造锅炉 301 台，削减燃煤 17 万吨、烟尘排放量 1200 吨、二氧化硫排放量 729.3 吨。全区环境噪声达标区覆盖率为 62.2%。环境卫生不断改善。全年完成 18 座垃圾楼、156 座垃圾房建设，改翻建公厕 142 座，全区垃圾无害化处理率达到 98%。

绿化工作取得新进展。全年植树 117.2 万株，比上年增长 175.4%，种植宿根花卉 87 万株，增长

128.9%，城市绿化面积达 5459 公顷。全区人均占有公共绿地 11.05 平方米，比上年增加 0.95 平方米，城市绿化覆盖率为 43.23%。

公用事业继续发展。完成了 18.5 万人饮水并网工程，铺设天然气高压管道 18 公里，新增天然气用户 5346 户。

5. 国内贸易

2003 年底，全区共有商业、餐饮业、服务业等网点机构 86138 个，从业人员 19.3 万人。其中，商业网点 50355 个，从业人员 13.1 万人；餐饮业网点 26263 个，从业人员 4 万人。

2003 年，实现社会消费品零售额 176.2 亿元，增长 5%。其中吃类商品 44.7 亿元；用类商品 109.3 亿元；分别占社会消费品零售额的 25.4%和 62%。

全区共有各类商品交易市场 107 家。实现成交额 162 亿元，增长 26.4%。成交额超亿元的市场有 9 家，成交额为 146.5 亿元，占市场成交总额的 90.4%。

连锁商业发展逐步加快，全区连锁企业 9 家，实现零售额 33.6 亿元，可比增长 25.6%，占全区消费品零售总额的 19.1%。

6. 外经、外贸

三资企业进一步发展。2003 年新批外资项目 49 项，合同外资金额 5418.4 万美元，增长 3.8%，实际利用外资 2357.5 万美元。已开业投产的三资企业达 257 家，实现总产值 61.8 亿元，增长 25.9%；实现销售(营业)收入 92.6 亿元，增长 23.4%；实交税金及附加 8.1 亿元，增长 31.2%；实现利润 4 亿元，增长 36.2%。全年外贸出口及供货额 7.8 亿元。

7. 财政、金融

2003 年，全年完成财政收入 12.2 亿元，增长 13.7%。其中，增值税 1.9 亿元，营业税 5.3 亿元，企业所得税 1.2 亿元，房产税 1.1 亿元，分别增长 3.9%、20.4%、14.9%、17.1%。财政支出 22.6 亿元，增长 8.3%。

全区银行机构年末各项存款余额为 701.5 亿元，增长 15.1%，其中居民储蓄存款余额为 321.2 亿元，增加 65 亿元，增长 20.2%。各项贷款余额 370.7 亿元，增长 17.6%。银行货币回笼 46.4 亿元。

财产保险业迅速发展。全年完成保险金额 251.2 亿元，增长 60.6%；完成保费收入 1.2 亿元，增长 33%；赔款金额 7638 万元，增长 17.6%。

8. 科技、教育、文化、卫生、体育

全区开展科技活动的大中型企业 290 个，拥有科技活动人员 2126 人。全年开展科技项目 206 项，其中新产品开发项目 83 项；全年申请专利 31 件，其中发明专利 14 件。科技活动经费支出 2.05 亿元，比上年增长 42%，其中 R&D 经费支出 8513 万元，增长 42.5%。

教育事业全面进步，教学水平不断提高。全区财政中教育支出 4.35 亿元，比上年增长 39.3%。全区现有中小学 149 所，在校生 7.6 万人。全年小学毕业生及格率为 100%；中考及格率为 75.2%；高考录取率为 74.8%，比上年提高 2 个百分点。职业中学 4 所，在校生 6652 人。成人学校 5 所，共有学员 1639 人，毕业 484 人。

群众文化活动广泛开展。成功举办了第三届莲花池庙会，共接待游人 20 万人次；全面开展夏日文化广场活动，共举办文艺演出 381 场，放映露天电影 407 场。积极开展“三下乡”活动，组织下基层演出 43 场，观众达 8 万人次。进一步推进社区文化建设，大力培养基层文艺骨干；全区已累计建成基层图书流通点 31 个。

医疗卫生力量不断增强。年末全区共有医疗卫生机构 487 个，卫生技术人员 8555 人，床位 6026 张。平均每万人拥有医生 43 人；平均每万人拥有医院病床 70 张。

认真落实全民健身工程，群众体育活动蓬勃开展。全区实施全民健身工程 102 个，工程总面积 7 万平方米，总投资 631.6 万元；成功举办了丰台区第四届全民健身体育节，共有约 80 万人次参加了 19 个项目的比赛和表演活动；圆满完成北京市第十七届醒狮杯越野跑"元宵杯"比赛承办任务。全年向市专业队输送运动员 37 名；在北京市青少年锦标赛的 14 个比赛项目中，共获金牌 68 枚；我区棒球队在全国青少年棒球锦标赛中蝉联冠军。

9. 人民生活

城乡居民收入较快增长。城市居民人均可支配收入 12281.9 元，增长 13.1%；人均消费性支出 9929.7 元，增长 3.7%；恩格尔系数为 32.5%。农民人均纯收入 7786 元，增长 12%；农民人均消费支出 6400 元，增长 9%。

石景山区概况

2003 年，在区委、区政府的正确领导下，石景山区人民坚持以"三个代表"重要思想为指导，一手抓抗击非典，一手抓经济和社会的协调发展，努力克服非典的不利影响，紧抓机遇，开拓奋进，扎实工作，国民经济持续、快速、健康发展，各项社会事业全面进步，经济运行质量持续提高，全面完成了国民经济和社会发展的各项任务。

石景山区是北京市新城区之一，位于北京市西部，距天安门 16 公里，与海淀区、丰台区、门头沟区相邻。它地处北京市西山风景区南麓和永定河冲积扇上，地势北高南低，略有起伏。因素称京都"第一仙山"的石景山而得名。2003 年末总人口达 50 万人。

一、综合经济实力

2003 年石景山区实现区域内地区生产总值 138.5 亿元，比上年增长 16.6%。分产业看：第一产业实现增加值 1221 万元，比上年下降 40.3%；第二产业实现增加值 98.6 亿元，比上年增长 19.9%，对经济增长的贡献率达到 83.1%，占地区生产总值比重为 71.2%，在石景山区国民经济中居主导地位；第三产业实现增加值 39.8 亿元，比上年增长 9.4%，占地区生产总值比重为 28.7%。

全年实现地方财政收入 7.4 亿元，比上年增长 16.3%；财政支出 12.8 亿元，比上年增长 18.7%，有利地保障了教育、科技、卫生、社会保障等各项事业的发展，并在支持经济发展和基础设施建设等方面发挥了重要作用。

工业发展良好。2003 年底石景山区共有工业企业 430 家，实现现价工业总产值 422 亿元，比上年增长 23.8%；实现工业增加值 89.4 亿元，比上年增长 17.5%，占地区生产总值的 64.6%；实现利润 12 亿元，比上年增长 2.2 倍；上交税金 26.4 亿元，比上年增长 27.1%。全年工业企业经济效益综合指数达到 126.8 个百分点，比上年提高 16.8 个百分点。

建筑业增势强劲。2003 年石景山区实现建筑业增加值 9.2 亿元，比上年增长 49.1%，占地区生产总值的 6.6%。完成总产值 45.8 亿元，比上年增长 90.9%。房屋建筑施工面积 577.5 万平方米，比上年增长 2.6 倍，房屋建筑竣工面积 188.4 万平方米，比上年增长 2.6 倍。

销售市场购销活跃。2003 年石景山区实现商业（批发零售贸易和餐饮业）增加值 5.7 亿元，比上年增长 31.2%；社会消费品零售额完成 99.1 亿元，比上年增长 48.8%，其中，吃类商品销售为 33.2 亿元，比上年增长 66.1%；穿类商品销售为 3 亿元，比上年增长 42.3%；用类商品销售为 62 亿元，比上年增长 41.4%。吃、穿、用三大类商品占零售额比重分别为 33.5%、3.1%、62.5%。

旅游增长缓慢。受非典疫情影响，2003 年旅游业各项经营指标明显低于往年。旅游业全年实现增加值 2.9 亿元，比上年下降 16.6%；实现营业收入 4.9 亿元，比上年下降 7.4%；上交税金 3500.2 万元，比上年下降 35.9%；接待旅游人数 291.7 万人，比上年下降 8.2%。

固定资产投资稳步发展。全年区域内固定资产投资共完成 32.4 亿元，比上年增长 8.4%，其中，基本建设投资完成 10.7 亿元，比上年增长 53.4%，基本建设投资成为拉动石景山区投资的主要动力；

更新改造投资完成 10.7 亿元，比上年增长 11.6%；房地产开发投资完成 8.3 亿元，比上年下降 31%。

外经外贸成绩显著。2003 年石景山区新批“三资”企业 21 家；协议外资金额 2399.6 万美元；外商投资企业实现销售（营业）收入 42.3 亿元，比上年增长 50.1%；上交税金 2.5 亿元，比上年增长 34.1%；出口创汇 8952.9 万美元，比上年增长 27.1%；实际利用外资 3005.8 万美元，比上年增长 2 倍。

金融业务进一步发展。2003 年末石景山区金融机构人民币存款余额 283.2 亿元，比年初增加 29.7 亿元，比上年增长 7.9%，其中，居民储蓄存款余额 141.7 亿元，比年初增加 18.8 亿元，比上年增长 18.9%。贷款余额 109.5 亿元，比年初增加 12.2 亿元，比上年增长 17.7%。

二、城市建设

城市基础设施建设日趋完善。为加快城市现代化步伐，区委、区政府不断加大城市现代化建设的投入，城市服务功能进一步完善。

年末实有区属管理道路长度 121.8 公里；年末实有区属管理道路面积 145.7 万平方米；年末实有区属管理桥梁 16 座，年末实有区属管理下水道长度 54.5 公里。

年末实有园林绿化 2387 公顷，比上年增长 18.7%；人均占有公共绿地面积 21.6 平方米；全年新植草坪 26.3 万平方米；道路绿化总长度 105.7 公里，比上年增长 9.2%；城市绿化覆盖率达到 42.8%。

三、社会事业

在加快发展经济的同时，石景山区高度重视社会各项事业发展。教育现代化进程明显加快，文化、卫生、体育事业全面进步。

教育事业稳步发展。九年制义务教育全面普及，素质教育全面推进，师资队伍素质有较大提高。2003 年全区共有各类初、中等学校 64 所，拥有专任教师 3271 人，比上年增长 179 人；在校学生 4.1 万人。其中：小学 37 所，在校学生 2.1 万人，普通中学 22 所，在校学生 1.2 万人，职业高中 3 所，在校学生 4307 人，中专 2 所，在校学生 4180 人。石景山区小学教师 73.6%达到大学专科学历，初中教师 64.7%达到本科学历，高中教师 93.2%达到本科学历；高考上线率达到 71.7%，比上年提高 1.3 个百分点。

成人教育继续实施“提高劳动者素质工程”，社会力量办学进一步发展。2003 年共有社会力量举办教育培训机构 78 个，比上年增加 7 个。

体育事业继续发展。石景山区拥有体育场馆 2 个，体育场馆建筑面积 1.7 万平方米。年内举（承）办运动会次数达 23 次，参加运动会运动员人数 2.1 万人次，向北京市输送运动员 35 人。

文化基础设施逐步完善。石景山区文化馆（站）11 个，比上年增加 4 个，图书馆 2 个，拥有藏书 443499 册。拥有国家级文物保护单位 1 家，专业电影院 1 个，多种形式的小电影院、录像厅、歌厅和书报亭等文化娱乐场所不断增多，形式多样化的大型文化广场活动也活跃了群众文化生活。

卫生事业健康发展。医疗卫生条件不断改善，设施水平大幅提高，综合服务能力进一步增强，卫生队伍不断壮大，技术素质显著提高。石景山区拥有医疗卫生机构 210 个，比上年增加 10 个；平均每千人拥有床位 8 张，平均每千人拥有医师数 4.8 人，平均每千人拥有护士 4.5 人。

四、人民生活

居民生活水平不断提高。据对石景山区城市居民住户抽样调查数字统计，2003 年石景山区恩格尔系数由上年的 35.4%下降至今年的 33%，比上年降低 2.4 个百分点；城市居民年人均可支配收入 11904.7 元，比上年增长 8%。年人均消费性支出 9544 元，比上年增长 4.6%。

在岗职工工资稳步增长，职工工资水平明显提高。2003 年，区域内企事业单位年末从业人员 16.9 万人，其中，在岗职工 15.5 万人。全年从业人员劳动报酬 39.2 亿元，比上年增长 6.2%，其中，在岗职工工资总额 37.2 亿元，比上年增长 13.1%；职工年平均工资 21558 元，比上年增长 21.5%。

社会保障工作得到全面加强。建立和完善了社会养老、失业、医疗、工伤保险以及下岗职工基本生活保障制度，按时足额发放离退休职工基本养老金、下岗职工基本生活费、失业人员救济金。实现中央、市属及区属单位的属地化管理，区、街道、社区社会保险管理体系初步形成。认真落实各项就业与再就业政策，千方百计增加就业岗位，城镇登记失业人员就业率达到 64.3%。认真落实城市居民最低生活保障制度，做到"应保尽保"。

石景山区按照首都总体规划的功能定位要求，正在跨越式地奔向现代、绿色、文明的美好明天。现代石景山是石景山区未来经济的新特征；绿色石景山是石景山区未来城市的新形象；文明石景山是石景山区未来社会的新面貌。一个充满生机和活力的北京新城区，已崛起在世人面前。

海淀区概况

海淀区位于北京市西北部，是著名的文化科学教育区、风景名胜旅游区和高新技术产业开发区。自然条件优越，环境优美，人文荟萃，名胜古迹众多，著名的清代皇家园林"三山五园"修建于此。区内高等院校林立，科研院所星罗棋布，智力资源密集度举世罕见。闻名中外的"中关村电子一条街"是中关村科技园区的发祥地，中关村科技园区的中心区海淀园已成为区域经济的支柱和首都经济的龙头。

一、自然环境与地势地貌

海淀区位于北纬 39° 53′ －40° 09′，东经 116° 03′ －116° 23′；东与西城、朝阳区相邻，南与宣武、丰台区毗连，西与石景山、门头沟区交界，北与昌平区接壤。

海淀区地处华北平原的北部边缘地带，是古代永定河冲积的一部分。地势西高东低，区内最高峰为阳台山妙高峰，海拔 1278 米；最低处为清河镇东的黑泉村，海拔 35 米左右。西部山区统称西山，属太行山余脉，有大小山峰 60 余座；整个山势呈南北走向，只有香山北面的打鹰洼主峰山峦向东延伸，至望儿山止，呈东西走向，把海淀区分为两部分，习惯上以此山为界，山之南称为山前，山之北称为山后。

境内有大小河流 10 条，总长度 119.8 公里，主要水系有高粱河、清河、万泉河、南长河、小月河、南沙河、北沙河及人工开凿的永定河引水渠和京密引水渠，还有昆明湖、玉渊潭、紫竹院湖、上庄水库等水面，湖泊数量和水域面积均列北京市各区县之首。昆明湖是北京市最大的湖泊，水域面积 1.94 平方公里。

二、行政区划

至 2003 年，海淀区辖 22 个街道，5 个镇，2 个乡。即万寿路街道、羊坊店街道、甘家口街道、八里庄街道、紫竹院街道、北下关街道、北太平庄街道、双榆树街道、海淀街道、中关村街道、学院路街道、清河街道、青龙桥街道、香山街道、西三旗街道、马连洼街道、花园路街道、田村路街道、上地街道、燕园街道、清华园街道、永定路街道、温泉镇、四季青镇、西北旺镇、上庄镇、苏家坨镇、海淀乡、东升乡。

三、人口民族

截止 2003 年底，全区总人口达 244.6 万人，比去年同期增长 3.4%；户籍人口 178.4 万人，增长 3.4%，占北京市总人口的比重为 15.5%，其中农业人口 11.4 万人，下降 2.2%。全区人口出生率 3.3‰；人口死亡率 3.1‰；人口自然增长率 0.23‰，比去年降低了 1.7 个千分点。

四、城市建设

我区继续推进城市基础设施建设。圆清路、香山网路等一大批城市主干道建成通车，环路连通线等一大批路网加密工程顺利完工。2003 年末全区道路总长度达到 785.0 公里，比去年增长 3.2%。城市环境卫生取得较大的改善，2003 年末全区已有生态公厕 36 座，同比增长 20.0%；垃圾桶站 156 个，同比增长 95.0%；垃圾桶 690 个，同比增长 72.1%。

我区继续加大城乡环境综合整治力度。全区城市绿化水平稳步提高，2003 年末公共绿地面积 2194.9 公顷，同比增长 6%；人均占有绿地面积 47.5 平方米，同比增长 5%；城市绿化覆盖率 46.7%；道路绿化总长度 624.5 公里，同比增长 2.0%；公园 18 个，同比增长 28.6%。全区环境保护加强，空气质量二级和好于二级的天数占全年天数比例达到 63.4%，比去年提高 7.8 个百分点；降尘量 10.1 吨/平方公里.月，比去年下降 1.7 个百分点；建成区绿化覆盖率 46.7%，比去年提高 1 个百分点；工业企业排放达标率都达到了 100%；生活垃圾无害化处理率达到 100%。

五、综合经济实力

2003 年海淀区生产总值实现 892.9 亿元，同比增长 18.3%，其中：第一产业增加值 2.5 亿元，增长 5.1%；第二产业 197.3 亿元，增长 10.4%，其中工业 163.7 亿元，增长 9.9%；建筑业 33.6 亿元，增长 12.6%；第三产业 693.1 亿元，增长 20.8%。

2003 年海淀区生产总值增速始终保持在 15% 以上，经济总量持续快速稳定增长。

产业结构继续保持具有海淀特色的“三二一”格局，即以绿色产业为代表的第一产业、以高新技术产业为代表的第二产业、以现代服务业为代表的第三产业，依次在国内生产总值中的比重为 0.3%、22.1%、77.6%。一、二、三产业对国内生产总值的贡献率分别为 0.1%、13.5%、86.5%。

1. 主要行业

（1）工业生产平稳运行，高新技术企业带动力明显。

2003 年，我区继续以中关村科技园区建设为中心，加快体制改革，大力发展高新技术产业，促进产业升级和市场升级，高新技术工业企业带动力明显。全年现价工业企业总产值实现 576.2 亿元，同比增长 12.9%，其中海淀园 503.8 亿元，增长 22.5%。高新技术工业企业带动力明显，部分高新技术行业增势强劲。

全区工业企业实现利润总额 32.2 亿元，同比减少 14.1%；实现经济效益综合指数 151.1%；资产负债率 55.2%；流动资产周转率 1.5 次；劳动生产率 122511.0 元/人；总资产贡献率 8.4%。

（2）农业生产稳步推进。

加速农业转型，农村经济整体素质显著提高。农业结构调整成效显著，生态农业开始占据农业主导地位。全区现有农村耕地面积2655.3公顷，同比下降39.8%。全年农业增加值实现2.5亿元，同比增长5.1%；农业总产值（现价）实现4.0亿元，同比增长1.0%，其中种植业产值1.8亿元，下降0.8%；林业、牧业、渔业产值分别为0.8、0.9、0.5亿元，分别增长0.5%、3.2%、4.8%。

2. 内外需求

（1）固定资产投资是拉动经济增长的强大动力。

2003年全社会固定资产投资实现289.8元，同比增长29.3%，其中房地产开发178.5亿元，增长32.1%。建筑业总产值实现240.1亿元，同比增长34.9%；竣工产值169.8亿元，增长55.1%。

下半年，固定资产投资一直呈快速增长态势，从投资构成看，房地产开发投资是投资重点，占固定资产投资的比重为 61.6%。从投资主体看，非国有单位投资是带动全区投资快速增长的主要力量。

（2）消费品市场稳中趋活。

现代流通业快速发展，社区商业强调便民功能，现代服务业发展步伐加快，城市功能日趋完善。全年社会消费品零售额实现 354.3 亿元，同比增长 7.9%，其中吃类 56.4 亿元，增长 21.3%；穿类 27.0 亿元，增长 5.5%；用类 259.7 亿元，增长 3.8%；烧类 11.1 亿元，增长 84.2%。从销售对象看，对社会集团零售额 183.7 亿元，下降 0.7%；对居民消费品零售额 170.6 亿元，增长 18.8%。

（3）对外贸易规模不断扩大。

2003 年底，新批三资企业 327 家，同比下降 2.7%，其中:海淀园 259 家，下降 1.9%。协议利用外资额 5.0 亿美元，增长 32.2%，其中:海淀园 4.0 亿美元，增长 24.0%。实际利用外资额 2.8 亿美元，增长 8.2%，其中:海淀园 2.7 亿美元，增长 23.3%，对外经济发展良好。

大力进行招商引资，开放型经济继续发展。第六届中关村电脑节取得圆满成功。

3. 宏观调控

（1）财政收入保持较快增长。

经济的快速发展，为财政收入的稳步增长奠定了良好的基础。全年财政收入实现 47.5 亿元，同比增长 19.5%。全年完成财政支出 58.5 亿元，同比增长 13.5%。

（2）金融形势稳定，资金运动活跃。

2003 年，金融系统继续执行稳健的货币政策，信贷结构更趋合理。

截止 12 月底，银行各项存款余额达 3675.1 亿元，比年初增加 492.0 亿元，同比增长 15.5%，其中:企业存款 1742.5 亿元，增长 14.4%；居民储蓄存款 1156.5 元，增长 22.4%；农业存款 82.6 亿元，增长 28.4%；其他存款 693.5 亿元，增长 6.4%。

金融对经济发展的支持力进一步增强。截止 12 月底，银行各项贷款余额达 1483.6 亿元，比年初增加 87.6 亿元，同比增长 6.3%，其中:短期贷款 732.1 亿元，同比增长 18.0%；中长期贷款 484.0 亿元，同比减少 23.2%；其他贷款 191.0 亿元，同比增长 117.2%。

（3）价格指数运行平稳。

2003 年，居民消费价格指数为 100.2%，其中除衣着类、家庭设备用品及维修服务类、交通和通讯类、娱乐教育文化用品及服务类负增长外，其他类都是正增长；工业品出厂价格指数为 101.5%；原材料燃料动力购进价格指数 104.7%。

六、人民生活

进一步完善社会保障体系，积极扩大就业渠道，增加城乡居民收入，人民生活得到新改善。全年城市居民人均可支配收入实现 14409.1 元，同比增长 4.6%，扣除不可比因素实际增长 6.3%；人均消费性支出达 11125.3 元，同比增长 6.6%，其中食品支出增长 2.7%，居住支出增长 3.7%，医疗保健支出增长 107.1%，交通和通讯支出增长 5.5%。

全年农村居民人均纯收入实现8519.9元，增长 7.2%；农村居民人均生活费支出达8370.5元，同比增长25.5%。农村产业结构调整促进了农村居民收入的不断增长。

2003 年，全区累计城镇登记失业人员达 34798 人，失业人员就业率 60.4%，城镇登记失业率为 0.97%，处于调控范围以内，就业形势较稳定。

七、社会事业

文化事业进一步发展。2003 年，全区公共图书馆 2 个；文化馆 1 个；文化站 273 个；电影放映单位 7 个；博物馆 1 个；书店 743 家；文物保护单位 69 处。图书馆总藏书量 2465 万册、件，借阅人次 456 万人次，固定服务点 44 个；文化馆举办展览 3 次，组织文艺活动 133 项，举办业余培训班 48 班次；文物保护单位中国家级 10 处，市级 27 处，区级 32 处。

我区继续深化教育改革，大力推进素质教育，教育事业取得新成绩。2003 年学校数（大专院校除外）244 个；专任教师 12715 人；在校学生 189837 人；招生人数 48013 人。

卫生事业进一步发展，医疗卫生服务水平得以提高。2003 年全区医疗卫生机构 771 个，其中医院 74 个；医院床位 8193 张，平均每千人拥有医院床位 4.7 张；卫生技术人员 14483 人，其中执业医师 6391 人，平均每千人拥有执业医师 3.7 人。

体育事业蓬勃发展。2003 年全区体育传统学校 41 所，少年儿童业余体校 3 所，体育协会 26 个，体育场馆 542 个，社会体育指导员发展人数 639 人。举办县以上运动会 25 次，参加人数 19800 人次；举办乡镇运动会 10 次，参加人数 28000 次，同比增长 12.0%。

八、海淀园经济

2003 年，以中关村科技园区“三年大变样”为带动，高新技术产业能级显著提升。专业园区和产业基地建设快速推进，中关村创新创业环境不断优化，创新支持、人才培育、金融服务等体系不断完善。

1. 股份制企业仍为发展主体。

到 2003 年底，海淀园拥有企业 11291 家，其中股份制企业 5754 家。从企业经济性质看，股份制企业是园区发展的主体，占总量的 51.0%。

2. 总量指标继续稳步增长。

2003 年，海淀园技工贸总收入(京区)实现 1705.5 亿元，同比增长 20.4%，全年保持快速增长态势。技工贸总收入中：技术收入 338.7 亿元，增长 24.3%；产品销售收入 904.9 亿元，增长 25.5%；商品销售收入 399.4 亿元，增长 6.4%。技术收入占总收入的 19.9%，高新技术企业在我区发展势头强劲。

全年海淀园上缴税费总额和出口创汇总额（京区）实现 71.3 亿元和 9.9 亿美元，增幅分别为 7.3% 和 47.8%。三资企业的出口创汇为 6.4 亿美元，同比增长 27.3%，在总量中所占比重为 64.7%。

全年海淀园实现增加值（京区）418.5 亿元，同比增长 21.4%，占全区 GDP 的 46.9%。

门头沟区概况

2003 年，全区人民在区委、区政府的正确领导下，高举邓小平理论伟大旗帜，以“三个代表”重要思想为指导，认真贯彻党的十六大和十六届三中全会精神，坚持“一城带四区”发展思路，与时俱进，开拓创新，国民经济保持良好发展势头，经济运行质量和效益进一步改善，各项社会事业全面进步，城乡人民生活水平不断提高。

门头沟区是集自然风光、文物古迹、古老民风为一体的经济发展区。主要旅游景点有“三山、二寺、一涧、一湖、一河”。灵山、百花山是市级自然保护区。灵山是北京惟一的集高原、草原风光为一体的自然风景区。百花山被称为华北地区的天然植物园，妙峰山因被清朝皇家推崇为“金顶”而成为华北地区的朝圣和民俗活动中心。始建于 1600 年前的著名古刹潭柘寺，有“先有潭柘寺，后有北京城”之说；建于唐代武德年间的戒台寺有五大名松，神态各异，寺内戒台是全国三大戒台之首。珍珠湖镶嵌在永定河山峡之中，湖面宽阔，碧波荡漾，享有“京西小漓江”之称。

历史概况

门头沟区有着悠久的历史文化。早在 1 万年前的新石器早期，就有人类在此繁衍生息，这就是北京历史上著名的“东胡林人”。商及春秋战国时期的文化遗址亦有发现。门头沟汉代属蓟县，唐属幽都县。唐末至辽末的二百年间属玉河县，金初并入宛平县治下。元初，本区山区存在过一个“大周朝元年”政权。明代宛平县在此派典史。清道光二年派县丞。1928 年成立北平特别市，其余部分属宛平县。门头沟解放后，先后是北京市属的 28 区、20 区、16 区，1952 年成立京西矿区，下辖 8 区 1 镇。1958 年 5 月经国务院批准，调整辖界改称门头沟区。

自然地理

门头沟区位于北京市区西部，东与石景山、海淀接壤，南与丰台、房山相连，西与河北省涞水、涿鹿为邻，北与本市昌平和河北省怀来交界。全区东西长约 62 公里，南北长约 34 公里，总面积 1455 平方公里。地处华北平原向蒙古高原过渡的山地地带。全区以山地为主，地势由西北向东南倾斜。西部山区是北京西山的核心部分，山形挺拔高峻、险峰叠嶂。境内有北京市的最高峰灵山，海拔 2303 米；次高峰百花山，海拔 1990 米。境内的主要河流是永定河及其支流清水河，属于海河水系。截至 2003 年底，全区有 9 个镇，4 个街道办事处，辖 125 个居委会和 189 个行政村。

人口情况

2003 年末门头沟区全区户籍人口 236223 人，

比上年末增加了 725 人。其中:居民人口为 165028 人，比上年增加 4314 人；农业人口 71195 人，比上年减少 3589 人。全部户籍人口中，男性 122820 人，女性 113403 人，男女性别比为 108：100（以女性总人数为 100）。

国民经济概况

门头沟区 2003 年在地口径地区生产总值 46.35 亿元，比上年增长 14%。其中第一产业增加值 0.56 亿元，增长 4.3%；第二产业增加值 21.17 亿元，增长 9.1%；第三产业增加值 24.62 亿元，增长 18.9%。全区一般预算财政收入 3.66 亿元，比上年增长 13.6%。

矿产资源

门头沟区行政区域内已探明的主要矿产有煤、熔剂用灰岩、耐火粘土、电石用灰岩、叶蜡石、铸石用辉绿岩等。居全市前五名的有：煤、叶蜡石、饰面用大理岩、熔剂用灰岩、耐火粘土、电石用灰岩、陶粒页岩、铸石用辉绿岩。

旅游资源

截止到 2003 年底，门头沟区内重点风景名胜区共有 6 处，其中国家级的有戒台寺公园、潭柘寺公园、小龙门森林公园。市级的有沿河城及敌台、古迹山庄——爨底下村，区级的有妙峰山风景区。市级自然保护区为百花山自然保护区、灵山自然保护区。区内主要旅游区是灵山风景区、百花山风景区、小龙门森林公园、珍珠湖风景区、斋堂革命传统教育基地、古迹山庄——爨底下村、龙门涧风景区、永定河旅游带、潭戒风景区、京西十八潭风景区。历史文化名城有沿河城。2003 年全区接待游人 455 万人，同比增长 13.6%；实现旅游收入 5.3 亿元，同比增长 17.8%。

工业基本情况

门头沟区的工业主要包括建材、煤炭、服装、机械等行业，其中建材、煤炭等行业是我区工业的支柱产业，主要产品有原煤、水泥等。2003 年全区在地工业企业实现产值 41.15 亿元，同比增长 8.4%。其中中央市属在区工业企业全年完成产值 13.86 亿元，同比基本持平；区属工业企业完成产值 27.29 亿元，同比增速 15.7%。综合效益指数为 116.4%，和 2002 年相比提高 4.9 个百分点。

北京石龙工业区是市政府最早批准的工业开发区，是相对独立的经济技术开发区。2003 年石龙工业区完成工业产值 7.65 亿元，和上年相比增长 26.9%。

农业基本情况

农村经济总量不断壮大，2003 年全区实现农村经济总收入 48.6 亿元，同比增长 22.1%。农业生产出现调整性下滑。不变价农业总产值 0.83 亿元，同比下降 13.8%。

主要农副产品中，蔬菜产量 20144 吨，同比减少 12%，其中特菜产量 1144 吨，同比增长 64.8%；牛奶产量 7815 吨，同比增幅为 7.8%；出栏家禽 64.7 万只，和 2002 年相比增长 5.4%。

投资、建筑

伴随着“一城带四区”建设的逐步深入，全区迎来新一轮投资高峰。2003 年，全社会投资规模达到 17.9 亿元，和上年比较增长 79%。全社会投资中，计划立项固定资产投资 7.71 亿元，同比增长 35.3%。在计划立项投资中，房地产投资 5.01 亿元，基本建设投资 2.43 亿元，增幅分别为 43.5%、38%。

建筑业生产大幅增长。受投资规模扩大，卫星城建设步伐加快的拉动影响，建筑业保持快速发展势头。今年以来，全区实现建筑业总产值 14.56 亿元，较之上年增幅为 12%。实现竣工产值 11.59 亿元；竣工面积 38.23 万平方米。

教育

2003 年，门头沟区共有学校 78 所，其中小学 57 所，普通中学 18 所，职业学校 2 所，工读学校 1 所。全区共有中小学教学班 909 个，其中小学 537 个，初中班 243 个，高中班 82 个，职高班 47 个。全区中小学在校生数 25625 人，其中小学在校生 12084 人，初中在校生 7740 人，高中在校生 3701 人，职高在校生 2100 人。小学入学率、及格率、升学率达到100%；小学辍学率低于1%；初中生年辍学率低于2%；届辍学率低于6%。

科技

科技工作围绕“科技兴区”战略的实施，以科技事业促进经济、社会的全面发展，2003年组织实施市级星火计划项目、科技致富项目共22项，其中新立项目3项，延续项目12项，有7项通过了市级验收，共引进各种技术人才56人，其中引进高级技术人才15人。2003年共实施市级科研项目5项，其中：新立项目2项，延续3项。申请发明专利25项，实用新型专利35项，共计60项，申请专利实施基金5家，申请专利抵押贷款4家，申请重点企业7家，申请“无冒充专利商场”5家。

文化

截止到2003年底，门头沟区有影视放映单位2个。各类文化活动场所共14个。其中，影剧院2个，放映电影、演出场次779场。公共图书馆1个，共有藏书23.6万册，其中本年新购1.5万册，图书馆建筑面积4200平方米，阅览室座席500个，发个人借书证7627个。档案馆1个，博物馆1个，文物机构1个，市级以上重点文物保护单位共11处，其中国家重点文物保护单位2处，有线电视台1个，广播电台1个。

新博物馆竣工，建筑面积为10000平方米，工程总造价为4000万元的新馆在北京市十八个区县中是规模最大、设计最先进的博物馆。

卫生

截至2003年底，全区共有区属医疗机构19个，其中:医院6个，乡镇卫生院7个，其他站所6个。区属医疗机构床位643张。2003年，全区医疗机构接待门急诊61.3万人次，同比增长8.2%。全面推行农村新型合作医疗制度，参保农民达到3.2万人。预防保健工作进一步加强。全区已连续29年无脊髓灰质炎病例发生。新建1个农村社区卫生服务中心、2个社区卫生服务站。加强农村急救工作，建立两个急救分站。

体育

积极实施竞技体育发展战略，竞技体育水平逐步提高，2003年，门头沟区拥有各类体育场所2个。全年向上一级体校输送运动员9人，我区目前有等级裁判210人，其中国际级2人，国家级3人，一级55人，二级109人，三级41人。成功举办2003环北京国际公路自行车赛门头沟赛段比赛、2003北京首届市民系列登山赛、2003环北京越野挑战赛门头沟赛段比赛等大赛。积极参加北京市第五届农民运动会，共夺得金牌6枚、银牌3枚、铜牌5枚，获得团体总分一等奖，并被组委会授予突出贡献奖和优秀组织奖。

国内贸易

2003年全区实现社会消费品零售额24.54亿元，和2002年相比，增长11.1%，五年来全区社会消费品零售额年均递增11.3%。2003年全部零售额中，区内企业完成18.3亿元，同比增幅达到39.6%。从行业流向看，全部社会消费品零售额中，批发零售业完成22.09亿元，同比增幅13.4%，餐饮业完成2.43亿元，同比增幅11.1%。从商品构成看，“吃穿用烧”四类商品中“吃类商品”12.19亿元，同比增长15.2%；“穿类商品”1.88亿元，同比增长6.5%；“用类商品”8.18亿元，同比增长6.4%；“烧类商品”2.29亿元，同比增长10.8%。

国际贸易

2003年出口总额7.01亿元，和上年相比增长12.9%。中央市属企业出口4.56亿元，同比基本持平。区内企业出口1.49亿元，注册企业出口0.96亿元，同比分别增长36.3%、74%。全区新批“三资”企业23家，比上年全年多5家。全区“三资”企业实现营业收入12.24亿元，同比增长10.2%；实现利润0.52亿元，同比增长25.7%；实交税金0.98亿元，同比增长19.9%。

城市建设

截止到2003年底，自来水年用水量1096.5万吨，其中，居民生活用水量 917 万吨；用电量 4.92 亿千瓦时，其中居民生活用电 7807 万千瓦时。液化气供气量 15394 吨，液化气销售量 13476 吨。建成区绿地面积 930.2 公顷。绿地覆盖率 38.11%。清运垃圾 14.49 万吨，共有公厕 157 座。

人民生活

2003 年，城市居民人均可支配收入 11051.3 元，增长 8.2%；农民家庭人均纯收入 6015.3 元，增长 18.1%。截止到 2003 年 12 月底，全区城乡居民储蓄达到 42.8 亿元，同比增长 18.8%。全部储蓄中城市居民储蓄存款 35.1 亿元，农村居民储蓄存款 7.7 亿元。

房山区概况

房山概况

自然环境： 房山区位于北纬 39° 30′ –39° 55′，东经 115° 25′ –116° 15′，是首都的西南门户。属于温带大陆性气候，年平均气温为 11.6° C；年平均降水量 678mm；年平均无霜期 185 天。

全区土地面积 2019 平方公里。地处华北平原与太行山交界地带，西部和北部是山地、丘陵，约占全区总面积的 2/3，是北京市的缩影，也是全中国的缩影。

外部环境： 境内有著名的燕山石油化工公司、中国原子能研究院、北京送变电公司、煤矿机械厂、琉璃河水泥厂等 50 多家中央、市属企业，这些单位在全区经济建设中，起着不容忽视的作用。

独特的人文资源： 距今六、七十万年前，在距城关镇五公里的周口店龙骨山一带，就有“中国猿人北京种”在这里渔猎生息。房山是北京建都的佐证。

境内有文物古迹 559 处。其中世界级文化遗产有周口店北京猿人遗址 1 处；国家级的有云居寺塔及石经山、金陵遗址、琉璃河商周遗址共 3 处；市级的有上方山诸寺及云水洞、万佛堂孔水洞等 13 处。全区共有唐、辽、金、元、明、清古塔 107 座，占北京市古塔总数一半以上，我国现存唐塔有三分之一在房山。

丰富的矿产资源： 境内矿产资源丰富，区内已探明储量的矿产 27 种。其中原煤总储量 18.5 亿吨，与门头沟区并称“京西煤仓”。大理石储量 2.5 亿立方米，7 个品种，其中全国编号为 M1101 号的汉白玉，被周恩来总理称为“国宝”。

众多的旅游资源： 房山区自然风光旖旎多姿，旅游资源十分众多。十渡蹦极的高台运动，在我国首先从这里发起。国家级森林公园上方山，保存着五千亩华北地区最古老的原始次生林。

房山有独特的喀斯特地貌。目前开发的溶洞主要有：云水洞、石花洞等。石花洞是国家地质公园，被国家旅游局评为国家 4A 级景区。

交通发达： 房山区境内有京广、京原等 4 条铁路，大小火车站 24 个。京石高速、107、108 等 9 条公路主干线穿境而过，公路密度近 1 公里／平方公里。区内有良乡军用机场 1 座。

农业资源富有： 房山有耕地 45.1 万亩，人均 0.98 亩，传统种植玉米、小麦及各种杂粮。全区林果资源丰富。柿子、猕猴桃、花椒、板栗、中华圣桃等林果产品数量大，质量优。

一、总体经济

2003 年，全区经济克服了非典的冲击，实现地区生产总值 196.5 亿元，同比增长 21.7%；全年财政收入实现 9 亿元，同比增长 17.3%；税收总额达到 34 亿元，同比增长 10.5%；财政支出 17.8 亿元，同比增长 12.9%，其中区乡两级组织资金 5100 万元，用于防治非典的各项开支。

二、城市建设

道路建设提前完成乡公路建设及村村通油路工程。2003 年，公路总长 1943.9 公里，公路覆盖密度每平方公里 0.9 公里。

2003 年，全区燃气用户发展到 24350 户，管道总长度 72.6 公里。全区全年自来水用量达到 920 万吨，其中居民生活用水达到 506 万吨。全年售电量 19.2 亿千瓦时，其中工业用电 13.2 亿千瓦时，占总量的 69%。城市绿化覆盖率达到 44.79%，人均公共绿地面积达到 16.2 平方米。

2003 年，人工造林 8.97 万亩，其中：退耕还林 6 万亩、农田林网更新改造 1.3 万亩。

三、行业经济

农业：农业生产的标准化程度提高。我区被农业部确定为第二批无公害生产示范基地。年内新增农业标准化基地 61 个，累计达到 77 个。北京凯达恒业农业技术有限公司种植的金北联红小豆和黄豆 2 个产品，获得了国家 AA 级绿色食品认证和有机食品认证，成为我市惟一获此认证的农产品。

2003 年，实现农业总产值（不变价）15.8 亿元，其中：养殖业产值 10 亿元，比上年增长 11.2%。粮食播种面积 30.7 万亩，粮食产量 8.2 万吨。

工业：产权制度改革和产业结构优化升级加快，企业经营活力明显增强。2003 年，全区 92.4% 的企业完成了重组转制。累计处置不良债务 16.4 亿元。传统产业升级力度加大，全年关闭各类“五小”企业 182 家。高新技术企业数量又有新的发展，到 2003 年末，全区国家级高新技术企业已经达到 36 家。

2003 年，全区工业总产值（现价）达到 421.3 亿元，利润总额 15.9 亿元，分别比上年增长 19.8% 和 42.1%。

建筑、房地产业：建筑企业资质结构更加合理，支柱作用进一步巩固。2003 年，全区有新资质建筑企业 100 家，完成建筑业总产值 82.6 亿元，比上年增长 50.7%。

2003 年，全区房地产业共完成投资 48.9 亿元，比上年下降 14.8%；商品房销售面积 172.9 万平方米，商品房销售额 60.3 亿元，分别比上年下降 17.6% 和 19.8%。

商饮业：2003 年，全区商业网点已达到 11533 个，实现社会消费品零售额 61.8 亿元，比上年增长 22.2%。8 月，我区成功举办二〇〇三北京汽车巡回展销会，标志着城乡居民的消费结构已经悄然升级。

交通运输业：2003 年，客运出租车营运车辆达到 3767 辆；新开辟公共汽车线路 8 条。实现运输业总收入达到 55.8 亿元，比上年增长 17.5%；完成货物运输量 7800 万吨，货物周转量 48 亿吨公里。

金融业：通过“银农合作”、“政银企合作”等多种方式，解决了城市基础设施建设、中小企业以及工业园区发展等资金瓶颈。2003 年，全区各类金融机构人民币存款余额为 207.6 亿元，贷款余额为 92.2 亿元，分别比上年增长 16.7%和 29.3%。

邮电通信业：2003 年，全年完成邮电业务总量 5535.7 万元，电信业务收入 1.9 亿元，分别比上年增长 15%和 20.6%。宽带用户实增 8825 户，电话普及率达到 33.5 线/百人。

对外经贸：2003 年，新批三资企业 20 家，其中，投资总额过千万美元的企业有 4 家。实际利用外资 2464.6 万美元，比上年增长 11.6%。实现外贸出口总额 9.6 亿元，比上年增长 31.6%。

旅游业：2003 年，全区有旅游机构 156 家，旅游从业人员达到 1.6 万人。民俗旅游专业村 33 个，民俗旅游接待户 4190 户，农业观光园 40 个。全区累计创建国家级旅游区 12 家，其中：4A 级旅游区 2 家。接待游客 550.1 万人次，旅游综合收入 7.2 亿元，比上年分别增长 15.8%和 16.2%。

四、社会事业

科学技术：2003 年，全区共组织实施科技项目 80 项，其中：星火项目 23 项，科技致富工程项目 15 项，科技推广项目 15 项，科研试验示范项目 15 项，社会发展科技项目 12 项。

教育：2003 年，全区有中、小学校 252 所，在校生 103.1 万人，毕业生 3.1 万人；幼儿园所 87 个，幼儿入托 1.2 万人。高中阶段教育普及率达到 94.9%。高考大专及以上录取总人数 2842 人，录取率 71.3%。

卫生： 我区医疗服务体系和疾病预防控制体系在经历非典疫情后进一步完善。2003 年，全区有医疗卫生机构 67 个，床位 4143 张，卫生技术人员 4273 人，全区已认定医疗保险定点医疗机构 59 家。

体育： 全区经常参加体育锻炼的人数为 34.4 万人，占总人口的 45.9%。2003 年，全区全民健身居家工程达到 140 套，健身广场达到 89 个。竞技体育成绩优异，在参加市级比赛中，获得金牌 60.5 枚。

文化： 我区文化建设跃上新台阶。区图书馆实现了与首图联网，顺利完成了 ILAS 系统向智慧 2000 系统的链接转换，提高了为读者服务的科技含量。2003 年，全区有文化广场 128 个、文化大院 178 个。全年成功举办各类文艺演出 85 场，参加演出人次 1500 人次，观众达到 20 万人次。

广播电视： 2003 年，全区有线电视用户达 7.1 万户，比上年增加 1.1 万户。电视台播出专题节目 635 组，总时长 11430 分钟，比上年增长 97.4%。区广播电视中心荣获国家人事部、国家广播电视总局授予的“全国广播电视系统先进集体”荣誉称号。

五、社会保障

社会保险： 社会保险覆盖面进一步扩大。2003 年，全区参加养老统筹的单位 715 家，缴费人数 6.7 万人，收缴养老保险金 3.1 亿元，收缴率 95%。农村养老保险累计投保人数 2.8 万人，保费总额 0.3 亿元。参加失业保险的单位 819 家，缴费人数 8.8 万人，收缴失业保险金 0.3 亿元，收缴率 95%。参加工伤保险的单位 508 家，缴费人数 6.3 万人，收缴工伤保险基金 896 万元，收缴率 98%。

低保： 城乡居民最低生活保障制度全面落实，实现应保尽保、应退尽退。全年累计为 23.6 万人次发放城乡居民最低生活保障金 2508.4 万元，有 2583 人退出低保。

六、人口、就业、人民生活

人口： 人口总量得到控制。2003 年，全区户籍人口 74.9 万人，比上年增加 1445 人。人口出生率为 5.7‰，人口死亡率为 5.9‰，人口自然增长率为-0.2‰。

就业： 就业形势基本稳定。2003 年，全区城镇登记失业率为 4.04%，比上年下降 2.73 个百分点，控制在调控指标以内。城镇登记失业人员就业率达到 61.98%。

人民生活： 城乡居民收入较快增长。2003 年，全区在岗职工平均工资为 17547 元，比上年增长 6.8%；城市居民人均可支配收入 11712.3 元，比上年增长 10.9%；农民人均纯收入 5966 元，比上年增长 8.6%。

2003 年，全区城市居民人均住房面积由上年的 20.2 平方米增加到 21.4 平方米，增加 1.2 平方米。农村居民人均住房面积 28.71 平方米，比上年增加 0.07 平方米。

通州区概况

通州区位于北京市东南部，京杭大运河北端，交通极为便利，有四大走廊与首都市区相连，即京通快速路、朝阳路、京沈高速公路、京津塘高速公路；西距北京天安门 20 公里，距首都国际机场 23 公里，距天津新港 100 公里，到北京 CBD 只需 10 分钟车程。京哈公路、京津公路和京承铁路、京秦电气化铁路在通州城内交汇。八通轻轨已经建成通车。全境地处京、津、冀、辽环渤海经济区腹地，北京、天津经济发展带的中间地带。东西最宽处 36.5 公里，南北最长处 48 公里，总面积 907 平方公里。辖 4 个街道办事处，10 个镇，1 个回族乡。

通州区历为京东交通要道。闻名于世的京杭大运河起始于通州。曹操征乌桓，唐征高丽，元、明、清漕粮运输，清代康、乾二帝东谒皇陵及巡幸江南多经于此，历为漕运仓储重地，万国朝拜、四方贡献、商贾行旅水路进京的必经之地，因而，促进了通州区的繁荣和兴旺，享有“一京（北京）二卫（天津）三通州”之称。历史上，第二次鸦片战争中悲壮的“八里桥阻击战”就发生在通州八里桥。

通州区地处永定河、潮白河冲积平原地带，是北京小平原冲积扇和华北平原地一部分。地势平坦，自西北向东南缓慢倾斜，平均海拔高程 20 米，海拔最高之域为徐辛庄镇，最高点是葛渠，高程为 27.6 米；海拔最低之域为柴厂屯及其附近地区，最低点在半截河，高程仅有 8.2 米。北部保存有完整的阶地、徒坎及冲沟；北运河与潮白河间形成沿河地条形洼地；西部与南部为永定河作用地区，呈现出由东南至西北向上的波状起伏之势。土壤多为黄潮土、两合土、沙壤土构成，西部地区分布着水稻黑粘土和砂礓底黑粘土，南部地区多为盐潮土，土质肥沃，适合各种农作物生长。

通州区属于典型的暖温带季风气候区，为半湿润、半干燥气候。受冬、夏季风影响，气候特点是春旱多风，夏热多雨，秋高气爽，冬寒干燥，四季分明，日照充足。多年平均气温 11.2 度。最热月份 7 月，平均温度 26 度；最冷月份 1 月，平均温度为零下 5.2 度。全年无霜期 185－192 天，初霜一般在 10 月 16 日以后，终霜在 4 月 19 日以前。日照实际时数多年平均为 2700 小时。多年平均降水量 600.6 毫米，一般年平均降水量为 617.4 毫米，多集中在 7 月下旬至 8 月上旬，汛期降水量占全年降水量的 85%。

通州区境内多河富水，有“九河下梢”之称。全境分布着大小河流 13 条。其中西北东南走向的河流有北运河、潮白河、温榆河、小中河、中坝河、玉带河和港沟河，多为自然形成的河道；东西走向的河流有通惠河、运潮减河、萧太后河、凤港减河、凉水河和凤河，多为人工开挖的河道，均属海河水系，境内河道总长 247.8 公里，构成了地表水资源网。通惠河、凉水河则为北京市主要排水河道。地下水资源量达 2.2 亿立方米/年，同时大部分地区覆盖有基岩水，由于受地质构造影响，埋藏深度不一，自北向南由浅变深，一般埋深在 200 米以下。目前勘测资料表明，我区部分地区如通州城区、柴厂屯地区等，埋藏地热资源，有待于进一步开发。

2003 年，是全面贯彻党的十六大精神，朝着全面建设小康社会目标前进的第一年，我区经受住了突如其来的非典疫情考验，与时俱进，真抓实干，国民经济持续健康发展，经济增长质量进一步提升。我区大力推进工业化、农业产业化和城市化进程，积极扩大对外开放，不断优化经济发展环境，各项社会事业繁荣兴旺，国民经济和社会发展继续保持快速、健康、协调发展，人民生活稳步提高。

经济总量迈上新台阶，结构调整取得新进展。2003 年全区生产总值完成 104.5 亿元，比上年增长 16%。其中：第一产业增加值 12.2 亿元；第二产业增加值 49.5 亿元，增长 24.4%；第三产业增加值 42.8 亿元，增长 15.4%。三次产业结构为 11.7:47.4:40.9，与上年比较第一产业下降 3 个百分点，第二产业上升 3.2 个百分点，第三产业下降 0.2 个百分点。

一、农业和农村经济

2003 年我区农村经济总体运行良好，农业结构调整继续深化。产业化程度有所提高，支柱产业、特色产品规模有了新发展，农产品加工有了新突破，初步形成蔬菜、林果、花卉、养殖三大主导产业。农业产业化进程加快，引进了御香苑、蒙牛乳业、东升方园等国内知名农产品加工企业，较好地带动了农户生产。农产品配送、出口创汇及观光休闲农业发展迅速，农业向生态、旅游、创汇等多种功能转变。

2003 年全区实现第一产业增加值 12.2 亿元，农业占全区经济的比重进一步下降，由上年的 14.7% 下降到 11.7%。全区完成农林牧渔业总产值 29.5 亿元，比上年增长 1.4%。其中：种植业（包括林业）产值 14.4 亿元，下降 6.5%，养殖业产值 15 亿元，增长 10.3%，种养结构由 2002 年的 53：47 调整为 2003 年的 49：51。年末耕地面积为 30181.8 公顷，比上年末减少 8414.7 公顷，下降 21.8%。全年粮食播种面积 23569.1 公顷，比上年下降 8.9%；全年粮食产量 12.3 万吨，上年下降 8.9%；农作物总播种面积 5.2 万公顷，比上年下降 8.8%。

林业生产稳步发展，本年完成林业产值 1.2 亿元，完成植树造林面积 3876 公顷，全民义务植树 242.1 万株，林木采伐量 1.5 亿立方米。

我区奶牛、肉牛和生猪等养殖业蓬勃发展。家禽、家畜出栏继续保持增长。牧业产值实现 12.8 亿元，同比增长 10.3%。

渔业生产进一步加大投入，推广科学养鱼，观赏鱼养殖发展较快。成鱼产量 10991 吨。

二、工业和建筑业

工业保持较快增长。工业园区发展的空间进一步拓展，园区规划面积达到近 60 平方公里，基础设施建设进展顺利，招商引资成效明显。五年来共引进投资额超过 1000 万元的企业 88 家，其中引进亿元以上的企业 28 家。中科镓英、比亚迪、摩比斯、浙江精工集团等投资规模大、科技含量高、市场前景好的企业落户通州。光机电、生物工程与新医药、新材料等新兴产业得到较快发展，为我区经济发展积蓄了后劲，使我区的工业发展向更高、更深层次推进。

2003 年全区完成工业总产值(现价下同)151.6 亿元，比上年增长 20.1%，其中：中市属产值 27.2 亿元，比上年增长 17.7%；全区完成工业销售收入 140.7 亿元，比上年增长 21.5%；全区完成工业利润总额 7.2 亿元，比上年增长 24.9%。

2003 年，农村个体工业个数为 939 个，实现工业总产值 10.8 亿元；产品销售收入为 8.9 亿元；利润总额达到 7659 万元。

建筑业发展迅速，工程质量进一步提高，2003 年建筑业增加值完成 11.1 亿元，同比增长 31.2%；建筑业实现总产值 59 亿元，比上年增长 39.3%。房屋建筑施工面积 556.4 万平方米，比上年增长 26.2%；房屋竣工面积 207 万平方米，比上年下降 18.5%。

三、固定资产投资

固定资产投资保持较快增长。2003 年，全区完成全社会固定资产投资 89.1 亿元，同比增长 66.5%。投资重点集中于房地产开发，全年完成房地产投资 55 亿元，比上年增长 60.7%；房地产开发投资占全社会固定资产投资的比重为 61.7%，比上年下降 2.2 个百分点。全年完成基础设施投资 4.3 亿元，占全社会固定资产投资的比重为 4.8%。本年新增固定资产 53.4 亿元，比上年增长 2.7%

四、交通运输、基础设施和邮电通讯业

我区坚持基础设施建设适度超前，在道路交通、能源供给、环境保护、现代通信、公共服务等基础设施建设中取得了较大进展，城市承载能力和服务功能明显增强。完成市区供水管网并网工程，日供水能力达到 10 万吨。铺设天然气管道 55 公里，天然气入户 2.6 万户。农村低压电网改造全部完成，河东新城、南部新城两个 110 千伏输变电战竣工送电。交通运输迅速发展，全区货运输车辆达 11593 辆，普通汽车 8351 辆，农用车 2267 辆；出租汽车公司 11 个，营运出租车 2043 辆，小公共汽车 285 辆。

邮电通讯快速发展，2003 年邮政业务总量达到 6179 万元，增长 14.4%；全区住宅用户电话 23.8 万户，电信业务收入 25984.8 万元，ADSL 用户到达 16909 户。

五、国内贸易、市场物价

市场经济进一步规范，消费品市场货物充足。2003 年，全区实现社会消费品零售总额 46.4 亿元，同比增长 15.5%。按类别分：吃的商品 16.8 亿元，比上年下降 5.7%；穿的商品 6 亿元，比上年增长 8.8%；用的商品 19.4 亿元，比上年增长 38.1%；烧的产品 4.2 亿元，比上年增长 24.8%。按行业分：批发零售贸易业消费品零售额 34.8 亿元，比上年增长 27.5%；受 SARS 疫情影响，餐饮业为 2.7 亿元，比上年减少 2 亿元。各类商品交易市场成交额 16.6 亿元，比上年增长 12.7%。全区商业、餐饮业、服务网点数 2.2 万个，比上年增加 4805 个，增长 28.7%；全区商业、餐饮业、服务网点人数 4.9 万人，其中商业 4.2 万人，占总数的 85.7%。

六、招商引资、外经、外贸

2003 年外向型经济持续发展。通过优化环境，提高服务水平，建立招商引资目标责任制，招商引资硕果累累，2003年我区招商局引进实体投资项目50个，累计投资总额21.7亿元。全年引进税收7419万元，其中国税675万元，地税5603万元，企业所得税1141万元。

全年实际利用外资8514.3万美元，比上年增长29.5%；出口创汇14100万美元，比上年增长25.9%；全年新批外资项目57个，比去年增加17个，增长42.5%；合同利用外资金额10847万美元，比上年增长245.9%，

七、财政金融

2003年，全区积极培植财源，加强财税征管，深化财政改革，财政收入保持较快增长，财源发展后劲增强，确保了重点支出和各项改革稳步推进。全区实现全口径财政收入23.8亿元，比上年增长25.5%，税收占财政总收入比重为94.5%。地方财政收入8.4亿元，比上年增长21.6%，地方财政支出19.2亿元，比上年增长31.7%。

金融业运行平稳，存款保持上升，贷款总量大幅增长。银行支付能力进一步增强，2003年全区年末银行存款余额240.5亿元，贷款余额为131.9亿元，分别增长21.8%和32.3%；年末居民储蓄余额138.1亿元，比上年增加19.5亿元，增长16.4%。

八、科学技术和教育

2003年，我区进一步实施科教兴区战略，科技工作取得新的发展。全区共实施市级星火计划项目9项，实现产值4.9亿元。实施科技项目28项，其中：市级12项、区级16项。引进各类专业技术人员1378人，举办各类专业技术培训班125期，培训各类专业技术人员4.5万人次。财政用于科学研究的支出616万元，占总支出的0.3%。

教育事业稳步发展。加大教育事业投入，教学条件进一步改善，教育质量明显提高，财政用于教育事业支出2.75亿元，占总的财政支出的14.3%。全区拥有普通中学48所，在校学生4.9万人，有专任教师3192人；全区共有小学126所，在校生3.4万人，有专任教师3210人；全区共有幼儿园86所，幼儿在园数8483人；中等专业学校6所，在校生3475人。

九、文化、卫生和体育

文化事业进一步繁荣，全区有文化馆1个，乡文化站11个，公共图书馆1个，藏书20.2万册，广播电视事业快速发展，电视人口混和覆盖率100%。有线电视入户12.4万户，比上年增加3.4万户，增长37.8%。

卫生事业保持发展，医疗卫生条件进一步改善。年末有卫生机构154个，其中医院43个，诊所38个，区卫生所73个，卫生技术人员3034人，比上年增加97人；医生1780人，比上年增加304人，每千人拥有床位3.26张。

体育事业不断发展，2003年，体育设施、场地建设、各部门都有发展。全民体育竞技活动全面展开，全年举办区级体育比赛14次，参加比赛人3321人；参加市级各类竞赛获得奖牌36枚，其中：金牌12枚；二级运动员发展到21人，全民健身体育活动蓬勃发展。

十、环境保护、绿化

2003年，继续实施可持续发展战略，不断加强对城市污染治理的督促检查力度，环境管理、环保执法、环境监测等工作取得长足发展，工业污染达标排放工程取得重大突破。完成“三河三路”绿色通道等一批绿化工程，城市绿化覆盖率达到41.87%，较去年增加0.35个百分点。新建的运河文化广场、奥体公园、运河生态公园等成为群众休闲娱乐的好去处，本年新铺草坪92.3万平方米。

全区共清运垃圾、粪便30.3万吨，城区垃圾无害化处理率和粪便无害化处理率达到100%；全年污水排放量3175.5万吨，比去年增加631.5万吨，增长24.8%；空气质量二级和好于二级以上的天数达到60%。

十一、人口与人民生活

2003年，我区年末总人口61万人，其中农业

人口37.2万人，占总人口的60.9%，非农人口23.9万人，占总人口的39.1%；新出生人口2320人，人口出生率为3.81‰，全年死亡人口4404人，死亡率为7.24‰；人口自然增长率为－3.42‰。

城乡居民生活进一步改善，生活质量日益提高。2003年农民人均纯收入达到6445元，比去年增加610元，增长10.5%，其中：工资性收入3630.5元，同比增长4.4%；人均生活消费支出3881元，同比增长8%；农民人均住房面积由去年29.9平方米上升到30.6平方米，同比增长2.3%；城市居民人均可支配收入11968.6元，比上年增加1887.6元，增长18.7%；人均消费支出8801.4元，增加1110.4元，增长14.4%；消费结构显著变化，食品消费进一步减少，居住、娱乐、旅游、穿着消费增加。人均住房面积由16.3平方米上升到17平方米。

顺义区概况

一、历史沿革及自然地理

顺义区历史悠久，春秋战国时地属燕国，秦为上谷郡，汉时属鱼阳郡，唐末于此置顺州，明改为顺义县，属北平府，后改属昌平州，清改称顺天府。1945年分别划为东、西顺义。新中国成立后合并为顺义县，隶属河北省通州专区，1958年3月划为北京市顺义区，1960年1月改为北京市顺义县。1998年3月经国务院批准撤县设区，1998年12月北京市顺义区正式成立。撤县设区后，全区设19个镇，2个街道办事处。

顺义区位于北京市东北郊，地处燕山山脉南麓，华北平原北端，属潮白河冲击扇下段。区中心距北京市区30公里，地处北纬40°00′至40°18′，东经116°28′至116°58′。东邻平谷，北连怀柔、密云，西接昌平、朝阳区，南接通州区及河北省三河市。顺义区平原面积占95.7%。地势北高南低，北部山地最高点海拔637米，平原海拔25——45米，平均海拔35米。境内有大小河流20余条，分属北运河、潮白河、蓟运河3个水系，河道总长232公里，径流总量1.7亿立方米。地表水可用量年水平为4300万立米，地下水资源年平均可开采量约为4亿立方米，为北京市区每年提供生活用水2亿立方米。气候属暖温带半湿润大陆性季风性气候，年平均气温为11.5°C。

二、土地矿产及旅游资源

顺义区水土丰沃，土地总面积137万亩，2003年耕地总资源52万亩。区内矿产资源丰富，境内已探明的矿藏有煤、泥炭、水泥灰岩、大理石、砂石料及黏土等，其中煤、水泥灰岩储量分别为2.3亿吨和800多万吨，泥炭、大理石、砂石料储量分别是100万、900万和1亿立方米。

顺义区风景秀丽，景色宜人，环境优雅，是观光旅游、休闲度假的胜地。京东第一大河潮白河纵贯南北，两岸森林郁郁葱葱，林水交映，绿草如茵，空气清新。潮白河两岸先后建起了北京乡村高尔夫俱乐部、北京高尔夫俱乐部、马坡垂钓宫、乡村赛马场、绿色渡假村、潮白温泉、大龙世界、潮白赛车城、怡生园国际会议中心等旅游景点以及别墅、宾馆、娱乐、医疗保健等配套设施，吸引了众多的国内外游客。

东北部有以神唐湖、神唐谷为主体的唐指山风景区。区内峰峦叠嶂，山水相依，青山绿水，风景如画。神唐谷内有"三潭六洞十八景"，每处景观都给游客留下一段美丽动人的传说。

顺义区东部正在开发建设中的京东大芦荡，水面清澈，绿色苍茫，百花争艳，水鸟鸣啼。微风吹拂，芦苇摇曳，此起彼伏，犹如浩翰的大海，景色颇为壮观。

2003年接待旅游人数69.1万人次，实现旅游收入2.04亿元。其中接待国外游客6.6万人次，占总旅游人数的9.6%，创外汇收入206万美元。

三、人口

2003年末公安部门统计的户籍人口为548907

人，其中，农业人口384426人，非农业人口164481人。男性人口270942人，女性人口277965人。家庭户平均规模为3人，全区常住人口密度为每平方公里538人。全年出生人口3016人，出生率为5.54‰，比上年降低1.35个千分点；死亡人口3690人，死亡率为6.77‰，比上年上升0.4个千分点；自然增长率为-1.24‰，比上年降低1.82个千分点。

四、国民经济概况

2003年是全面建设小康社会的开局之年，是现代化建设全面推进取得显著成效的一年。全区各部门在区委、区政府的领导下，认真贯彻党的十六大精神，全面落实市委、市政府和区委各项工作部署，紧紧围绕年初确定的目标，开拓进取，扎实工作，克服了非典带来的不利影响，使全区经济保持了强劲的增长势头，科技、教育、文化、卫生、体育等各项社会事业全面进步，城乡人民生活水平进一步提高。

2003年全区实现生产总值183.1亿元，比上年增长37.8%，人均生产总值33470.7元，比上年增长37.3%。第一产业实现增加值21.9亿元，与上年基本持平。第二产业实现增加值102.9亿元，比上年增长78.3%，其中工业实现增加值90.2亿元，比上年增长86.4%，建筑业实现增加值12.7亿元，比上年增长36.6%。第三产业实现增加值58.3亿元，比上年增长9.4%。

“二、三、一”产业格局稳固。三次产业的比重分别为11.9%、56.2%和31.9%，其中第一产业比重比上年下降4.5个百分点，第二产业比重比上年上升12.7个百分点，第三产业比重比上年下降8.2个百分点。

农业

2003年第一产业实现增加值21.9亿元，与上年基本持平。农业经济结构调整力度不断加大，后发效应日益显现，区域特色主导产业发展迅速，以种猪、种羊为代表的籽种业已走在全国前列，实现销售收入9.9亿元，占大农业总收入的16.5%。养殖业已是我区农民增收致富的最主要经济支柱，全年农业总产值完成56.4亿元（按生产者价格口径），比上年增长6%，其中:养殖业产值33.8亿元，比上年增长4.6%，占农业总产值的比重达到了60%。全区粮食总产量8839.4万公斤，因粮食播种面积减少因素比上年减少3721.6万公斤。主要农副产品生产平稳，蔬菜、出栏生猪、出栏肉鸡、出栏肉鸭、鲜蛋比上年略有下降，出栏肉牛、淡水鱼与上年基本持平，出栏羊、牛奶和干鲜果的产量分别比上年增长18.2%、13.5%和8.2%。

工业

2003年全区工业实现增加值90.2亿元，比上年增长86.4%，占全区生产总值的比重为49.3%，比上年提高12.9个百分点。非典疫情，工业受到了一定的影响，但以现代汽车为代表的现代制造业等一批新企业建成投产，全区整体工业仍在一个较高的经济平台上运行。2003年全区有工业企业2634个，年末从业人员12.3万人。工业总产值完成405.7亿元，比上年增长95.5%；工业销售收入完成389.5亿元，比上年增长77.1%；实现利润总额40.1亿元，比上年增长317.7%。其中中央、市、区属工业总产值完成306.3亿元，同比增长111.8%；工业销售收入完成294.8亿元，同比增长84.5%；实现利润35亿元，同比增长455.6%。镇村工业总产值完成99.4亿元，同比增长59.3%；工业销售收入完成94.7亿元，同比增长57.6%；实现利润5.1亿元，同比增长59.4%。

开发区建设进一步加快，加大了布局和结构的调整力度，效益显著。2003年空港、林河两个工业区工业总产值完成260亿元，比上年增长129.3%，占全区工业总产值的63.9%；工业销售收入完成249.4亿元，比上年增长110.1%，占全区工业销售收入的28.3%；实现利润总额33.5亿元，比上年增长365.3%，占全区工业利润总额83.5%。林河工业区和北京汽车生产基地为振兴北京现代制造业搭建起了发展平台，微电子、光机电一体化等产业基地建设进展明显，为全区经济增添了新的发展后劲。

空港、林河两个开发区累计招商入区企业 369 家，其中：高新技术企业 28 家、三资企业 149 家，总投资 151 亿元。

商业

2003 年社会商品销售额完成 119.5 亿元，比上年增长 27.1%，社会消费品零售额完成 50.4 亿元，比上年增长 11%。在限额以上商业企业中，销售额在亿元以上的有 16 家，完成消费品零售额 18.1 亿元，占社会消费品零售额的 35.9%，充分发挥了商业中心的作用。各类市场贸易活跃，集市贸易成交额完成 36.5 亿元，比上年增长 50.7%。

外经、外贸

以空港、林河工业区为依托，着力创造良好的投资环境，积极有效地利用外资，引进跨国公司和世界知名企业，调整了全区的产业、产品结构，三资企业快速健康发展，已成为全区经济新的增长点。

2003 年出口总额完成 110.2 亿元，比上年增长 68.9%。其中三资企业直接出口 80.2 亿元，比上年增长 74.5%，占全区出口总额的 72.8%。全区三资企业有生产经营活动的 153 家，实现销售收入 293.1 亿元，比上年增长 1 倍；实现利润总额 32.2 亿元，比上年增长 7.3 倍；实交税金 23.9 亿元，比上年增长 3.2 倍。

利用外资成效显著。2003 年新批三资企业 87 家，投资总额 2.2 亿美元，比上年增长 18.5%，注册资本 1.4 亿美元，比上年增长 29.6%，实际利用外资 2.2 亿美元，比上年增长 91.9%。

财政、金融

2003 年财政总收入完成 33.9 亿元，比上年增长 44.2%，其中地方财政收入完成 8.6 亿元，比上年增长 37.2%。财政支出 20.6 亿元，比上年增长 25.9%。

金融业稳步发展。金融存款稳定增加，2003 年末全区金融机构各项存款余额 258.4 亿元，比年初增加 64.6 亿元，增长 33.4%；各项贷款余额 141.5 亿元，比年初增加 24.3 亿元，增长 20.8%。

城乡居民储蓄稳定增加。年末达到 114.3 亿元，比年初增加 14.1 亿元，增长 14.1%。其中农村储蓄余额 35.6 亿元，比年初增加 2.8 亿元，增长 8.5%。

五、固定资产投资及城市建设

全区城市建设取得突破性进展，城乡面貌焕然一新，环境进一步改善。

固定资产投资结构进一步优化。2003 年全区开复工项目 120 个，其中续建项目 50 个，开复工面积 333.5 万平方米，竣工面积 108.9 万平方米。全社会固定资产投资完成 85.1 亿元，其中城区完成 67.1 亿元，农村完成 18 亿元。在全社会固定资产投资中，第一产业投资 0.8 亿元，第二产业投资 35.4 亿元，第三产业完成投资 48.9 亿元。

公用事业稳步发展。全年自来水生产量 1796 万吨，城区日供水能力达到 12 万吨；新增天然气用户 5223 户，天然气用户达到 38184 户；全年用电量达到 142205.3 万千瓦时。

邮电通讯业快速发展。全年邮政业务总量 5498 万元，发送函件 695 万件，发送报刊 2517 万件。电信能力不断增强，年末全区电话装机容量达到 28 万门，电话用户 21 万户，其中区内居民电话用户 17.7 万户。全区每百人拥有电话 38 部，比上年增加 2 部。

投资环境、人居环境不断优化。重点加强了城区街道、住宅小区的综合治理，全年基础设施完成投资 5.6 亿元。站前街及建新东街改造完成投资 2783 万元，西外环路一期完成投资 5864 万元，顺于路改造完成投资 12774 万元，木燕路完成投资 7000 万元，小区三化及粉刷完成投资 6318 万元，路灯投资 1085 万元。完成了拥军路、站前街等街道改造和燕京桥、京密路、顺安路的路灯安装以及石园、仓上、建新等居民小区的美化。加大了小城镇环境整治和基础设施建设力度，城区初步形成了一街一景的人文景观，进一步完善了城市功能，城市的整体形象进一步提高。绿化美化成效显著，全区林木覆盖率达到30.2%，城区绿化覆盖率达到44.2%。

六、社会事业

科学技术：科技事业快速发展，高新技术成果转化步伐加快。全区高新技术企业累计达到37家，完成技工贸总收入146.1亿元，比上年增长45.2%，实现增加值20亿元，占全区生产总值的10.9%。民营科技园区建设稳步推进，民营科技企业新发展60家，累计达213家，完成技工贸总收入16亿元，比上年增长44.8%，实现增加值4.4亿元，占全区生产总值的2.4%。科技项目引进、申报、评奖等工作取得新进展，共引进科技项目188个，向国家科技部申报“国家重点新产品”10项，已批准6项，向国家科技部、市火炬办申报并批准火炬项目10项，其中4项属于国家级。实施国家、市、区三级星火计划项目12个，其中延续项目7个，新列项目5个。

教育：教育事业健康发展。素质教育进一步加强，教育教学质量显著提高。全区有普通中学40所，在校生54722人，毕业生18011人；小学92所，在校生29488人，毕业生10202人；幼儿园70所，幼儿入托7634人。高考中，大专以上录取总人数4014人，录取率为82.9%，高考录取率继续保持北京市远郊区县首位。成人教育成效显著，学历教育在校生10868人，毕业生3111人；岗位培训人数达到394353人，累计结业人数1611254人；社会力量办学在读人数20607人，累计结业人数299384人。成人教育培训网络日趋完善，构建学习化社会步伐不断加快。

文化广播事业：文化广播事业健康发展。全区有电影放映单位9个，文化馆站20个，公共图书馆1个，馆藏书20万册，区级以上重点文物保护单位9处。群众性文化活动深入开展，进一步丰富群众的文化生活，共组织不同形式的文艺活动560多场，吸引观众达60多万人次。先后开展了“绿港之夏”、庆祝北京申奥成功两周年大型演出等群众文化活动。印刷产业园建设进展顺利。文化市场健康有序。广播电台、电视台紧紧围绕全区的中心工作，充分发挥媒体宣传作用，节目质量不断提高。有线电视发展迅速，城区和农村布网覆盖面不断加大，充分发挥了媒体的宣传作用。

卫生事业：卫生事业再上新台阶。制定并公布了《2003-2004年度顺义区防治传染性非典型肺炎应急预案》，防控非典工作成效显著。卫生服务环境和体系进一步改善，区域卫生执法监督力度明显加强，预防保健工作有了新的进展，新型农村合作医疗全面启动。全区有医疗机构44个，床位1905张，平均每千人拥有病床3.4张；卫生技术人员2885人，其中：中西医师(士)1432人，执业医师1258人，执业助理医师174人，注册护士801人，平均每千人拥有卫生技术人员5.3人。已建成社区服务中心22个，整体医疗技术水平进一步提高。

体育：体育事业蓬勃发展，群众性体育活动广泛开展，深入贯彻实施《全民健身计划纲要》，继续加大全民健身工程基础设施建设力度，加强对群众健身活动的科学指导。竞技体育水平不断提高，参加市级以上运动会获奖人数2400人次，获金牌15枚。群众健身场所遍布全区并全部面向社会开放。截止2003年底，全区共安装健身器材230套，其中农村85套。体育锻炼成为人民“科学、健康、文明”生活方式的一部分。2008年奥运会水上项目和马术比赛场馆规划设计招标正在加紧运行。

七、人民生活

城乡居民收入水平持续增长，生活质量不断提高。

据城市居民住户抽样调查（60户），城市居民人均可支配收入13203元，比上年增加1467元，增长12.5%，扣除价格指数因素影响，人均可支配收入实际增长9.3%；人均消费性支出9189元，比上年增加1440.4元，增长18.6%，扣除物价因素影响增长15.5%。

据农村住户抽样调查（200 户），农村居民人均纯收入 6315 元，比上年增加 465 元，增长 7.9%；人均生活消费支出 4689 元，比上年增加 269 元，增长 6.1%。百户农民家庭拥有耐用消费品：电视机 134 台，电冰箱 106 台，洗衣机 100 台，空调机 40 台，电风扇 183 台，自行车 259 辆，摩托车 52 辆，微波炉 14 台，热水器 25 台，抽油烟机 25 台，手机 76 部，电话 106 部，汽车（生活用车）4 部。

昌平区概况

一、历史沿革及自然地理简述

昌平区位于北京市西北部，全区总面积 1352 平方公里。昌平区是历代王朝的畿辅重镇，被称为“股肱重地”，素有“京师之枕”的美称。昌平区现辖 15 个镇、2 个办事处，309 个村民委员会、87 个社区居委会。2003 年年末，全区共有常住人口 73.3 万人，户籍人口 45.7 万人。

二、国民经济概况

经济实力：国民经济持续快速增长。据初步统计，2003 年全区实现地区生产总值 130.1 亿元，比上年同期增长 17%；其中区属地区生产总值实现 99.7 亿元，同比增长 23.7%。

产业结构：产业结构继续调整。第一产业实现增加值 4.8 亿元，比上年同期增长 12.8%；第二产业实现增加值 67.2 亿元，同比增长 16.6%；第三产业实现增加值 58.1 亿元，同比增长 18.7%。三次产业结构为 3.7：51.7：44.6。

社会需求：社会总需求保持增长。全区完成全社会固定资产投资 81.26 亿元，同比增长 29.9%。按投资方向分，用于第一产业的投资 1.83 亿元，比上年同期增长 184.3%，占全区投资总量的 2.2%；用于第二产业的投资 9.99 亿元，同比下降 15%，占全区投资总量的 12.3%；用于第三产业的投资 69.44 亿元，同比增长 41.1%，占全区投资总量的 85.5%。

消费品市场平稳增长。2003 年全区实现消费品零售额 36.2 亿元，同比增长 11%；其中吃类和烧类增长幅度较大，分别增长 20.3%和 18.5%。

外贸出口高速增长。全区完成外贸出口交货额 14.88 亿元，同比增长 72.3%。其中区属企业完成 7.75 亿元，同比增长 112.8%；镇街企业完成 5.76 亿元，同比增长 28.1%；无主管单位完成 1.37 亿元，同比增长 174.2%。

市场价格：价格指数小幅回升。2003 年全区居民消费价格指数同比上涨 1.3%，涨幅比 2002 年高 3.3 个百分点。

财政收入：财政收入再创新高。2003 年，全区完成财政收入 88541 万元，同比增长 32%，完成年度计划的 114.8%，在全市远郊区县名列前茅。

行业发展：农业运行平稳。2003 年，全区完成农业总产值 12.17 亿元，同比增长 3.6%。小汤山现代农业示范园“龙头”作用明显，实现设施农业产值 9842.9 万元，占全区的 39.5%；实现精品农业产值 22171.7 万元，占全区的 19.2%；实现籽种农业产值 22545.5 万元，占全区的 43.2%；实现观光农业产值 477 万元，占全区的 5.8%；实现创汇农业产值 23568.2 万元，占全区的 67.2%；实现加工农业产值 54412 万元，占全区的 25.3%。

工业发展迅猛：工业结构继续优化，高新技术比重提高。2003 年，全区实现工业增加值 56 亿元，同比增长 19.3%，占全区 GDP 的 42.8%，比重比上年提高 2.3 个百分点，工业生产快速发展拉动全区经济增长 9.7 个百分点。

全区工业完成不变价工业总产值 298.98 亿元，同比增长 57.3%。其中：区属工业完成 151.45 亿元，同比增长 42.4%，占全区工业总产值的 50.7%。

全区独立核算工业企业实现销售收入 306.8 亿元，同比增长 55.6%；实现利润总额 9.98 亿元，同比增长 44.5%。其中区属工业完成销售收入 148.7 亿元，同比增长 45.8%，实现利润总额 6.92 亿元，同比增长 60.8%。

高新技术产业已经成为拉动全区经济增长的主要力量，2003 年完成工业产值 101.7 亿元，同比增长 57%，占全区工业总产值的 34%；实现销售收入 107.3 亿元，同比增长 65.5%，占全区工业销售收入的 35%；完成利润总额 6.1 亿元，同比增长 83.1%，占全区工业利润总额的 61.1%。

汽车工业对全区工业增长的拉动作用十分明显。到年底，北汽福田完成产值 132.3 亿元，同比增长 101.1%，占全区工业产值的 44.2%；完成销售收入 138.7 亿元，同比增长 83.1%，占全区工业销售收入的 45.2%；完成利润总额 3.3 亿元，同比增长 71.3%，占全区利润总额的 33.1%。

房地产业绩不俗：房地产开发业全年完成投资 51.1 亿元，同比增长 62%，占全社会总投资的 63.4%。全区销售商品房 91.9 万平方米，同比增长 75.2%；实现商品房销售额 37.2 亿元，同比增长 84.1%。

旅游业稳步回升：2003 年，全区旅游业在遭受非典的影响下，实现旅游经营收入 10.6 亿元，比上年同期增长 19.7%；全区各旅游单位接待游客 930 万人次，比上年同期下降 33.1%。其中民俗旅游实现旅游收入 0.4 亿元，同比增长 1.5 倍；接待旅游人数 70.2 万人次，同比增长 72.2%。

信贷总量继续增加：2003 年，全区各项人民币存款余额 249.2 亿元，比上年同期增长 24%；其中城乡居民储蓄余额 122.1 亿元，比上年同期增长 26.1%。各项贷款余额 189.2 亿元，比上年同期增长 40.4%。

人民生活进一步提高：2003 年，全区在岗职工平均工资为 16934 元，同比增长 12.5%。全区城市居民人均可支配性收入为 10372.6 元，同比增长 10.1%。农村居民人均纯收入 6256 元，同比增长 8.8%。

城市居民消费性支出 8006.1 元，每百户拥有家用汽车 4 辆，电话 96 台，移动电话 68.2 台，空调器 64.8 台，电视机 114.9 台。人均住房面积 16.9 平方米。

农民人均生活消费 5639 元，居远郊十区县之首。农民大件商品拥有量继续增长。每百户拥有彩电 115 台，洗衣机 84 台，电冰箱 97 台，空调机 42.5 台，计算机 24 台，汽车 9 台，电话 96.5 台，移动电话 88.5 台。人均住房面积 42.7 平方米。

三、城乡建设和环境保护

昌平卫星城东区规划方案得到市政府正式批准，东区建设全面启动。累计完成绿化造林 19.4 万亩，达标治理水土流失面积 350 平方公里，全区城市绿化覆盖率达到 34.8%，森林覆盖率达到 49.1%。关停了所有砂石厂和 16 个煤炭市场。京津风沙源治理工程累计完成 29.5 万亩，大气污染得到治理，全年空气质量二级和好于二级的天数占全年 68%。

四、社会发展

科学技术：全年共引进高新技术企业 321 家，总数达到 1700 家；小汤山现代农业园龙头作用突出，带动其他农业示范工程实施。全年共编制 94 项科技计划，取得 18 项高新技术成果，其中有 6 项获得了专利或软件著作权证书。昌平区专利申请量和授权量继续保持远郊区县前列。

教育：各级各类教育全面发展。2003——2004 学年度，全区有十二年一贯制学校 2 所，九年一贯制学校 7 所，中等职业教育学校 6 所，普通中学 45 所，小学校 101 所，幼儿园 119 所。昌平一中、二中示范校和昌平职业学校标志校建设进展顺利，沙河高教园区基础设施建设基本完成。

文化：全区已建村级俱乐部 249 个，今年新建 58 个，其中 18 个市级示范俱乐部。有符合市级标准的区、镇、村文化广场 139 个，有艺术分团及演出队 169 个，秧歌花会队 312 支，民乐、管乐队 45 支。获得全国文化文物先进区称号。

体育、卫生：卫生事业继续发展，城乡医疗服务水平显著提高。全区拥有各类医疗机构 72 个，执业医师 1510 人，注册护士 1393 人，床位 5926 个，全年完成门急诊 141 万人次。新型农民医疗大病统筹人数达到10万余人。

全民健身活动广泛开展。127个社区配置了全民健身器材，承办市级以上体育赛事18项，参加市级以上各项比赛，获得金牌5块，银牌8块，铜牌6块。向市级体校输入运动员13名。获得全国体育先进单位称号。

大兴区概况

2003年，全区深入学习贯彻党的十六大和十六届三中全会精神，努力实践"三个代表"重要思想，与时俱进、开拓创新，充分发挥区位、资源等优势，不断加大产业结构调整力度，进一步强化工业主导地位，改善投资环境，加快发展步伐，全区经济实现持续、快速、健康发展，社会各项事业全面进步，城乡人民生活质量得到进一步改善。

一、综合经济

经济实力：全区经济持续快速增长

从经济总量上看，全年实现地区生产总值103.7亿元，比上年同期增长17.9%。从产业构成上看，三次产业分别实现增加值13.75亿元、42.13亿元和47.82亿元，分别比上年同期增长1.0%、22.9%和19.4%，对全区经济增长的贡献率分别为0.8%、49.8%和49.4%，产业结构日趋优化，第三产业对经济增长的带动作用日益增强。

三大需求：三大需求全面增长，经济增长的内在动力增强

固定资产投资快速增长，有力地支撑了经济的增长。全年完成固定资产投资100.9亿元，比上年增长15.3%，其中房地产业投资额达到67.7亿元，比上年增长6.0%，占固定资产投资总额的67.1%，成为拉动投资需求的重要力量。

消费需求增长平稳。在国家继续实施扩大内需政策的积极作用下，全区通过加速商业企业改革，努力开拓农村市场，特别是新型业态的发展，促进了消费品市场的繁荣活跃。2003年，全区实现社会消费品零售额41.4亿元，比上年增长15.6%。从消费结构看，吃、穿、用、烧消费额分别为19亿元、4.4亿元、11.5亿元和6.5亿元，比上年分别增长11.0%、10%、9.6%和54.8%。

出口主体不断增多，外贸出口快速增长。随着全区外商投资企业的不断增加以及国家对内资企业进出口经营权门槛的降低，外贸出口主体不断增多。2003年，全区出口企业达到125家，比上年增加15家，全年外贸出口总额达到13.3亿元，比上年增长8.7%。

综合财力：财政收入继续保持较快增长

2003年，全区财政收入在克服非典和政策调整的不利影响的同时，继续保持了较快的增长，全年完成财政收入93497万元，比上年增长25.7%。从财政收入的构成看，营业税、印花税、企业所得税和增值税这四项主体税种占81.2%，其中营业税48675万元，比上年增长50.8%，占财政收入的52.1%。

二、行业发展

农业：以农民增收为主线，进一步优化产业结构，加快农业产业化进程，农业经济质量和效益不断提高。2003年，全区实现农林牧渔业总产值（1990年不变价格）22.1亿元，比上年增长7.4%。其中牧业产值10.4亿元，比上年增长12.6%，牧业产值占农业总产值的比重达47.1%，比上年提高2.2个百分点。

2003年，全区继续实施"兴牧富民"工程，畜牧业在加强防疫的同时，继续扩大畜禽总量，发展牧业产业化经营，畜牧业已成为拉动农业增长的主要因素。全年生猪出栏64.0万头，比上年增长3.9%；出栏肉牛4.5万头，增长34.3%；出栏羊80.9万只，增长29.9%；出栏家禽3369.9万只，增长10.3%；鲜蛋产量3.8万吨，增长11.6%；牛奶产量12.5万吨，增长25.5%。

大力引进推广新技术、新品种，壮大了西甜瓜、果品、蔬菜、花卉等种植业主导产业，提高农产品的市场竞争力。2003 年，全区蔬菜产量达 132.1 万吨，比上年增长 4.6%，其中特菜产量 4.4 万吨，比上年增长 6.0%；果品产量 10.6 万吨，比上年增长 1.4%；西甜瓜产量 25.2 万吨，与上年持平。

工业：通过强化工业主导地位，狠抓工业园区建设和大项目的落实，加大招商引资力度，使工业化进程不断加快。全年实现工业增加值 31.92 亿元，比上年增长 24.8%；完成工业总产值 142.2 亿元，比上年增长 16.1%；实现工业销售收入 134.6 亿元，比上年增长 19.9%；工业利润达到 5.9 亿元，比上年增长 40.5%；全区工业各项税金合计 5.7 亿元，增长 21.3%。

民营科技工业企业各项指标快速增长。全区民营科技工业企业完成产值、收入、利润、税金分别为 59.2 亿元、55.1 亿元、3.30 亿元和 2.0 亿元，比上年分别增长 42.3%、40.0%、50.0%和 44.9%。占区属工业的比重分别为 45.7%、44.3%、58.3%和 41.1%。

建筑业和房地产业：建筑业和房地产业继续保持快速增长，支柱地位进一步增强。全区实现建筑业增加值 9.24 亿元，比上年增长 6.1%；完成建筑业产值 66.2 亿元，比上年增长 16.3%；开复工面积 675.2 万平方米，竣工面积 276 万平方米，比上年分别增长 24.4%和 11.3%。

2003 年，全区加大了危旧房改造和经济适用房的建设，使房地产投资与销售继续保持较高增速。2003 年，全区房地产业完成投资额 67.7 亿元，比上年增长 6.0%，开复工面积 590.8 万平方米，增长 33%。全年商品房销售面积 162.3 万平方米，增长 25.3%，销售额 56.4 亿元，增长 9.3%。

邮电通信业：邮政业务发展迅速。2003 年，邮政业务总量 4698.0 万元，比上年增长 15.3%；业务收入 4267 万元，比上年增长 14.6%；全年累计订销报刊 1576.5 万份，订销报刊流转额 997.9 万元，发送函件 2040.4 万件。电信业发展迅速，业务范围不断拓宽，在发展经济、扩大对外开放方面发挥着重要的作用。2003 年底，全区电话装机容量达 25.7 万门，实际装机 21.2 万门，其中住宅用户 17.21 万户，宽带网用户 12955 户，201 电话 6430 部，电信业务收入 2 亿元，比上年增长 22.4%。

金融业：金融行业在继续推进改革、强化监管、加强贷款调控等方面取得成效，信贷总量增加，为经济发展提供了资金保障。截止到 2003 年底，区内金融机构存款余额达到 248.5 亿元，比上年增长 27.9%，其中城乡居民储蓄存款余额 119.6 亿元，比上年增长 25.6%；金融机构贷款余额 118.6 亿元，比上年增长 28.1%。

旅游业：积极实施“绿甜旅游”战略，积极培育旅游市场，挖掘绿色生态资源，开发观光资源，以绿甜特色吸引游客，2003 年全年实现旅游收入 2.04 亿元。

三、对外经济

实际利用外资走出低谷，外贸出口保持较快增长。2003 年，全区采取多种方式，加大了招商引资力度，且不断优化的投资环境坚定了外企在大兴投资发展的信心，外商投资大幅增加，2003 年，全区新增外商投资企业 59 家，合同外资额 9852.5 万美元，同比增长 2.2 倍；实际利用外资 4914.3 万美元，同比增长 3.7 倍。全区外贸出口保持了良好的增长势头，全年外贸出口额 13.3 亿元，比上年增长 8.7%。

四、开发区建设

工业开发区已成为吸引高科技项目和外资的重点区域。截止到 2003 年底，累计批准入区企业达 623 家，投产（营业）企业 400 家，其中高新技术产业企业 24 家，三资企业 37 家，工业企业 94 家。到 2003 年底，大兴工业开发区项目总投资累计 34.9 亿元，其中总投资在亿元的企业有 6 家。

五、社会各项事业

科技：积极组织实施各类科技计划项目，全年共实施部、市两级科技项目 61 项，其中，国家级项目 19 项，市级项目 42 项。在这 61 个项目中取得发明专利 4 项，实用新型专利 14 项，外观专利 12

项；被国家科技部评为国家级重点新产品 8 项。全区高新技术企业新增 25 家，总数已达 82 家。民营科技企业稳步发展，全区民营科技企业累计发展到 714 家，全年实现技工贸总收入达 60 亿元（预计数据），利税 5 亿元。

教育事业：深入实施“科教兴区”战略，优化教育软环境，高标准、高质量实施基础教育，大力发展职成教育，教师队伍素质、教学质量有了明显提高。普通中小学校招生人数 1.8 万人，毕业生人数 2.3 万人。职业中学毕业生 2131 人。成人教育培训结业 74.7 万人次。

文化事业：广泛开展文化活动，成功组织开展了以“升腾的大兴”为主题的原唱歌曲演唱会等文化活动。发展先进文化，构建四级文化网络。全区有镇级文体活动中心 14 个，300 多个农村文化大院丰富了广大群众的业余文化生活。区图书馆藏书 20 万册，影剧院放映 1344 场次，观众达 16.1 万人次，丰富了人民的业余文化生活。

卫生事业：积极推进医疗卫生体制改革，积极探索实施了新型农村合作医疗试点工作，到 8 月份全面推行。截止到 2003 年年底，全区农民参保人数达到 27.8 万人，占农民总数的 79.2%。全区共设医疗机构 222 个，卫生技术人员 3415 人，其中医生 1581 人，床位 2735 张。

环境保护：全区以防治大气污染为重点，加强监督检查与环境监测，努力改善环境质量。年初确定的十件环保实事全部完成，累计投资达 4.3 亿元。

体育事业：进一步完善体育设施，加大投入。2003 年，对体育健身设施投入资金 180 万元，比上年增长 1.2 倍。深入开展丰富多彩的群众性体育活动，成功地举办了大兴区第二届全民健身体育节暨首届农民运动会，总计有 62 支代表队的 1958 名运动员参赛。积极参加市级锦标赛并获得第一名 6 人次，第二名 4 人次，第三名 4 人次的好成绩。

就业和社会保障：劳动和社会保障体系进一步完善，城乡统筹的就业服务体系初步建立。全区积极采取措施，拓宽就业渠道，大力推进就业和再就业工程，截止到 2003 年底，登记失业率控制在 1.5% 以下，登记失业人员就业率 70%以上。不断扩大社会保险覆盖范围，保险基金收缴额达 3.5 亿元，同比增长 65%。

公用事业：全区公用事业较快发展。2003 年，全区 2 个自来水厂年供水量 1470 万吨；全区用电总量 14.2 亿千瓦时；有线电视用户发展到 10.1 万户。

六、人口与人民生活

人口：全区户籍人口 545351 人，其中：非农业人口 196945 人。全年出生人口 1872 人，死亡人口 3414 人，全区人口出生率为 3.5‰，人口死亡率为 6.3‰，人口自然增长率为-2.8‰。

城乡人民生活：随着工资收入及社会保障的逐年提高，居民的物质生活和精神文化生活丰富多彩，消费水平和生活质量进一步提高。2003 年，城市居民人均可支配收入达 10811.7 元，比上年增长 11.6%。全年人均消费性支出 7722.6 元，其中人均交通通讯支出 754.0 元，人均医疗保健支出 867.1 元，娱乐文教及服务支出 1240.6 元，人均居住支出 584.6 元。

2003 年，大力实施“兴果富民”和“兴牧富民”两项工程，促进了农民增收。全区农民人均纯收入达到 6099.4 元，比上年增长 10.1%。随着收入的增长，农民生活消费水平进一步提高。2003 年农民人均生活消费支出 3864.2 元，比上年增长 5.3%。

在经济持续发展、社会全面进步的同时，全区社会经济也存在一些矛盾和问题。一是经济总量不足，与全面建设小康社会和国际大都市现代化新区的目标有很大差距；二是经济结构不尽合理，工业主导地位不够突出，农业结构调整还需进一步深入；三是农民增收及农村劳动力转移依然是农村工作的重点和难点问题。在新的一年，要进一步加强软环境建设，加快发展步伐，促进全区国民经济持续、快速、协调发展。

平谷区概况

一、历史沿革及自然地理简述

平谷区位于北京地区东北部，西南距城区 70 公里。地处东经 116° 55′ —117° 24′ ，北纬 40° 02′ —40° 22′ 。南与河北省三河市为邻，北与本市密云县接壤，西与本市顺义区连界，东南和东北分别与天津市蓟县、河北省兴隆县毗连。

平谷区历史悠久，境内已发现的 10 万年前旧石器时代中晚期人类文化遗址，说明远古时代已有人类在此活动栖息。西周以来属燕国封地，战国时归属渔阳郡。西汉高祖 12 年(公元前 195 年)始设平谷县，西汉末期在今平谷西北置滑盐县。新朝王莽改滑盐为匡德。东汉撤滑盐入平谷。东汉末期建安 18 年(公元 213 年)改渔阳属广阳郡。三国魏黄初 4 年(公元 223 年)为燕郡辖县，太和 6 年(公元 232 年)为燕国属县。西晋初撤平谷县，后复置为燕国地。后赵平谷县改属渔阳郡。北魏太平真君 7 年(公元 446 年)撤平谷入路县。后于今平谷地区北部置要阳县，属安洲密云郡。东魏撤要阳县。隋改属渔郡无终县。唐武德元年(公元 618 年)属檀州，设大王镇(今平谷县城)。五代燕应天元年(公元 911 年)改属蓟州渔阳县。金大定 27 年(公元 1187 年)升大王镇为蓟州平峪县。元至元 2 年(公元 1265 年)将平峪县并入渔阳县，至元 13 年(公元 1276 年)复置，改称平谷县，仍属蓟州。明洪武九年(公元 1376 年)平谷县属北平府蓟州，10 年(公元 1377 年)将平谷并入三河县，13 年(公元 1380 年)复置平谷县。永乐元年(公元 1403 年)改属顺天府蓟州。清康熙 27 年(公元 1688 年)属京师顺天府北路厅。雍正 4 年(公元 1726 年)改属霸昌道。乾隆 8 年(公元 1734 年)改属直隶顺天府。民国元年(1912 年)沿袭清制。民国 3 年(1914 年)改顺天府为京兆特别区，领县二十，平谷县为其一。民国 17 年(1928 年)改属国民政府河北省。民国 24 年(1935 年)归属殷汝耕成立的“冀东防共自治政府”。民国 27 年(1938 年)“冀东防共自治政府”合并于“中华民国临时政府”，平谷县属河北省冀东道。民国 30 年(1941 年)改属河北省燕京道。抗日战争时期，中国共产党在平谷地区建立抗日根据地，与相邻的三河、密云、兴隆、蓟县等地区先后设立“密、平、蓟”、“平、密、兴”、“平、三、蓟”等联合县抗日民主政府，先后属晋察冀边区冀东办事处，晋察冀边区冀热辽行署第十四专署等管辖。1946 年 3 月撤销“平、三、蓟”联合县，恢复了平谷县，属冀东行署十四专署。同年从三河县北部，蓟县西北部、怀柔县东南部、密云县东南部共划入 133 个行政村。1949 年 8 月属河北省通县专区。在 1950、1956、1958 三年间，又分别从密云、蓟县划入 39 个行政村，区域成今状。1958 年 3 月撤销通县专区，改属唐山专区。同年 10 月划归北京市。平谷县周围为燕山南麓余脉环绕，中间是平原谷地，故名。

平谷地处华北平原北端与燕山南麓相交地带。东、南、北三面环山，占境域七分之四强，中部和西南部为不足七分之三的平原。地势东北高，西南低，中间平缓，呈倾斜簸箕状。

平谷区域属温带大陆性季风气候，四季分明。春季干旱多风，夏季高温多雨，秋季凉爽湿润，冬季寒冷干燥。年平均气温 11.5℃，平均无霜期 191 天，年降水量 639.5 毫米。

平谷区域内多河，计有常年和季节河流 10 余条，属蓟运河体系。地下水资源较丰富，质好。域内多泉水，其中日流量在 20 立方以上的山泉就有 38 处。已开发多种品牌的矿泉水饮料。

平谷区由于地形复杂，气候四季分明，土壤种类繁多，野生植物资源丰富。全县植被覆盖率已超过 50%。林木发展给野生动物提供了栖息条件。

二、旅游资源及矿产资源

平谷历史悠久，文物丰富，古迹甚多。在　、泇二河沿岸曾发现有自旧石器时代中晚期至元明清时期的遗址多处。目前，全区有 29 处市县两级文物保护单位，其中：市级 3 处。已在金海湖建起了

"上宅文化陈列馆"。

平谷山清水秀，有着奇山秀水的自然风光。近几年来平谷把旅游事业作为全县四大支柱产业之一来抓，利用自己的优势，以"绿都平谷，旅游明珠"为主题，全面实施旅游提高计划。目前已有金海湖、湖洞水、京东大峡谷、大溶洞、上宅文化等十余个自然和人文景点。其中：金海湖曾作为1990年亚运会赛艇和皮划艇比赛场地，已列为市级旅游度假区。各景区内服务设施齐全，旅游管理规范。已连续多年举办"国际桃花、烟花节"。2003年，全区接待各方旅游者407.5万人次，旅游收入达到4.2亿元。分别比上年增长4.9%和37.2%。

平谷区境内矿产资源较丰富，已知的矿产主要有：金、铜、铅、大理石等20多种，分布全区40多处。其中黄金开采始于唐朝。现已查明黄金的矿线由东到西长达60公里，是北京市黄金的主要产地，年产量已多年居北京市之首。镇罗营的花岗岩，是高级装饰材料，质量位居全国第5位，国家正式命名为："平谷红"。

三、国民经济概况

1. 人口、劳动力情况

平谷区下辖14镇2乡，2个街道办事处，275个村民委员会。总面积1075平方公里。2003年，户籍人口39.2万，其中汉族占全县总人口的96%，人口密度每平方公里365人。全区人口出生率4.12‰，死亡率9.02‰，人口自然增长率为-4.9‰，已连续两年人口自然增长呈负增长的局面。

2. 工业情况

平谷区工业已成为全县经济发展的支柱。2003年，全区共有法人工业企业688家，涉及电子、化工、服装、食品饮料、机械等领域。完成工业总产值(现价)83.0亿元，销售收入73.5亿元，分别比上年增长24.8%和25.3%。工业占全区经济的比重达33.5%。

3. 农业情况

平谷是一个农业大区。近几年来，农业内部结构调整取得实质性进展，2003年，粮经比例已经超过了2:8，是北京市粮食和副食品生产基地。农业占全区经济的比重为17.1%。

2003年，全区完成农业总产值(生产者价格)16.1亿元，比上年增长6.9%。其中：种植业产值6.7亿元，畜牧业产值7.7亿元。

近几年来，全区农业实施大桃一品带动战略，有力地促进了干鲜果品的生产。2003年，全区果园面积达到25.5万亩，干鲜果品总产量达到21.3万吨，已十余年居京郊之首。其中：大桃产量16.1万吨，不仅供应首都及外地市场，而且已出口到东南亚很多地区，成为山区农民收入的重要来源。

4. 固定资产投资及城市建设

多年来，全区固定资产投资主要侧重于二、三产业，有力地促进了全区经济发展。2003年，全区完成固定资产投资额91.4亿元，其中：区内投资36.9亿元。

平谷交通便利，境内公路里程达到926.9公里，其中高等级公路达776.9公里。目前已村村通公路，和北京城区有快速路相连。境内有一条长16公里的自建铁路。大秦铁路从我区西南部穿越13公里，并设平谷站。

邮政、电信事业迅速发展。2003年，全区程控电话交换机容量达到18万门，实有电话15.4万部，电话普及率达到31部/百人。全区订销报纸、杂志1212.2万份。已实现村村通邮、通电话。全区邮电业务总量达到9678.9万元，比上年增长14.2%。

平谷区城水、电、气基础设施较为完善。近两年运用"经营城市"新思路，建立了城市建设多元化投资体系，城市建设有了较大发展。建成了远郊区县第一个垃圾卫生填埋场，无害化处理率达到100%。

5. 国内贸易

2003年，全区县实现社会消费品零售额18.4亿元，比上年增长11.5%。从消费品构成看：吃类商品零售额6.4亿元，穿类商品零售额2.8亿元，用类商品零售额6.1亿元，烧类商品零售额3.1亿元。

6. 外经、外贸

招商引资工作成果显著，外向型经济稳步发展。新办三资企业21家，实际利用外资1758万美元。

外贸出口形势较好。2003年，全区完成出口交货额16.9亿元，比上年增长25%。出口商品以工业制成品为主。

7. 财政、金融

财政收入多年保持两位数的增长速度。2003年，全区完成地方财政收入4.6亿元，比上年增长3.5%。财政支出14.5亿元，剔除市拨专款，财政收支基本平衡。

金融保险业健康有序发展。2003年，全区各金融机构存款余额达86.9亿元，比上年增长10.5%，其中：储蓄存款余额50.3亿元。全区贷款余额达56.2亿元，比上年增长16.5%。人寿、财产保险公司全年完成保费收入15259万元。赔款支出8728万元。

8. 文化、教育、卫生、体育

城乡文化生活丰富多彩。成功举办“第十一届农民艺术节”、“五月鲜花”等多项大型文化活动。完成了将军关长城的一期修缮工程。

形成教育发展新格局，教育经费支出力度逐步加大。目前，全区呈现出基础教育、职业教育、成人教育、高等教育共同发展的良好局面。全县有小学108所，普通中学33所，职业中学3所，高等院校1所。全年在校生规模7.2万人。成人教育围绕经济发展，积极推进农村劳动科技推广等五项工程，被评为北京市五项培训工程先进单位。教育经费支出力度加大，全区教育经费支出2.4亿元，比上年增长9.3%。中、高考工作再创佳绩，全区被高一级学校录取12532人。其中：高考本科录取1110人。

卫生条件进一步改善。继续推进和完善乡村一体化管理和社区卫生服务工作，全区农村卫生室达到二级标准以上的占70%。全县各种卫生机构43家，卫生人员2350人，床位1246张。全年卫生事业经费支出4655万元，比上年增长23.2%。全区人民就医条件得到进一步改善。平谷区成为北京市惟一非典零感染的区县。

群体工作不断加强，竞技体育成绩显著。全区已有三家体育俱乐部，一个标准的草坪足球场。年末全区全民健身工程达到68个。在市级以上比赛中，获奖牌27枚，其中：金牌6枚。

9. 人民生活

2003年，全区完成国内生产总值51亿元，比上年增长22%，已连续多年保持两位数的增长速度，经济综合实力不断增强。

城乡居民收入水平实现较快增长，人民生活已由温饱过渡到小康。2003年，城市居民人均可支配收入达到11964.2元，农民人均纯收入5826.1元，分别比上年增长9%和14.2%。从消费情况看，城市居民人均生活消费支出9243元，农民人均生活消费支出3393.6元，分别比上年增长14.6%和12.1%。

就业形势基本稳定。2003年，城镇登记失业率控制在2.28%以内，城镇登记失业人员再就业率达到60.4%。参加基本养老保险、基本医疗保险的人数分别达到97165人和31588人。

怀柔区概况

怀柔是北京市的远郊区，地处燕山南麓，北京东北部。东临密云县，南与顺义、昌平区相连，西与延庆县搭界，北与河北省赤城县、丰宁县、滦平县接壤。

怀柔区地形南北狭长，呈哑铃状，南北长128公里，东西最窄11公里。地势北高南低，以著名的万里长城为界，北群山，南平原，层次鲜明地分为深山、浅山、平原等不同地势。境内最高点海拔1705米，最低点海拔仅34米。

怀柔属暖温带大陆性季风型半湿润气候，四

季分明，雨热同期，夏季暖热湿润，冬季寒冷少雪。全年日照时数为2748——2878小时，年平均气温9——13度，积温2800——4610度。无霜期170——200天。年平均降水在600——700毫米，主要集中在6——8月份。

一、行政区划及人口

截止到2003年底，怀柔区农村有12镇，2个乡，286个行政村。城区有2个街道，22个居（家）委会。

怀柔区2003年底户籍常住人口数为26.9万人，当年出生人口1267人，出生率为4.49‰；死亡人口1523人，死亡率5.4‰；人口自然增长率为-0.91‰。农业人口17.0万人，非农业人口9.8万人；男性人口13.5万人，女性人口13.3万人；人口密度为每平方公里126.2人。

二、资源情况

土地资源

怀柔区地域面积2128.7平方公里，其中平原面积234.4平方公里，占土地面积的11.0%；山区面积1894.3平方公里，占土地总面积的89.0%。在总面积中林地面积1176平方公里，占土地总面积的55.2%；水域面积44.66平方公里，占土地总面积的2.1%，其中水库水面7.7平方公里。

矿产资源

截止到2003年底，怀柔区已探明储量的矿产21种，矿产地27处，其中大型矿床3处，中型矿床8处。已探明的主要矿产有：自制碱灰岩、沙、石英、花岗石、透辉石、白方岩、萤石、金矿、铁矿。

水利资源

怀柔地处首都饮用水源保护区，境内有四级以上河流17条，山泉774处。年水资源总量8.6亿立方米，占全北京市水资源总量的1/5。地表水质量达到国家二级标准。

截止到2003年底，怀柔区内共有大中小型水库7座，其中大型水库有怀柔水库1座，中型水库有北台上水库、大水峪水库共2座，小型水库有沙峪口水库、红螺镇水库、西水峪水库、边坑水库共4座，有塘坝39处、蓄水池10处；怀柔水库属于国家重点监控的水库。

三、国民经济概况

1. 经济总量保持稳步增长

怀柔区2003年实现地区生产总值62.3亿元，比上年增长18.4%。其中第一产业增加值4.9亿元，增长3.1%；第二产业增加值37.4亿元，增长26.5%；第三产业增加值20.0亿元，增长9.2%。

2003年，地方财政收入5.4亿元，比上年增长17.3%。其中增值税0.8亿元，增长17.5%；营业税3.0亿元，增长21.1%；企业所得税0.6亿元，增长7.1%。地方财政支出17.0亿元，比上年增长14.2%。其中基本建设支出1.7亿元，增长13.8%；教育费支出2.3亿元，增长11.3%；卫生事业费支出0.7亿元，增长34.2%。

2. 各产业特点日益突出

①第一产业结构调整取得阶段性成果

养殖业在农业中已占据主导地位。2003年全区实现农业总产值(现价)10.6亿元，其中养殖业产值占62.6%，比“九五”末上升了10.1个百分点。

享誉国内外的“北京板栗”2003年产量为7515.5吨，到2003年末全区板栗种植面积27.6万亩。

怀柔是目前全国最大的西洋参种植、加工基地，其质量优于进口的同类产品。到2003年末，全区西洋参种植面积达10000亩，其中绿色面积8000亩。

怀柔的冷水鱼养殖具有得天独厚的条件，主要鱼种有虹鳟鱼、鲟鱼等。到2003年末，全区有养殖水面561亩，冷水鱼年总产量2420吨，成为目前全国最大的冷水鱼养殖基地。

主要农副产品产量随农业结构的调整而增减各异。全年粮食总产量30280吨，比上年下降39.8%。出栏肉牛2.2万头、牛奶产量3.2万吨，分别增长16.4%和2.1%。受产业结构调整的影响，全区种植结构有所变化，粮食作物播种面积为9278公顷，比上年减少12.5%；经济作物和其他作物播面为4213公顷，减少1.3%。

2003年，全年造林面积5300.4公顷，育苗面积925.4公顷。干鲜果总产量47499.2吨，其中板栗7515.1吨，大扁杏仁2811.8吨。

②工业已成为全区经济的中流砥柱

怀柔区工业经过十余年的发展，已形成具有自身特色的生产格局。到2003年底，怀柔区共有工业法人单位403个，年平均从业人员3.8万人。2003年全区工业实现增加值30.6亿元，占全区生产总值的49.1%。汽车制造、食品饮料、包装物品制造业已成为怀柔工业的三大支柱行业。

汽车制造业是怀柔区发展最快的行业。2003年实现产值48.4亿元，占全区工业的27.7%。较为知名的企业有北汽福田股份有限公司怀柔汽车厂。2003年汽车产量7.2万辆，占北京载货汽车年产量的30.3%，是北京重要的汽车生产基地。

食品饮料制造、加工业在全区工业中举足轻重。著名的品牌有红牛、健力宝、茹梦、妙士等。2003年实现产值43.5亿元，占全部工业的24.9%，全年软饮料产量31.1万吨，占全北京市软饮料的28.5%。较为知名的企业有爱芬食品(北京)有限公司，红牛维他业饮料有限公司，北京广东健力宝饮料有限公司，北京妙士乳业有限公司等。

包装物品制造业具有较大规模。2003年该行业实现产值9.5亿元，占全部工业的5.4%，年产各类金属包装物品（主要是易拉罐）2.1万吨。知名的骨干企业有北京富特波尔容器有限公司，北京欧陆太平洋制罐有限公司，北京奥瑞金新美制罐有限公司，上海紫江企业集团股份有限公司北京分公司等。

③旅游业的辐射作用日益显著

怀柔的旅游业发展较快。2003年尽管遭受非典疫情的严重影响，但全年仍接待游客602万人次，比上年减少14.8%；实现综合收入6亿元，比上年增长18.2%。到2003年末，已开放旅游景点26个，累计发展民俗旅游户2450户。较为著名的景区有慕田峪长城、雁栖湖、红螺寺、青龙峡等。在旅游的辐射作用下，怀柔区房地产业、公交运输、社会服务业、市政基础建设等都得到较快的发展。

④房地产开发迅速崛起

怀柔区房地产业发展极为迅速，2003年，用于房地产开发的投资额6.2亿元，年内住宅施工面积60.1万平方米，比上年增加0.6万平方米；竣工面积29.4万平方米，比上年增加15万平方米。商品房销售增势强劲，2003年商品房销售面积22.2万平方米，销售额6.5亿元，分别比上年增长43.2%和52.7%，房地产业是拉动怀柔区第三产业增长的主要行业之一。

⑤三资企业与对外经济发展迅速

目前已有30个国家和地区在怀投资办企业。至2003年末，在怀已开工投产的三资企业191家，2003年年内协议利用外资金额5512.7万美元，实际利用外资额5390.9万美元。2003年，全区外贸出口商品交货总额6.9亿元，同比增长20.6%，其中外资企业出口2.8亿元，同比增长30.9%。

⑥流通领域平稳发展

到2003年底，全区共有集贸市场14个，集贸市场成交额5亿元。全区实现社会消费品零售额20亿元，同比增长14.1%，其中售给居民消费17.5亿元，增长15.3%，售给社会集团消费2.5亿元，增长6.7%。从不同行业看，批发零售贸易业15.2亿元，饮食业2.8亿元，制造业1亿元，其他行业1亿元。

3. 固定资产投资增势强劲

2003年，全区社会固定资产投资38.2亿元，同比增长23.9%，其中第一产业投资1.2亿元，下降22.2%；第二产业投资21.8亿元，增长42.4%；第三产业投资15.1亿元，增长8.9%。按投资构成分，建筑工程18.8亿元，增长8.3%，安装工程0.3亿元，增长2.2倍，设备及工器具购置12.6亿元，增长43.8%，其他投资6.5亿元，增长40.4%。

4. 金融业运行正常

到2003年底，全区有各类金融机构8个，年末各项存款余额 98.6 亿元，同比增加 15.1 亿元，在存款总额中居民储蓄余额 50.2 亿元，增加 7.4 亿元；各项贷款余额 63.9 亿元，同比增加 12.9 亿元。

5. 邮电通讯业发展迅速

到 2003 年底，全区有邮政局 1 个，支局 5 个，邮政所 18 个，全年完成邮政业务总量 1929.7 万元。全年来往函件 457.6 万件；订销报纸 929.6 万份，订销杂志 36 万份。全区有线电话交换机容量达到 14.2 万门，年内新增电话用户 7629 户，年末电话用户达 9.6 万户，其中个人住宅电话 7.7 万户，移动电话总量为 12.7 万户；全年通讯业务收入 9027.8 万元。

四、社会事业全面进步

1. 教育事业

至 2003 年末，全区有各类学校共 91 所，在校学生 44186 人，专任教师 3636 人。在各类学校中，普通高等学校 1 所，在校学生 1481 人，教师 49 人；中等专业学校 1 所，在校学生 122 人，教师 8 人；普通中学 30 所，在校生 18322 人，教师 1498 人；职业高中 3 所，在校生 3563 人，教师 256 人；小学校 55 所，在校生 19229 人，教师 1815 人；成人高等教育学校 1 所，在校生 1469 人，教师 10 人。高考升学率为 76.4%，中考升学率 95.0%，适龄儿童入学率为 100%。

2. 科技活动

科学技术：继续深入实施“科技兴怀”战略，全年共组织实施国家级可持续发展示范项目 1 项，市级示范项目 8 项，各级各类示范项目 72 项，新发展 17 家高新技术企业。科技投入力度加大，2003 年财政用于科技三项费和科学事业费总额为 584 万元，同比增长 25.9%，为科技成果的开发和科技事业的发展提供了有力的保障。

3. 文化事业

送文化下乡工作有声有色，群众文化活动日益丰富。成功举办了第十三届群众艺术节；组织举办了“爱怀柔、爱家乡”青年歌手大赛活动，新秧歌大赛、书画摄影展等群众艺术活动，展示了怀柔人的精神风貌。至 2003 年底，全区有电影放映单位 60 个，影剧院 3 个，电影放映场次 4306 场；文化馆 1 个，参加文化活动训练 3000 人次；图书馆 1 个，馆藏图书 14 万册；档案馆 1 个，馆藏各类档案 7.6 万卷；文物机构 1 个，市级以上重点文物保护单位 2 处；电视台 1 家，广播电台 1 家，年末有线电视用户 3.7 万户。

4. 卫生事业

2003 年，全区拥有各类卫生机构 454 个，其中医院 10 个。有卫生技术人员 1580 人，有床位 1000 张，其中农村卫生院有床位 50 张，占总床位的 5%。全区平均每千人口拥有卫生技术人员 5.9 人，拥有医院床位 3.7 张。

5. 体育事业

成功举办怀柔区第一届全民运动会、“中国环游”北京国际公路自行车等一系列体育赛事；建成了怀柔体育馆和万米健身公园等健身场所，群众体育活动蓬勃开展。到 2003 年，全区有各类体育场馆 4 个，全年举办各类竞赛 38 次，参加比赛人数 3.9 万人；当年达到国家体育锻炼标准的人数为 3.6 万人，达标率 97.3%；参加市级以上各类竞赛获奖牌 96 枚，其中金牌 39 枚、银牌 33 枚、铜牌 24 枚。

五、城市建设

城市基础设施建设取得进展，公共环境进一步改善。2003 年投资 2.4 亿元完成了 101 国道改造和污水处理厂二期工程；全年城市供水量 600 万吨，其中生活用水量 478 万吨，生产用水 122 万吨；全年用电量 5.9 亿千瓦时，其中工业用电 2.9 亿千瓦时，居民生活用电 1 亿千瓦时；城市铺装道路长度 120.6 公里，区级以上公园 12 个，年末实有草坪 103.7 万平方米，全年植树 5 万株，人均绿地面积 56.5 平方米，城市绿化覆盖率 49.1%。

六、农村建设

到 2003 年底，全区农村拥有农业机械总动力 14 万千瓦，农用拖拉机 1684 台，拖拉机配套农具 1009

部，联合收割机 277 台，农用载重汽车 805 辆。机耕面积 8.6 万亩，机播面积 7 万亩，机收面积 7.2 万亩，化肥施用量 1.2 万吨，农村用电量 2 亿千瓦时。全区农田灌溉面积 11.7 万亩，机电灌溉面积 11.7 万亩。

七、人民生活

2003 年，城市居民人均可支配收入 12785 元，农民人均纯收入 5814.2 元；城市居民人均消费支出 9108.9 元，农村居民人均年消费支出 3921.9 元；城市人均住房面积27.6平方米，农村人均住房面积27.8 平方米。

2003 年末，全区城市居民平均每百户拥有：彩色电视机 135 台，电冰箱 107 台，空调 98 台，家用电脑 47 台，电话 108 部；农村平均每百户家庭拥有彩色电视机 102 台，电冰箱 86 台，空调 20 台，家用电脑 7 台，电话 93 部。全区平均百户移动电话拥有量 114 部。

密云县概况

一、历史沿革及自然地理简述

密云县位于北京市东北部、燕山山脉南麓、华北大平原北缘，是北京至东北、内蒙古的重要门户，有“京师锁钥”之称，是历代兵家必争之地。县城距北京市区 65 公里，全县总面积 2226.7 平方公里。密云县属暖温带季风型大陆性半干旱气候。县境内有大小河流 14 条，潮白河纵贯全境。县内有中型以上水库 4 座。密云水库是首都的重要水源。

密云县是我国设立郡县最早的地区之一。公元前 283 年，燕国设渔阳郡于密云，距今有近 2300 年的历史；北魏改渔阳郡为密云郡，隋唐五代时称檀州，明改称密云县，一直沿用至今。

二、旅游资源及矿产资源

独特的地理位置和悠久的历史，给密云留下了多处名胜古迹。全县重点名胜风景区 20 多处。其中，国家级的有云蒙山风景区，市级的有白龙潭风景区。举世闻名的万里长城在密云境内长达 222.5 公里，其中司马台长城因其设计独特、构筑险要而被联合国教科文组织列为世界人类文化遗产。

密云县的矿产资源丰富，已探明储量的矿产 25 种。主要矿产有金、银、铁、钨、铅等。铁矿储量达 9.5 亿吨，在全国 2000 多个县中居 19 位，占北京地区总储量的 96.4%，石灰岩的储量也有近亿吨。

三、国民经济概况

1. 经济总量

2003 年全县实现地区生产总值 68.38 亿元，比上年增长 20.8%。其中，第一产业实现增加值 10.2 亿元，比上年增长 13%；第二产业实现增加值 33.01 亿元，增长 18.43%；第三产业实现增加值 25.17 亿元，增长 27.8%。

2. 人口、劳动力情况

全县户籍总人口为 42.38 万人，其中，男性为 21.31 万人，占 50.28%；女性为 21.07 万人，占 49.72%。汉族人口为 39.99 万人，占总人口的 94.36%；少数民族人口为 2.39 万人，占总人口的 5.64%。2003 年，全县出生人口 3026 人，出生率为 7.21‰；自然增加人 0.1 万人，人口自然增长率为 2.3‰。

2003 年末，全县从业人员 25.89 万人，其中，农村家庭从业人员 14.51 万人。

3. 工业情况

密云县的工业涉及 28 个行业大类，其中比重较大的行业有电子及通信设备制造业、食品制造业、纺织业、服装及其他纤维制品制造业、木材加工及竹藤棕草制品业、家具制造业、交通运输设备制造业、饮料制造业、化学原料及化学制品制造业、非金属矿物制造业、黑色金属矿采选业、金属制品业等。全县工业生产单位 2147 个，从业人员 7.36 万人；资产总计 92.84 亿元。2003 年，全县工业实现增加值 27.51 亿元，比上年增长 19.4%；实现工业产品销售收入 95.4 亿元，比上年增长 18.4%。

4. 农业情况

农业结构调整取得突破性进展，具有区域特色的绿色养殖、特色果林、无公害蔬菜主导产业已培育形成。全年粮食播种面积 12.79 万亩，比上年调减幅度为 9.9%，其中，各类经济作物 7.53 万亩。全年实现农林牧渔业总产值 21.73 亿元，比上年增长 14.4%，其中，牧业产值 12.74 亿元，比上年增长 18.1%，占农林牧渔业总产值的比重为 58.6%；年末奶牛存栏 20288 头，比上年增长 26%；牛奶产量 6.39 万吨，增长 24.6%；肉牛出栏 2.79 万头，增长 10.4%；羊出栏 38.69 万只，增长 14.7%；家禽出栏 2988 万只，增长 9.4%；成鱼生产量 4500 吨，下降 18.2%。

5. 固定资产投资及城市建设

固定资产投资规模继续扩大。全年完成全社会固定资产投资 72.64 亿元，比上年增长 14.1%。其中，农村投资 19.61 亿元。

基础建设：城市基础设施日趋完善。全年基础设施投入 1.13 亿元，启动城市道路建设 20 条，新建和改造道路 13 条，完成 10 条新建和改建道路的灯光明亮工程和 9 座地下密闭式垃圾中转站的改造工程，新建停车场 4 个，总占地面积 8000 平方米。年末，城市垃圾无害化处理率达 95.18%，比上年提高 4.04 个百分点。

环境保护和治理：环境建设取得突破性进展。全年环保总投资 4.73 亿元，比上年增长 52.5%；空气质量达到二级和好于二级的天数为 245 天，占全年总天数的 67.9%；全县 8 条干线公路的治理基本达到了“进京第一印象”工程标准；镇村两级累计投入资金 2.7 亿元，完成村村通油路 36 条，143.2 公里；硬化镇村道路 623 条，建镇村公园 74 个，栽植花木 94 万株，镇村环境面貌明显改观。

城市绿化：城市绿化面积增加，绿化水平明显提高。年末，城市绿化面积 440.49 公顷，城市绿化覆盖率 42.15%，比上年提高 0.75 个百分点；城市绿地面积 428.43 公顷，人均绿地面积 50.4 平方米，人均公共绿地面积 24.59 平方米，比上年增加 0.25 平方米；县级公园 21 个，比上年增加 1 个。

6. 国内贸易业

新型商业业态落户密云，促进全县商业繁荣。全县实现全社会消费品零售额 26.75 亿元，增长 20.3%。大中型批发零售贸易企业实现商品销售总值 8.68 亿元，比上年增长 47%。年内首联、物美、京客隆等知名连锁集团落户密云，提高了我县商业网点规模和档次，为我县商业繁荣注入了活力。

7. 外经、外贸

全年共有外商投资企业 25 家，实际利用外资额 4075 万美元，比上年增长 59.2%。其中，投资额在 100 万美元以上的 13 家。出口供货值 7.82 亿元，比上年增长 25.6%。

8. 财政、金融

财政收入稳步增长。全年完成地方财政收入 8.33 亿元，比上年增长 13.6%。其中，营业税 5.46 亿元，增长 14.9%；企业所得税 6767 万元，增长 54.1%。地方财政支出 17.94 亿元，比上年增长 17.4%。

金融保险业稳健发展，推动全县经济快速增长。年末金融机构各项存款余额 92.02 亿元，比上年增加 17.75 亿元，增长 23.9%；贷款余额 80.32 亿元，比上年增加 19.93 亿元，增长 33%；城乡居民储蓄存款余额 53.11 亿元，增加 8.47 亿元，增长 19%。

9. 文化、教育、卫生、体育

文化：文化事业再创新局面。全年举办县级以上大型文艺活动 24 场，参与群众 80 万人次。县图书馆加强基础业务建设和提高服务水平，年内新建一个分馆和 20 个服务点，为乡镇、社区图书室送图书 7 万多册，年末共有图书藏量 15 万册。新华书店全年销售各类图书 550 万册。电影中心送电影下乡 3309 场，其中科教影片 1096 场，观众达 167 万人次。

教育：学前教育规模进一步扩大，2003 年，全县有幼儿园140所，比上年增加34所；九年义务教育高标准普及，小学、初中入学率均达到100%，小学专任教师岗位合格率为100%，初中毕业合格率达到99.85%，初中专任教师岗位合格率100%；教育资源得到整合，普通中学由上学年度的29所调减到26所，小学由90所调整到79所。

职业教育和成人教育培养了大批中等专业人才和各种实用人才。2003年有各类职工技术培训机构273个，拥有教学行政用房建筑面积3.69万平米。

教育投入继续加大，教学条件明显改善。全县地方财政收入中用于教育事业费的支出为2.21亿元，比上年增长13.1%；全年用于教育基础设施建设投入1.02亿元，其中，用于密云一中实验室、巨各庄水峪小学等7项重点工程投资6820万元，用于教育设备投入502万元。

卫生：卫生事业继续发展。年内，各医疗单位积极筹措资金改善医疗设施条件。其中，县医院投资近2000万元，购置了核磁、螺旋CT机等先进医疗设备，提高了我县医疗设施水平。在防控非典工作中，科学制定防治非典工作预案，建立发热门诊两家，发热监测站17家，使全县人民的身体健康和生命安全得到保障。社区卫生服务工作得到加强，新建16家社区卫生服务站，极大的方便了人民群众看病就医。年末全县共有医疗卫生机构339个，床位1312张，卫生技术人员2113人。

体育：群众体育广泛开展，竞技体育有新突破。全年组织县级群体活动22项次，参与人数7.2万人；县体校共有运动员130人，年内参加了市级运动会五个项目的比赛，获奖牌142枚，其中金牌64枚；投资190万元，新建、维修体育、健身场所50处。

10. 人民生活

城乡人民收入水平进一步提高。城市居民人均可支配收入12023元，比上年增长14%；城市居民人均消费支出为8829元，增长26%；城市居民恩格尔系数31.8%，比上年降低3个百分点。农民人均纯收入5885元，比上年增长13.8%；农民人均消费性支出3842元，比上年增长22.4%；农村居民恩格尔系数37.3%，比上年降低1.5个百分点。住房条件继续改善。城市居民人均住房使用面积22.1平方米，比上年人均增加0.81平方米；农村居民人均住房使用面积24.7平方米，与上年持平。

延庆县概况

一、历史沿革及自然地理简述

1. 历史概况

延庆历史悠久。在远古，长城外，已有古人类在此域活动。传说中的黄帝族和炎帝族在涿鹿、阪泉一带大败蚩尤的九黎族，此地乃古战场之一。相传高扬氏置九州，地属冀州。有虞氏(舜)置十二州，又属燕州之地。战国时则是燕国的上谷地。秦统一时，地属上谷郡。西汉时仍为上谷郡。东汉时撤夷合为居庸一县。三国时属魏燕州上谷郡居庸县，晋沿旧制。后魏属东燕州居庸县。北齐改东燕州为北燕州，废居庸并入怀戎县。公元624年改为妫川县。公元742年改为妫川郡。公元758年复为妫川县名，唐末改称晋山县，属儒州。公元936年，划归辽，仍称晋山县。金朝时废儒州，晋山县归德兴府。1212年，升为镇州。元时复改为晋山县，属大都路奉圣州。1316年，因元仁宗生于此境内香水园，故升为龙庆州，属大都路领怀来县，为京都直属地。明朝1370年废州，地属北平府，到1414年，复隆庆州，属北京行部，1567年改为延庆州。清朝仍为延庆州，属直隶宣化府。1913年改为延庆县，属直隶省口北道。1928年改属察哈尔省。1952年察哈尔省撤销，延庆县隶属河北省，1958年10月划归北京市，成为首都的北大门。

2. 自然地理

延庆县地处东经115°44′—116°34′，北纬40°16′—40°47′，整个区域呈东北向西南延伸的长方形。它是北京市西北部山区的一个远郊县，东邻怀柔县，南邻昌平区，西北分别与河北省怀来县和赤城县接壤。地处延怀盆地东部，燕山沉降带西端。县城位于妫水河中游北岸，距北京市区 75 公里，县域东西长 170 公里，南北宽 45.5 公里，辖区面积为 1992.5 平方公里。山地面积占全县总面积的 72%，整个地势为东北高，西南低。南北高山之间有一东西狭长的平川，古称妫川，是主要的粮食产地。

解放以来，延庆县的行政区域经过了多次变动，截止到 2003 年，全县共辖 11 个镇，4 个乡，376 个行政村，县辖镇为延庆、康庄、永宁、旧县、张山营、八达岭、沈家营、井庄、大榆树、四海、千家店；县辖乡：香营、刘斌堡、大庄科、珍珠泉。

二、旅游资源及矿产资源

1. 旅游资源

延庆县有悠久的历史、境内留下了许多不同的文物储藏和人文景观。复杂的地形，多样的地貌，又形成了丰富多彩的自然景观。这种较为特殊的历史条件和地理条件，为延夫造就了丰富、独特的旅游资源。加之气候条件以冷凉为特色，气候较市区低 4° 左右，因此，在盛夏是旅游避暑的好去处。截止到 2003 年底，已开发旅游景点 30 处，其中：国家级的有八达岭、松山森林公园；市级的有龙庆峡、古崖居、山戎墓葬陈列馆、莲花湖、康西草原和詹天佑纪念馆。设立自然保护区 10 处，其中：国家级的有松山自然保护区；市级的有野鸭湖自然保护区；县级的有玉都山自然保护区、莱石河自然保护区等。现有主要旅游区 15 处，有八达岭、龙庆峡、松山、康西草原、水关长城、御都园、长城博物馆、莲花湖、温泉度假村、神奇野山峡、华风温泉大城堡等。2003 年，虽然遭遇非典，但仍接待国内外游客 751.1 万人次，实现旅游总收入 7 亿元。

2. 矿产资源

延庆县地处燕山山脉、为隆起的活化区，北、东、南三面环山，地下矿产资源较为丰富，主要有铁、铜、锌等 20 多种固体矿，还有较为丰富的地下水和地热资源。分布地区主要在大庄科、千家店、黑汗岭、刘斌堡、西二道河等山区和部分川区，如：三里河、松山等地。

到 2003 年底，已发现矿山地 70 多处，已探明储量的矿产地 48 处，其中：大型矿床 5 处、中型矿床 23 处、小型矿床 20 处。已探明储量的有：铁、地热、石灰石、铜、锌、铝、钼等。主要矿产储量：铁 550 万吨、地热 100 平方公里。

三、国民经济概况

2003 年，全县国民经济继续保持良好的发展态势，经济增长速度创历史新高。实现地区生产总值 37.45 亿元，比上年增长 18.5%。其中：第一产业实现增加值 8.15 亿元，增长 6.4%；第二产业实现增加值 13.8 亿元，增长 19.3%；第三产业实现增加值 15.5 亿元，增长 25.4%。

1. 人口、劳动力情况

人口情况

延庆县人口以汉族为绝大多数，分散居住少部分回族和满族，并有非常少的蒙古族、维吾尔族、苗族等 11 个少数民族人。2003 年，全县人口总数为 27.39 万人，其中：非农业人口 8.21 万人，农业人口 19.02 万人。全县人口密度为每平方公里 137.6 人，人口出生率为 10.62‰，死亡率为 7.16‰，自然增长率为 3.46‰。

劳动力情况

2003 年末，全县从业人员为 14.2 万人，其中：第一产业 4.98 万人，第二产业 3.7 万人，第三产业 5.52 万人。全县职工年末人数为 4.69 万人，其中：国有单位职工 2.24 万人。农村从业人员为 9.51 万人，其中：农林牧渔业 4.89 万人，工业 0.42 万人，建筑业 1.45 万人，交通运输业 0.74 万人，批发零售贸易餐饮业 0.63 万人，服务业和其他行业 1.38 万人。

2. 工业情况

改革开放以来，延庆的工业发展较快，不仅建立了八达岭经济技术开发区和延庆经济技术开发区，而且还发展了许多支柱产业，对延庆经济的发展起到了促进作用。2003 年全县完成不变价工业总产值 29.23 亿元，其中：县以上工业产值 7.47 亿元，乡镇工业产值 7.4 亿元，村及以下工业 14.36 亿元。全年实现工业产品销售收入 29.9 亿元，税金 1.16 亿元，利润总额 6311.1 万元。实现增加值 7.65 亿元。

3. 农业情况

延庆县是一个农业县。改革开放以来，从实际出发，因地制宜的发展农业生产。近几年来，为提高农民收入，大力推行了种植结构的调整，精品农业、高效农业、创汇农业和养殖业迅速发展。2003 年，全县第一产业实现增加值 8.15 亿元，粮食总产量 6160.4 万公斤，蔬菜总产 43.2 万吨，干鲜果品总产 4.22 万吨，鲜蛋总产 1.7 万吨，鲜奶 8.04 万吨。养殖小区发展到 171 个，入区户数为 1584 户。完成造林面积 9.16 万亩，全民义务植树 47.5 万株，林木覆盖率达到 60%，生态环境日益改善。

4. 固定资产投资及城市建设

固定资产投资

近几年来，全县固定资产投资力度加大，投资额快速增长。2003 年，全县完成固定资产投资额 25.58 亿元，其中：城市固定资产投资 5.78 万元，房地产开发完成投资 12.6 亿元，农村固定资产投资 6.8 亿元。房屋施工面积 123.6 万平方米，商品房销售额 17.09 亿元。

城市建设

改革开放以来，延庆县城加快了基础设施建设，公共建筑、园林绿化建设提高了县城的基本功能，优化了县城环境。2003 年末，县城内已建成 5 座公园，面积超过 1 万亩，其中：水面近 7000 亩，初步形成了湖光山色与现代建筑和谐统一的城市景观特色。县城人口达到 8 万多人。城市供水能力为 1.5 万吨/日，自来水年供水量 440 万吨，生活用水 110 万吨，自来水普及率 100%。年用电量 1.5 亿千瓦时，其中：居民生活用电量 4000 万千瓦时。县城设有煤气供应站两座，全年煤气供应量 3000 吨，用气普及率达到 90%以上。天然气已经入户。县城内交通发达，通往北京市区的 919 路公共汽车，每天发车 180 余趟，有 6 条线路的县城公交车已全面开通，全县共有客车 1860 辆，其中：出租车 1400 辆，全年客运量 870 万人次。

5. 国内贸易

改革开放以来，延庆的商业有了很大的发展，基础设施不断完善。新建了夏都大厦、妫川购物中心等一大批商业设施，引进了一批超市、连锁店、专卖店等新型业态，购物环境明显改善。到 2003 年末，全县共有商饮服务业网点 7151 个，从业人员 1.6 万人，其中：商业网点 4960 个，从业人员 0.91 万人；饮食业网点 1239 个，从业人员 0.41 万人。

全县社会消费品零售额为 29.88 亿元。按商品用途分：吃类消费品零售额 11.23 亿元；穿类消费品零售额 5.11 亿元；用类消费品零售额 12.02 亿元；烧类消费品零售额 1.52 亿元。按行业分：批发零售贸易业 25.35 亿元，餐饮业 4.45 亿元。

6. 外经外贸

延庆县的外贸进出口业最近几年发展很快，业务量不断增大，出口产品由以前简单的土特产品收购与调拨发展到较为大量的畜禽产品(肉牛、肉鸡)、蔬菜、轻工产品直接或间接出口。2003 年全县外贸出口供货额达到 3.52 亿元人民币，出口商品中，农副产品占三分之二，轻工产品占三分之一。2003 年，实际利用外资 205 万美元。

7. 财政金融

2003 年，延庆县财政收入继续保持快速增长，金融保险业务不断扩大，存贷款余额以及城乡居民储蓄稳步增长。

到 2003 年末，全县地方财政收入 2.81 亿元，同比增长 21%。各项税收总计 6.04 亿元，其中：国税局完成 1.8 亿元，地税局完成 4.24 亿元。全县财政支出 11.7 亿元，同比增长 16.1%，其中：农业、林业、水利、气象支出 1.51 亿元，占总支出的 12.9%；教育事业费 1.82 亿元，占 15.5%；卫生事业费 0.49

亿元，占 4.2%；行政及公检法司支出 1.7 亿元，占 14.5%；城市维护费 1.3 亿元，占 11.1%。

2003 年，全县有金融机构 6 家：中国银行支行、建设银行支行、工商银行支行、农业银行支行、农业发展银行支行以及农村信用联社。2003 年末，各项存款余额为 59.77 亿元，同比增长 17.7%；各项贷款余额为 40.88 万元，同比增长 20.2%；城乡居民储蓄存款余额 35.16 亿元，同比增长 10.6%。

2003 年，全县国内各类财产保险费收入 6507.6 万元，业务赔款 2520.8 万元。

8. 文化、教育、卫生、体育

文化

延庆县的文化事业与其他事业同步发展。2003 年末，全县有电影放映单位 21 个，全年放映电影 2711 余场；文化馆(站)16 所，公共图书馆 1 座，总藏书 14 万册；各类文化娱乐场所 23 处；县级以上重点文物保护单位 106 处，其中：市级以上重点文物保护单位 5 处、国家重点文物保护单位 1 处。有广播电台、电视台、有线电视台各 1 座。

教育

到 2003 年，全县共有各类普通中小学校 125 所，在校学生 4.4 万人，专任教师 3447 人，其中：普通中学 33 所，在校学生 2.29 万人，专任教师 1648 人；职业中学 2 所，在校学生 3358 人，专任教师 155 人；小学 90 所，在校学生 1.78 万人，专任教师 1644 人。幼儿园、托儿所 43 个，在园幼儿数 5341 人。此外，有高等学院及分校 2 所，在校生 1597 人。

卫生

延庆县的医疗条件不断改善。近几年，陆续新建了县医院门诊楼、病房楼、中医医院等一大批基础设施。到 2003 年末，全县有医疗机构 24 个，其中：医院 5 所，总床位 907 张，卫生技术人员 1656 人，每千人拥有床位 3.31 张，有 60%的村设立了医疗点，乡村医生达到了 232 人。

体育

随着人民生活水平的提高和全民健身运动的开展，延庆县的体育事业有了较大的发展。2003，全县有各类体育场所 86 个。

9. 人民生活

随着社会经济的发展，延庆人民的生活水平不断提高，居住、交通条件不断改善，业余文化生活丰富多彩。科教文化方面投资日渐增多。

2003 年，城市居民人均可支配收入 12852.6 元，消费支出 7860 元，人均住房面积 26.91 平方米。每百户城市居民拥有彩色电视机 125 台、洗衣机 98 台、照相机 75 架、电冰箱 100 台。农村居民人均纯收入 5658 元，人均生活消费支出 3627.5 元，人均住房面积 31.72 平方米，每百户农村居民拥有自行车 211 辆、彩色电视机 110 台、洗衣机 82 台、电冰箱 67 台。

在党的富民政策的引导下，延庆正在向现代化迈进，延庆人民正在向小康迈进。

指 标 解 释

法人单位 指具备（1）依法成立、有自己的名称、组织机构和场所，能够独立承担民事责任；（2）独立拥有和使用（或授权使用）资产、承担负债、有权与其他单位签订合同；（3）会计上独立核算、能够编制资产负债表。法人单位包括企业法人、事业单位法人、机关法人、社会团体法人和其他法人。

单产业法人 指只在一个地点，主要从事一种生产经营活动的法人单位。

多产业法人 指坐落于两个及两个以上地点或主要从事两种及两种以上生产经营活动的，按照单位划分，规定可以划分为两个或两个以上产业活动单位的法人单位。

一般预算财政收入 是通过一定的形式和程序，由各级财政部门组织并纳入预算管理的各项收入，也就是会计制度改革以前所称的“预算收入”。

一般预算财政支出 是各级财政部门对集中的一般预算收入有计划地分配和使用而安排的支出。

国内生产总值 是按市场价格计算的国内生产总值的简称。它是一个国家（地区）所有常住单位在一定时期内生产活动的最终成果。国内生产总值有三种表现形式，即价值形态、收入形态和产品形态。从价值形态看，它是所有常住单位在一定时期内所生产的全部货物和服务价值超过同期投入的全部非固定资产货物和服务价值的差额，即所有常住单位的增加值之和；从收入形态看，它是所有常住单位在一定时期内所创造并分配给常住单位和非常住单位的初次分配收入之和；从产品形态看，它是最终使用的货物和服务减去进口货物和服务。在实际核算中，国内生产总值的三种表现形态表现为三种计算方法，即生产法、收入法和支出法。三种方法分别从不同的方面反映国内生产总值及其构成。

《国民经济行业分类与代码》GB/T 4754-2002 版与原 GB/T 4754-1994 版的主要框架结构变化:

增加的门类: a)信息传输、计算机服务和软件业；b)租凭和商务服务业；c)住宿和餐饮业；d)水利、环境和公共设施管理业；e)教育；f)国际组织。

名称或范围进行调整的门类: a)农、林、牧、渔业；b)采矿业；c)制造业；d)交通运输、仓储和邮政业；e)批发和零售业；f)金融业；g)科学研究、技术服务和地质勘查业；h)居民服务和其他服务业；i)卫生、社会保障和社会福利业；j)文化、体育和娱乐业；k)公共管理和社会组织。

取消的门类: a)地质勘查业、水利管理业；b)其他行业。

户籍人口 指根据户籍登记情况统计的人口，以派出所办理的户籍登记和监狱管理局、劳教工作管理局掌握的服刑人员的情况为基础进行汇总而成。

暂住人口 指不具有本市常住户口，来自北京市行政区划以外的省、直辖市、自治区，在京暂住三日以上，并向公安机关申报暂住登记以及领取暂住证件的人员。

常住人口 指在某地区实际居住半年以上的人口。

外来人口 指在一定的标准时间上，在京居住或停留一天以上、非北京市户口的外来人员（不包括在京的外籍和港澳台人员，也不包括驻京中国人民解放军现役军人和中国人民武装警察）。

从业人员 指从事一定社会劳动并取得劳动报酬或经营收入的人员。包括:（1）全部在岗职工；（2）再就业的离退休人员；（3）私营业主；（4）个体户主；（5）私营和个体从业人员；（6）乡镇企业从业人员；（7）农村从业人员；（8）其他从业人员（包括民办教师、宗教职业者等人事档案关系保留在原单位的人员）。本市从业从员不含现役军人。这一指标反映了一定时期内全部劳动力资源的实际利用情况，是研究我国基本国情国力的重要指标。

在岗职工 指在国有经济、城市集体经济、联营经济、股份合作经济、股份有限公司、有限责任公司、外商和港、澳、台商投资经济、其他经济及其附属机构的某一岗位工作，并由其直接支付工资或生活费的各类人员，但不包括离退休再就业人员、港、澳、台和外籍人员。

在岗职工工资总额 指单位在一定时期内直接支付给本单位在岗职工的全部劳动报酬总额。

在岗职工平均工资 指企业、事业、机关单位的在岗职工在一定时期内平均每人所得的货币工资额。它表明一定时期在岗职工工资收入的高低程度，是反映在岗职工工资水平的主要指标。计算公式为：

$$在岗职工平均工资=\frac{报告期实际支付的全部在岗职工工资}{报告期全部在岗职工平均人数}$$

劳动报酬总额 指在报告期内直接支付给本单位使用的全部劳动力报酬总额。包括：在岗职工工资总额；聘用、留用的离退休人员劳动报酬；外籍及港澳台方人员劳动报酬以及人事档案关系保留在原单位人员的劳动报酬。

固定资产投资 包括计划总投资或实际需要的总投资 50 万元及以上的基本建设投资、更新改造投资、国有单位其他投资和城市集体经济投资。

基本建设投资 是指经有权单位批准，包括在一个总体设计范围内进行建设，由一个或若干个设计文件规定的有内在联系的单项工程所组成的，经济上实行统一核算，行政上有独立组织形式，实行统一管理的基本建设单位建造和购置固定资产的投资。包括：（1）列入中央和各级地方本年基本建设计划的建设项目，以及虽未列入本年基本建设计划，但使用以前年度基本建设结转资金（包括基建库存设备和材料）在本年继续施工的建设项目；（2）本年基本建设计划内投资与更新改造计划内投资结合安排的新建项目和新增生产能力（或工程效益）达到大中型项目标准的扩建项目，以及为改变生产力布局而进行的全厂性迁建项目；（3）国有单位既未列入基本建设计划，也未列入更新改造计划的总投资在 50 万元及以上的新建、扩建、恢复项目和为改变生产力布局而进行的全厂性迁建项目，以及行政、事业单位增建业务用房和生活福利设施的项目。

更新改造投资 是指经有权单位批准，具有独立设计文件或项目建议书，能独立发挥效益的更新改造投资。包括：（1）列入中央和各级地方本年更新改造计划的建设项目，以及虽未列入本年更新改造计划，但使用以前年度更新改造结转资金（包括库存设备和材料）在本年继续施工的建设项目；（2）本年更新改造计划内投资与基本建设计划内投资结合安排的对企、事业单位原有设施进行技术改造或更新的项目，增建主要生产车间、分厂等其新增生产能力（或工程效益）未达到大中型项目标准的项目，以及由于城市环境保护和安全生产的需要而进行的迁建项目；（3）国有企事业单位既未列入基本建设计划也未列入更新改造计划的总投资在 50 万元及以上的属于改建或更新改造性质的建设项目，以及由于城市环境保护和安全生产的需要而进行的迁建项目。

国有单位其他投资 包括国有单位按规定不列入基本建设计划和更新改造计划管理的固定资产投资。包括（1）用油田维护费和石油开发基金进行的油田维护和开发工程；（2）煤炭、铁矿、森工等采掘采伐业用维简费进行的开拓延伸工程；（3）交通部门用公路养路费对原有公路、桥梁进行的改造工程；（4）商业部门用简易建筑费建造的仓库工程。

城市集体经济投资 包括县及县以上人民政府所在地建制镇地域内的城市集体经济单位建造和购

置固定资产的投资。

房地产开发投资 包括各种经济类型的房地产开发公司及其他房地产开发单位统一开发的包括统建、代建、拆迁、还建的住宅、厂房、仓库、饭店、宾馆、度假村、写字楼、办公楼等房屋建筑物和配套的服务设施、土地开发工程（如道路、给水、排水、供电、供热、通讯、平整场地等基础设施工程）等开发投资。还包括非房地产开发企业实际从事房地产开发或经营活动的开发投资，不包括单纯的土地交易投资。

家庭总收入 指调查户中生活在一起的所有家庭成员在调查期得到的工薪收入、经营净收入、财产性收入、转移性收入的总和，不包括出售财物和借贷收入。收入的统计标准以实际发生的数额为准，无论收入是补发还是预发，只要是调查期得到的都应如实计算，不作分摊。

可支配收入 指调查户可用于最终消费支出和其他非义务性支出以及储蓄的总和，即居民家庭可以用来自由支配的收入。它是家庭总收入扣除交纳的所得税、个人交纳的社会保障费以及调查户的记账补贴后的收入。计算公式为:

可支配收入=家庭总收入－交纳所得税－个交纳的社会保支出－记账补贴

家庭总支出 指家庭除借贷支出以外的全部实际支出。包括消费性支出、购房建房支出、转移性支出、财产性支出、社会保障支出。支出统计是以实际购得的商品或服务的总价值填报，不论其付款方式是一次付清、分期付款、还是赊购，只要商品或服务已被消费就要按其总价值计算。如果采用分期付款或赊购形式，则要在借贷收入类相应的项目填入实付款与总的应付款的差额。

郊区增加值 指近郊区乡及乡以下三次产业增加值和远郊区县所属三次产业增加值之和。

农业总产值 是以货币表现的农、林、牧、渔业全部产品的总量，它反映一定时期内农业生产总规模和总成果。

农、林、牧、渔业的统计范围包括国有经济各种专业农（农、林、牧、渔）场以及国家各级机关、团体、学校、部队；集体所有制的乡、镇、村各级办农场；工矿企业经营的农、林、牧、渔业，农村各种经济组织和农户经营的农林牧渔业和农民家庭兼营的商品性工业等。

（1）农业 包括种植业和其他农业。

种植业 包括谷物、豆类、薯类、棉、油料、糖料、麻类、烟叶、蔬菜、药材、瓜类和其他农作物的种植，以及茶园、桑园、果园的生产经营。

其他农业 包括采集野生植物的果实、纤维、树胶、树脂、油料以及柴草、野生药材、菌类等及农民家庭兼营的商品性工业。

（2）林业 包括林木的栽培（不包括茶园、桑园和果园的栽培、管理和收获等活动）、林产品的采集和村及村以下合作经济组织和农户的竹木采伐。

（3）牧业 包括除渔业养殖以外的一切动物饲养和放牧以及野生动物的捕猎和饲养。

（4）渔业 包括水生动物和海藻类植物的养殖和捕捞。

农业总产值的计算方法通常是按农林牧渔业产品及其副产品的产量分别乘以各自单位产品价格求得，少数生产周期较长，当年没有产品或产品产量不易统计的，则采用间接方法匡算其产值，然后将四业产品产值相加即为农业总产值。

1957年以前的农业总产值中包括了厩肥和农民自给性手工业（如农民自制衣服、鞋、袜，自己从事粮食初步加工等）。1958年及以后的农业总产值、林业中增加了村及村以下竹木采伐产值；牧业中取消了厩肥产值；副业中取消了农民自给性手工业产值；渔业中增加了海洋捕捞水产品产值。1980年及以后的农业总产值，在副业中增加了农民家庭兼营工业商品部分的产值。从1984年起村及村以下办工业产值划归工业。从1993年起，取消副业。将野生动物的捕猎划入牧业，野生植物采集和农民家庭兼营商品性工业划归农业。

工业总产值 是以货币表现的工业在一定时期内生产的已出售或可供出售工业产品总量，它反映一定时期内工业生产的总规模和总水平。它包括：在本企业内不再进行加工，经检验、包装入库（规定不需包装的产品除外）的成品价值，工业性作业价值，自制半成品、在产品期末初差额价值。工业总产值采用“工厂法”计算，即以工业作业为一个整体，按企业生产活动的最终成果来计算，企业内部不允许重复计算，不能把企业内部各个车间（分厂）生产的成果相加。但在企业之间、行业之间、地区之间存在着重复计算。

轻重工业总产值的划分也是按“工厂法”计算的，即一个工业企业在正常情况下生产的主要产品的性质属于轻工业，则该企业的全部总产值作为轻工业总产值；一个工业企业生产的主要产品的性质属于重工业，则该企业的全部总产值作为重工业总产值。

工业增加值 是指工业行业在报告期内以货币表现的工业生产活动的最终成果。

资产合计 指企业拥有或控制的全部资产。包括流动资产、长期投资、固定资产、无形及递延资产、其他长期资产、递延税项等，即为企业资产负债表的资产总计项。

（1）流动资产 指企业可以在一年内或者超过一年的一个生产周期内变现或耗用的资产合计。包括现金及各种存款、短期投资、应收及预付款项、存货等。

（2）固定资产 指企业固定资产净值、固定资产清理、在建工程、待处理固定资产损失所占用的资金合计。

负债合计 指企业承担并需要偿还的全部债务。包括流动负债和长期负债、递延税项等，即为企业资产负债表的负债合计项。

（1）流动负债 指企业在一年内或者超过一年的营业周期内需要偿还的债务合计，其中包括短期借款、应付及预收款项、应付工资、应交税金和应交利润等。

（2）长期负债 指企业在一年以上或者超过一年的生产周期以上需要偿还的债务合计，其中包括长期借款、应付债务、长期应付款项等。

所有者权益 指企业投资人对企业净资产的所有权。企业净资产等于企业全部资产减去全部负债后余额，其中包括投资者对企业的最初投入，以及资本公积金、盈余公积金和未分配利润，对股份制企业即为股东权益。

产品销售收入 指企业销售产品的销售收入和提供劳务等主要经营业务取得的业务总额。

利润总额 指企业实现的全部利润。反映企业最终的财务成果。

总资产贡献率 反映企业全部资产的获利能力，是企业经营业绩和管理水平的集中体现，是评价和考核企业盈利能力的核心指标。计算公式为：

总资产贡献率 ＝ （利润总额+税金总额+利息支出）÷ 平均资产总额 × 100%

其中：税金总额为产品销售税金及附加与应交增值税之和；平均资产总额为期初期末资产总计的算术平均值。

资本保值增值率 反映企业净资产的变动状况，是企业发展能力的集中体现。计算公式为：

资本保值增值率 ＝ 报告期期末所有者权益/上年同期期末所有者权益 × 100%

资产负债率 是反映在企业资产总额中有多少资产是通过借债而得的，也可以用于衡量企业利用债权人提供资金进行经营活动的能力以及企业在清算时保护债权人利益的程度。

计算公式：

$$资产负债率=\frac{负债总额}{资产总额}\times 100\%$$

流动资产周转次数 指在一定时期内流动资产完成的周转次数，反映流动资产的周转速度。

计算公式:

$$流动资产周转次数(次)=\frac{产品销售收入}{流动资产平均余额}$$

工业成本费用利润率 指在一定时期内实现的利润与成本费用之比，是反映工业生产成本及费用投入的经济效益指标，同时也是反映降低成本的经济效益的指标。

计算公式:

$$工业成本费用利润率(\%)=\frac{利润总额}{成本费用总额}$$

建筑业总产值 是指建筑业企业自行完成的以工程预(概)算为依据，按工程进度计算的建筑安装总价值。它包括建筑工程产值、设备安装工程产值、其他产值。

（1）建筑工程产值: 是指列入建筑工程预算内的各种工程价值。

（2）安装工程产值: 指需要安装设备的安装及与设备相连接的工作台、梯子、栏杆等工程。安装工程产值中不包括被安装设备本身的价值。

（3）其他产值: 建筑业总产值中除建筑工程、安装工程以外的产值。包括房屋构筑物修理产值、非标准设备制造产值、总包企业向分包企业收取的管理费以及不能明确划分的施工活动所完成的产值。

Three

第三篇

北京特色经济区域

BEIJING TESE JINGJI QU YU

开发区

中关村科技园区示意图

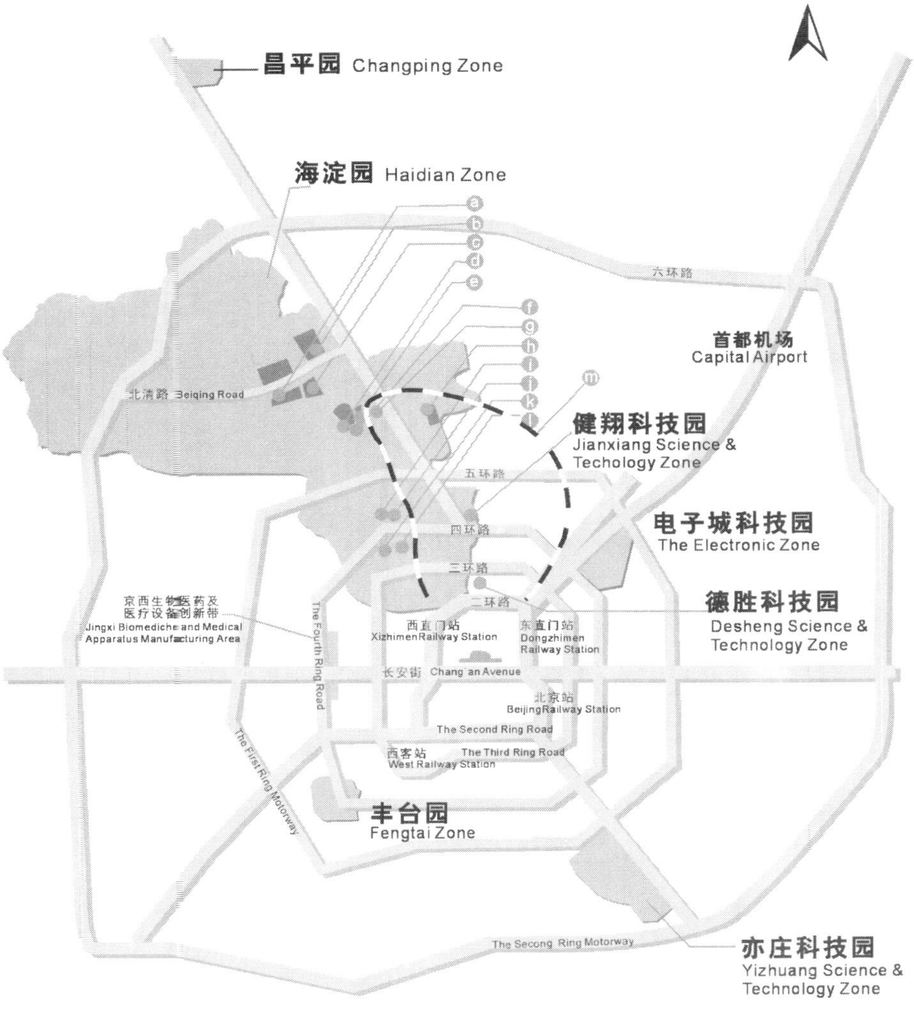

ⓐ **永丰高新技术产业基地**
Yongfeng New &
High Tech Industrial Site

ⓑ **中关村生命科学园**
Zhongguancun Life Science Park

ⓒ **航天城**
Aerospace City

ⓓ **中关村软件园**
Zhongguancun Sotfware Park

ⓔ **上地信息产业基地**
Shangdi Information Industrial Base

ⓕ **北大生物城**
Bio-city of Peking University

ⓖ **西二旗智能化居住区**
Xierqi Intelligence Residential Area

ⓗ **中关村北新材料园**
Zhongguancun Beixin Materials Park

ⓘ **北大科技园**
Peking University Science Park

ⓙ **清华科技园**
Tsinghua University Science Park

ⓚ **中关村西区**
Western Area of Zhongguancun

ⓛ **中科院科学城改造工程**
Upgrade Project of Science City of
the Chinese Academy of Sciences

ⓜ **城市轻轨铁路**
An Urban Light Rail

3-1 中关村科技园区企业经济概况

指　标	计量单位	2003	2002
企业数	个	12031	9673
高新技术企业认定累计数	个	16299	12161
年末从业人员	万人	48.9	40.6
# 留学归国人员	人	3634	2860
外籍人员	人	2170	1492
# 大专以上人员	万人	32.0	26.6
# 中高级职称人员	万人	12.6	11.2
# 研究开发人员	万人	8.6	7.3
工业总产值	亿元	1607.8	1485.2
增加值	亿元	608	519.0
利润总额	亿元	180.1	111.9
上缴税费	亿元	120.1	99.6
出口创汇额	亿美元	32.9	28.8

2003年中关村科技园区继续保持快速增长

内容提要：2003年中关村科技园区新技术企业实现总收入2886.4亿元，同比增长20%；上缴税费总额120.1亿元，同比增长20.6%；出口创汇32.9亿美元，同比增长14.6%；完成增加值608亿元，同比增长17.1%，占全市生产总值的比重为16.8%。园区规模继续扩大，骨干企业作用突出，产品创新能力增强，经济建设取得了可喜的成绩。

2003年，中关村科技园区按照十六大、十六届三中全会精神和市委、市政府制定的“五年上台阶”行动纲要提出的任务，坚持改革、创新，在战胜了突如其来的非典疫情之后，经济建设取得了可喜的成绩。

一、经济总量不断上升，收入效益同步增长

2003年新技术企业收入结构日趋合理，逐步走向产业规模化阶段。中关村科技园区（一区六园，健翔园尚未纳入统计。下同）新技术企业实现总收入2886.4亿元，同比增长20%；年末工业企业1276家，完成工业总产值（现价）1607.7亿元，同比增长8.2%；上缴税费总额120.1亿元，同比增长20.6%，实现了规模与效益的同步增长；出口创汇32.9亿美元，同比增长14.6%，增加值608亿元，同比增长17.1%，占全市生产总值的比重为16.8%。

2003年，在新技术企业实现总收入2886.4亿元中，产品销售收入1802.3亿元、商品销售收入559.9亿元、技术收入419.3亿元，分别占园区总收入的62.4%、19.4%和14.5%。这种稳定合理的收入结构为园区和企业的持续、稳定、健康发展提供了保证。

二、园区规模继续扩大，新技术企业总数增多

2003年，中关村科技园区新认定高新技术企业4138家，比去年同期增长24.6%。按企业登记注册类型分组：新认定股份制企业3597家，三资企业367家，其他经济类型企业139家，国有企业29家，集体企业6家。

表1 **分园区认定企业情况**

园区	企业数（家）		增长%
	2003年	2002年	
总　计	**4138**	**3321**	**24.6**
海淀园	3017	2401	25.7
丰台园	350	301	16.3
昌平园	362	360	0.6
电子城	190	188	1.1
亦　庄	95	71	33.8
德胜园	124	—	—

截止到2003年底，中关村科技园区累计认定新技术企业16299家。有12031家已经投入生产运行，其中国有企业718家，集体企业296家，股份制企业9573家，三资企业1373家，联营及其他内资企业71家。在1373家三资企业中，外商独资企业702家，合资企业602家，合作企业64家。

图1 **各种经济类型企业比重（%）**

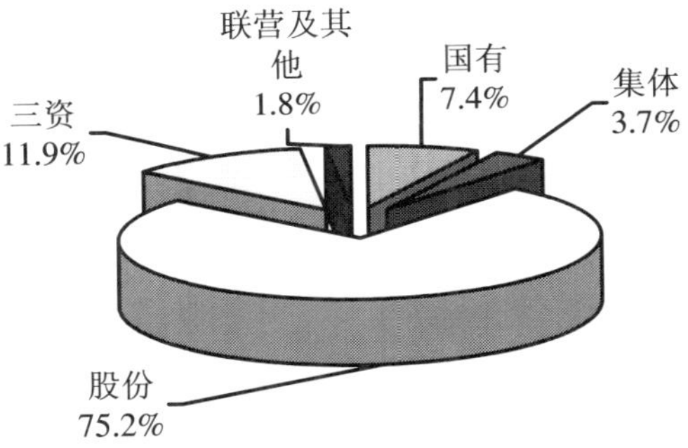

电子信息业的发展，进一步增强了中关村科技园区在高新技术领域的强大实力。2003年电子信息业仍然是园区发展的主导产业。全年共实现总收入1461亿元、上缴税费58.4亿元、出口创汇为17.3亿元，分别占园区总量的50.6%、48.6%和52.6%。

近年来，园区注重产业结构的调整，在电子信息业份额缓慢下降的同时，大力发展新材料及新能源、新医药和生命科学、光机电一体化等高技术领域，产业结构日趋完善，发展前景趋好。

在中关村科技园区品牌效应和投资环境不断优化的条件下，企业规模不断壮大。截止到2003年年底已形成144家企业集团，同时形成了87家境内外上市公司或有较大影响的跨国经营公司。

三、大型企业效益良好，骨干作用突出

总收入亿元以上的大企业凭借雄厚的经济实力，继续保持总量大、增速高的特点。2003年中关村科技园区总收入上亿元的企业有372家，比去年增加了65家，其中超10亿元的企业有53家，比上年增加了20家。这部分大企业在今年园区经济发展中继续展现出雄厚的经济实力，成为支撑园区经济发展的中流砥柱。亿元以上企业工业总产值、总收入、上缴税费、出口创汇等各项指标均占到园区总量的65%以上。

表2　　**总收入前20名企业**　　单位：亿元

单位名称	总收入
联想（北京）有限公司	173.6
北京首信诺基亚移动通信有限公司	119.5
北京神州数码有限公司	79.1
神州数码（中国）有限公司	54.6
U T斯达康（中国）有限公司	51.6
清华同方股份有限公司	44.0
中国网络通信有限公司	40.3
北京·松下彩色显像管有限公司	39.6
北京神华昌运高技术配煤中心	35.8
北京东方冠捷电子股份有限公司	31.8
富士康精密组件（北京）有限公司	23.8
经纬纺织机械股份有限公司	21.7
北京福田环保动力股份有限公司	21.3
威讯联合半导体（北京）有限公司	21.1
中国惠普有限公司	20.7
北京同仁堂股份有限公司	20.1
北京普天太力通信技术开发公司	20.0
清华紫光股份有限公司	18.5
航卫通用电气医疗系统有限公司	18.2
北京国际交换系统有限公司	17.9

表3　　**工业总产值前20名企业**　　单位：亿元

单位名称	工业总产值
联想（北京）有限公司	173.7
北京首信诺基亚移动通信有限公司	123.2
北京·松下彩色显像管有限公司	40.5
清华同方股份有限公司	40.3
北京神华昌运高技术配煤中心	35.1
北京东方冠捷电子股份有限公司	31.6
中电通信科技有限责任公司	25.3
富士康精密组件（北京）有限公司	24.0
威讯联合半导体（北京）有限公司	22.8
北京首信股份有限公司	21.4
北京福田环保动力股份有限公司	21.3
航卫通用电气医疗系统有限公司	18.2
北京金长科国际电子有限公司	16.0
瑞萨四通集成电路(北京)有限公司	15.6
经纬纺织机械股份有限公司	14.3
北京国际交换系统有限公司	13.9
中国石油化工股份有限公司长城润滑油分公司	13.9
北京艾科泰电子有限公司	13.8
北京德尔福万源发动机管理系统有限公司	12.6
安迅（北京）金融设备系统有限公司	12.2

大型企业效益良好，骨干作用突出还表现在大企业生产经营的稳定性和对突发事件的应变能力较强。2003年非典时期，中关村科技园区在市委、市政府和各管委会的领导下，一手抓抗击非典，一手抓园区经济发展。在非典疫情最严重的5月份，园区亿元以上企业仍保持了较高的发展速度，当月实现工业总产值92.4亿元，比去年同月增长34.5%；总收入129.6亿元，同比增长13.7%；出口创汇1.6亿美元，同比增长23.1%；上缴税费4.3亿元，同比增长43.3%，为全年经济持续健康发展起到了巨大的拉动作用。

四、研发投入力度加大，产品创新能力增强

中关村科技园区研发投入力度继续加大，产品创新能力增强。2003年园区企业R&D经费支出

130.6 亿元，占企业增加值的比重为 21.5% 。以联想（北京）有限公司、清华同方股份有限公司、北京首信诺基亚移动通信有限公司等为代表的 107 家中关村科技园区大中型工业企业技术创新活跃，科技经费支出达 37.2 亿元，比上年增长 38.8%，占全市的 70%以上。

2003 年中关村科技园区企业新产品销售收入占全部产品销售收入的比重为 40.4%。分园区看，海淀园、电子城所占比例较高，分别为 56.1%和 47.1%，亦庄科技园为 2.4%，丰台科技园为 17.8%，昌平科技园为 52.5%；从经济类型看，港澳台商投资企业所占比例最高，为 12.5%，内资企业占 57.1%，外商投资企业占 29.1%；在各类高技术产业中，电子信息业新产品销售份额较高，占 53.1%。

图 2　新产品销售收入与该领域产品销售收入比重（%）

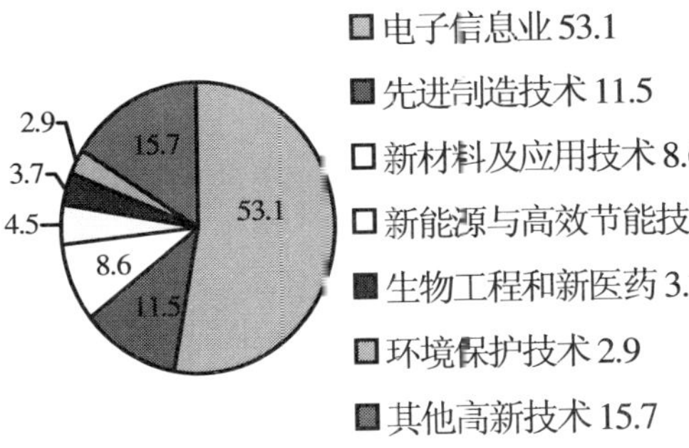

五、人员结构稳定，就业人数增加

截止到 2003 年末，园区从业人员年末人数 48.9 万人，较去年增加了 8.3 万人，同比增长 20.4%。人员知识结构继续优化，从业人员中，留学归国人员 3634 人，比上年增加了 774 人；博士及以上学历人员 6856 人，硕士学历 34830 人，大学本科学历 18.3 万人，分别增加了 1024 人、5896 人和 2.9 万人。另外，中、高级以上职称人员占从业人员总数的比重为 25.8%，比上年的 27.4%下降了 1.9 个百分点；各级管理人员占 15.5%，市场销售人员占 12.9 %，与上年基本持平。

在就业人数和就业素质不断提高的同时，园区职工的劳动报酬也不断提高，2003 年从业人员人均劳动报酬达到 3.6 万元，比去年高 0.4 万元，比全市的人均劳动报酬高出 1.2 万元。

六、一区六园各具特色，海淀园仍居主体

在中关村科技园区中，海淀园始终保持经济总量最大的优势。2003 年，海淀园共完成增加值 410.2 亿元，同比增长 18%；实现总收入 1705.5 亿元，同比增长 19.0%；上缴税费 71.3 亿元，同比增长 7.2%；出口创汇 9.9 亿美元，同比增长 47.8%。海淀园数字园区工程取得新的进展，网上办公系统集成了 17 个部门的 64 项管理服务职能，企业门户实现 7100 家企业上网，建立了具有电子商务功能模块的信息发布交流平台；新落成的生物医药园顺利开园，专业孵化面积 3 万平方米，创业孵育水平和能力不断提高；努力构建全渠道覆盖、资源整合的招商平台，吸引了美国甲骨文公司、爱尔兰最大软件企业 IONA 公司及三星、飞利浦、大唐的合资公司等一批著名高科技公司入驻。

电子城紧紧围绕“改造老基地、振兴电子城、全面推进高科技园区建设”这一宗旨，加速西区开发建设。市政基础设施、数字园区建设进展迅速，吸引了摩托罗拉、北方电讯、西门子、日立公司等一批大项目入区，电子信息业研发与制造基地的特征日益突出。

丰台园努力打造品牌概念，推进总部经济发展。建设中的总部基地一期 20 万平方米、85 栋总部楼已封顶，室内安装和幕墙工程、市政排水工程正在进行；1000 平方米的招商中心运营正常，招商形势良好，20 万平方米已全部销售完毕，80 多家企业签署了正式入驻合约，现已开始进行二期认购工作。

昌平园经济在经过了持续三年的高速发展后，2003 年进入了平稳、持续、健康的发展轨道。主要经济指标增速突破 30%，工业产值首次突破百亿元。随着产业化项目的不断入区和在建项目的相继投产，高新技术产业化基地的功能日趋明显。

亦庄科技园围绕现代制造业和高新技术产业基地建设目标，认真实施产业促进、扩区开发、管理创新、环境优化、人才强区五大战略，开展二次创业。新批企业投资总额34.5亿元，合同利用外资8.4亿元，新引进世界500强企业投资项目15个，中芯（国际）半导体、京东方TFT-LCD等重大项目进展顺利，为增强园区高新技术产业发展的后劲奠定了基础。

德胜园自开园以来大力优化发展环境，完善各项功能配套，创建便捷服务体系，入驻高新技术企业迅速增加、质量不断提高，成为区域经济发展的新亮点。

图3　　五园区主要指标比较 （单位：亿元）

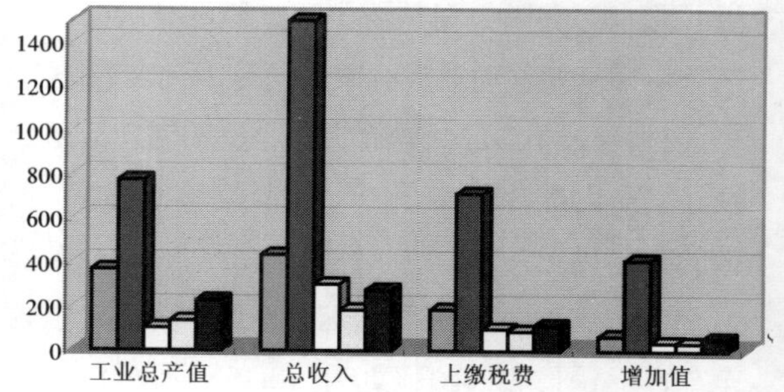

（各组指标由左向右依次为：亦庄、海淀园、丰台园、昌平园、电子城）

注：工业总产值为现价；上缴税费为千万元；德胜园因数据较小未列入图示。

3-2 中关村科技园区海淀园主要经济指标

指　标	计量单位	2003	2002
年末从业人员	万人	29.4	26.9
总收入	亿元	1705.5	1416.6
利润总额	亿元	90.8	55.5
应缴税金总额	亿元	71.3	66.5
累计招商项目	个	11291	
累计招商项目总投资	亿元	1302	
累计注册资本	亿元	1224.5	
累计合同外资金额	亿美元	26	
外方实际入资	亿美元	16.2	
土地开发施工面积	平方公里	215.4	2.2
土地开发完工面积	平方公里	206.5	2.1
房屋建筑施工面积	万平方米	50.4	67.6
房屋建筑完工面积	万平方米		11.5
固定资产投资完成额	亿元	4.4	6.1

中关村科技园区海淀园简介

中关村科技园区海淀园座落在风景秀丽，科技气息浓厚的北京市海淀区，是我国乃至世界罕见的科技智力资源高度密集区。有包括北京大学、清华大学在内的68所各类大专院校，280多个博士点，每年大约有10万各类毕业生从这里毕业，有包括中国科学院在内的中央，地方各类独立科研机构230多个，科技人员总量达38万人，两院院士人数占全国院士总数的36%，每年有上千项科研成果问世。具备了科技人才密集，科学仪器密集，图书情报密集，科研成果密集的四大优势，被誉为中国的"硅谷"。它拥有以中关村为核心的75平方公里的中心区和300余平方公里的发展区，是中关村科技园区的重要组成部分。

在海淀园发展过程中，依托中国"硅谷"的得天独厚的区域优势，"中关村人"以自己的勤劳和智慧，在这片充满生机和活力的土地上，创造了一个又一个奇迹。海淀园各项经济指标一直保持着30%以上的年平均增长速度。经济总量在全国53个高新区中保持领先地位，以联想、方正、同方为代表的近7000家高新技术企业群体在首都经济发展中起到重要作用。

迈入新世纪，在朝着建设世界一流科技园区的进程中，海淀园推出了以电子政务为核心的"数字园区"工程，它突破了传统的"一站式"办公的概念，建立起以"一网式"、"一表制"为特征的新型政府管理环境，是信息技术带来的对传统管理模式的革命，是顺应WTO规则，加快政府职能转变，建设高效、透明、廉洁、新型政府环境的必由之路。

经过了二十余年的风雨历程，海淀园将以更加稳健的步伐、更加饱满的创新动力朝着"一年一个样、三年大变样、五年上台阶、十年创一流"的宏伟目标迈进，海淀园、"数字园区"的明天会更加美好。

3-3 中关村科技园区丰台园主要经济指标

指　标	计量单位	2003	2002
年末从业人员	万人	5.3	3.8
总收入	亿元	300.8	200
利润总额	亿元	17.8	13.3
应缴税金总额	亿元	9.8	7
累计招商项目	个	2350	2000
累计招商项目总投资	亿元	213.8	169.3
累计注册资本	亿元	212.3	169.3
累计合同外资金额	亿美元	1.8	2
外方实际入资	亿美元	2.3	1.6
土地开发施工面积	平方公里	166.7	1.7
土地开发完工面积	平方公里	161	1.7
房屋建筑施工面积	万平方米	76.3	123.4
房屋建筑完工面积	万平方米	26.9	76.5
固定资产投资完成额	亿元	15.7	13.8

中关村科技园区丰台园简介

中关村科技园区丰台园成立以来，各项经济指标每年以不低于 30%的速度递增，逐步成为区域经济的亮点。尤其是 1999 年以来，经济规模超常规发展，2003 年技工贸同比增长 50.4%，其他各项经济指标都高于中关村科技园区平均水平，技工贸总收入、总产值和税费收入分别达到 300.8 亿元、150.4 亿元、9.8 亿元。

目前，入园企业已有 2000 多家，注册资本金 212.3 亿元。随着丰台园投资环境的改善，入驻丰台园的上市公司的数量迅速增长。丰台园已形成电子信息、生物医药、光机电一体化为主导的产业格局，其中，IT 产业占总量的 31.7%，生物医药产业占总量的 17%，光机电一体化占总量的 24.5%。

2003 年是丰台园实施《中关村科技园区“五年上台阶”行动纲要》的一年，也是丰台园建设与发展与时俱进的一年。一年来，在中关村科技园区管委会和丰台区委、区政府的领导下，认真学习贯彻党的十六大精神和“三个代表”重要思想，全面落实“以二期开发建设推动园区经济发展”工作思路，开拓创新，扎实工作，各项工作都取得新成绩。

丰台园将以邓小平理论和“三个代表”重要思想为指导，贯彻落实丰台区“两会”精神，以建设企业总部新区为目标，以服务高新技术企业为主线，以改革创新为动力，营造创新环境，大力发展总部经济，带动周边资源整合，实现跨越式发展，开创丰台园事业的新局面，力争五年内将丰台园建设成京西南的经济新亮点，创建丰台园高新技术产业美好的未来。

3-4 中关村科技园区昌平园主要经济指标

指　标	计量单位	2003	2002
年末从业人员	万人	5	3.5
总收入	亿元	183.8	142.6
利润总额	亿元	13.9	10
应缴税金总额	亿元	8.8	5.7
累计招商项目	个	1505	1183
累计招商项目总投资	亿元	130.6	983
累计注册资本	亿元	123.4	95.2
累计合同外资金额	亿美元	1.9	1.4
外方实际入资	亿美元	1.5	1.2
土地开发施工面积	平方公里	283	3.5
土地开发完工面积	平方公里	283	3
房屋建筑施工面积	万平方米	15.8	27.1
房屋建筑完工面积	万平方米	8.9	25.8
固定资产投资完成额	亿元	3.2	3.5

中关村科技园区昌平园简介

中关村科技园区昌平园建园10年来，凭借特殊的区位优势、智力优势、文化优势和独具特色的优惠政策，开拓创新，与时俱进，创造了一个"高起点、高标准、高效益"和"新理念、新机制、新模式"的国家级科技园，实现并继续保持了高速、健康的跨越式发展；以人为本，以企业为核心，建立了昌平区投资服务中心等服务体系，率先在北京建立了"一站式"无偿服务机构；形成了以法规、政策和环境为核心的高技术企业建设发展的大气候。

昌平园历经多年发展建设，形成了以生物医药、电子信息、环境科学、新材料开发和先进制造业为主体的五大产业支柱。吸引了海内外1500余家企业入园。瑞士诺华、日本丰田、富士通、先锋等一批国际知名企业已进驻园区。中国电子信息产业集团、三九药业、中科三环、中信国安、北京控股、三一电子、云南红塔、烟台万华、安泰钢研等国内知名上市公司正在昌平园建设。

目前，园区核心区基础建设基本完成，形成了生物工程与新医药、环保产业、电子信息、新材料和先进制造业为主体的生产研发基地。二期产业基地建设突出了规范化、智能化和人性化气息。以一流标准规划的三期产业基地建设正在申报。中关村科技园区生命科学园的开发建设已经初具规模。四家功能齐全的科技企业孵化器在昌平园相继建成和投入使用，十几家投资公司和中介服务机构为企业提供金融、法律、保险、审计、人力资源等多方面的服务。

3-5 中关村科技园区电子城主要经济指标

指　标	计量单位	2003	2002
年末从业人员	万人	5.2	4.5
总收入	亿元	275.1	264.8
利润总额	亿元	18.8	21.1
应缴税金总额	亿元	11.6	9.5
累计招商项目	个	555	365
累计招商项目总投资	亿元	115.3	
累计注册资本	亿元	115.3	157.6
累计合同外资金额	亿美元	3.8	3.3
外方实际入资	亿美元	3.3	2.6
土地开发施工面积	平方公里	42.2	
土地开发完工面积	平方公里	25.2	
房屋建筑施工面积	万平方米	6.4	
房屋建筑完工面积	万平方米		7.7
固定资产投资完成额	亿元	0.7	6.3

中关村科技园区电子城简介

电子城科技园是中关村科技园区的重要组成部分，是国家为数不多的以老工业基地雄厚生产技术资源为基础建设的高科技园区。在近十年的改造中，电子城以集中力量优化发展环境为有效措施，成功地推动了企业、产业结构调整，推动园区经济持续高速发展。

在市委、市政府组织领导，在各有关部门有力支持下，电子城老工业基地改造十年来，特别是加入中关村科技园区后，取得了突破性进展。电子城有效地实施了以优化园区环境推动企业、产业发展的战略，老工业基地资源得以激活，以电子信息为主的工业经济持续高速增长；初步实现了传统产业向高新技术产业转变；实现了军工配套元器件产品为主向通信、计算机、数字视听、显像管与显示器材、新型元器件五大支柱产品的转变，并正向数字化、信息化、网络化方向发展；实现了主要依靠引进技术向开始拥有越来越多的自有知识产权方向的转变。单一国有经济已转变为国有股份制、外资、民营经济共融发展的更具活力的形态。在“加速国有企业经济结构战略性调整”的进程中国有资本控制力增强并得以有效增值。由于骨干企业通过改制焕发活力，嫁接、裂变成一大批新企业，电子城园区环境、产业环境吸引大批外资、民营科企蜂拥而至并得以健康成长，地区产业经济蓬勃发展。建立电子城前，地区工业企业不足 30 家。目前高新技术企业已达 660 余家，其中年产值过亿元企业逾 40 家，外商投资企业 120 家，世界 500 强的 20 余家企业落户在这里。今天，以电子信息业为主导的一批国内外知名企业与一大批高活力、高成长性民营科企，以及一批创业英才聚集在电子城共融发展，已成为首都电子信息产业发展的重要力量。

3-6 中关村科技园区德胜园主要经济指标

指 标	计量单位	2003
年末从业人员	万人	0.3
总收入	亿元	9.3
利润总额	亿元	0.7
应缴税金总额	亿元	0.3
累计招商项目	个	124
累计招商项目总投资	亿元	13.1
累计注册资本	亿元	10.3
累计合同外资金额	亿美元	0.07
外方实际入资	亿美元	0.05
土地开发施工面积	平方公里	
土地开发完工面积	平方公里	
房屋建筑施工面积	万平方米	41.8
房屋建筑完工面积	万平方米	20.5
固定资产投资完成额	亿元	8.9

中关村科技园区德胜园简介

中关村科技园区德胜科技园座落在北京市西城区，是中关村科技园区的重要组成部分，2001 年 6 月经国家科技部批准成立，2002 年 5 月 24 日正式开园。德胜科技园完全享受中关村科技园区的土地、税收等各项优惠政策。

德胜科技园规划区面积约 6 平方公里，分东、西两区，政策区面积约为 2.9 平方公里。东区位于德胜门外大街以西、新外大街以东，北二环与北三环之间，面积约 1.5 平方公里。西区在西直门外大街以北，东起西直门北大街，西至三里河路，与海淀区相邻，面积约 1.4 平方公里。

德胜科技园地处中心城区黄金地带，为中关村科技园区的东南门户，具有明显的资源优势。西城区作为中央办公区，聚集了中央的 50 多个党政机关，云集了中国人民银行、中国证券监督管理委员会、中国保险监督委员会等在国民经济中具有举足轻重作用的金融管理机构。西城区商业繁荣、金融业活跃、信息资源丰富、基础教育先进、房地产业强劲、文化旅游兴旺、科技信息咨询业发达、基础设施完善，从而使德胜科技园享有得天独厚的创业环境和发展条件。

德胜科技园人居和谐、环境优美、基础设施完备、综合配套齐全，有着得天独厚的创业环境，能够为企业发展提供广阔的发展空间和全方位服务。德胜科技园将同世界各国、各地的企业、机构开展广泛的合作，谋求共同发展，共创美好明天。

北京经济技术开发区示意图

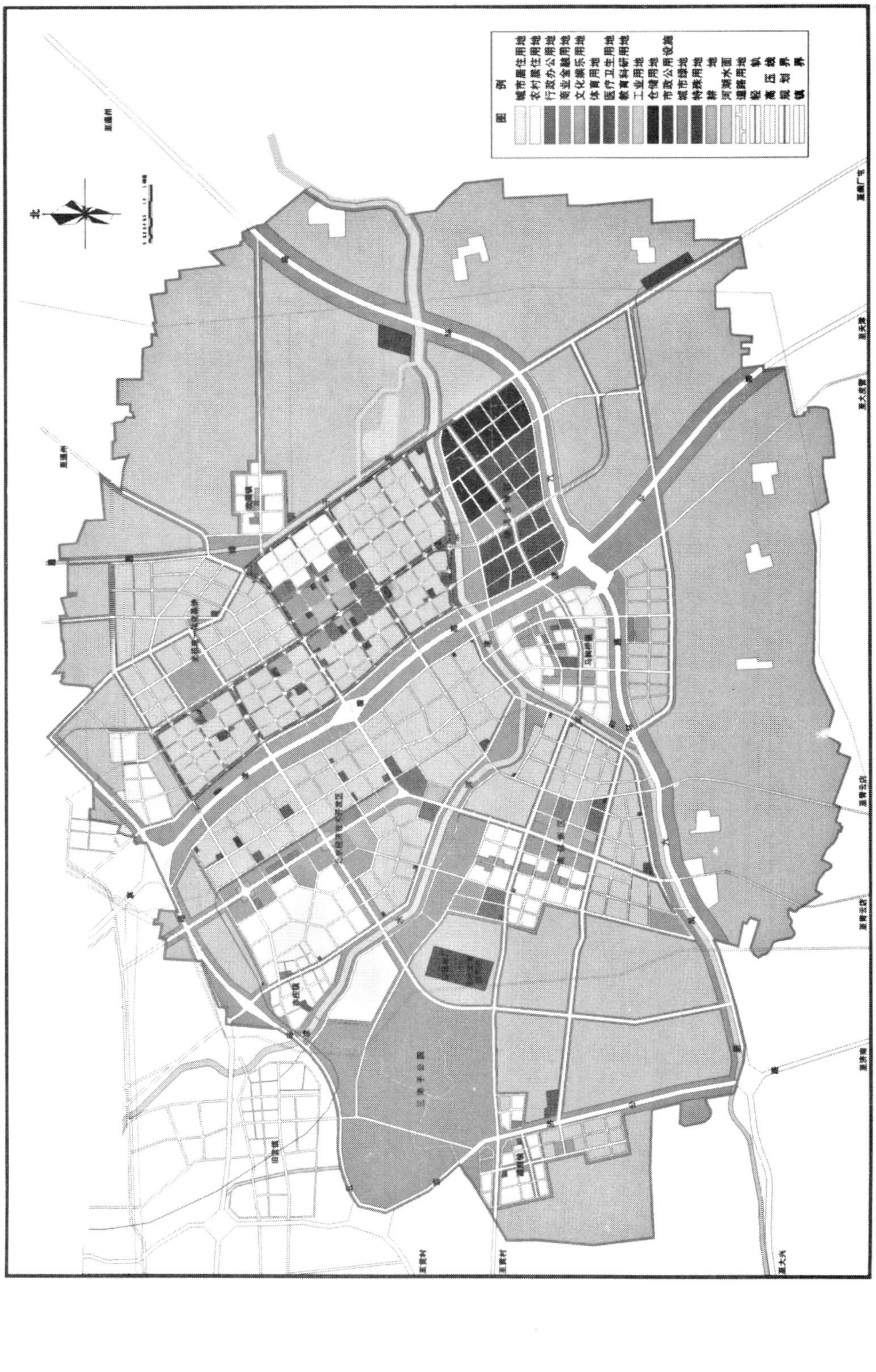

3-7 北京经济技术开发区主要经济指标

指　标	计量单位	2003	2002	2003年为2002年%
规划面积	公顷	4720.3	2280.0	207.0
累计征用土地面积	公顷	2516.2	1705.0	147.6
开发区生产总值	亿元	90.5	76.9	117.7
工业总产值（现价）	亿元	417.8	406.3	102.8
# 高新技术产业		367.1	357.9	102.6
销售（营业）收入	亿元	566.0	471.7	120.0
# 产品销售收入		433.8	412.8	105.1
利润总额	亿元	39.5	28.0	140.9
进出口总值	亿美元	36.1	35.1	102.8
出口	亿美元	15.9	13.2	120.7
进口	亿美元	20.2	21.9	92.2
财政收入(含免抵)	亿元	36.2	32.3	112.1
# 税收(含免抵)	亿元	28.6	26.1	109.5
土地收入	亿元	7.7	6.2	123.4
财政支出	亿元	17.9	22.3	80.4
批准企业个数	个	385	303	127.1
入区企业投资额	亿美元	23.7	12.3	192.7
注册资本	亿美元	14.6	8.65	168.8
合同外资金额	亿美元	4.2	3.3	125.9
实际利用外资	亿美元	2.6	2.0	130.7
固定资产投资	亿元	62.9	55.5	113.4
从业人员	个	57521	41138	139.8
劳动者报酬	万元	208265	123754	168.3

注：本表数据不含园区内企业在北京以外地区发生的数据。

北京经济技术开发区简介

2003年北京经济技术开发区（以下简称北京开发区）在市委、市政府领导下，坚决贯彻落实党的十六大和市委、市政府关于加快开发区改革发展的一系列指示精神，克服非典带来的不利因素，以改革创新为动力，围绕现代制造业和高新技术产业基地建设目标，认真实施产业促进、扩区开发、管理创新、环境优化、人才强区五大战略。紧抓机遇，开创北京开发区新局面。全区经济快速健康发展，招商引资成果显著，各项社会事业继续推进，经济运行质量明显提高。

一、综合经济

主要经济指标实现二位数增长。按全口径计算，2003年全区实现开发区生产总值85.43亿元，比上年增长11.1%，增速比上年提高0.8个百分点。全年完成销售（营业）收入559亿元，比上年增长18.5%，增速比上年提高17.57个百分点。实现利润31.94亿元，比上年增长14.07%。实现财政收入（含免抵）36.23亿元，比上年增长11.99%。全年财政支出17.88亿元，比上年下降19.65%。

二、主要行业

工业：2003年工业生产遭受了突如其来非典疫情的严重冲击，移动通信产业也因市场价格下跌，产值、收入出现下降，因此前三季度生产一直处于低迷状态，第四季度有所回升，增速达到两位数。按全口径计算，2003年全区累计工业投产企业301家，全年实现工业增加值74.7亿元，比上年增长10.67%。全年完成工业总产值（现价）450亿元，比上年增长10.8%。

经济效益明显提高。2003年全区工业经济效益明显好于上年。全年完成产品销售收入443亿元，比上年增长7.3%；全年工业企业实现利润33.3亿元，比上年增长19.4%。全区工业产品销售率为97.16%，按增加值计算的工业全员劳动生产率为17.96万元/人。

高新技术企业支撑工业的发展。2003年新认定高新技术企业95家，累计高新技术企业271家，已投产的工业高新技术企业84家。

产业基地建设进一步推进。北京开发区正在形成移动通信、微电子、生物工程和新医药三大产业基地。

建筑业经营稳定。全年实现增加值7317万元，基本上与去年持平；完成总产值4.63亿元，比上年增长0.6%，利润总额443万元。

房地产业经营成果显著。全年完成房地产开发投资38.88亿元，比上年增长17.46%。实际销售面积22.68万平方米，比上年增长7.72倍；实际销售额8.3亿元，比上年增长4.89倍；全年预售面积20.44万平方米。

邮电通信业需求扩大。全年完成邮政业务总量1897.7万元，比上年增长152.37%。

商业：全年批发零售贸易业完成营业收入48.51亿元，比上年增长56.6%，利润总额860万元。全年餐饮业完成营业收入2400万元，比上年增长9.1%，利润总额为亏损状态，亏损额234万元。

服务业经营收入可观。全年服务业完成营业收入56.18亿元，比上年增长178.9%。利润总额为亏损状态，亏损额1.5亿元。

金融业务继续增加。全区6家银行机构，2003年人民币各项存款余额78.85亿元，比年初增加25.83亿元，增量比上年增长22.7%。外币各项存款余额7504万美元，比年初增加2599万美元。人民币各项贷款余额57.07亿元，比年初增加32.23亿元，增量比上年增长2.36倍。

三、区域建设

截止2003年底开发区累计征用土地2516.15公顷，其中本年征地808.74公顷，累计签订土地合同280个，签订土地面积1036.27公顷，签订合同金额51.7亿元。

固定资产投资稳中有增。2003 年完成固定资产投资 62.91 亿元，比上年增长 13.4%。本年施工面积 322.37 万平方米，比上年增长 55.2%；竣工面积 83.32 万平方米，比上年增长 35.6%；本年新增固定资产 30.32 亿元，比上年增长 3.8%。

四、招商引资和对外经济贸易

吸引投资达历史最好水平。2003 年北京开发区顶住了非典疫情的严重冲击，采取积极有效措施，加大招商力度，紧抓机遇吸引大项目和精品项目入区。

截止 2003 年底，全区累计入区企业 1383 家（不含分支机构），累计投资总额 62.31 亿美元。累计合同外资金额 17.42 亿美元，累计外商实际投资 15.59 亿美元。

进出口贸易活跃。2003 年全区进出口总值 36.1 亿美元，比上年增长 2.76%。

天竺出口加工区示意图

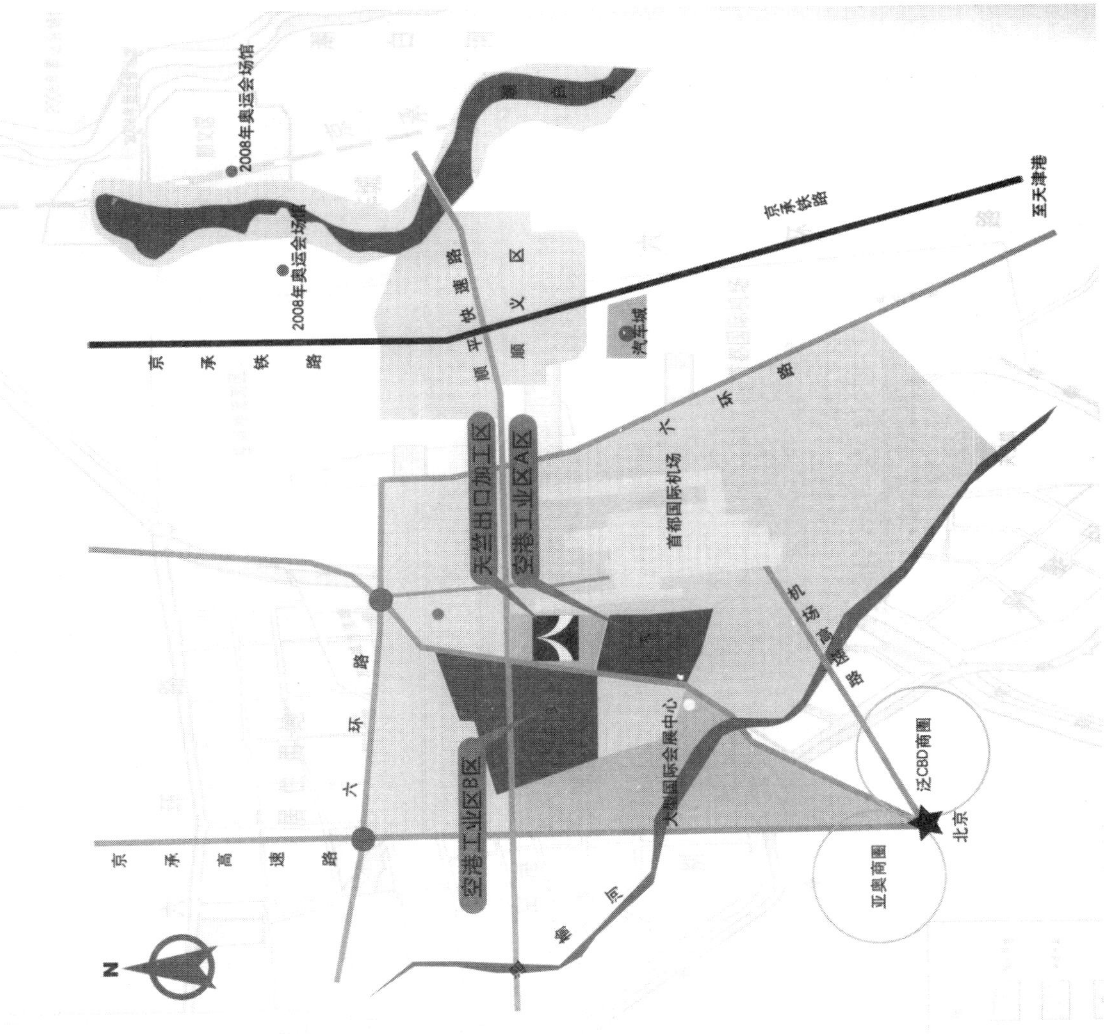
2008年奥运会场馆
2008年奥运会场馆
京承铁路
京承铁路
至天津港
顺平快速路
顺义区
汽车城
六环路
六环路
天竺出口加工区
空港工业区A区
空港工业区B区
首都国际机场
机场高速路
大型国际会展中心
泛CBD商圈
亚奥商圈
北京
京承高速路
温榆河
N

3-8 天竺出口加工区主要经济指标

指　　标	计量单位	2003	2002	2003年为2002年%
企业个数	个	4	3	133.3
# 工业	个	3	3	100.0
年末从业人员	人	25		
# 工业	人	25		
GDP	万元	85		
第一产业增加值	万元			
第二产业增加值	万元	85		
第三产业增加值	万元			
工业总产值（现价）	万元	414		
工业销售收入	万元	414		
工业利润总额	万元	40		
税收总额	万元	50		
出口创汇额	万美元			
累计招商项目	个	7	3	233.3
累计招商项目总投资	万元	16841	25100	67.1
累计注册资本	万元	45162	22362	202.0
累计合同外资金额	万美元	5388	2704	199.3
实际利用外资	万美元	1935	185	1045.9
土地开发施工面积	平方公里		0.04	
土地开发完工面积	平方公里		0.26	
房屋建筑施工面积	平方米	32585	53163	61.3
房屋建筑竣工面积	平方米		53163	
固定资产投资完成额	万元	6542	13281	49.3

天竺出口加工区简介

北京天竺出口加工区于 2000 年 4 月 27 日经国务院批准成立,由空港工业区 A 区向北延伸而成,总体规划面积 1.25 平方公里，为全国第一批 15 个出口加工区之一。

截止目前，北京天竺出口加工区已引进来自美国、日本、英国、加拿大、德国等国家和地区的项目 12 个，总投资 2.5 亿美元。日本的 SMC 投资 2 亿美元，在出口加工区建亚洲最大的气动元器件生产基地。

北京天竺出口加工区实行“境内关外”的运行模式。目前已投资 3.5 亿元，完成了全部市政工程和基础设施建设。区内建有海关报关楼、商品检验检疫楼、监管库、货场、验货平台等机构和设施，机场周边地区企业的进出口业务可以在出口加工区内一次性办理。

天竺出口加工区始终坚持以“高科技，外向型”为标准，重点发展电子通讯、生物医药、光机电、新材料为主导的高科技企业。天竺出口加工区的发展目标是真正成为：环境最为宽松的首都对外开放区、北京外向型企业的集中区、高新技术产业化的先导区、出口创汇重点区、加工贸易示范区。

北京林河工业开发区示意图

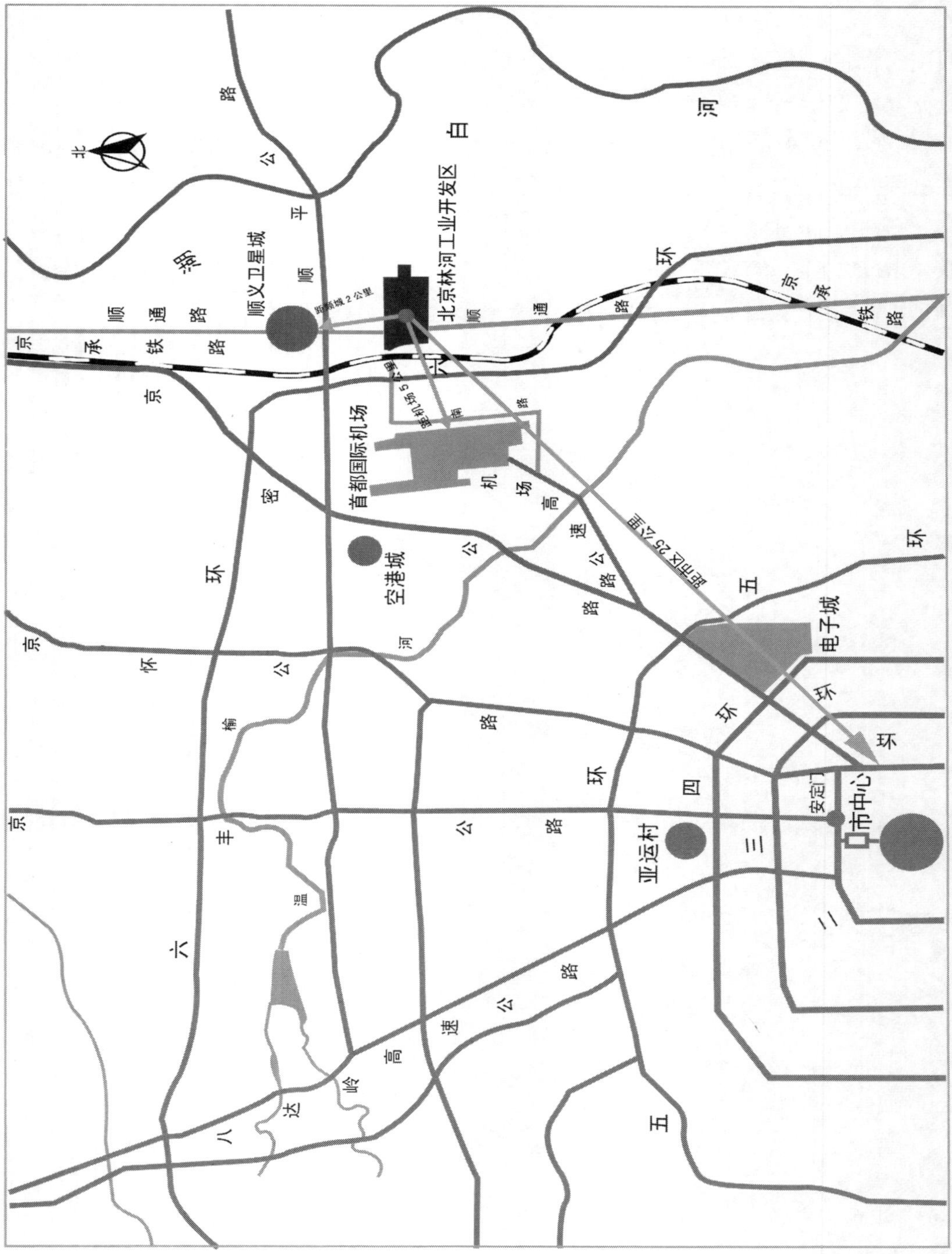

3-9 北京林河工业开发区主要经济指标

指标	计量单位	2003	2002	2003年为2002年%
企业个数	个	58	53	109.4
# 工业	个	42	40	105.0
年末从业人员	人	5420	3478	155.8
# 工业	人	4615	2978	155.0
GDP	万元	337586.5	27804	1214.2
第一产业增加值	万元			
第二产业增加值	万元	335395.5	25713	1304.4
第三产业增加值	万元	2191	2091	104.8
工业总产值（现价）	万元	982737.8	83448.5	1177.7
工业销售收入	万元	943534.7	73701.8	1280.2
工业利润总额	万元	212622.5	128	166111.3
税收总额	万元	90309.9	3500	2580.3
出口创汇额	万美元	950	918	103.5
累计招商项目	个	58	53	109.4
累计招商项目总投资	万元	929721.9	894721.9	103.9
累计注册资本	万元	520153.3	500153.3	104.0
累计合同外资金额	万美元	19137.2	18537.2	103.2
实际利用外资	万美元	16089.7	4186.5	384.3
土地开发施工面积	平方公里	1.57	1.57	100.0
土地开发完工面积	平方公里	1.57	1.57	100.0
房屋建筑施工面积	平方米	471516	271000	174.0
房屋建筑竣工面积	平方米	296148	271000	109.3
固定资产投资完成额	万元	246331	40650	606.0

北京林河工业开发区简介

北京林河工业开发区位于首都机场东侧，顺义区境内，地理位置优越、交通便利。开发区成立于1993年，2000年10月被确定为“中国北方微电子产业基地”，同年12月晋升为北京“市级工业开发区”，2002年10月被北京市政府批准为汽车及配套零部件生产基地。工业区总体规划面积4.16平方公里。

经过十余年的开发建设，工业区拥有了“九通一平”的市政基础设施，即给水、排水、电力、热力、通讯、天然气、道路、有线电视、宽带网络和场地平整。土地开发累计投资1.8亿元。

区内的银行、保险公司以及建筑公司、商务中心、绿化公司、保洁公司等服务机构完善了开发区的城市功能，为入区企业提供了集金融商贸、医疗保险、居住休闲为一体的综合投资环境。

作为一个现代化工业园区，开发区努力创造“联合办公、高效审批、公开透明、方便快捷”的全程代理服务氛围的同时，着力提升投资软环境水平，近期即将实现管委会与入区企业、企业与企业之间的网络互联，最终建成具有宽带、高速、大容量、多媒体等特征的三线合一的信息传送通道，实现园区数字化。

优越的地理位置，齐全的配套设施，完善的物业功能和全方位的服务体系，使林河开发区形成了“一大基地，四大产业”同业交融、协调发展的产业格局。即：北方微电子产业基地及微电子、光机电一体化、生物医药、汽车及零部件四大产业。

截至目前，工业区入区企业62家。累计投资总额逾100亿元。2003年实现工业总产值98.3亿元、销售收入94.4亿元、利润总额21.3亿元、上缴税金9亿元。汽车整车及零部件产业成为开发区发展的龙头。区内有代表性的项目：以生产集成电路材料为主的有研硅谷8英寸硅单晶生产基地项目、以生产数控机床为主的北一大隈数控机床有限公司、以生产生物医药产品为主的首创大地药业、中医药大学医药生产基地、以生产汽车及汽车零部件为主的北京现代汽车有限公司、北京江森汽车部件系统有限公司等重点企业。

展望未来，一幢幢现代化的工业厂房在北京林河开发区拔地而起，一家家高科技企业脱颖而出，一个个尖端产品从这里走向世界；多元化的发展方向、全方位的服务体系、高起点的国际化管理将打造林河的明天——一个人才荟萃、经济发达、功能完善、环境优雅、高新技术企业云集、具有独特文化的生机勃勃的现代制造业产业群落。

北京天竺空港工业园区示意图

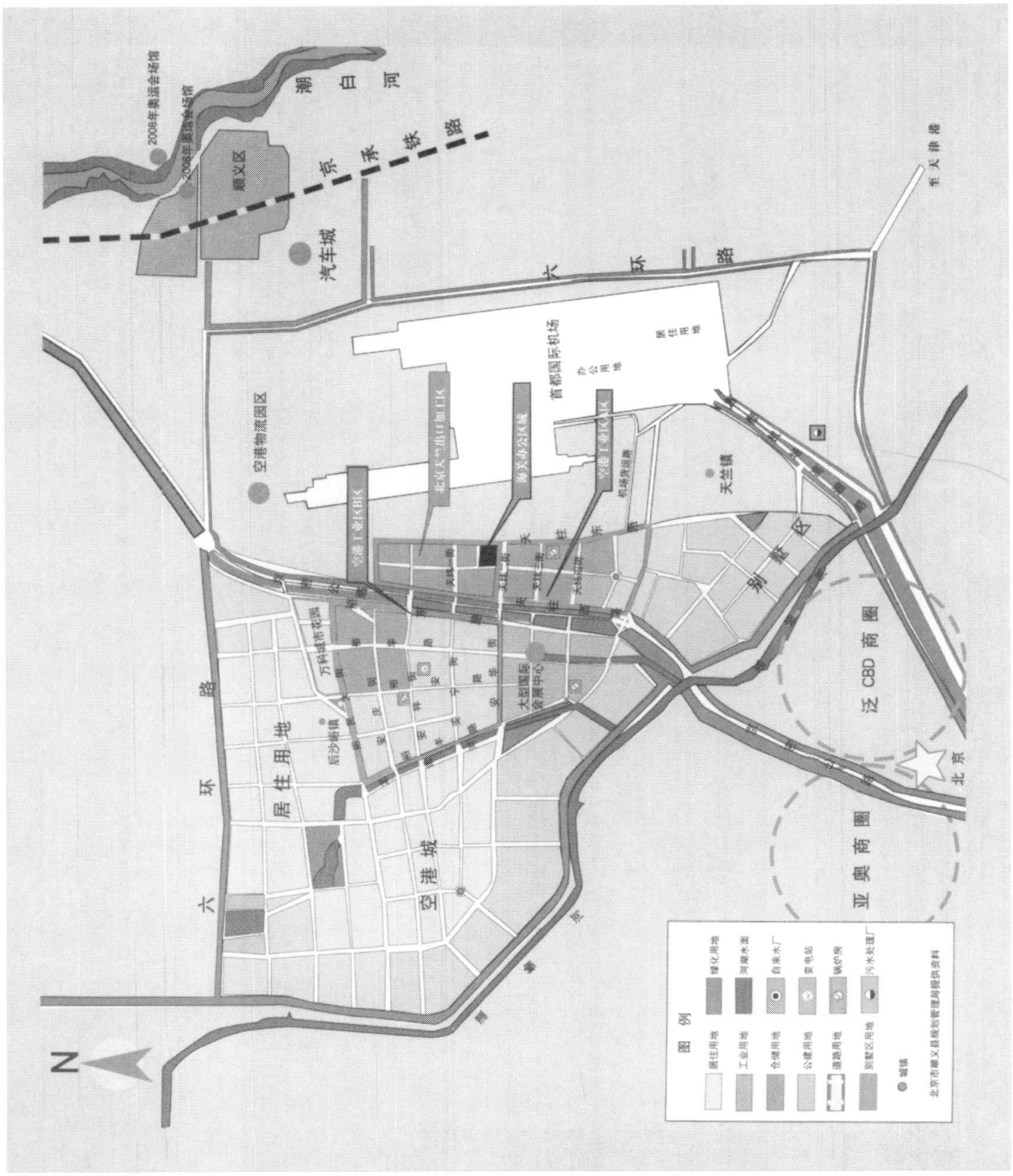

3-10 北京天竺空港工业园区主要经济指标

指　　标	计量单位	2003	2002	2003年为2002年%
企业个数	个	286	241	118.7
# 工业	个	107	102	104.9
年末从业人员	人	19216	16518	116.3
# 工业	人	9681	8676	111.6
GDP	万元	294704	238500	123.6
第一产业增加值	万元			
第二产业增加值	万元	201648	143400	140.6
第三产业增加值	万元	93056	95100	97.9
工业总产值（现价）	万元	1573150	950200	165.6
工业销售收入	万元	1552405	1189752	130.5
工业利润总额	万元	104854	72500	144.6
税收总额	万元	90550	66936	135.3
出口创汇额	万美元	114048	68557	166.4
累计招商项目	个	286	241	118.7
累计招商项目总投资	万元	1854693	976695	189.9
累计注册资本	万元	1337630	577366	231.7
累计合同外资金额	万美元	42398	31542	134.4
实际利用外资	万美元	3015	3199	94.2
土地开发施工面积	平方公里		0.51	
土地开发完工面积	平方公里		0.18	
房屋建筑施工面积	平方米	384072	166822	230.2
房屋建筑竣工面积	平方米	66404	129321	51.3
固定资产投资完成额	万元	56341	35539	158.5

北京天竺空港工业园区简介

空港工业区成立于 1994 年，总体规划面积 6.6 平方公里，首期开发 4.2 平方公里。空港工业区于 2000 年经北京市人民政府批准为市级工业区。2000 年 4 月，经国务院批准，在空港工业区基础上延伸建立了 1.2 平方公里的北京天竺出口加工区，这是全国首批、北京市惟一的国家级出口加工区，也是全国惟一设立在空港口岸的出口加工区。工业区、出口加工区两区总面积 7.8 平方公里。

空港工业区位于首都国际机场西侧 1 公里处，地处规划中的空港城核心地带。空港工业区分为 A、B 两区，分别位于京密路两侧。

建区以来，空港工业区不断适应新形势，调整招商思路，从“两个依托，三个为主”（即依托首都机场发展临空产业，依托北京电子城发展电子信息产业；产业结构以高新技术为主，合作对象以跨国公司为主，招商项目以大型项目为主）到现在的“围绕四大定项目”（即投资规模大、产出效益大、出口比例大、对区域经济贡献大），均取得了良好的收效。截至目前，已有来自 18 个国家和地区的 284 家中外客商相继入驻工业区，投资总额 25.16 亿美元（208 亿人民币），项目平均投资额达 7326 万元人民币。

在产业构成上具有如下显著特点:

（一）国际跨国公司云集。入区企业中有国际跨国公司 60 家，投资总额达 89 亿元，占工业区投资总额的 45%。其中，日本企业 13 家，美国 14 家，德国 10 家，法国 7 家，瑞典 4 家，英国 4 家，韩国 3 家，瑞士、丹麦、意大利、荷兰和加拿大各 1 家。跨国公司中世界 500 强投资的有 20 家，包括：日本的索尼、JVC、松下、SMC、积水化学集团、凸版印刷公司，瑞典的爱立信、伊莱克斯，美国的联邦快递、联合技术公司，法国的空中客车、阿尔斯通，德国的辛克公司，荷兰的飞利浦电子，韩国 LG 公司等等。

（二）形成了以电子信息产业为主导的产业格局。区内有 35 家电子信息类企业，如爱立信、JVC、索尼、松下等，投资总额 27 亿元人民币。2003 年，电子信息类企业完成销售收入 144.2 亿元人民币，占工业区总销售收入的 68%。

（三）临空产业呈现出蓬勃发展的态势。区内依托机场提供相关服务的企业有 28 家，投资总额 110 亿元。如中国航空油料集团公司、中国国际货运航空有限公司、空中客车、北京大通物流、中外运、全球国合、大田联邦快递等等。临空产业去年实现销售收入 43 亿元。

（四）形成了高新技术产业群。已投产企业中，经北京市科委认定的高新技术企业有 23 家。有为神州号宇宙飞船提供谐波传动装置的北京中技克美谐波传动有限公司，有获得联合国科技发明之星奖的北京东方华超纳米复合陶瓷轴承有限公司，有搞人类基因破译研究的北京华大基因研究中心，还有研制飞机燃油过滤器填补国内空白的北京承天倍达过滤技术有限公司等。高科技产业化发展步伐加快，空港留学生创业园被北京市科委认定为高新技术产业孵化基地。

（五）入区的医药企业近年增长势头较猛。目前入区医药企业已达 18 家，投资总额 8571 万美元。主要企业有北京韩美药品有限公司、四环药业股份有限公司、北京锦人巍制药科技有限公司、盈东生物技术（北京）有限公司、比尔普瑞医药科技有限公司等。

工业区建区以来，高度重视环境建设。一方面加强硬环境建设，工业区投资 4.3 亿元，完成了 4.2 平方公里“七通一平”全部市政工程。工业区还于 2000 年获得了 ISO9002 质量管理体系认证，2001 年获得了 ISO14001 环保管理体系认证。2003 年 1 月，空港工业区内企业被评为花园式单位的有 24 个，并且，空港工业区被评为北京市第一个花园式工业园区。

在软环境建设上，主要是围绕“今天事今天办”的服务宗旨突出个性化、过程化、产业化服务。个性化：主要是指在为入区企业服务时强调与企业进行感情上的交流与沟通，加强互相间的理解与信任。过程化：强调的是项目引进审批一条龙服务，项目建设全方位的服务，企业投产后的经常化服务。产业化：是指要把服务作为一个产业来经营。明确开发公司为企业的服务是有价值含量的，是可以在服务中实现价值增值的。一是通过经营好工业区的环境使企业能够安心生产，进而增加入区企业的整体效益；二是通过开发公司为企业提供的服务获取服务利润，壮大开发公司自身经济实力。比如：为搞好服务，开发公司成立了物业管理有限公司，下设保安、保洁、绿化、电力、供热等几个分公司为企业提供服务。空港工业区于 1999 年被建设部评为优秀物业管理工业区。

展望未来，空港工业区将继续大力发展电子信息、临空产业、生物医药和新材料等产业，空港工业区将成为区域经济的重要增长点

特色经济区

北京王府井商业区示意图

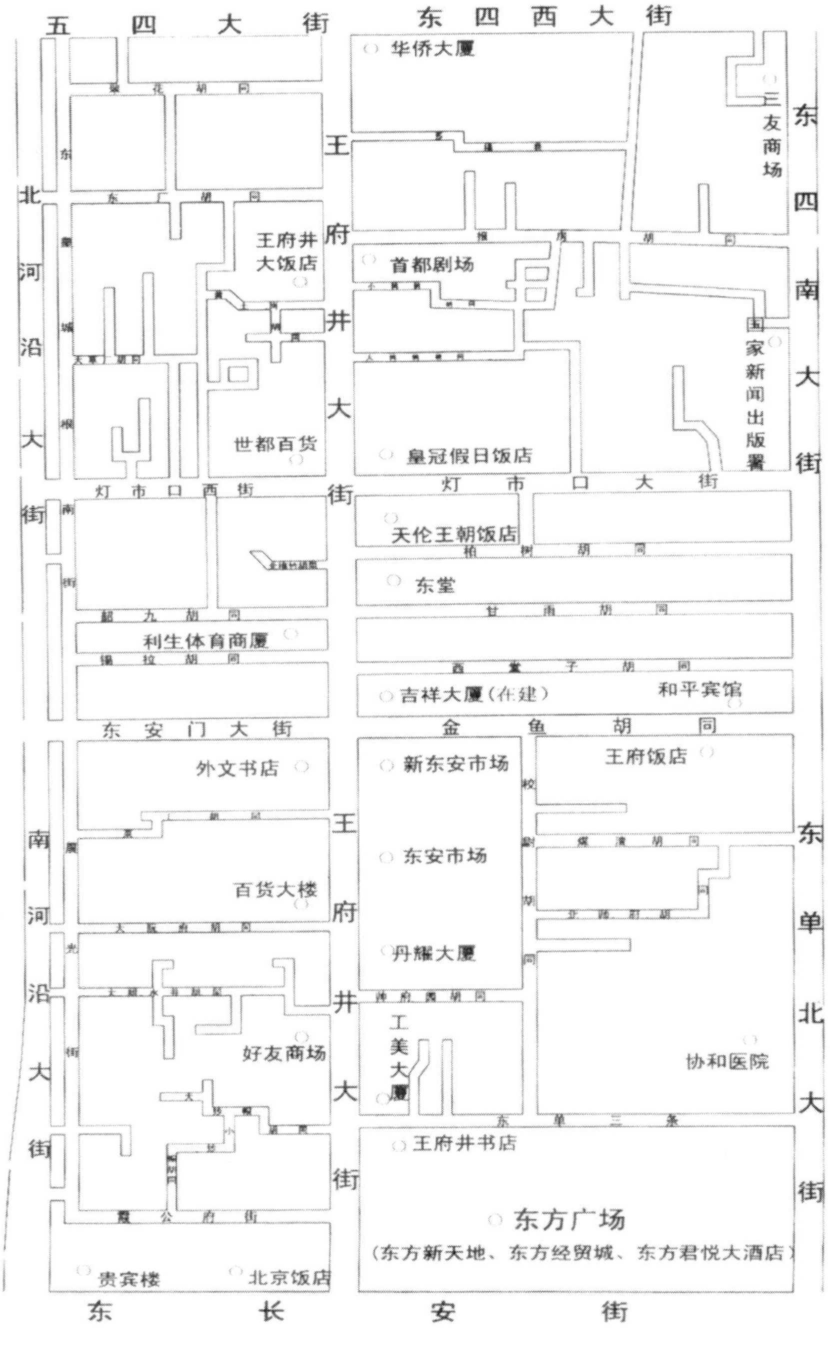

3-11 北京王府井商业区主要经济指标

指　　标	计量单位	2003	2002
一、自然状况与基础设施			
面积	公 顷	165.00	165.00
绿化面积	万平方米	10.25	10.25
道路面积	万平方米	25.90	25.90
大型商厦(万平米以上)	个	9	9
星级宾馆	个	16	15
其中：五星级	个	8	8
二、区内企业现状			
区内企业个数	个	2461	2307
# 商业企业个数	个	855	783
餐饮企业个数	个	161	143
服务企业个数	个	965	892
三、经营情况			
实现零售额	亿 元	34.47	36.20
销售收入	亿 元	193.20	185.36
利润总额	亿 元	-3.92	1.30
营业税金及附加	亿 元	4.34	4.88
应交增值税	亿 元	3.42	3.01
所得税	亿 元	1.52	1.47
从业人员	人	71671	65592
劳动者报酬	万元	222611	189184

北京王府井商业区简介

王府井大街形成于七百多年前的元代，自明代中、后期开始出现商业活动。到二十世纪二、三十年代，王府井已成为北京四大商业街之一。新中国成立后，在党和各级政府的关怀下，王府井大街得到了大规模的发展，尤其是被誉为新中国第一店的王府井百货大楼的落成开业，更使王府井名声大振，享誉全国，成为北京市的商业中心区。

为适应北京市改革开放的新局面，1992 年，北京市政府决定加快王府井地区的规划建设步伐和商业设施的改造。1993 年初，新东安大厦破土动工，拉开了王府井地区大规模开发、建设的序幕。1997 年底，市委、市政府和东城区委、区政府又果断决策，加强王府井大街的市政设施改造、街景整治和大街的软件建设，将王府井建设成为国际一流的商业街区。

经过近十年大规模的开发建设和市政设施改造，王府井地区的市容、市貌发生了翻天覆地的变化。长 800 余米的王府井步行街，南有东方广场，北有新东安大厦，沿街聚集了数百家商店和餐馆，成为百姓游览、购物的天堂。新建成的王府井大街东、西辅路和几处大型停车场以及拓宽了的金鱼胡同，方便了各种车辆的通行和停放。王府井大街的全部市政管线得到了彻底改造，可保证在 50 年内不落后。沿街店面整治一新，街景、雕塑各具特色。全长 2.8 公里，种满绿草鲜花的皇城根遗址公园，犹如一条绿色缎带穿过王府井商业区的西侧，被称为“城市绿肺”，休闲的人群络绎不绝。修葺一新的王府井天主教堂，建筑古朴幽雅，广场绿草如茵，充分体现了党和政府尊重宗教信仰自由的政策，在国际上引起了良好的反响。

目前，在王府井地区 1.65 平方公里范围内，有王府井百货大楼、东方新天地、新、老东安市场等万平方米以上大型商厦九座；有东方广场、新东安大厦、国中商业大厦等设施先进的大型、超大型写字楼十余座；有北京饭店、东方君悦大酒店、王府饭店等五星级宾馆八家，有盛锡福、同升和、亨得利、中国照相、四联美发、东来顺、全素斋等众多著名老字号企业，形成了一个以商业为主导，融商务、旅游、娱乐、休闲、餐饮、会展等多种功能为一体的设施完善、交通便利、环境优美、充满东方文化色彩的国际著名商业街区。

北京西单商业区示意图

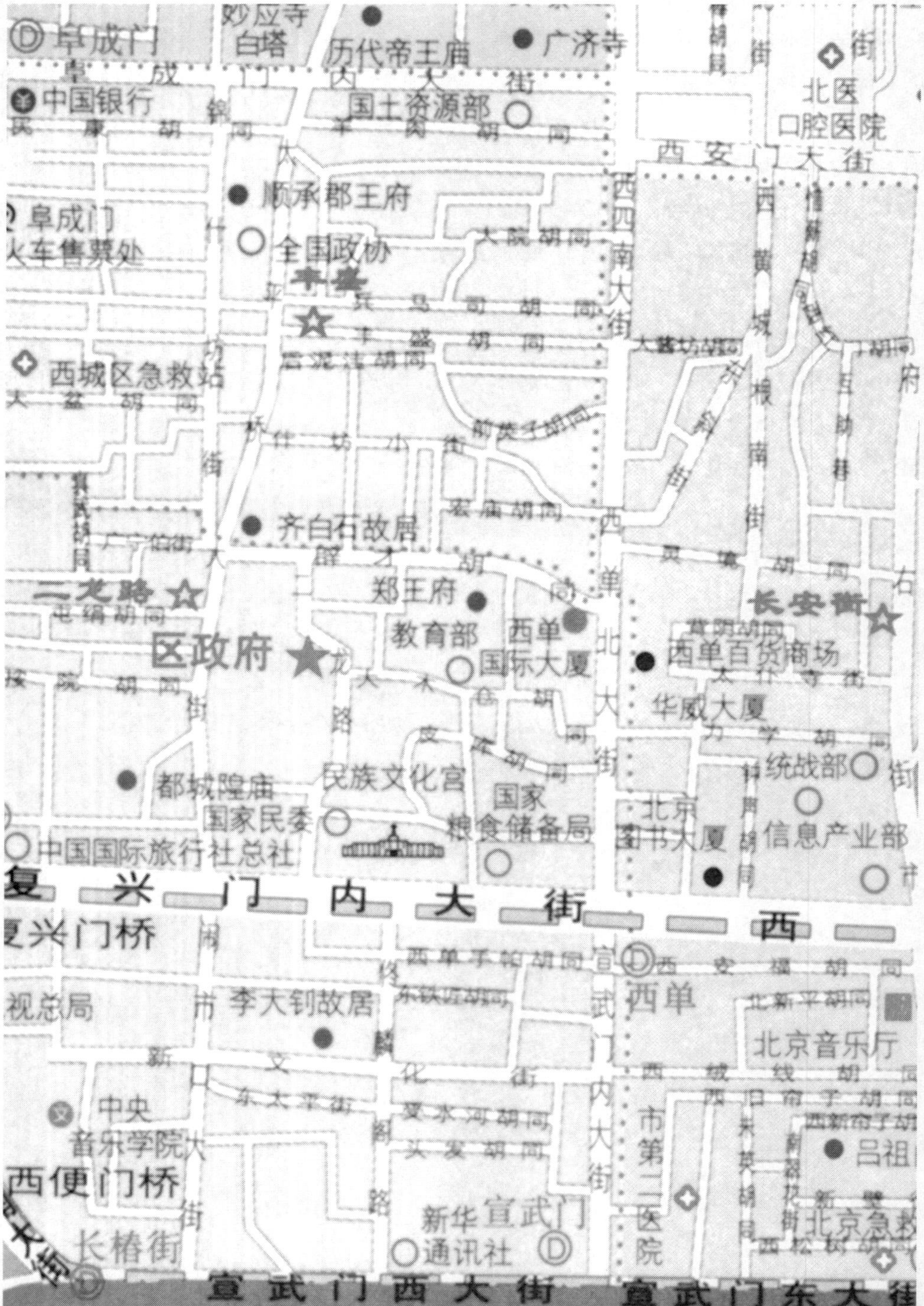
阜成门
妙应寺
白塔
历代帝王庙
广济寺
中国银行
国土资源部
北医
口腔医院
西安门大街
顺承郡王府
阜成门
火车售票处
全国政协
丰盛
兵马司胡同
丰盛胡同
大院胡同
西城区急救站
西四南大街
齐白石故居
二龙路
郑王府
教育部
西单
国际大厦
西单百货商场
长安街
区政府
华威大厦
统战部
都城隍庙
民族文化宫
国家
粮食储备局
国家民委
北京
图书大厦
信息产业部
中国国际旅行社总社
复兴门内大街
西
复兴门桥
西单
视总局
李大钊故居
北京音乐厅
中央
音乐学院
西便门桥
新华
通讯社
宣武门
长椿街
宣武门西大街
宣武门东大街

3-12 北京西单商业区主要经济指标

指　　标	单　位	2003
一、自然状况与基础设施		
面积	公顷	80
绿化面积	公顷	3.1
道路面积	公顷	14.7
建筑面积	万平方米	80
营业面积	万平方米	21
二、区内企业状况		
区内企业个数	个	
# 商业企业个数	个	97
餐饮企业个数	个	14
服务业企业个数	个	137
三、营业情况		
营业收入	亿元	55
利润总额	亿元	
从业人员	人	19570
劳动者报酬	万元	423626
四、主要服务设施情况		
广告牌数	块	21
广告面积	平方米	
公厕个数	个	6
银行个数	个	4
自动银行柜员机	台	10
停车场	个	
# 停车位	个	1910

北京西单商业区简介

西单商业区南起西绒线胡同，北至灵境胡同西口，南北长 1600 米，以西单北大街为轴线东西进深 200—300 米，占地 80 公顷。因东西边界由各项目的纵深决定所以呈非直线型的空间区域。

随着西单地区城市改造的展开，区政府越来越意识到必须对西单商业区进行整体的、超前的、切实可行的规划建设，经过多方论证，统一规划，分步实施，并于 1992 年提出“繁荣西单发展西城”的战略，全面规划了西单商业区的发展蓝图，在战略实施策略上，将旧城改造与道路拓宽，房地产开发与商业重建相结合，以商业建设为龙头，带动其他工程建设。截止到 2000 年 10 月，西单这一倾注北京市民极大关注的黄金地带，实现了由传统商业区，向现代商业区的转变，实现了由单一商业业态向多种业态，由单一交通干线，向多元立体化交通系统的转变，在广大消费者心目中西单地区是商业经营的黄金地段，更是首都经济繁荣的象征。

西单商业区东西方向沿西长安街两侧是以北京电报大楼、民航大厦、北京图书大厦、国内贸易局办公大楼、民族文化宫、民族饭店等为代表的国家级公共建筑，南北方向从灵境胡同西口至绒线胡同是由西单商场、华威大厦、华南大厦、西单文化广场、广州大厦、高登大厦、中银大厦、太平洋大厦、北京市电话局营业大楼、西单国际大厦、通港大厦、西西友谊商厦、中国网通、山水宾馆、中水大厦、首都时代广场、民生银行大厦和各类专业店、精品店等十七个精品建筑构成的大型综合性的商业中心。这些大型建筑自西单大街街面起向两侧纵深展开，两侧以餐饮、酒店、娱乐业辅之，呈现出具有国际水平、国内一流的以购物为主，文化、娱乐、餐饮等休闲服务为辅的多功能、综合性的现代化商业区的景象。

作为交通干线，西单商业区道路网络系统已基本形成。从整体布局上充分体现了北京市棋盘式与环路相结合的结构特点，主干路（长安街、西单北大街）、次干路（华远路、横二条、灵境胡同、辟才路）支路（武功卫、堂子胡同等 11 条胡同）组成区域内道路网络的整体结构框架，形成了纵横交错、四通八达的区域路网体系，独特的平面立交与商业区原有风格的巧妙结合，保证了西单北大街作为交通干线的高效、畅通。

为进一步提高西单商业区的软硬件环境，商业区改造的步伐也在加快。随着华威大厦、华南大厦，光大高登大厦，西单文化广场，华恒大厦等建设项目的竣工使用，使得西单商业区现代化的进程不断向前迈进。完善的东西大市政基础设施工程，为西单商业区全面升级改造奠定了基础，同时也为公共事业的市场化运作开辟了新的途径，现在又有一些大型的建设项目正在建设中，不久将以崭新的形象亮相商业区。

几年来，政府注意引导商家在实际操作中适当控制传统百货业的比重；有意识地提高餐饮、娱乐、科技产品比重；注重大力发展区域内特色街，专业专营小门店；规划建设四星级以上的酒店；开办特色休闲夜市，引导和活跃晚间消费市场；加快商品细分化水平，满足不同层次的多种需求；积极引进现代服务业的新形式，努力在信息、会展和娱乐方面取得重大突破。如：中友百货，把经营定位为青春时尚，吸引着众多的年轻人到中友购物，再加上九层自助歌厅的开业，年销售额已突破 10 亿元；西单赛特商城面对商业区“东热西冷”现状，积极调整经营战略，由高档精品调整为面向中年女性的中档定位，在孤军奋战的情况下支撑起商业区半壁江山；作为商业区领头羊的西单商场认为，百货零售业已经细分出很多业态，西单商场不能继续沿袭过去只采用某一种业态形式的做法，决定进行大规模的业态调整，调整后把“百货、超市、专卖、便利、购物”五种业态形式确定为公司的核心产业，围绕五种业态打造西单商场的企业品牌。西单商场将作为西单百货的旗舰店，为广大的北京和外埠顾客服务。

随着西单商业区业态的不断调整，商业区内的业态将更趋合理，商业将更加繁荣；市场经济的发展与完善，地产开发与商业设施融合将是未来西单商业区的规划发展方向。

北京金融街商业区示意图

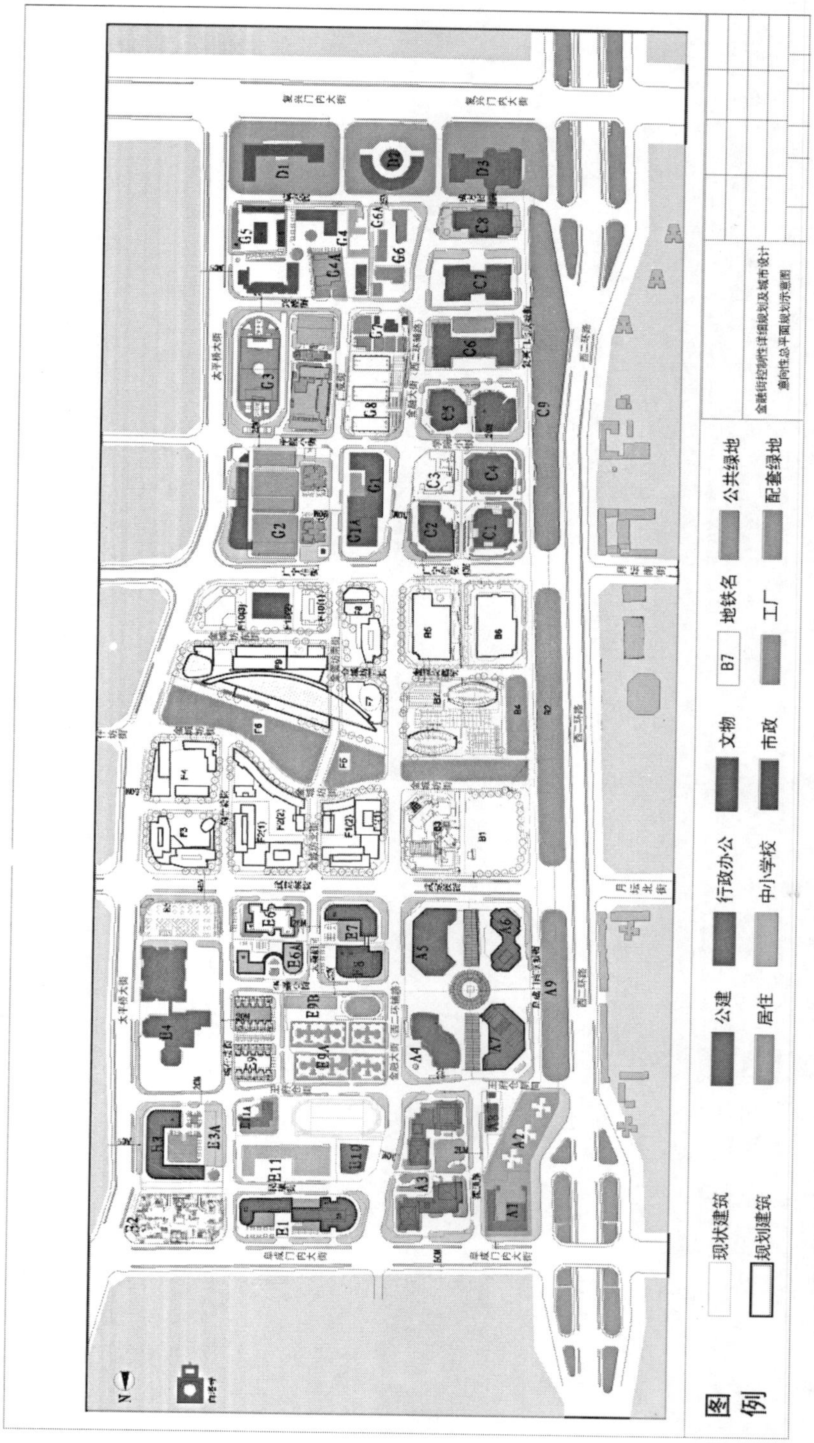

3-13 北京金融街商业区主要经济指标

指　　标	单位	2003
一、自然状况与基础设施		
面积	公顷	103
# 绿化面积	公顷	26
道路面积	公顷	32.4
建筑面积	万平方米	340
营业面积	万平方米	
二、区内企业状况		
银行个数	个	26
保险公司个数	个	5
三、营业情况		
营业收入	亿元	594.1
利润总额	亿元	131.3
从业人员	人	
劳动者报酬	元	
四、主要服务设施情况		
广告牌数	块	78
广告面积	平方米	840
公共停车场	个	459
星级宾馆数	个	1
写字楼	个	17
出租率	%	98
平均月租金	美元/月平方米	25

北京金融街商业区简介

1993年10月，《北京市城市总体规划》提出：在西二环阜成门至复兴门一带，建设国家级金融管理中心。从此在北京经济发展格局中，“金融街”开始扮演起越来越重要的角色。

金融街，南起复兴门内大街，北至阜成门内大街，东临太平桥大街，西抵西二环路，南北长约1700米，东西宽约600米，规划范围103公顷。为给金融街创造一个良好的政策环境，西城区政府制定和落实了包括《北京市西城区人民政府关于加快北京金融街建设的意见》、《西城区促进金融产业发展的若干建议》在内的多项优惠政策，支持金融街金融产业的发展。

金融街经过10年的开发建设，南区已基本建成，中心区正在加紧建设。按照金融街区域的总体规划，金融街区域将在2005年基本建成，2007年全部建成。为保证金融街开发建设达到国际水平，新的中心区充分体现了生态化、国际化、金融文化和充满活力等理念。

伴随着金融街的开发，金融街独特的功能吸引了各大银行、非银行金融机构和国外知名企业的入驻，金融、电信企业已达1200余家，地区发展有了质的飞跃。金融街入驻了170多家金融机构，其中有全国金融监管机构一行三会（中国人民银行、中国证监会、中国保监会、中国银监会），全国金融结算机构3家，全国商业银行17家，全国保险公司9家，以及一批国家级通讯企业、金融服务类中介公司也聚集在此。金融街已经奠定了其国际金融管理中心的地位。

在金融机构和金融市场发展的同时，金融街地区业已形成初具规模的商务咨询业产业群，入驻该地区的各类商务咨询企业主要有会计事务所、律师事务所、信息咨询等行业，他们为区域机构提供了便利的中介咨询服务，成为推动金融街金融产业发展的重要补充。

金融街是金融监管部门、行业协会、全国金融标准化技术委员会所在地，各种金融管理模式、金融产品标准都在此制定。金融街完全有可能将其金融实践作为制订我国金融服务、产品、中间业务、管理等多个领域创新标准的主要参考，从而使金融街占领金融业发展的制高点。

为适应入世后金融业发展的需求，2001年通过国际招标方式对金融街中心区重新调整了规划，调整了建筑高度，较好地处理了人与自然的关系、建筑与建筑之间的关系，绿化率接近40%，配套建设了高档酒店、金融家俱乐部、国际会议中心等，并为餐饮、娱乐、休闲业的发展保留有足够的空间，加快了金融街与国际接轨的步伐。

随着建成区面积的不断扩大，区域内的道路和环境条件进一步得到改善。建成金融区域路网，进一步改善了交通环境。建设了综合停车楼和多个地下停车场，缓解停车和行车的矛盾。实现西二环绿化带，区域内的绿化和美化都体现了建设的高水平，形成品牌效应。

2008年金融街将成为资金密集、信息通畅、交易活跃，最具生机与活力的国际化金融中心。

北京商务中心区（CBD）示意图

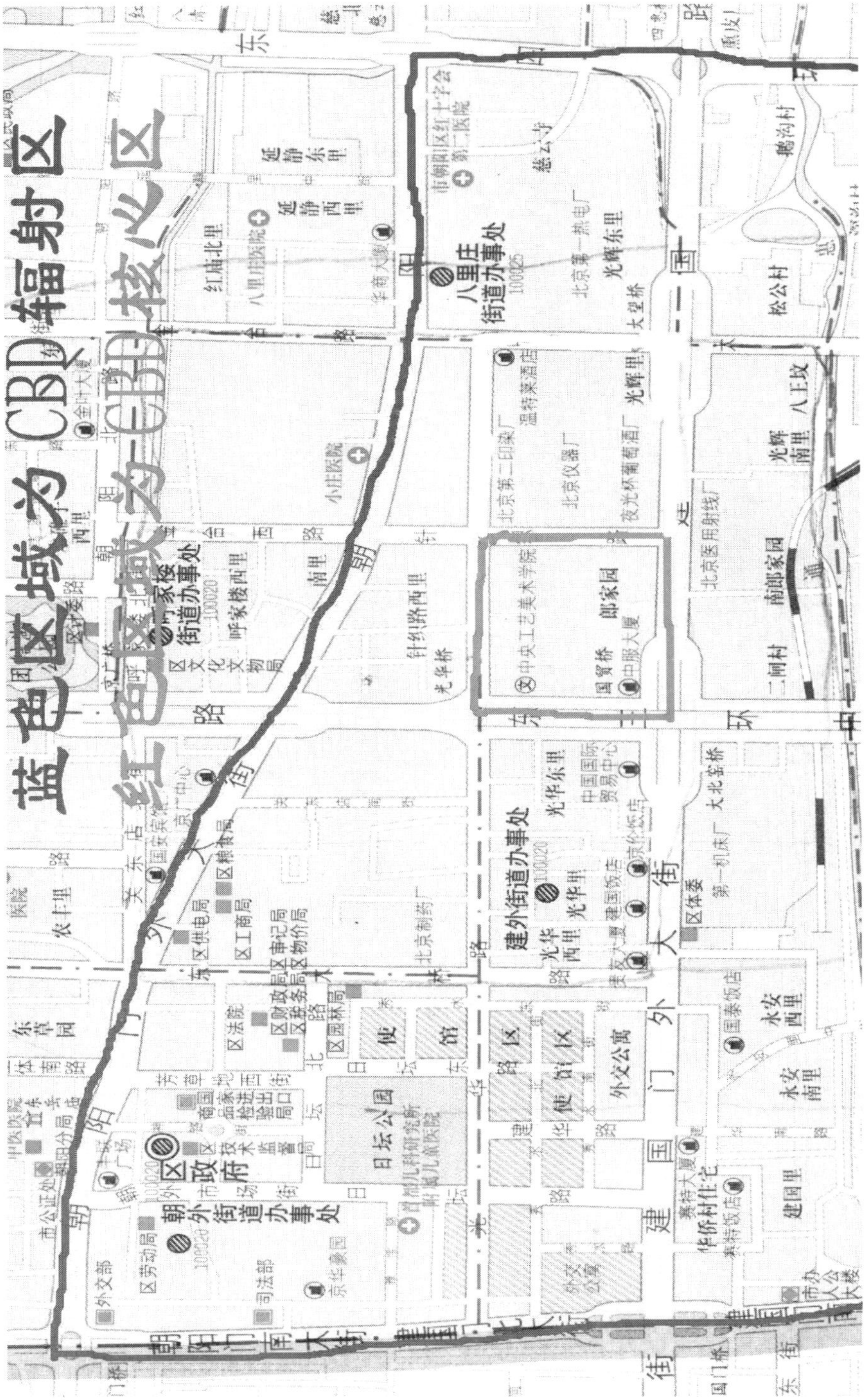

3-14 北京商务中心区（CBD）主要经济指标

指标	计量单位	2003	2002	比上年增长%
面积	平方公里	3.99	3.99	0.0
道路面积（规划）	平方公里	1.56	1.56	0.0
区内企业个数	个	2482	1895	31.0
# 内资企业	个	1702	1325	28.5
外资企业	个	780	570	36.8
实收资本金	亿元	385.2	246.7	56.1
# 内资企业	亿元	122.8	97.2	26.3
外资企业	亿元	262.4	149.5	75.5
从业人员	人	79713	70718	12.7
# 内资企业	人	51438	49739	3.4
外资企业	人	28275	20979	34.8
GDP	亿元	52.7	32.3	63.2
房地产投资	亿元	15.8	9.7	62.9
实际利用外资	亿美元	5.9	3.5	68.6
营业收入	亿元	305.8	196.3	55.8
外国驻京代表机构	个	368	323	13.9
金融、保险业企业个数	个	15	14	7.1
信息咨询服务机构	个	405	384	5.5
房地产企业数	个	141	96	46.9
星级宾馆	个	29	29	0.0

北京商务中心区（CBD）简介

1993 年，国务院批复《北京市城市总体规划》中明确提出了建设北京商务中心区的战略决策；2000 年，北京市委、市政府制定新世纪第一个五年计划，做出了全面加快北京商务中心区建设的决定。五年来，按照“准确定位、科学规划、市政先行、市场导向、机制创新、弹性开发、重点突破”的工作思路，北京商务中心区建设自 2000 年推出 CBD 概念以来，一步一个脚印、一年一个台阶，目前已进入到全面加快国际金融区建设的新阶段。

规划范围

北京商务中心区（以下简称 CBD）的具体规划范围：东起西大望路，西至东大桥路，南临通惠河，北接朝阳北路—朝阳路，以东三环为南北轴线，以建国门外大街为东西轴线，形成以大北窑桥（国贸桥）为中心的“金十字”，总规划面积 3.99 平方公里，总建设规模达 800——1000 万平方米，其中写字楼约占 50%，公寓约占 25%，商业、服务、文化、娱乐等设施约占 25%。

规划理念

1. 传统与现代的融合。北京 CBD 的整体框架延续北京历史文脉和城市的肌理，形成方格状基本路网结构，并体现与旧城中心区的轴向联系和区内的轴向布局与发展。

2. 文化和商务的融合。突出以商务办公为主的功能，将主要商务办公设施集中布置于“金十字”两侧的地段；设置混合功能区的概念，有利于可持续发展，并避免商务功能过于单一而带来的弊病；重视文化功能，并强调文化设施与商务设施有机融合。

3. 人和自然的融合。重视生态环境的建设，强调商务区内应有大面积的公共绿地，并通过绿化带的连接，形成完整的绿化体系。

4. 建筑和空间的融合。塑造完美的城市形象，超高层建筑相对集中，并突出设置标志性建筑，形成重点突出，错落有致的空间形态。

规划思路

1. 国际性。全球概念的 CBD，商务中心区的建设将推动北京与世界经济的交往，是北京进入 WTO 的大门。

2. 科学性。高度复合的区域，在满足主要商务活动的同时，还应具有文化、科技、娱乐、居住等其他功能，是一个 24 小时都充满活力的场所。

3. 人文性。以人为本的城市社区，完善的设计为活动的主体——“人”，创造一个舒适的环境，避免过渡开发对城市资源的透支。

具体规划

1. 空间形态规划。超高层建筑集中于东三环路两侧布置，主体建筑的高度均在 100 米以上，部分商务建筑高度在 150 米——300 米之间，主要的标志性建筑沿宽敞的东三环路两侧成序列展开，产生一种强烈的震撼力，使东三环路成为展示 CBD 形象的一个窗口。国贸桥东北角的 CBD 核心区，是超高层建筑集中的区域，它将形成 CBD 的标志性建筑群。整个 CBD 将成为体现新北京现代化城市形象的最重要的区域。

2. 交通规划。延续了以方格网为特征的城市路网结构，对部分道路和路口进行调整，加大路网密度，增加南北向地铁（地铁十号线等），道路用地率高达 39%。

3. 绿化系统、公共开放空间规划。规划方案中公共绿化用地面积共 33.39 公顷，占总面积的 11%，主要由以下几部分组成：四个主题公园以及环状绿化系统、沿街绿化带、通惠河北侧的滨河绿化带等，形成多层次的开放空间。

4. 地下空间规划。规划考虑充分利用地下空间，并形成立体化交通系统，要求地下建筑，尤其是核心区的地下一层相互连通，形成地下人行系统，并要求将地下车库尽可能连通，以减轻地面交通压力。

5. 人行系统。绿化系统和道路两侧人行道的有机结合构成步行系统。规划设置地上二层和地下一层的步行系统，从而提供多种选择、不受干扰的舒适步行环境。

建设情况

CBD 凭借得天独厚的地理位置和巨大的增值空间吸引了众多投资者的目光，区域内已建成建筑面积约 300 万平方米，预计 2008 年将达到 700 万平方米。现有开发项目 37 个，规划用地面积 145 公顷，规划地上建筑面积 743 万平方米，开工项目达 15 个，开工面积近 330 万平方米。

第四篇

华北五省(区、市)经济社会发展比较

HUABEI WUSHENGQUSHI
JINGJI SHEHUI FAZHAN BIJIAO

统计图

华北五省（区、市）面积对比
（单位：平方公里）

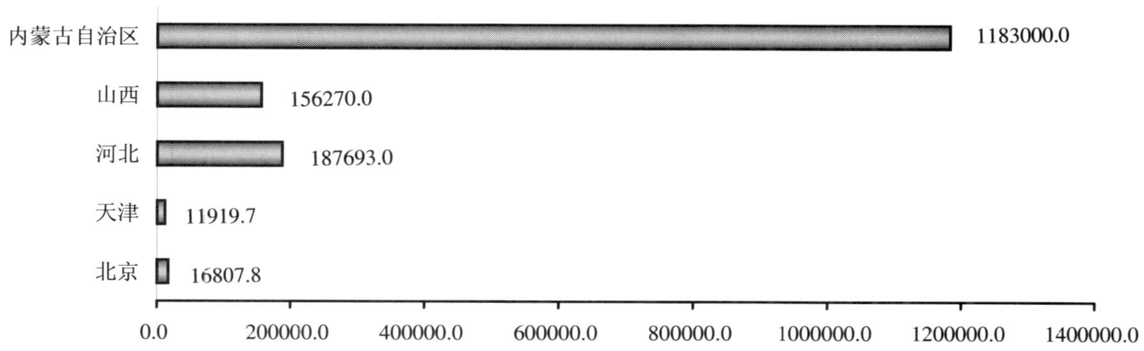

华北五省（区、市）人均地区生产总值对比
（单位：元/人）

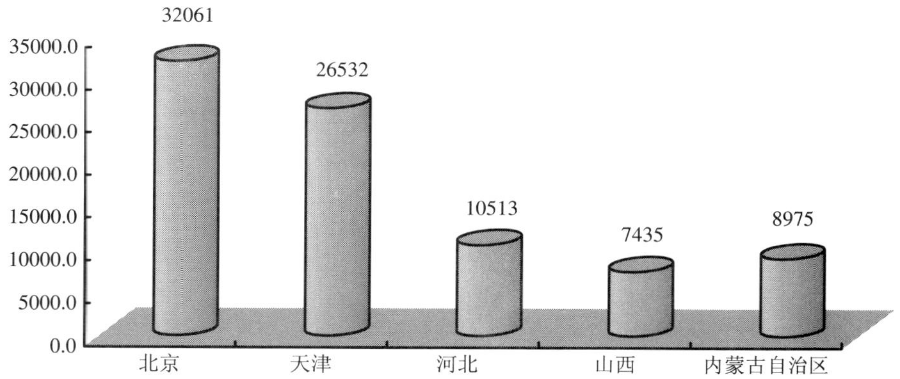

华北五省（区、市）全社会固定资产投资额比较
（单位：亿元）

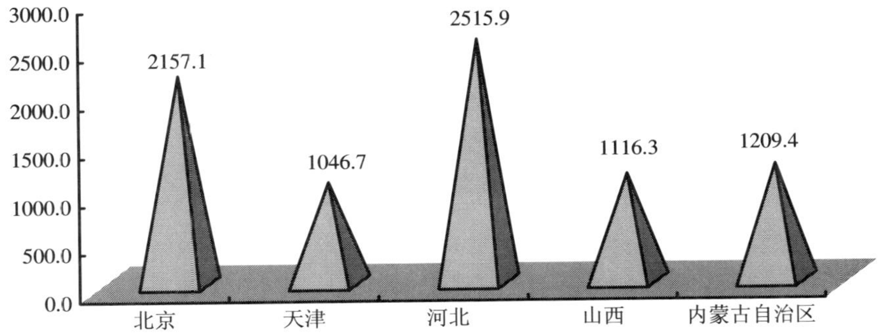

华北五省（区、市）城乡居民储蓄存款额对比
（单位：亿元）

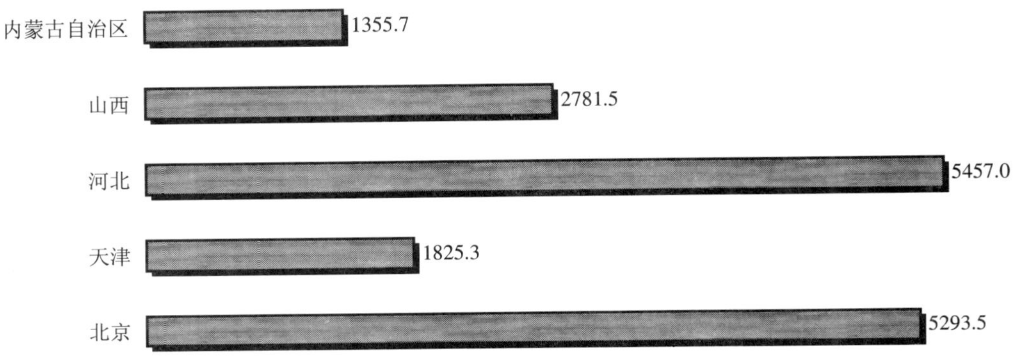

华北五省（区、市）主要社会经济指标对比

指标名称	单　位	北　　京			天　　津		
		2003	2002	2003年为2002年%	2003	2002	2003年为2002年%
土地面积	平方公里	**16807.8**	**16807.8**	**100**	**11919.7**	**11919.7**	**100**
人口与就业							
总人口(常住人口)	万人	1456.4	1423.2	102.3	1011.3	1007.2	100.4
户籍人口	万人	1148.8	1136.3	101.1	926.0	919.1	100.8
从业人员	万人	703.3	679.2	103.5	510.9	492.6	103.7
第一产业	万人	62.7	67.6	92.8	83.2	82.3	101.1
第二产业	万人	225.8	235.3	95.9	219.4	205.4	106.8
第三产业	万人	414.8	376.3	110.2	208.3	205.0	101.6
在岗职工人数	万人	436.3	434.2	100.5	174.9	177.0	98.8
在岗职工平均工资	元/人	25312	21852	115.8	18648	16258	114.7
城镇登记失业率	%	1.43	1.35		3.8	3.9	
综合经济							
地区生产总值	亿元	3663.1	3212.7	110.7	2447.7	2051.2	114.8
第一产业	亿元	95.6	98.1	103.3	89.7	84.0	106.1
第二产业	亿元	1311.9	1116.5	111.9	1245.3	1001.9	118.0
第三产业	亿元	2255.6	1998.1	110.3	1112.7	965.3	111.8
人均地区生产总值	元/人	32061	28449	109.4	26532	22380	114.0
全社会固定资产投资额	亿元	2157.1	1814.3	118.9	1046.7	811.3	129.0
# 基本建设投资额	亿元	514.7	414.7	124.1	501.4	361.9	138.6
更新改造投资额	亿元	216.2	169.6	127.5	210.9	166.0	127.0
房地产开发投资额	亿元	1202.5	989.4	121.5	211.4	175.8	120.2
地方财政收入	亿元	665.9	601.0	117.2	245.3	207.9	122.6
地方一般预算收入	亿元	592.5	534.0	118.2	204.5	171.8	124.8
地方财政支出	亿元	809.4	684.0	118.3	350.6	300.1	116.8
地方一般预算支出	亿元	734.8	628.3	116.9	312.1	265.2	117.8

河北			山西			内蒙古		
2003	2002	2003年为2002年%	2003	2002	2003年为2002年%	2003	2002	2003年为2002年%
187693	**187693**	**100**	**156270**	**156270**	**100**	**1183000**	**1183000**	**100**
6769	6735	100.5	3314.3	3293.7	100.6	2379.6	2378.6	100.04
			3268.1	3244.5	100.7			
3470.2	3286.6	105.6	1469.5	1403.3	104.7	1088.1	1086.1	100.2
1672.3	1662.6	100.6	650.6	662.9	98.1	548.7	552.3	99.3
942.8	874.1	107.9	360.2	347.2	103.7	178.1	173.7	102.5
855.1	749.9	114.0	458.7	393.2	116.7	361.3	360.1	100.3
486.8			347.9	351.6	99.0	240.3	243.2	98.8
11189	10032	109.0	10729.0	9357.0	114.7	11279.0	9683.0	116.5
3.9	3.6		3.0	3.4		4.5	4.1	
7098.6	6122.5	111.6	2456.6	2017.54	113.9	2150.4	1734.3	116.8
1064.3	957.0	106.1	215.2	197.8	106.9	420.1	374.7	105.9
3657.2	3046.0	114.3	1389.3	1083.8	116.0	973.9	728.3	127.9
2377.0	2119.5	110.0	852.1	736.0	112.8	756.4	631.3	111.2
10513	9115	111.0	7435	6146		8975	7233	116.7
2515.9	2046.7	122.9	1116.3	838.3	133.2	1209.4	715.1	169.1
536.6	434.8	123.4	515.6	402.1	128.2	781.1	421.8	185.2
246.7	232.8	106.0	252.4	193.5	130.4	177.9	107.6	165.4
40.3	47.9	84.2	95.1	67.4	141.0	90.9	72.5	125.3
335.8	302.3	115.3				162.7	132.9	
			186.1	150.8		138.7	112.9	
646.7	576.6	112.2				471.1	413.3	114.0
			415.7	334.3				

注：山西省在岗职工平均工资为全部职工平均工资。

续

指标名称	单位	北京			天津		
		2003	2002	2003年为2002年%	2003	2002	2003年为2002年%
居民消费价格指数	%	100.2	98.2		101.0	99.6	
实际利用外商直接投资	亿美元	21.5	17.9	119.8	16.3	38.1	62.9
主要经济领域							
工业增加值	亿元	1012.5	840.4	120.5	1074.8	843.4	127.4
高新技术产业产值	亿元	1520.9	1175.9	129.3	1235.9	1097.4	112.6
工业利润总额（限额以上）	亿元	235.3	165.5	142.2	237.6	186.2	127.6
社会消费品零售额	亿元	1916.7	1673.3	114.5	922.3	831.8	110.9
批发零售贸易业商品购进总值（限额以上）	亿元	4387.3	3357.8	130.7	1858.2	1356.7	137.0
批发零售贸易业商品销售总值（限额以上）	亿元	4510.0	3584.8	125.8	1915.1	1438.3	133.1
批发零售贸易业商品库存总值（限额以上）	亿元	462.2	428.9	107.8	107.9	105.9	102.0
海关出口总值	亿美元	168.5	126.1	133.6	143.7	115.9	124.0
地方企业出口总值	亿美元	73.7	59.0	124.9			
海关进口总值	亿美元	516.1	399.0	129.4	150.0	112.3	133.5
地方企业进口总值	亿美元	115.6	81.4	142.0			
旅游外汇收入	亿美元	19.0	31.1	61.1	3.3	3.4	96.2
接待入境旅游人数	万人	185.1	310.4	59.6	48.9	50.6	96.6
金融机构人民币存款余额	亿元	20243.6	15276.0	132.5	4033.5	3018.3	133.6
金融机构人民币贷款余额	亿元	11853.1	9224.8	128.5	3426.0	2519.0	136.0
人民生活							
城市居民人均可支配收入	元	13883	12464	111.4	10313	9338	109.4
农民人均纯收入	元	6496	5880	110.5	5861	5315	110.3
城乡居民储蓄存款余额	亿元	5293.5	4389.7	120.6	1825.3	1486.4	122.8

注：1. 本表中工业增加值增速为现价增速。
2. 山西省社会消费品零售额受国家制度变更影响，同期数口径未作调整，故无法计算增速。
3. 河北省土地面积的口径为地表总面积；基本建设投资额、更新改造投资额、房地产开发投资额的口径为国有经济；金融机构人民币存贷款余额为银行口径数据。

河北			山西			内蒙古		
2003	2002	2003年为2002年%	2003	2002	2003年为2002年%	2003	2002	2003年为2002年%
102.3	98.6		101.8	98.4		102.2	102.3	
11.2	8.2	135.3	2.2	2.5	88.4	3.7	2.3	161.4
1801.7	1413.5	127.5	908.7	633.0	143.6	515.9	375.8	137.3
386.8	253.0	152.9	135.1	62.2	217.2	65.0	37.3	174.2
2177.9	1968.3	110.7	729.3	755.4	96.5	726.8	599.0	121.3
880.4	826.9	106.5	505.6	450.9	112.1	300.4	227.6	132.0
984.9	924.9	106.5	547.7	488.2	112.2	329.2	240.6	136.9
78.2	89.6	87.3	117.7	70.8	166.4	37.1	37.8	98.1
59.3	45.9	129.1	22.7	16.6	136.3	14.4	13.7	105.1
30.5	20.7	147.2	8.2	6.5	125.9	16.7	16.3	102.4
0.8	1.7	50.6	0.4	0.7	48.5	1.4	1.5	92.6
28.0	47.4	59.2	11.6	24.8	46.8	41.4	43.9	94.1
5273.4	4543.4	116.1	4681.5	3708.7	126.2	2091.0	1735.3	120.5
3854.7	3488.2	110.5	3552.3	2903.2	122.4	1924.1	1649.8	116.6
7239	6679	108.4	7005	6234	110.6	7013	6051	115.9
2853	2685	106.3	2299	2150	107.0	2133	1948	109.5
5457.0	4811.3	113.4	2781.5	2307.3	120.6	1355.7	1138.1	119.1

Five

第五篇

四大直辖市
经济社会发展比较

SIDA ZHIXIASHI
JINGJI SHEHUIFAZHAN BIJIAO

统计图

京、津、沪、渝面积对比 （单位：平方公里）

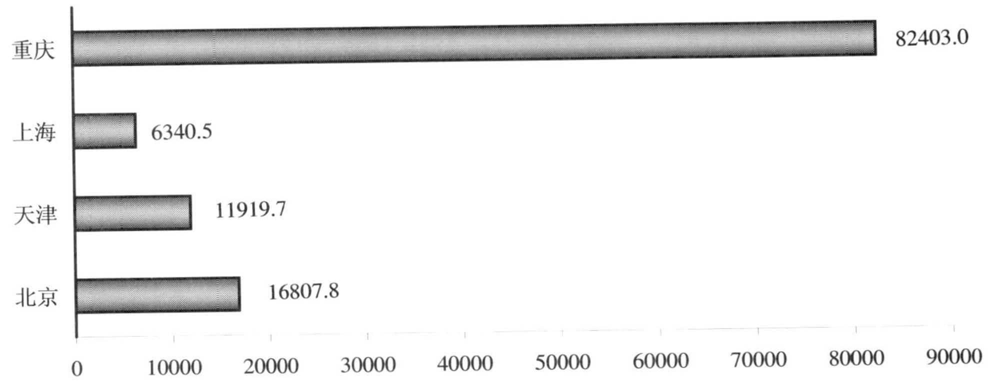

京、津、沪、渝2003年人均地区生产总值对比 （单位：元）

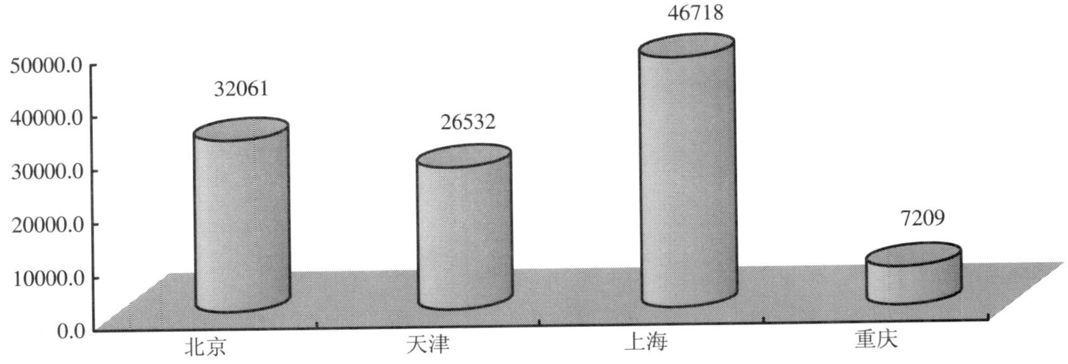

京、津、沪、渝2003年全社会固定资产投资额对比（单位：亿元）

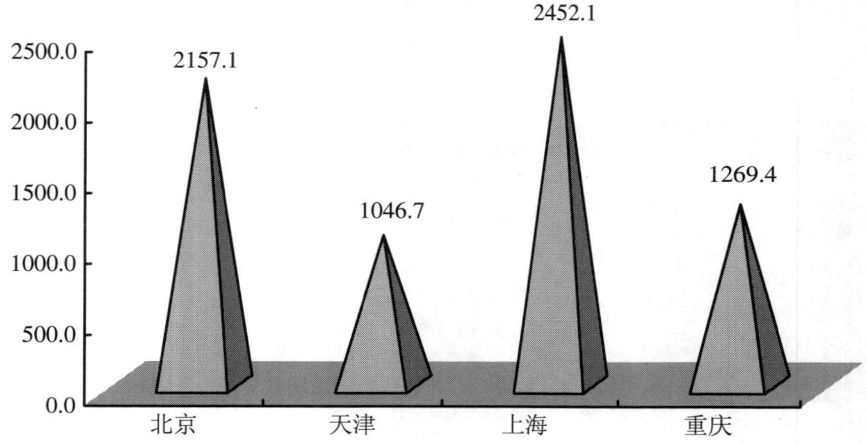

京、津、沪、渝 2003 年城乡居民储蓄存款余额对比（单位：亿元）

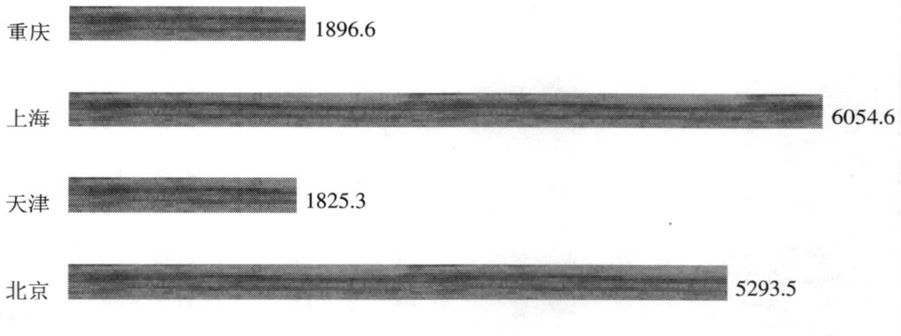

5-1 京津沪渝主要指标对比表

——自然情况及城市公用事业指标

指标名称	单位	北京	天津	上海	重庆
土地面积	(平方公里)	16807.8	11919.7	6340.5	82403.0
耕地面积	(千公顷)	259.9	418.5	25.73	234.8
森林覆盖率	(%)	30.6		15.1	27.1
平均气温	(度)	12.9	13.6	17.4	18.9
平均相对湿度	(%)		61.0		80.0
降水量	(毫米/年)	444.9	724.2	931.2	1025.0
日照时数	(小时/年)	2260.2	1775.1	1699.8	875.7
建成区面积	(平方公里)	654.5	487.5	550.0	655.0
煤气管道长度	(公里)	194.7		8561.0	
城市桥梁	(座)	1332	490	7483	840
城市路灯	(盏)	256032	178826		233182
出租汽车	(辆)	65984	31939	48672	19647
清运垃圾	(万吨)	425.1	172	800	

注：本部分表的数据分别取自四大直辖市统计年鉴。

5-2 京津沪渝主要指标对比表

——经济指标

指标名称	单位	北京	天津	上海	重庆
地区生产总值	(亿元)	3663.1	2447.7	6250.8	2250.56
第一产业	(亿元)	95.6	89.7	93.0	336.36
第二产业	(亿元)	1311.9	1245.3	3130.7	977.30
第三产业	(亿元)	2255.6	1112.7	3027.1	936.90
地区生产总值构成	(%)	100.0	100.0	100.0	100.0
第一产业	(%)	2.6	3.6	1.5	15.0
第二产业	(%)	35.8	50.9	50.1	43.4
第三产业	(%)	61.6	45.5	48.4	41.6
人均地区生产总值	(元)	32061	26532	46718	7209
全社会固定资产投资	(亿元)	2157.1	1046.7	2452.1	1269.4
基本建设	(亿元)	514.7	501.4	927.3	665.5
更新改造	(亿元)	216.2	210.9	388.0	122.0
房地产开发	(亿元)	1202.5	211.4	901.2	327.9
财政收入(一般预算内)	(亿元)	592.5	204.5	899.3	161.6
财政支出(一般预算内)	(亿元)	734.8	312.1	1102.6	341.6
居民消费价格总指数	(%)	100.2	101.0	100.1	100.6
在岗职工工资总额	(亿元)	1098.9	325.4	768.7	253.5
在岗职工平均工资	(元)	25312	18648.0	27304.0	12440.0
社会消费品零售额	(亿元)	1916.7	922.3	2220.6	835.5
进出口总额	(亿美元)	684.6	293.7	1124.0	26.0
实际利用外商直接投资	(亿美元)	21.5	17.1	58.5	3.1
接待入境旅游人数	(万人次)	185.1	17.2	51.5	23.5
金融机构(含外资）本外币存款余额	(亿元)	20476.0	4362.6	17318.4	3438.6

注：1. 重庆市在岗职工工资总额及在岗职工平均工资为城市经济单位数据。

2. 重庆市金融机构(含外资）本外币存款余额为金融机构（含外资）人民币口径的数据，不含外币。

5-3 京津沪渝主要指标对比表

——社会指标

指标名称	单位	北京	天津	上海	重庆
户籍人口	(万人)	1148.8	926.0	1341.8	3130.1
常住人口	(万人)	1456.4	1011.3	1711.0	2777.5
人口自然增长率	(‰)	-0.1	1.1	-3.2	3.8
从业人员	(万人)	703.3	510.9	813.1	1726.4
第一产业	(万人)	62.7	83.2	73.7	892.2
第二产业	(万人)	225.8	219.4	317.1	298.5
第三产业	(万人)	414.8	208.3	422.2	535.7
在校学生数	(万人)	230.1	163.2	203.9	480.8
# 普通高等学校	(万人)	45.1	24.5	37.9	25.5
普通中等学校	(万人)	97.8	80.2	100.7	175.9
小　学	(万人)	54.7	58.5	64.8	277.9
科技活动人员	(万人)	27.1		15.1	6.6
研究与试验发展经费支出	(亿元)	256.3	40.4	128.9	10.1
图书总藏量	(万册.张)	3355.2	840.0	1816.3	701.0
杂志总印数	(万册.份)	81772.0	4610	18281.1	4191.0
报纸总印数	(万份)	724451	82387	170465.8	47420
故事影片产量	(部)	35		9	
电视节目制作时间	(小时)			32146	31279.0
城市居民平均每户家庭人口	(人)	3.0	3.0	3.0	3.0
农村居民平均每户家庭人口	(人)	3.5	3.6	3.3	3.7
结婚登记总数	(对)	93526.0	62630.0	108200.0	180496.0
离婚数	(对)	10142	12041.0	33000.0	31418.0
城市人均住房使用面积	(平方米)	18.7	17.5	19.0	21.3
农村居民人均居住面积	(平方米)	34.0	24.4	59.0	31.5
城市居民人均可支配收入	(元)	13882.6	10313.0	14867.0	8093.7
农村居民人均纯收入	(元)	6496.3	5861.0	6658.0	2214.6
医院个数	(个)	459	485.0	452.0	1682.0
执业医师人数	(万人)	4.8	2.3	4.4	3.7
医院床位数	(万张)	6.7	3.8	8.1	6.3
平均每千人拥有执业医师人数	(人)	4.2	2.5	3.3	1.2

注：1. 北京市无电视节目制作时间，北京地方电视台平均每周播出时间为1815:14（时:分）。
2. 重庆市的城市人均使用面积为建筑面积。
3. 天津市、重庆市的医院个数及医院床位数包括卫生院的情况;医生人数包括助理医师数。
4. 上海市农村居民人均纯收入为农村居民人均可支配收入。

相关链接

京、津、沪、渝2003年
国民经济和社会发展统计公报

2003年北京市国民经济和社会发展统计公报

2003 年是全面建设小康社会的开局之年。在市委、市政府的领导下，全市人民以"三个代表"重要思想和党的十六届三中全会精神为指导，围绕"新北京、新奥运"的战略目标，以加快发展为总基调，着力优化发展环境，积极应对国内外形势的新变化，努力克服"非典"疫情的负面影响，扎实工作，开拓创新。全市经济继续保持了快速增长的良好态势，改革开放和现代化建设不断取得新进展，科技、教育、文化、卫生、体育等各项社会事业全面进步，城乡居民收入较快增长，人民生活水平进一步提高。

一、综合经济

经济实力：国民经济保持快速健康发展。初步统计，2003 年全市实现生产总值 3611.9 亿元，比上年增长 10.5%，实现了预期增长目标，经济增长率连续 5 年保持在 10%以上。人均生产总值达到 31613 元，比上年增长 9.2%，按当前汇率折算，约合 3819 美元。

运行趋势：全市经济经受住了上半年"非典"疫情的严峻考验，全年经济运行呈现"高开—回落—恢复—回升"的特点。

全年经济运行趋势

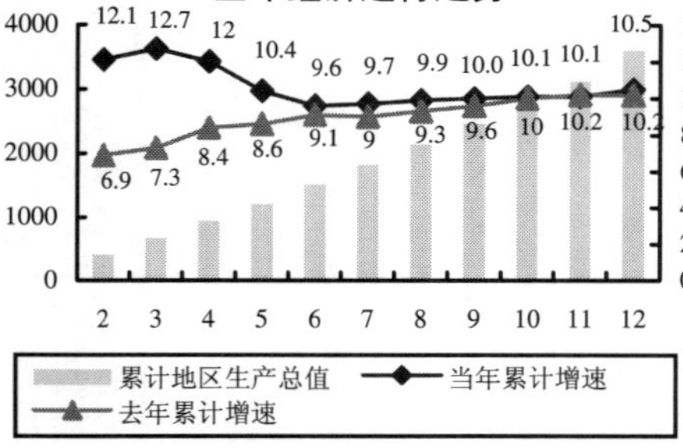

产业结构："三、二、一"产业格局稳固。第一产业实现增加值 95.3 亿元，比上年增长 3.3%；第二产业 1298.5 亿元，增长 11.9%；第三产业 2218.2 亿元，增长 10%。三次产业比重分别为 2.6%、36.0% 和 61.4%，其中第二产业比重比上年提高 1.2 个百分点。三次产业对经济增长的贡献率分别为 0.93%、41.74%和 57.33%。

GDP分产业结构图

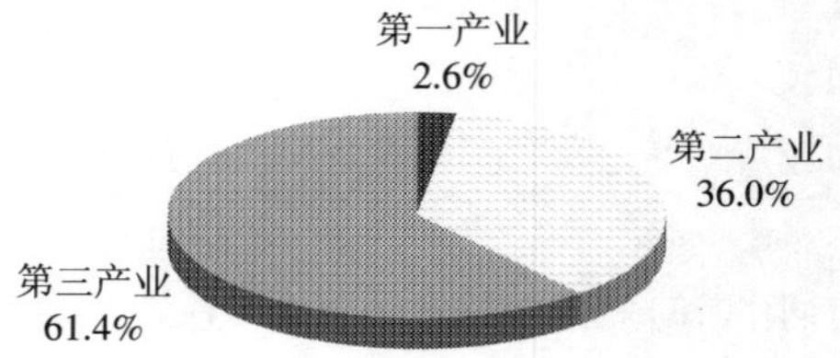

财政收支：财政收入保持较快增长，调控能力不断增强。全年完成地方财政一般预算收入 592.5 亿元，比上年增长 18.2%。其中，增值税、营业税分别为 75.3 亿元和 263.7 亿元，比上年增长 12.8% 和 15.8%；企业所得税、个人所得税分别为 93.7 亿元和 57.2 亿元，增长 17.8%和 16.7%。地方财政一般预算支出 737.2 亿元（含中央追加支出 36.1 亿元），增长 17.3%。其中，科教文卫事业费 175.5 亿元，增长 19.6%；基建、挖潜支出 121.7 亿元，增长 15.1%。地方财政为抗击"非典"共减免各项税费和基金 14.9 亿元。

市场价格：价格指数有所回升。全市居民消费价格指数为 100.2%，工业品出厂价格指数为 101.5%，原材料、燃料及动力购进价格指数为 104.7%，分别比上年上升 2 个、4.9 个和 7.6 个百分点。

三大需求：投资、消费和出口三大需求共同拉动，经济自主增长动力强劲。

固定资产投资：固定资产投资保持较快增长。全年完成全社会固定资产投资 2157.1 亿元，比上年增长 18.9%。投资重点集中于住宅和基础设施两个方面。全年完成住宅投资 692.4 亿元，比上年增长 9.1%；住宅投资占全社会固定资产投资的比重为 32.1%，比上年下降 2.9 个百分点。全年完成基础设施投资 417.8 亿元，比上年增长 1.4%，占全社会固定资产投资的比重为 19.4%。

社会投资趋于活跃，非国有单位投资成为带动全市投资快速增长的主要力量。全年非国有单位完成投资 1412.0 亿元，增长 35.4%，占全社会固定资产投资的比重达到 65.5%。其中非国有内资单位完成投资 1135.2 亿元，增长 35.2%，占全社会投资的比重为 52.6%。

更新改造投资和工业技改投资全面启动。全市完成更新改造投资 216.2 亿元，比上年增长 27.5%；完成工业技改投资 92.4 亿元，比上年增长 58.6%。

固定资产投资效果系数为 0.19，与上年的 0.20 基本持平。固定资产投资率为 59.7%，比上年增加 3.3 个百分点。

消费：消费市场热点突出。全年实现社会消费品零售额 1916.7 亿元，增长 14.5%，扣除价格因素，实际增长 16.6%。结构升级成为推动消费需求增长的重要因素，消费热点主要集中于住房、交通和通信等领域。全年销售商品住宅 1771.1 万平方米，增长 10.4%，实现销售额 789.2 亿元，增长 10.1%；销售各类汽车 40.8 万辆，实现零售额 305.2 亿元，分别增长 56.6%和 51.2%。城镇居民人均消费支出 11123.8 元，增长 8.1%。其中，服务性消费比重达到 30.3%，与上年基本持平；城镇居民人均用于交通通信方面的支出 1688.1 元，增长 32.8%。农村居民家庭人均消费支出 4655.3 元，增长 10.7%，扣除价格因素，实际增长 11.7%。农村居民消费支出增长较快的领域分别为：交通通讯，增长 32.2%；居住，增长 29.0%；文教娱乐用品及服务，增长 16.3%，三项支出之和占农村居民家庭人均消费支出的比重为 45.3%，比上年提高 5.2 个百分点。全市最终消费率为 53.1%，比上年提高 1 个百分点。

出口：外贸企业市场竞争力增强，出口大幅增长。全市出口 168.5 亿美元，比上年增长 33.6%；其中地方企业出口总值达到 73.7 亿美元，比上年增长 24.9%，增幅提高 3.8 个百分点。地方企业出口中，机电产品和高新技术产品为主要出口商品，出口额分别为 48.5 亿美元和 34.1 亿美元，分别比上年增长 29.5%和 29.8%，占全市地方企业出口的比重分别达到 65.8%和 46.3%。

二、城市建设与管理

土地管理：土地管理工作继续加强。土地开发整理项目管理制度初步形成。1999 年至 2002 年，市级财政共投入资金 3.5 亿多元，区县乡镇自筹资金 1 亿多元，共新增耕地 16.7 万亩，基本上实现了非农业建设占用耕地的占补平衡。另外，争取国家投资土地开发整理项目 16 个（2 个项目已通过国家验收），项目总规模达 0.75 万公顷（约 11.2 万亩），新增耕地 0.18 万公顷（约 2.65 万亩）。土地征用供应结构更趋合理。全年征地 9.21 万亩，其中耕地 2.97 万亩。土地征用主要用途为：住宅 3.06 万亩，交通用地 1.88 万亩，绿化用地 1.72 万亩，其他 2.55 万亩。

道路建设：道路建设取得新成果。全年道路建设总投资 129.2 亿元，占基础设施投资的比重达到

30.9%。轨道交通工程建设全面展开，城市轻轨（13号线）全线贯通，地铁八通线通车试运营，地铁五号线、四号线、十号线年内陆续开工。高速公路、城市快速路、主干路和城区路网加密工程加快实施。五环路全线贯通、三环路改造、玉泉路一期、马家堡西路、西外大街西延、万寿路南延等多个项目建成通车。22条奥运地区道路陆续开工建设，北辰东路、安立路、潮白河东、西堤路等项目前期工作按计划开展。平蓟路、108国道（石门营至六环段）改造、110国道（延庆县路段）改线、110国道大修等重点工程相继竣工。年末，全市道路总长度约5500公里，完成新改扩道路长度110公里。轨道交通运营里程达到114公里，比上年末增加40公里。

危旧房改造：危旧房改造进程加快。全年城八区完成危旧房改造投资203.9亿元，比上年增长13.7%；拆除房屋184.6万平方米，其中危房70万平方米，动迁居民近5.3万户。截止到年底，全市危旧房改造工程开复工总面积达到1586.7万平方米，比上年增长36.7%，其中本年新开工608.7万平方米，增长33.9%；竣工382.1万平方米，增长15.0%。

环境保护和治理：城市环境综合整治工作成效明显。下大力气治理城乡环境卫生，完成158项环境整治重点项目，环境总体水平又有新的提高。大气污染得到有效治理。第九阶段大气污染防治计划发布实施。全市空气质量达到二级和好于二级的天数为224天，占全年总天数的61.4%，比上年增加21天。在生态治理方面，永定河、潮白河、大沙河、延庆康庄、昌平南口等五大重点风沙危害区的20万亩裸露土地全部“披绿”，京津风沙源治理工程使林草植被得到了快速的恢复和增加，为首都提供了绿色屏障。水环境治理取得新进展。肖家河、吴家村两座污水处理厂和酒仙桥中水处理厂正式运营，小红门污水处理厂近期投入使用，转河治理、凉水河流域污水截流工程基本完成。城市污水处理能力达到188.6万吨/日，其中城近郊区160万吨/日，城近郊区污水处理率达到56%，比上年提高9个百分点。全年清运垃圾361.4万吨，比上年增长12.6%。建成阿苏卫、高安屯、丰台垃圾综合处理场，高安屯垃圾焚烧厂开始动工，门头沟焦家坡垃圾卫生填埋厂已投入使用。城近郊区生活垃圾无害化处理率达91.3%，比上年提高4.8个百分点。城八区共有1900多台燃煤锅炉改用清洁能源，超额28%完成改造任务，其中四个城区已基本完成对20吨以下燃煤锅炉改用清洁能源工作。全年汽车维修行业共免费检测汽车尾气180.4万辆次，治理尾气排放不合格车辆18.9万辆次。

城市绿化：城市绿化取得新进展。第一道绿化隔离带完成绿化面积1000公顷，第二条绿化隔离带、温榆河生态走廊和奥林匹克公园等重大生态保护和建设项目陆续启动，全市林木覆盖率达到47.5%，城近郊区绿化覆盖率达到41%，分别比上年提高2个和0.8个百分点。城近郊区新增绿地面积409公顷，人均公共绿地面积突破10平方米。

公共交通：城市公交体系逐步完善。年末，全市共有公交电汽车运营车辆1.76万辆,客运出租车运营车辆6.3万辆，公共电汽车线路776条。全年城市公共交通共运送乘客41.98亿人次（不含出租车），比上年下降12.6%；其中公共电汽车运送乘客37.26亿人次，占88.76%；轨道交通4.72亿人次，占11.24%。全年出租汽车客运量达到5.18亿人次，比上年下降13.4%。

公用事业：城市水电气热供应得到充足保障。全年自来水售水量5.98亿吨，比上年下降0.2%；其中生活用水4.98亿吨，比上年下降0.7%。怀柔应急备用水源工程建成供水，张坊、平谷应急供水工程、南水北调石家庄至北京段总干渠工程于年内开工。全年北京地区用电414.8亿千瓦时，比上年增长7.8%。其中城乡居民生活用电70.5亿千瓦时，增长12.3%，城乡居民生活用电占用电总量的17%。全市新增220千伏变电站2座、110千伏变电站18座、35

千伏变电站8座。全年煤气销售量达2.3亿立方米，天然气销售量达19亿立方米，分别比上年增长9.3%和18%；液化石油气销售量达14.6万吨，下降1.4%。陕北天然气进京市内及扩建工程基本竣工，天然气管线逐步向远郊区县挺进，管线长度6504公里。年末，全市燃气用户达到357.7万户，其中天然气家庭用户达到225.8万户，占全市燃气总户数的63.1%，比上年上升5.8个百分点。城市热力管网供热面积达到7652万平方米，比上年增长10.9%。

三、主要行业

农业：农业结构调整继续深化。全年实现农业增加值95.3亿元，比上年实际增长3.3%。农业占全市经济的比重进一步下降，由上年的3.1%下降到2.6%。全市完成农林牧渔业总产值237.9亿元，比上年增长7.7%。其中，种植业产值102.3亿元，增长5.2%，养殖业产值135.6亿元，增长9.6%。种养结构由2002年的45：55调整到43：57。年末，耕地面积为19.56万公顷，比上年末减少5.36万公顷，下降21.5%。全年粮食播种面积212万亩，比上年调减16.3%；各类经济作物和其他农作物占耕地面积的比重由上年的45.4%上升到48.5%。全年粮食产量58.0万吨，粮食亩产273.7公斤，分别比上年下降29.5%和15.7%。主要农副产品肉类、牛奶产量分别比上年增长0.3%和15.6%，蔬菜产量下降3.4%。

新兴农业发展迅速。设施农业、籽种农业、精品农业、观光农业、创汇农业和加工农业等“六种农业”实现产值148.3亿元，占郊区农林牧渔业总产值的比重为62.9%。“六种农业”对农业总产值增长的贡献率达133.6%。

工业：工业生产快速增长。全年完成工业增加值1017.3亿元，比上年增长12.0%，增幅比上年提高4.2个百分点。工业增加值占全市生产总值的比重为28.2%，对全市经济增长的贡献率为33.2%。全年规模以上工业增加值970.8亿元，增长12.3%；其中国有工业企业完成增加值141.7亿元，比上年下降1.5%；股份制工业增加值374.5亿元，比上年增长18.2%；外商及港澳台工业增加值391.6亿元，比上年增长12.0%。

产销衔接基本正常，企业经营状况明显改善。全年规模以上工业企业产品销售率达到98.2%，比上年提高1个百分点。规模以上独立核算工业企业实现利润219.5亿元，比上年增长40.6%；利税总额404.6亿元，增长31.6%。工业企业经济效益综合指数达到155.4%，比上年提高19.1个百分点。成本费用利润率为6.1%，比上年提高1个百分点；全员劳动生产率为98873.0元/人，比上年提高24.5%。

交通运输设备制造业成为现代制造业新的增长点。交通运输设备制造业实现总产值429.6亿元，比上年增长近1倍；占全市规模以上工业的比重达到11.7%，成为仅次于通信设备、计算机及其他电子设备制造业的第二大行业；对全市工业增长的贡献率达到44.7%，比上年提高16.4个百分点。全年汽车产量为34.7万辆，比上年增长1倍，其中轿车产量达到7.3万辆。

高新技术产业恢复增长。全市高新技术产业实现工业增加值314.1亿元，比上年增长7.1%（按当年价格计算），对工业增长的贡献率为27.6%。其中电子与信息领域增长2.9%，生物医药增长13.2%，新材料增长14.4%，光机电一体化增长21.3%。高新技术产业工业增加值占全市生产总值的比重为8.7%，比上年下降0.4个百分点，占全部工业增加值的比重为30.9%。

建筑业：建筑业生产快速增长。全市建筑业总产值达到1306.7亿元，比上年增长23.8%。实现增加值281.2亿元，比上年增长11.6%。建筑业增加值占全市生产总值的比重达到7.8%，与上年持平。建筑企业劳动生产率继续提高，全员劳动生产率达到13.4万元/人，比上年提高14.5%。建筑业实现利润30.6亿元，增长23.9%。

邮电通信业：邮电通信业稳步发展。邮电通信业实现增加值174.8亿元，比上年增长12.4%；其中通信业实现增加值161.3亿元，比上年增长

13.0%。全年完成邮电业务总量283.0亿元，比上年增长18.9%。

邮政业务有涨有落。全年完成邮政业务总量31.3亿元，比上年增长5.0%。全年订销报纸11.7亿份，比上年下降7.1%；订销杂志5284万份，比上年增长0.4%；收寄函件8.4亿份，比上年下降1.2%；收寄特快专递1189万件，比上年增长11.4%。年末邮政储蓄余额达到280.8亿元，比上年增长12.8%。

通信业快速增长。全市固定电话用户达680.4万户，比上年增长16.2%。局用交换机容量达834万门，比上年增长3.8%。固定电话主线普及率达到47.3线/百人，比上年增长13.4%。全市移动电话用户达到1095.6万户，比上年增长19.2%。移动电话普及率达到76.1户/百人，比上年增长16.2%。新兴通信业务如数据通信、多媒体、互联网、电话信息服务、手机短信等迅速扩展。IP电话通话时长达到75.3亿分钟，增长1.2倍；移动短信业务量达到89.2亿条，增长1.5倍；北京通信公司推出的无线市话（“小灵通”）业务，用户达47.8万户。

交通运输业：运输总量平稳增长，运输结构基本稳定。交通运输仓储业实现增加值78.6亿元，比上年下降1.7%；占本市生产总值的比重为2.2%。

货物运输稳中微增。全年货运总量30936.1万吨，比上年增长0.5%。其中，公路运输28606万吨，增长0.8%；铁路运输2283.4万吨，下降2.7%；民用航空运输46.7万吨，增长2.0%。公路、铁路、民航三种运输方式货运量比重分别为92.5%、7.4%和0.1%，公路货运比重上升0.3个百分点，铁路下降0.3个百分点，民航基本持平。

旅客运输一升两降。全年旅客运输量31237.4万人，比上年增长6.2%。其中，公路25702万人，增长11.2%；铁路4289.9万人，下降14.8%；民用航空1245.5万人，下降2.5%。公路、铁路、民航三种运输方式客运量比重分别为82.3%、13.7%和4.0%，公路客运比重上升3.7个百分点，铁路下降3.4个百分点，民航下降0.3个百分点。

商业：多元业态促进商业繁荣。全年批发零售贸易和餐饮业实现增加值271.3亿元，比上年增长7.8%。社会商品销售总值4587.3亿元，增长31.6%；购进总值4344.9亿元，增长35.8%。大中型商业企业经济效益进一步改善，实现销售收入3808.4亿元，增长23.3%；实现利润79.0亿元，增长24.4%；实现利税总额124.5亿元，增长16.4%。以连锁经营为标志的现代流通方式活力显现。年末，连锁企业146家，连锁商业全年实现零售额463.0亿元，占全社会消费品零售额的比重超过20%，为24.2%；比上年增长23.7%，高于全市商业平均增速9.2个百分点。其中300多家便利店实现零售额12.5亿元，增长1.1倍。

金融保险业：金融保险业为我市第三产业中的第一大行业。全年金融保险业增加值达513.8亿元，比上年增长8.5%，占全市生产总值的比重为14.2%。

金融业务进一步扩大。年末，北京市中资金融机构各项人民币存款余额18321.9亿元，比年初增加2929.4亿元，增量比上年下降7.3%。其中企业存款余额9986.4亿元，比年初增加1423.7亿元，增量比上年下降23.4%；居民储蓄余额5293.5亿元，比年初增加903.8亿元，增量比上年增长5.9%。金融贷款余额11343.3亿元，比年初增加2131.7亿元，增量比上年增长23.6%。消费贷款余额1646.3亿元，比年初增加484亿元，增量比上年增长12.3%。全年金融机构现金收入14480.4亿元，现金支出14389.8亿元，收支相抵回笼现金90.5亿元。

金融机构贷款月末余额及增加额增速

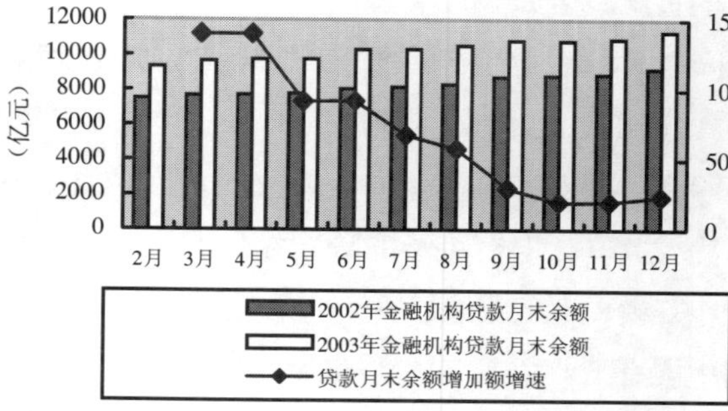

保险市场快速发展。保费收入 282.5 亿元，比上年增长 20.7%。其中，财产险保费收入 51.9 亿元，增长 13.3%；人身险保费收入 230.6 亿元，增长 22.5%。产、寿险各项赔款给付支出 48.0 亿元，比上年增长 2.3%。

证券市场： 证券市场发展迅速。全年证券市场各类证券成交额 23369.8 亿元，比上年增长 86.0%；其中股票成交额 5041.4 亿元，比上年增长 33.1%。全市发行 A 股上市企业 76 家，当年上市企业 6 家，通过股票市场筹资 241.9 亿元。

房地产业： 房地产业稳步发展。全年实现增加值 185.9 亿元，比上年增长 11.8%，占第三产业增加值比重达到 8.4%，占全市生产总值的比重为 5.1%。全市完成房地产开发投资 1202.5 亿元，比上年增长 21.5%，房地产投资占全社会投资的比重达到 55.7%，比上年增加 1.2 个百分点。全市商品房施工面积达 9070.7 万平方米，竣工面积 2593.6 万平方米，销售 1895.8 万平方米，分别比上年增长 20.8%、8.8%和 11.0%。全年实现商品房销售额 898 亿元，比上年增长 10.4%。

房地产开发热点是商品住宅。全年完成商品住宅投资 633 亿元，比上年增长 7.9%，占房地产投资的比重达到 52.6%。商品住宅开复工面积 6352.9 万平方米，增长 17.7%；竣工面积 2080.8 万平方米，增长 8.0%。

四、对外开放

外贸进出口： 对外贸易规模不断扩大。据海关统计，全市海关进出口贸易总值 684.6 亿美元，增长 30.4%。其中进口总值 516.1 亿美元，出口总值 168.5 亿美元，分别比上年增长 29.4%和 33.6%。地方企业进出口贸易总值为 189.3 亿美元，增长 34.8%。其中进口 115.7 亿美元，增长 42.1%；出口 73.7 亿美元，增长 24.9%。

对外承包工程和劳务合作： 对外服务贸易大幅增长。全年新签对外承包工程和劳务合作合同额 4.8 亿美元，完成营业额 3.5 亿美元，分别比上年增长 72.7%和 50.8%。年末在外人数 2091 人，为去年末的 98%。

旅游： 受"非典"疫情影响，上半年旅游业遭受重创，下半年旅游市场逐步恢复。全年接待海外游客为 185.1 万人次，比上年下降 40.4%。旅游外汇收入 19.0 亿美元，下降 38.9%。接待国内旅游者 8737.0 万人次，比上年减少 24.0%；旅游收入 706 亿元，比上年减少 23.9%。年末，全市共有旅游定点饭店 659 家，其中星级饭店 614 家，客房数达到 10.9 万间，比上年末增加 0.6 万间。客房出租率恢复到 51.7%，比上年末下降 10.3 个百分点。

各月接待国内外游客数量及增减情况

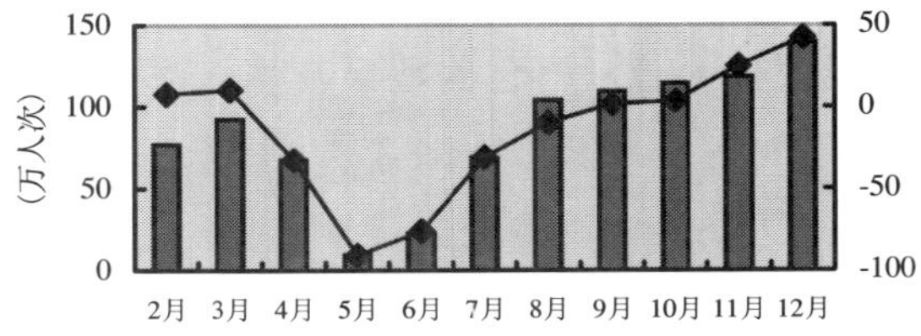

利用外资： 利用外资迅速增长。全市新批外资项目 1360 项，比上年减少 0.7%。合同外资金额 32.7 亿美元，比上年增长 16.5%。实际利用外商直接投资 21.5 亿美元，增长 19.8%。合同外资投向趋于合理，投向第三产业的外资比重为 70.6%，同比上升 10 个百分点。第三产业中引资规模较大的批发零售餐饮业、计算机应用服务业、信息咨询服务业增速分别高达 35.8%、42.3%和 38.1%，金融保险业引资规模也扩大了 7.0%。

开发区： 开发区建设迈出新步伐。全市 26 个开发区累计入区企业 24181 家，其中投产企业 20281 家。全年各类开发区实现总收入 3701.4 亿元，比上年增长 18.5%；实现工业总产值 1989.5 亿元，增长 11.5%（现价）；实现利润 193.6 亿元，增长 26.0%；应缴税金 182.7 亿元，增长 21.8%。

中关村科技园区保持快速发展势头。年末，园区高新技术企业总数达 16299 家，全年实现总收入 2852.5 亿元，比上年增长 18.6%；实现增加值 608.0 亿元，增长 17.1%（现价），占全市生产总值的比重为 16.8%；应缴税金 122.2 亿元，增长 22.7%。

五、社会事业

科学技术：科技投入继续增加。全市科技活动经费支出总额达 457.5 亿元，比上年增长 11.3%；其中 R&D 经费支出 252.8 亿元，增长 15.2%。R&D 经费支出占全市生产总值的比重达 7.0%。

科研机构和队伍稳定。年末，全市开展科技活动的单位近 4000 家。世界 500 强企业中已有 293 家在北京设立代表处或研发中心。北京地区拥有科技活动人员 27.4 万人，其中科学家和工程师（指大学本科及以上学历或有中高级技术职称的人员）22.7 万人，占科技活动人员总数的 82.8%。

“二四八工程”进展顺利。首都创业孵化体系建设成效显著。孵化器数目及孵化面积以每年 20%以上的速度增长，孵化器达 61 家，孵化面积达 64 万平方米，在孵企业 2082 家，实现销售收入 81 亿元。年末，大学科技园达 14 个，其中国家级 6 个。创新服务体系初步建立，创新中介服务体系环境优化。全市共有科技中介机构近 5000 家，相关行业协会 150 余家，各类专业服务中心 500 家。全年技术合同登记 32173 项，合同成交总金额 265.4 亿元，其中技术交易额 226.6 亿元，分别比上年增长 19.0%、20.0%和 25.2%。软件产业基地、微电子、新材料、生物工程和新医药等领域产业基地取得明显进展。截止到年底，当年认定软件企业 514 家，登记软件产品 1213 个，累计认定软件企业 1749 家，累计登记软件产品达到 4820 个，全国约有 70%的自主软件产品在北京开发。软件出口达 1.38 亿美元，增长 48.2%。中芯国际、京东方 TFT-LCD 模块、中科稼英硅片、摩比斯汽车变速器等重大项目顺利实施。清华大学研制出万亿次超级计算机“深超－21C”，联想集团研制成功万亿次高性能计算机产品——联想深腾 1800 大规模计算机系统。

教育：各级各类教育全面发展。高等教育率先进入普及化阶段。全市共有普通高等学校 73 所，比上年增加 11 所。46 所普通高校和 118 个科研机构培养研究生。本专科在校生达到 45.7 万人，增长 17%。在校研究生人数首次突破 10 万人大关，达到 12 万，增长 23.2%。外国留学生达到 1.7 万人。高等教育招生规模继续扩大，招生人数为 14.2 万人，创历史新高。北京高等教育毛入学率达到 52%，比上年增加 3 个百分点。2003 年，毕业生人数达到 8.3 万人。北京地区高校毕业生就业率达到 89.7%。

基础教育走在全国前列。全市学龄儿童入学率一直保持在 99.9%以上，初中阶段毛入学率保持在 100%，普通高中特别是优质高中招生规模稳步扩大，普通高中实际招生 9.5 万人，高中阶段入学率达 96%以上。

中等职业教育教学改革继续深化。全市完成 8 个骨干特色中等专业学校的评估，完成 7 个重点实验实训基地学校的论证工作，全面启动了 10 所现代化标志学校的建设，新评出 5 所国家级、3 所省部级重点学校。中等专业学校、技工学校和职业中学在校学生 26.3 万人，比上年增加 1.1 万人，其中职业中学在校学生数 8.4 万人。

教育信息化程度明显提高。作为“数字北京”工程重要组成部分的“校校通”工程进展顺利。全市投入 1000 多万元改善网络教育条件，完成了 123 个网络计算机教室和 205 个计算机教室的建设工作，建成 557 个中小学校园网。市属市管高校校园网信息点数达到了 7.6 万个，联网计算机台数达到了 5.9 万台。“非典”时期，陆续开辟了“空中堂”和“教育在线”等教育形式，信息化教育发挥了重要的作用。

文化：影视、图书出版事业欣欣向荣。至 2003 年底，全市共有各类电影放映单位 180 个，其中电影院 56 个。放映场次 10.3 万场，观众人次达到 609.4 万人，票款收入 1 亿元。北京电视台电视节目 19 套，数字电视频道已经在北京试播，广播电视综合覆盖率达 99.9%，有线电视入户率为 57.9%。出版发行业经过改组改造，集约化程度不断提高。北京地区出版的报纸达到248种，出版的期刊达到2375种，均与上年基本持平；出版图书88687种，增长8.4%。共有26种图书、期刊、音像制品在国家各类大奖的评选中获奖。

文物古迹保护工作成果显著。“3.3亿文物抢险工程”继续实施，几年来累计对98项文物保护单位的文物建筑进行了抢修修缮，带动社会各方面配套资金30亿元。“人文奥运”文物保护规划正式启动，投入专项资金1.2亿元。2003年共有14片56万平方米的危改项目重新划入文化保护区。皇城墙遗址和专供皇宫御用的“雪池冰窑”等共30多处文物被列入保护名单。十三陵进入世界文化遗产名录，元大都土城遗址公园建成开放。年末，全市拥有市级文物保护单位264处。全市面向社会开放的博物馆达到123个，博物馆馆藏文物226余万件，固定展览200多项，临时推出展览400多项，参观人次达2500万人次。

卫生：国民健康水平不断提高。孕产妇死亡率为15.6/10万，婴儿死亡率为5.89‰，平均期望寿命达到79.62岁，均已达到或超过中等发达国家的先进水平。全市计划免疫四苗全程接种率达到99%以上。

医疗卫生环境进一步优化。全市有卫生机构4998个，床位7.5万张；平均每千人拥有医院床位6.46张。卫生技术人员11万人，平均每千人拥有执业医师4.2人。医院硬件设施逐步接近国际先进水平，一般医疗设备的普及率达到100%。

公共防疫、医疗急救应急机制初步形成。“非典”疫情发生后，迅速果断推进定点医院和应急救治体系建设，为卫生体系的完善打下坚实基础。生物和微生物实验室进一步完善，已建立了59个爱滋病实验室和262个肠道传染病监测点，传染病危害程度显著下降。

农村卫生保健全面推进。10个远郊区县全面实行了以大病统筹为主要形式的新型农村合作医疗制度，全市共有173万农民参加了新型农村合作医疗制度。农村改水改厕取得新的进展，全市完成农村改水项目共计111个，受益人口达到27万人。11个区县101个乡镇438个村参与了农村改厕工作。全市卫生厕所普及率为73%。

体育：全民健身设施发展迅速，群众体育蓬勃开展。全年配建1239个全民健身工程，总面积94.5万平方米，总投资1.7亿元，其中市体育彩票公益金投入达4630万元。截至年底，全市所有街道、乡镇和有条件的社区居委会、25%的行政村均配建了全民健身工程。全民健身晨、晚练活动场所达3811个，社区活动达8749项次，参与人数134万人。

竞技体育水平稳步提高。全市共有专业体育运动员近千人，共获得国际和全国性比赛奖牌109枚，其中金牌47枚，银牌31枚。在第六届全国残疾人运动会上，我市残疾人运动员共夺得金牌34枚，超2项世界纪录，破27项全国纪录。

残疾人事业：残疾人事业向前发展。残疾人基本生活保障受到重视。2.17万名残疾人享受低保待遇，2万名以上贫困残疾人得到各种特殊救助。就业工作稳步推进。有关部门为6951名残疾人进行了求职登记，按比例新安置1080名残疾人就业。职业技能培训加强。4979名残疾人接受职业技能培训。在第二届全国残疾人职业技能竞赛上，我市有6名选手获得单项第一名，并被劳动部授予全国技术能手称号。在第六界国际残疾人职业技能竞赛中，我市选手获得一金一银。特殊教育体系更加完善。残疾人儿童少年九年义务教育入学率达到97.5%，城区达到100%，155名残疾考生被高校录取，实现了残疾人成人大学单考单招。

六、人口、就业、人民生活

人口：人口总量得到控制，常住人口缓慢增长。年末，全市共有常住人口（在京居住半年以上人口）1456.4万人，比上年增加33.2万人，增长2.3%，增速比上年下降0.6个百分点。全市人口出生率为5.1‰，比上年降低1.5个千分点；死亡率5.2‰，比上年降低0.5个千分点；自然增长率-0.1‰，比上年降低 1 个千分点。据公安部门统计，2003 年末，全市户籍人口 1148.8 万人，比上年末增长 1.1%，比上年增速低 0.1 个百分点。

外来人口增速趋缓。2003 年 11 月 1 日零时，在京居住一天以上的外来人口为 409.5 万人，比上年增加 22.9 万人，增长 5.9%，增速比上年低 11.9 个百分点。外来人口中，在京居住半年以上的为 307.6 万人，占 75.1%，比上年增加 20.7 万人；务工经商人员 318.5 万人，占 77.8%，比上年增加 22.0 万人。

外来人口分布呈现出由近郊区向远郊区扩散的趋势。2003 年城区外来人口 37.4 万人，占 9.1%，近郊区外来人口 229.0 万人，占 55.9%，远郊区县外来人口 143.1 万人，占 35.0%。城区和近郊区外来人口比重分别下降了 2.9 个和 2 个百分点，远郊区县外来人口比重上升了 4.9 个百分点。从增长幅度看，远郊区县外来人口增幅最高，达 23.1%，近郊区的增幅只有 2.3%，城区则减少了 19.6%。远郊区县的外来人口 86.9%集中在房山、通州、顺义、昌平、大兴五个区。

就业和社会保障： 全市多渠道、多元化开发就业岗位。全市净增就业岗位 20.12 万个，安置城镇登记失业人员 17.92 万人，失业人员就业率达到 68.1%，城镇登记失业率为 1.43%，比上年提高 0.08 个百分点。市、区（县）、街道（乡、镇）、社区四级就业服务组织网络得到进一步完善，社区劳动保障平台基本搭建完成，社区就业岗位开发成为重点。开发了包括物业管理、社区商业便民连锁、城市公共设施维护、保洁保养、城市公共秩序维护、家政服务在内的六条社区就业绿色通道，采取了“四进社区”等措施，共开发社区就业岗位 13.35 万个。

全市以深化体制改革为重点，逐步建立和完善多层次的社会保障体系。养老、医疗、失业、工伤保险参保人数分别达到 448.5 万人、436.1 万人、306.6 万人和 242.9 万人，比上年分别增加 12.3 万人、82.3 万人、7.1 万人和 21.9 万人。

居民收入： 城乡居民收入较快增长。城镇居民人均可支配收入 13882.6 元，比上年增长 11.4%，扣除价格因素，实际增长 11.2%；全年人均消费支出为 11123.8 元，比上年增长 8.1%，扣除价格因素，实际增长 7.9%。城镇居民恩格尔系数 31.7%，比上年降低 2.1 个百分点。农民人均纯收入 6496.3 元，比上年增长 10.5%，扣除价格因素，实际增长 11.5%；农民人均生活消费支出 4655.3 元，比上年增长 10.7%，扣除价格因素，实际增长 11.7%。农村居民恩格尔系数 31.7%，比上年降低 1.3 个百分点。

居民住房： 居住环境有较大改善。全市住宅竣工 2320.4 万平方米，增长 6.0%；其中经济适用住房竣工 363.1 万平方米。全市城镇居民人均使用面积达到 18.7 平方米，比上年增加 0.4 平方米。农村居民人均生活用房面积 33.9 平方米，比上年增加 1.3 平方米。

附 1 公报注释：

1. 本公报数据为初步统计数。

2. 本公报中增加值为现价，除注明外，增长速度均按可比价计算。

3. 固定资产投资效果系数是一定时期内国内生产总值增加额与全社会固定资产投资额的比值。

4. 固定资产投资率是固定资产投资占地区生产总值的比率。

5. 最终消费率是指总消费占地区生产总值的比重。

6. 社会劳动生产率按现价增加值计算。

7. 社会消费品零售额中不含居民住宅销售额。

8. “二四八工程”是首都二四八重大创新工程的简称。指建立两大体系、建设四个基地、实施八项高新技术产业化示范项目。两大体系即首都创业孵化体系和首都经济创新服务体系。四个基地即北京软件产业基地、北京北方微电子基地、北京生物医药基地和北京新材料基地。八个高新技术产业化示范工程即数字北京工程、高清晰度数字电视产业化工程、大直径半导体硅芯片及大规模集成电路产业化工程、能源结构调整及清洁燃烧技术产业化工程、现代医药生物技术产品产业化工程、绿色食品及良种工程、水资源可持续利用工程和北京保护臭氧层工程。

9. 恩格尔系数是指居民食品消费支出占消费支出的比重。

附 2　2003 年经济发展统计表

指标名称	单位	2003 年	2003 年为 2002 年%
社会消费品零售额	亿元	**1916.7**	**114.5**
吃	亿元	497.7	106.7
穿	亿元	210.6	111.8
用	亿元	1131.9	118.9
主要农副产品产量			
粮食总产量	万吨	58.0	70.5
蔬菜总产量	万吨	527.3	96.6
肉类总产量	万吨	73.7	100.3
鲜蛋总产量	万吨	16.2	106.6
牛奶总产量	万吨	63.7	115.6
水产品总产量	万吨	7.2	97.3
出栏猪	万头	470.1	99.0
主要工业产品产量			
成品钢材	万吨	784.6	104.4
发电量	亿千瓦小时	145.1	105.5
供热量	万百万千焦	3958.0	109.5
液化石油气	万吨	38.4	92.2
化肥（折纯）	万吨	0.9	89.9
水泥	万吨	882.0	105.0
乙烯	万吨	88.8	98.2
汽车	万辆	34.7	200.1
彩色显像管	万只	886.0	117.9
显示器	万部	359.6	115.7
移动通信设备	万部（信道）	38.4	108.7
微型计算机	万部	469.3	107.4
移动电话机	万部	3334.5	146.3
程控交换机	万线	1934.7	95.5
饮料酒	万吨	132.8	96.3
乳制品	吨	13426.0	101.7
各种运输方式运量（北京地区）			
货物运输量	万吨	30936.1	100.5
铁路	万吨	2283.4	97.3
公路	万吨	28606.0	100.8
民航	万吨	46.7	102.0
旅客运输量	万人	31237.4	106.2

铁路	万人	4289.9	85.2
公路	万人	25702.0	111.2
民航	万人	1245.5	97.5
居民消费价格指数(以上年为 100)			**98.2**
食品			103.2
烟酒及用品			100.2
衣着			97.1
家庭设备用品及维修服务			97.7
医疗保健和个人用品			100.1
交通和通讯			97.8
娱乐教育文化用品及服务			98.3
居住			101.6
城镇居民耐用消费品拥有量(每百户):			
空调器	台	119.3	112.0
淋浴热水器	台	85.4	102.3
彩电	台	147.0	99.1
电冰箱	台	100.4	98.8
洗衣机	台	99.3	100.7
家用电脑	台	68.3	123.1
微波炉	台	79.2	108.3
脱排油烟机	台	81.3	103.6
电炊具	台	107.8	109.9

2003年天津市国民经济和社会发展统计公报

2003年是我市实施“三步走”战略的第一年。全市人民在市委、市政府领导下，以邓小平理论和“三个代表”重要思想为指导，深入贯彻党的十六大和市委八届三次全会精神，全面启动五大战略举措，扎实苦干，开拓创新，积极应对国内外形势的新变化，在取得抗击非典阶段性重大胜利的同时，经济发展上了一个新台阶，社会事业全面进步。全市主要经济指标增幅创近年最好水平，人均生产总值突破3000美元，“三步走”战略第一步目标胜利实现。

一、经济发展

经济总量

国民经济快速健康发展。全年实现全市生产总值2386.94亿元，按可比价格计算，比上年增长14.5%，增速比上年加快2个百分点，创1996年以来最高增幅，居全国各省市自治区前列。全市人均生产总值由上年的22380元增加到25874元，按当年汇率折算，折合3126美元，比上年增长13.8%。

三次产业全面发展。第一产业完成增加值89.7亿元，增长6.1%。第二产业是推动全市经济快速增长的主要力量，完成增加值1212.34亿元，增长17.8%，比上年加快3.5个百分点，对全市经济增长的贡献率达到62.8%。第三产业积极化解非典负面影响，完成增加值1084.9亿元，增长11.5%。三次产业的比重分别为3.7%、50.8%和45.5%。

财政收入大幅增长。辖区内财政收入718.3亿元，比上年增长22.8%，其中全市财政收入完成451.74亿元，增长20.2%，增幅较上年提高1.8个百分点。增值税、消费税、营业税、企业所得税、个人所得税分别增长16.7%、32.7%、24.5%、13.6%和18.7%。全年财政支出350.01亿元，比上年增长16.6%。其中基本建设支出增长34.7%；科教文卫支出增长17.7%。

劳动就业

就业和再就业工作取得新进展。2003年全市新增就业岗位18.1万个，比上年增加4.1万个，增长29.3%。安置下岗失业人员12.1万人，比上年增加3.1万人，增长34.4%，首次实现新增就业人员数量大于新增下岗失业人员。全市社会从业人员510.9万人，比上年增长3.7%，其中第一产业83.19万人，第二产业219.43万人，第三产业208.28万人；城镇社会从业人员299.95万人，比上年增长1.4%。全年人才和劳务市场共接待292.26万人次进场择业洽谈，61.22万人次达成初步意向。城镇登记失业率为3.8%，比上年下降0.1个百分点。

价格

消费价格总体保持平稳。全年城市居民消费价格总水平比上年上升1.0%。其中食品类价格受四季度粮油等商品价格上扬的拉动上升3.3%，衣着类价格下降11.9%，家庭设备用品及维修服务价格下降3.5%，交通和通讯类价格下降3.0%。全年城市商品零售价格总水平比上年下降2.6%。

生产和投资领域价格上升明显。全年工业品出厂价格比上年上升2.5%，原材料、燃料及动力购进价格比上年上升8.7%，固定资产投资价格上升2.6%。

土地和房屋价格普遍上升，全年土地交易价格上升3.0%，房屋销售价格上升4.1%，其中商品房销售价格上涨4.0%，私房交易价格上涨5.0%，房屋租赁价格上升0.9%。

固定资产投资

固定资产投资总量上了一个新台阶。全年全社会固定资产投资完成1046.72亿元，比上年增长29.0%，增幅比上年提高13.9个百分点，为1995年以来最高水平。投资呈现多元化。国有投资528.60

亿元，比上年增长 28.2%；民间投资 314.00 亿元，增长 33.8%；外商及港澳台商投资 204.12 亿元，增长 24.3%；民间投资占全社会投资的比重达到 30%，比上年提高 1.1 个百分点。地方单位投资 892.14 亿元，增长 31.6%；中央单位投资 154.58 亿元，增长 15.5%。从产业投向看，第一产业投资 9.38 亿元，增长 26.8%；第二产业投资 402.3 亿元，增长 24.1%，其中工业投入 382.5 亿元，增长 23.5%；第三产业投资 635.04 亿元，增长 32.3%。第三产业投资占全市的比重为 60.7%，交通运输邮电业、房地产业、文教卫生等社会事业和城市建设投资分别增长 42.5%、32.2%、76.5%和 75.4%。

农业

农业生产稳步发展。全年农业总产值 193.50 亿元，比上年增长 6.2%。其中种植业产值 88.80 亿元，增长 2.2%；畜牧业产值 77.00 亿元，增长 11.0%；渔业产值 26.10 亿元，增长 5.1%；林业产值 1.60 亿元，增长 2.4%。

农业结构调整进一步深化。养殖业占农业总产值的比重达到 53.3%，比上年提高 1.7 个百分点；经济作物占农作物播种面积的比重达到 58.0%，比上年提高 6.7 个百分点。

农业产业化经营成效显著。至年末，全市已有龙头企业 396 个，资产 1000 万元以上的企业 120 个。其中被列为国家级龙头企业 7 个，市级龙头企业 36 个。全市进入农业产业化体系的农户占农户总数的 60%。全市无公害蔬菜基地、畜禽基地、牛奶基地和水产基地分别达到 552 个、98 个、112 个和 68 个。

主要农副产品产量增加。全年棉花产量 9.47 万吨，比上年增长 51.8%；蔬菜产量 602.78 万吨，增长 3.2%；肉类总产量 52.41 万吨，增长 16.8%；禽蛋产量 24.25 万吨，下降 0.9%；奶类产量 43.23 万吨，增长 28.7%；水产品产量 29.83 万吨，增长 4.4%。受播种面积减少及气候条件影响，全年粮食总产量 119.29 万吨，比上年减产 18.53 万吨；平均亩产 308.1 公斤，比上年增产 12.9 公斤。

工业

工业生产增势强劲。全市工业完成增加值 1103.37 亿元，比上年增长 18.4%；完成总产值 4370.76 亿元，增长 24.1%，其中规模以上工业完成增加值 1027.79 亿元，增长 20.1%；完成总产值 4049.61 亿元，增长 26.1%。

重工业增速和比重继续提高。规模以上工业完成轻工业增加值 242.19 亿元，比上年增长 16.0%，完成总产值 1095.39 亿元，增长 20.8%；完成重工业增加值 785.60 亿元，增长 22.1%，完成总产值 2954.22 亿元，增长 28.7%。轻重工业产值比例为 27:73。

优势产业带动作用明显。电子信息、汽车、医药、冶金、化工以及新能源等六大优势行业完成工业总产值 2775.04 亿元，增长 28.9%，占规模以上工业总产值的比重达到 68.5%，对工业增长的贡献率达到 79.2%。

高新技术产业发展迅速。高新技术企业完成总产值 1235.87 亿元，比上年增长 22.6%，占规模以上工业总产值比重为 30.5%。新产品开发和产品出口规模扩大。全年新产品产值 971.51 亿元，增长 22.6%；全市工业完成出口交货值 983.91 亿元，增长 20.6%。

工业产销衔接较好。规模以上工业完成销售产值 4004.37 亿元，比上年增长 21.6%。工业产品销售率为 98.88%，其中重工业为 99.43%，轻工业为 97.41%；国有企业为 100.34%，外商及港澳台商投资企业为 99.59%，股份制企业为 98.58%。

工业经济效益继续提升。规模以上工业企业经济效益综合指数为 147.6，比上年提高 14.5 点。企业利润大幅增长，全年实现利税总额 391.06 亿元，增长 24.6%。其中实现利润 231.88 亿元，增长 30.2%；实现税金 159.18 亿元，增长 17.3%。

全年主要产品产量

	单　位	2003 年	比上年增长(%)
原　油	万吨	1316.30	8.3
天然气	亿立方米	8.49	-4.4
原　盐	万吨	220.48	-8.3
发电量	亿千瓦时	319.95	18.9
生　铁	万吨	342.65	20.3
钢	万吨	565.95	17.4
成品钢材	万吨	1031.47	42.6
无缝钢管	万吨	91.67	9.2
水　泥	万吨	449.31	17.7
乙　烯	万吨	23.00	8.1
纯　碱	万吨	82.01	3.2
烧　碱	万吨	79.89	25.2
化学纤维	万吨	29.76	30.7
移动电话机	万部	3139.72	10.0
轿　车	万辆	17.25	82.7
摩托车	万辆	114.80	37.7
内燃机	万千瓦	973.91	81.7
纱	万吨	7.45	-8.1
布	亿米	2.51	1.2
食用植物油	万吨	17.35	-12.6
方便主食品	万吨	14.47	32.0
葡萄酒	万吨	3.05	10.5
房间空气调节器	万台	241.83	99.0
微波炉	万台	969.87	68.2
彩色显像管	万只	268.41	21.0
电子元件	亿只	840.77	13.2
显示器	万部	677.83	24.8

建筑业

投资规模扩张拉动建筑业增长。全年建筑业完成增加值 108.97 亿元，比上年增长 12.1%；完成总产值 498.66 亿元，增长 46.6%。全年房屋建筑施工面积 3348.22 万平方米，增长 35.3%；房屋建筑竣工面积 1601.05 万平方米，增长 54.3%。全市建筑施工企业共承接施工项目 22863 个。按产值计算的全员劳动生产率人均达 15.25 万元，增长 29.8%。

交通运输邮电仓储业

交通邮电业综合服务能力明显增强。全市交通运输邮电仓储业完成增加值 256.03 亿元，比上年增长 14.7%，增幅比上年提高 2.9 个百分点。

以港口为中心的海陆空立体交通网络进一步发展。天津港 15 万吨级航道一期及北大防波堤项目竣工。天津港已与世界上 160 多个国家和地区的 300 多个港口建立业务联系，港口货物吞吐量 16181.6 万吨，比上年增长 25.4%，其中进口 5270 万吨，增长 28.4%，出口 10911.6 万吨，增长 24.0%。集装箱吞吐量 301.5 万国际标准箱，增长 25.2%。综合运输能力进一步加强。全年各种运输方式完成货物运输总量 39532.66 万吨，比上年增长 13.6%。其中，铁路运输 10082.1 万吨，增长 11.8%；公路运输 20114 万吨，增长 6.8%；水路运输 8762.75 万吨，增长 36.8%。全年客运量 4668.1 万人，增长 0.7%。机场旅客吞吐量 110.1 万人次，增长 0.8%；机场货邮吞吐量 5.66 万吨，增长 13.9%。

电信和邮政业务大幅上升。全年邮电业务总量完成 111.97 亿元，比上年增长 24.2%。其中电信业务总量 103 亿元，增长 26.1%，实现电信业务收入 66.2 亿元，增长 12.2%。年末长途光缆线路总长度达到 2704.08 公里，增长 42.2%。局用电话交换机总容量 403.35 万门。全市公网固定电话和移动电话用户达到 737.7 万户，增长 22.3%。公网固定电话用户达到 354.3 万户，净增 58.3 万户，增长 19.7%。移动电话用户达到 383.4 万户，净增 76.3 万户，增长 24.8%。全市公网电话本地通话量达到 140 亿次，增长 11.1%，短信业务总量达到 14.69 亿条。全年邮政业务总量 8.97 亿元，增长 5.7%，发送函件 22033.93 万件，增长 8.5%，特快专递 321.5 万件，增长 11.8%。

国内商业

商业流通规模继续扩大。全市批发零售贸易餐饮业完成增加值 211.92 亿元，比上年增长 10.8%。

市场的积聚作用明显。2003 年末，全市共有各类市场 760 个，其中生产资料市场 123 个，消费品市场 608 个，生产要素市场 29 个。各类市场成交额 712.79 亿元，比上年增长 16.2%。年成交额超亿元商品市场全年成交额 498.39 亿元，占市场总成交额的 69.9%。

零售餐饮市场经历了 4、5 月份的短期波动后迅速回升。全年社会消费品零售总额 1074.05 亿元，比上年增长 14.1%。其中批发零售贸易业零售额 727.1 亿元，增长 12.5%；餐饮业零售额 109.91 亿元，增长 7.2%。家居用品及装修装饰、通信器材、文体用品、汽车等新的消费热点逐渐升温。限额以上批零贸易业全年通讯器材零售额增长 1.1 倍，家具类增长 18.4%，汽车增长 1 倍，体育娱乐用品类增长 49.9%。

流通业招商引资取得新成果。年内又有易初莲花、欧倍德、沃尔玛、百盛、灿坤等知名集团在津投资建店。截至年末，外资零售业店场达 120 多家，世界 500 强中已有 22 家跨国商贸集团在津设场建店。北京物美、温州麦购等国内知名连锁集团纷纷来津投资建店。商业设施建设增势迅猛。全年开工面积 129 万平方米，竣工面积 108.7 万平方米。

金融保险业

金融保险服务力度显著加大。全市金融保险业实现增加值 91.81 亿元，比上年增长 24.7%。年末全市各类金融机构达 2837 家，其中银行类机构 1594 家，非银行类机构 1243 家。渤海银行获国家批准筹建。年末金融机构从业人员达 4.7 万人。

金融业对外开放步伐加快。花旗银行在津设立分行，截至年末，在津外资银行分行 15 家，外资银行代表处 4 家，获准经营人民币业务的外资银行有 8 家，其中 6 家已经开展业务。总部设在天津的外资保险公司 2 家，外资保险驻津代表处 3 家。

当年新增存贷款创历史最高水平。截止 2003 年末，全市中外金融机构本外币存款余额达到 4362.6 亿元，比上年末增长 29.9%，净增额为 1003.77 亿元，比上年净增额多增 503.74 亿元；本外币贷款余额达到 3791.22 亿元，比上年末增长 32.1%，净增额为 920.31 亿元，比上年净增额多增 537.63 亿元.其中，中长期贷款余额 1573.93 亿元，比上年末增长 64.3%。个人消费贷款增长加快，年末余额达到 261.42 亿元，比上年末增长 29.8%，其中住房贷款余额 218.84 亿元，比上年末增长 28.6%。

证券市场平稳。截止 2003 年末，本市共有境内上市股票 23 只，其中当年上市 1 只。各类证券成交额 1322 亿元，比上年增长 12.1%，其中股票交易额 1123 亿元，增长 8.8%。全年调剂外汇总额 13 亿美元，比上年增长 41.9%。

保险业务规模不断扩大。全年保费收入 75.31 亿元，比上年增长 16.0%，其中财产险保费收入 15.56 亿元，增长 8.0%，人身险保费收入 59.75 亿元，增长 18.0%，支付各项赔款给付 17.36 亿元，比上年增长 51.0%，其中财产险赔款 10.11 亿元，增长 48.0%；人身险给付 7.25 亿元，增长 56.0%。年内太平保险天津分公司和恒安标准人寿保险公司相继开业。至年末，全市有各类保险公司 14 家，其中财产保险公司 7 家，人身险保险公司 7 家。保险中介机构 17 家，其中保险代理公司 12 家，保险经纪公司 2 家，保险公估公司 3 家。

房地产业

需求扩大拉动了房地产业的大发展。全市房地产业增加值为 119.87 亿元，增长 17.4%，增幅比上年提高 13 个百分点。受海河开发和路桥建设带动，房地产开发投资大幅增长，全年完成 211.39 亿元，增长 20.2%。商品房销售创历史最高纪录。全年实现商品房现房销售面积 786.5 万平方米，销售收入 202.3 亿元，分别比上年增长 39.5%和 43.4%。存量房交易 688.3 万平方米，比上年增长 94.8%；成交金额 86.3 亿元，增长 1.2 倍。其中私房成交面积 504.6 万平方米，增长 1.2 倍；成交金额 71.4 亿元，增长 1.3 倍。公房置换面积 183.7 万平方米，增长 49%；置换金额 14.9 亿元，增长 55.2%。

二、改革开放

所有制结构

所有制结构调整取得新进展，非公有制经济比重继续提高。全市公有制经济实现增加值 1302.33 亿元，占全市生产总值的比重为 54.6%；非公有制经济增加值 1084.61 亿元，比重为 45.4%，比上年提高 3.5 个百分点。其中外商及港澳台商经济增加值 530.83 亿元，占全市生产总值的 22.2%，比上年提高 1.5 个百分点，私营个体经济增加值 539.45 亿元，占全市生产总值的 22.6%，比上年提高 2.6 个百分点。

各种所有制工业企业共同发展。全年国有及国有控股工业企业完成工业总产值 1456.51 亿元，比上年增长 28.6%。在规模以上工业企业中，股份制工业企业总产值 1172.56 亿元，比上年增长 29.4%；外商及港澳台商投资工业企业总产值 1896.06 亿元，增长 30.3%。股份制和外商及港澳台商投资工业企业总产值合计占规模以上工业总产值的比重达到 75.8%。

私营个体经济发展壮大。全市私营个体经济年末注册资金 969.45 亿元，比年初增加 401 亿元，增长 70.5%；私营和个体经营户达到 24.78 万户，比年初增加 1.44 万户；从业人员 92.09 万人，比年初增加 15.14 万人；全年实现税收 34.97 亿元，增长 41.4%。《关于进一步加快个体私营经济发展的意见》及相关配套政策的实施，为私营个体经济向公交、供水、燃气、供热、污水处理、垃圾处理等行业发展开辟了新的空间。

国有资产管理与国有企业改革

经济体制改革继续深化，市场化程度进一步提高。新的财政体制和税收体制改革方案出台实施。农村税费改革试点顺利进行。整顿规范土地市场秩序，制定和实施了国有土地有偿使用管理办法。产权交易中心完成交易额 151 亿元，并与北京、河北、河南、山东、山西等地产权交易机构组建了中国北方产权交易共同市场。

国有企业改革迈出重要步伐。工业加大了大集团重组和中小企业改制力度。完成了钢管公司 48.5 亿元股权回购，实现了医药、纺织、工程机械行业的重组整合。全年有 106 户工业中小企业完成了股权改制，已分块搞活 58 户，累计有 364 户竞争力差的企业退出市场，提高了中小企业整体素质。天津港股份制改造取得重要突破。商业重组改革力度继续加大。全年有 12 家大中型商业企业实行股份制改造，7 家集团实现内部资源优势整合，组建了津食集团和百货大楼集团，劝华集团整合重组进入实施阶段，采取多种方式退出国有资本的小企业超过 500 家。

行政审批制度改革

政府行政审批制度改革进一步深化，2003 年对原有的审批事项进行了第三轮清理，取消审批事项 121 项，转变管理方式事项 55 项，经过三轮清理，累计精简审批事项达到 666 项。进行了企业工商登记并联审批改革试点。

社会保障

企业养老保险扩面征缴工作取得重大进展。年末参保缴费企业职工人数达到 168.5 万人，比上年末增加 3.85 万人。企业基本养老保险基金征缴收入为 62.28 亿元，增加 10.34 亿元。由养老保险统筹基金支付的企业离退休人员养老金月人均水平达到 707 元，比上年增长 19%。年末全市参保缴费的职工达到 175.8 万人，参加基本养老保险的离退休人员为 97.61 万人。

医疗保险改革进一步深化。制定了完善城镇职工基本医疗保险制度的 10 项政策措施。年末全市参加基本医疗保险人数为 242.92 万人，比上年末增加 34.42 万人。其中：职工 165.17 万人、退休人员 77.75 万人，分别比上年末增加 25.97 万人和 8.45 万人。按企事业划分来看，企业参加基本医疗保险人数为 192.4 万人，机关和事业单位为 50.52 万人，分别比上年增加 27.48 万人和 6.94 万人。

失业保险参保人数增加，领取失业保险金人数下降。年末失业保险参保人数 193.45 万人，比上年末增加 3.9 万人；领取失业保险金的失业人员 9.5 万人，比上年末减少 2.9 万人。

国内合作

内联招商引资实现高增长,区域经济合作取得新进展。全年吸引外地在津投资协议额 172.2 亿元，增长 80.5%，实际利用内资 112.2 亿元，增长 83.7%。外地企业在津投资超过 500 万元的项目有 273 个，主要投向房地产开发和商贸物流业。我市与“三北”地区的经贸往来进一步加强，签定合作项目 35 个，合作金额达 25.9 亿元。加强了京津冀区域经济合作。京津两市商定增建京津高速公路南北两个通道，加强京津两市经济发展重点区域的联系，加强天津港为北京的服务，实现京津两大机场共同发展。

天津对甘肃省、西藏昌都地区、重庆龙宝移民开发区的对口支援和帮扶工作进一步加强，有力地促进了当地经济的发展。

对外贸易

对外贸易规模进一步扩大。全市外贸进出口总值 293.71 亿美元，比上年增长 28.7%。其中进口 149.97 亿美元，增长 33.5%；出口 143.74 亿美元，增长 24%。加工贸易出口仍占主体，一般贸易出口增长加快。全年加工贸易出口 91.47 亿美元，增长 17.4%，占全市外贸出口的比重为 63.6%。一般贸易出口 48.36 亿美元，增长 35.1%，增幅比上年提高 28.1 个百分点。外商及港澳台商投资企业、个体私营企业出口增长幅度高。外商及港澳台商投资企业出口 114.27 亿美元，增长 25.4%，占全市出口比重为 79.5%；个体私营企业出口增长 2.1 倍。对美国、欧盟、日本、韩国和东盟等五个主要出口市场的出口额分别增长 8.9%～43.6%，合计占全市出口的比重达到 78.9%。

出口商品结构继续优化，机电产品和高新技术产品出口高速增长。机电产品出口 91.8 亿美元，增长 24%，占全市出口比重为 63.9%，机电产品中的高新技术产品出口 48.1 亿美元，增长 48%。

口岸辐射作用不断增强。全年天津口岸进出口总值 461.67 亿美元，比上年增长 26.4%，其中进口 202.1 亿美元，增长 23.2%；出口 259.57 亿美元，增长 28.9%。在天津口岸进出口总值中，外省市的比重达到 51.7%，北京、河北、山西进出口货值居前三位，分别占 20.3%、10.7%和 3.6%。

吸收外资

利用外资步伐加快。全年新批三资企业 941 家，比上年增长 15.3%；直接利用外资合同额 35.13 亿美元，增长 74.3%；实际到位 16.33 亿美元，增长 62.9%。全年新批投资额在 500 万美元以上的大项目 198 个，增长 60.9%。来自日本、意大利、新加坡、德国、英国、香港等国家和地区的直接利用外资合同额分别增长 1～4.5 倍。世界 500 强企业中，已有 98 家来津投资。企业增资踊跃，全年增资企业达到 382 家，增资总额 10.95 亿美元，其中外方增资额 9.23 亿美元。制造业招商引资占主导地位，直接利用外资合同额 21.54 亿美元，增长 94.7%，占全市的 61.3%，电子通信、交通运输设备、化学原料、机械设备、医药制造业等行业引资均超过 1.5 亿美元。服务业利用外资也保持较快增长，直接利用外资合同额 13.28 亿美元，增长 48.6%。

对外承包工程和劳务合作

对外经济合作发展迅速。全年对外承包工程、劳务合作、设计咨询业务共实现营业额 4.05 亿美元，比上年增长 51.0%。全市具有对外经济合作经营资格的企业 59 家，对外工程承包和劳务合作业务遍及 80 多个国家和地区，涉及工业、农业、建筑业、服务业等领域，年末在国外劳务人员 1.13 万人。全年引进国外先进技术成交合同 381 项，合同金额 9.67 亿美元。新批境外机构 51 个，其中在境外投资生产企业 38 家，总投资 4250.74 万美元，在总投资额中中方投资 3796.42 万美元。

旅游

受非典影响，国际旅游略有下降，国内旅游小幅增长。全市共有星级宾馆 85 家，旅行社 233 家，其中国际旅行社 19 家，国内旅行社 214 家。全年共接待国际旅游人数 48.9 万人次，比上年下降 3.4%，其中外国人 45.6 万人次。国际旅游外汇收入 3.29 亿美元，下降 3.8%。全年接待国内旅游者 3751.12 万人次，比上年增长 1.1%；国内旅游收入

395.02 亿元，增长 1.3%。全市共有 5.31 万人次出国旅游，旅游花费 7.83 亿元。旅游资源开发力度加大。当年建成玉龙滑雪场和天津热带植物观光园，天津国际游乐港、“东方公主”号游轮等一批在建旅游项目和设施进展顺利。

滨海新区

滨海新区在全市经济发展中的地位明显提高。滨海新区实现生产总值 970 亿元，比上年增长 20.0%。新区地方财政收入 57.73 亿元，增长 21.0%；实现工业总产值 2133.21 亿元，增长 30.3%；完成固定资产投资 464.08 亿元，增长 65.2%；外贸出口 89.87 亿美元，增长 24.8%，占全市外贸出口的 62.5%；直接利用外资合同额 24.46 亿美元，增长 58.2%，占全市的 69.6%。

天津经济技术开发区实现生产总值 445.23 亿元，比上年增长 25.1%，主要经济指标在国家级开发区中继续保持领先。第二产业增加值 354.90 亿元，增长 28.3%，占全区生产总值的比重达到 79.7%。工业总产值超亿元的企业达到 108 家，比上年增加 20 家，产值合计占全区的 91.8%。电子通讯、机械制造、医药化工、食品饮料等四大支柱行业完成工业产值占全区工业总产值的 91.4%。

天津港保税区实现生产总值 83 亿元，比上年增长 38.2%。国际物流中心建设迈上新台阶。保税及非保税货物进出区总值 92.30 亿美元，增长 42.0%。保税区已成为汽车、汽车零部件、电子产品及电子元器件、钢材、机械设备等商品的物流分拨配送基地，其中自保税区分拨、销售的进口汽车达 4.9 万辆，继续保持全国领先地位。海港保税区、空港物流加工区、空港国际物流区已开工建设。

三、城市建设和管理

海河两岸综合开发

海河两岸综合开发改造全面启动。海河清淤 216 万立方米，堤岸改造完成 8.9 公里。海河东路、海河西路等 4 条道路基本建成，慈海桥、大沽桥开工建设，狮子林桥成功顶升。六大节点规划编制完成，古文化街海河楼商贸区、运河经济文化商贸区、大悲院商贸区开工建设。全年海河两岸综合开发完成投资 56 亿元。

基础设施建设和城市绿化

城市基础设施建设全面铺开，进展顺利。全年城市基础设施投资 263.67 亿元，比上年增长 34.2%，占全市的比重达到 25.2%，主要投向地铁、轻轨、港口、公路等重要基础设施项目。津蓟、唐津高速公路竣工通车。津滨轻轨开始试运行。地铁一号线进入主体施工阶段。新增高速公路里程 179 公里。完成了海河东路、金钟河大街、卫国道等一批主干道路的扩建，四化河、北塘排水河、月牙河二期 3 条河道改造全面完成。拓宽和打通了西湖道、复康路等一批卡口道路。城市灯光夜景建设初具规模。完成了 207 幢高层建筑、510 幢多层建筑、158 幢特色风貌建筑整体灯光装饰，156 幢大中型公共建筑实施了里光外透，安装了 76 处绿地小品灯光。

新建银河公园、海河外滩公园等一批绿地广场和社区公园，全市新增城市绿化面积 2500 万平方米，建成区绿化覆盖率达到 31%，城市人均公共绿地面积 6.5 平方米，比上年增加 0.9 平方米。

公用事业

城市交通更加便捷。年内新开公交线路 15 条，开通 10 条校车线，延长 60 条公交线路，至年末，全市公交运营线路达到 351 条，公交运营车辆 6158 辆，运营出租车 31939 辆。全年公交客运达 6.22 亿人次。进一步改善运营环境，年内更新车辆 800 余部，新建公交枢纽站 3 处。

公用事业取得新进展。全市自来水综合生产能力 368 万立方米，全年自来水售水量 6.3 亿立方米，其中生活用水 3.05 亿立方米。家庭燃气用户 208 万户，年末城市居民家庭燃气气化率 97%。集中供热普及率达到 77.2%，比上年提高 3.1 个百分点。旧楼区环境改造治理取得突破，65 处旧住宅区纳入物业管理。

环境保护和治理

环境综合整治取得新成效。年末全市有环境监测站 20 个，创建国家环保模范城市六大工程进展顺利。天津市危险废物处理处置中心建成投入使用。西青区杨柳青镇被国家命名为全国首批环境优美镇。开展了"百万市民环境大清整"活动，有效地促进了环境卫生、城市管理和文明程度的提高。

大气环境质量继续改善,可吸入颗粒物均值较上年下降 3.6%。全年空气质量达二级良好水平以上天数为 264 天，占全年总天数的 72.3%。烟尘控制区 60 个，烟尘控制面积 557.3 平方公里。

声环境质量处于较好水平。其中城市区域环境噪音平均声级为 55 分贝，与上年持平；道路交通噪音平均声级为 68.2 分贝，比上年下降 0.2 分贝。环境噪声达标区总面积 539.1 平方公里，覆盖率为 78%，比上年提高 2 个百分点。

水环境治理状况良好。加强了对于桥水库库区和引滦、引黄河道水质巡查和监测，引滦和引黄天津段总体水质较好，饮用水源地各月水质达标率均为 100%。

生态环境保护力度加大。全市生态示范区 6 个，自然保护区 8 个，自然保护区面积 15.33 万公顷。建成了以蓟县中上元古界地质自然保护区为核心的蓟县国家地质公园。

信息化建设

信息基础设施建设水平进一步提升。宽带城域网建设完成，光缆总长度达到 1.9 万千米，宽带无线微波已覆盖市区，核心交换能力达到 2000G，城市出口带宽达到 21.2G。天津电信通信枢纽工程、互联网数据中心等重大信息基础功能平台相继投入使用，提升了面向社会和公众的信息服务能力。新闻浏览、视频点播、信息查询、远程教育、远程医疗、视频会议、网络游戏等被广泛使用。

信息技术应用继续扩大。2003 年全市 38 个委办局的 248 项审批项目实现了网上受理，受理范围占市级行政审批总数的 40%。口岸信息平台、工商并联审批、企业信用、知识产权、民政管理、网上纳税、网上政府采购等重点工程的实施，有效地提高了政府城市管理、市场监督和为民服务的能力。互联网拨号上网用户达到 206 万户，比上年增加 56 万户；互联网专线用户达到 1949 户，新增 631 户；互联网宽带用户达到 18.9 万户，新增 16.9 万户。医保联网顺利起步，联网医院达到 101 家。以"校校通"、校园通和远程教育为主的教育信息化发展迅速。今晚报呼叫中心和津工超市合作，开通了电话销售和网上销售服务。自来水远程抄表已在市内一些大型住宅区实现。网上房屋交易市场集中了 995 个楼盘、879 个开发企业的信息。全市 13 家金融机构共发行银行卡 1823 万张，清算交易金额 66.6 亿元，比上年增长 2.2 倍。发放公务卡 1.6 万张。城市公共汽车一卡通进一步普及。

四、社会事业

科技

科技创新能力进一步提高。全年取得市级科技成果 1203 项，其中属于国际领先水平 59 项，达到国际先进水平 311 项。全年获国家科学技术奖 14 项。全市累计实施重大高新技术产业化项目 66 项，科技成果应用率 80%以上。为神舟五号飞船提供了高效电源和导航设备。全市专利申请量达到 6812 件，比上年增长 27.1%，其中发明专利申请比上年增长 60.8%，占全市专利申请量的 48.9%，授权专利 2505 件。科技队伍继续扩大，市属国有企事业单位专业技术人员 32.3 万人。当年新增中国科学院和中国工程院院士 5 位，在津两院院士共计 28 位，其中中国科学院院士 13 位，中国工程院院士 15 位。成功举办了"第三届 PECC 投资博览会暨 2003 中国（天津）计算机软件网络与通信产品展览会"和"信息化与新型工业化道路论坛"。

科技创新体系建设得到加强。IC 设计与数字产品、动力电池等一批科技专项启动实施，生物技术、海水淡化等领域的科技攻关取得新进展。华苑软件产业园被确定为国家级软件出口基地。至年末，全市共有国家级和市级企业技术中心 90 家。技术市场成交活跃。全年技术交易市场共签订技术合同

7278 项，合同成交额 42 亿元，比上年增长 15.6%。新技术产业园区实力不断增强。全年园区实现技工贸总收入 668.95 亿元，比上年增长 35.3%；技工贸总产值 561.97 亿元，增长 35%；利润总额 25.73 亿元，增长 34%；税金总额 28.84 亿元，增长 31.9%；出口销售收入 13.63 亿美元，增长 30.3%。

教育

高等教育规模继续扩大。全市普通高校和高等职业技术学院 37 所，当年招生 8.6 万人，比上年增长 24.1%，年末共有在校学生 24.5 万人，毕业 4 万人；全年招收研究生 0.85 万人，比上年增长 29.4%，在学研究生 2.1 万人，毕业研究生 0.33 万人；中等职业学校当年招生 4.4 万人，比上年增长 9.2%，在校学生 13.5 万人。高等教育毛入学率达到 49%，比上年提高了 5 个百分点。

中小学教育质量不断提高。全市在校初中学生 40.6 万人，毕业生 14 万人；普通高中当年招生 7 万人，比上年增长 18.7%，在校高中学生 18.3 万人，毕业生 4.5 万人；高中阶段入学率 93.1%。小学当年招生 8.5 万人，在校学生 61 万人，毕业生 13.2 万人。幼儿园在园幼儿 20 万人，学龄儿童入学率 99.97%，小学生升学率 98.97%。全市各区县小学全部进入实施新课程的实验。

教育布局进一步得到有效调整。首批 31 所示范高中学校全部建成并投入使用。医大“211”工程和一批模范小学开工建设。

文化

文化艺术、新闻出版、广播影视、图书、档案事业成绩斐然。年末全市共有艺术表演团体 15 个，文化馆、科技馆 19 个，博物馆 16 个，公共图书馆 31 个。天津博物馆、泰达会展中心和图书馆相继建成，进一步提高了城市文化品位。全年共出版各类报纸 82386.51 万份，杂志 4609.72 万册，图书 6772.39 万册。全市现有广播节目 7 套，综合人口覆盖率为 100%；市级电视节目 7 套，综合人口覆盖率为 99%，全市有线电视用户达到 180 万户。成功地举办了“中国民族戏曲优秀剧目大汇演”、首届老年文化艺术节、第二届家庭文化艺术节、第四届滨海艺术节、毛主席诗词音乐会等大型文化活动。推出了京剧《华子良》、芭蕾舞剧《精卫》、话剧《为你喝彩》等艺术精品。创作演出了《我们必胜》特别文艺节目和“我们携手同行”系列文艺节目。

卫生

卫生事业稳步发展。年末全市共有卫生机构 2671 个，其中医院 500 个，卫生防疫机构 25 个，妇幼保健所（站）11 个。年末卫生机构拥有床位 4.27 万张，比上年增长 0.9%，其中医院、卫生院床位 4.16 万张，增长 0.8%。全市拥有专业卫生技术人员 6.1 万人，比上年增加 0.4 万人，其中医生 2.59 万人。每万人拥有医生 27.8 人，拥有医院床位 44.6 张。卫生资源调整进展顺利。改造了海河医院和一中心医院，完成传染病医院一期工程和人民医院主体工程。社区卫生服务和农村卫生服务网络基本形成。

非典型肺炎防治工作取得阶段性重大胜利。出现非典疫情后，全市及时封锁疫点疫区，切断传染源，制定了各项防控措施，建成一批发热门诊和留观所，建立了非典医疗救治体系，仅用 28 天就控制了疫情。

体育

竞技体育硕果累累。我市运动员在全国高水平比赛中共获金牌 16 枚，银牌 13 枚，铜牌 19 枚；在亚洲三大赛中获得金牌 9 枚，银牌 1 枚，铜牌 2 枚；在世界三大赛上获得金牌 5 枚，银牌 3 枚，铜牌 1 枚。天津女排获全国联赛和锦标赛冠军。网球、武术、女子佩剑、男子吊环等项目进一步确立了在全国的优势地位。成功举办了第十二届亚洲男排锦标赛、国际室内田径邀请赛、丰田杯国际乒乓球邀请赛等十多项国内外赛事。天津奥林匹克中心体育场开工建设。

群众体育蓬勃开展。全面实施《全民健身计划纲要》二期工程，在全市 18 个区县配建了 23 套全民健身工程，在 267 片居民小区配建了 364 处健身设施。在全市开展了"阳光健身活动"，举办了首届国际山野运动大会，创编了第一套市民广播体操。

社会福利与救助

社会福利事业不断发展。国家抚恤、补助各类优抚对象24547人，全市低保对象26.74万人，其中城镇低保对象24.13万人，与上年相比减少了近6万人。各种福利院床位16478张，收养10910人。全市有救助站7个，全年救助58857人天。全市社区服务设施1901处，社区服务中心102个。农村社会保障网络覆盖率达到74.3%。全年销售社会福利彩票1.06亿元，筹集福利资金0.39亿元。

五、人口与人民生活

人口

人口增长继续得到有效控制。2003年末全市常住人口1011.30万人，比上年末增加4.12万人；年末户籍人口926.00万人，比上年增加6.95万人，其中农业人口376.26万人，比上年减少1.65万人，非农业人口549.74万人，增加8.60万人。全年人口出生率为7.14‰，比上年下降0.35个千分点；人口死亡率为6.04‰，与上年持平；人口自然增长率为1.10‰，比上年下降0.35个千分点。

居民收入与储蓄

城乡居民收入实现较快增长。全年城镇单位从业人员人均劳动报酬18628元，比上年增长14.8%。据抽样调查，全年城市居民人均可支配收入（按新口径计算）10313元，增长10.5%；农民人均纯收入5861元，增长10.3%。居民储蓄增量高于上年。年末城乡居民储蓄存款余额1991.76亿元，比年初增加332.27亿元，比上年净增额多增114.66亿元。

居民消费

城乡居民消费同步增长。城市居民人均消费性支出7868元，增长9.4%。其中居住、交通通讯和医疗保健三项支出分别增长了17.5%、26.5%和11.7%。农村居民人均生活消费支出3015元，增长8.5%，其中居住、交通通讯支出分别增长20.1%和10.8%。居民生活质量进一步提高。绿色健康家电、现代通讯工具成为新的消费热点。年末城市居民每百户家庭拥有影碟机49.6部，空调器90.9台，移动电话77.8部，电脑34.1台，吸尘器24.3台，饮水机31.3台，淋浴热水器82.7台。农村居民每百户拥有彩电110台，洗衣机90台，空调器32台，影碟机31部，电脑7台。

居住

城乡居民居住条件和环境继续改善。全年房屋拆迁总量突破450万平方米，综合整修旧楼区324片，近百万居民受益。城市居民人均住房建筑面积23.10平方米，使用面积17.46平方米，比上年增加0.8平方米。农村居民人均住房面积24.44平方米，比上年增加0.1平方米。

经济和社会发展中存在的主要问题是：第三产业发展还不够快；部分国有中小企业尚未摆脱困境；就业和再就业压力仍比较大；城乡居民整体收入水平还不够高，部分群众的生活还比较困难；部分商品及原材料价格出现上涨过快苗头。

注：

1. 2003年各项统计数据为快报数。

2. 按国家统计局规定，各地区GDP中文名称由"国内生产总值"改为"地区生产总值"，本公报中"全市生产总值"即为原"国内生产总值"。

3. 全市生产总值、各产业增加值和总产值绝对数按当年价格计算，增长速度按可比价格计算。

4. 规模以上工业企业包括全部国有企业和年销售收入在500万元及以上的其他各类型工业企业。

5. 利用外资的相关指标口径与上年有所调整，增长速度按可比口径计算。

6. 城市居民人均可支配收入指标新口径与原口径相比，扣除了个人缴纳的养老保险基金、失业保险基金、医疗保险基金、住房公积金和出售财物收入。

2003年上海市国民经济和社会发展统计公报

2003年是不平凡的一年。一年来，全市人民在中共上海市委、市政府的领导下，以邓小平理论和“三个代表”重要思想为指导，全面贯彻落实党的十六大精神，积极应对国内外形势新变化，努力克服非典疫情、持续高温等不利因素的影响，国民经济保持持续快速健康发展，各项社会事业全面进步，人民生活水平稳步提高，全面完成了国民经济和社会发展的各项任务，主要指标达到近几年来的最好水平。

一、经济发展

经济总量

国民经济持续快速增长。全年实现国内生产总值（GDP）6250.81亿元，按可比价格计算，比上年增长11.8%。全年第一产业增加值92.98亿元，比上年增长2.3%；第二产业增加值3130.72亿元，增长16.1%；第三产业增速受非典的影响而有所减缓，全年实现增加值3027.11亿元，增长8%，增幅比上年下降2个百分点。第三产业增加值占全市国内生产总值的比重为48.4%，比上年下降2.6个百分点。

财政收入增势良好。全年全市财政收入2828.87亿元，比上年增长28.5%。全年地方财政收入899.29亿元，比上年增长32.5%，增速为改革开放以来的最高水平。其中，增值税170.2亿元,增长24.4%；营业税332.31亿元，增长31.9%；个人所得税71.81亿元，增长33.8%；房产税22.41亿元，增长13.8%。在地方财政收入中，区县财政收入对全市地方财政收入增长的贡献率达到72.2%。全年地方财政支出1102.64亿元，比上年增长25.6%。其中，基本建设支出244.74亿元，增长32.9%；科教文卫事业支出196.11亿元,增长14.9%；企业挖潜改造资金支出156.77亿元，增长29.3%。

固定资产投资

投融资体制改革不断深化，固定资产投资总量再创历史新高。全年完成固定资产投资2452.11亿元，比上年增长12.1%，增幅比上年提高2.5个百分点。

投资结构进一步改善，民间投资加速启动。在固定资产投资总额中，基本建设投资927.29亿元，占全市固定资产投资总额的比重为37.8%；更新改造投资388.01亿元，比重为15.8%；房地产开发投资901.24亿元，比重为36.8%。从产业投向看，第一产业投资4.18亿元，比上年下降18.2%；第二产业投资806.94亿元，比上年增长16.4%，其中工业投资800.15亿元，增长16.2%；第三产业投资1640.99亿元，增长10.2%。三次产业的投资比例为0.2:32.9:66.9。从投资主体看，国有经济投资811.85亿元，比上年增长9.3%，占全市固定资产投资的比重为33.1%；外商及港澳台投资468.2亿元，增长26.6%；民间投资795.09亿元，增长20.1%，比重由上年的30.3%上升到32.4%，其中私营企业投资362.84亿元，增长17.6%。

枢纽型、功能性、网络化的现代化城市基础设施建设加快推进。全年完成城市基础设施建设投资604.62亿元，比上年增长3.6%，占全市固定资产投资的比重为24.7%。

价格

市场价格低位运行。全年居民消费价格总水平比上年上升0.1%。其中，食品类价格上升1.3%，居住类价格上升1.1%，娱乐教育文化用品及服务类价格上升0.3%，医疗保健及个人用品类价格与上年持平。除此以外，烟酒及用品类价格下降0.2%，衣着类价格下降2.5%，家庭设备用品及维修服务类价格下降1.6%，交通和通信类价格下降3.7%。全年商品零售价格水平比上年下降1%。

生产领域价格明显回升。全年原材料、燃料、动力购进价格水平比上年上升6.4%，工业品出厂价格水平上升 1.4%。

房地产价格上升较快。全年各类房屋销售价格水平比上年上升 20.1%，其中，商品房销售价格水平上升 20.5%，私房（二手房）销售价格水平上升 21.6%。全年房屋租赁价格水平比上年上升 2.1%。

农业

郊区积极推进工业向园区集中、人口向城镇集中、土地向规模经营集中工作，进一步促进农业结构的优化调整。全年完成农业总产值 239.52 亿元，比上年增长 2.3%。其中，种植业产值 97.21 亿元，比上年下降 1.5%；畜牧业产值 80.64 亿元，下降 6%；渔业产值 48.33 亿元，比上年增长 15.8%。

调整种植结构，稳定粮食生产，提高农业生产效益。全年粮食作物和经济作物的播种面积比例为 37:63。优质稻种植比例达到 87%，优质油料作物种植比例达到 70.5%。全年粮食播种面积 222.45 万亩，粮食总产量达到 19.75 亿斤。郊区苗木、果树等经济林发展加快。全年郊区新增造林面积 1.65 万公顷，比上年增长 8.3%。农副产品以市场为导向，努力扩大生产。全年水产品产量 35.2 万吨，比上年增长 7.7%；生猪出栏数 410 万头，比上年下降 8.9%；牛奶产量 27 万吨，下降 3.5%；家禽产量 1.48 亿只，下降 7.4%。积极推进减量使用化肥、化学农药工程，全年化肥和农药施用量分别比上年减少 2.4 万吨和 245 吨。农业出口创汇能力不断增强。新型蔬菜、优质花卉、特色瓜果等出口比重明显提高。全年初级农产品出口总额 10.16 亿元，比上年增长 16.2%。

农产品经营品牌意识增强，农业产业化加快发展。至年末，全市注册品牌的农产品 118 个，有 55 家企业的 107 个农产品通过市安全卫生优质农产品认证。建成 739 家食用农产品流通安全示范单位和 11 个无公害农产品安全基地。至年末，全市已有农业产加销一体化的龙头企业 350 家，其中年销售额 2000 万元以上的企业 102 家。其中被列为国家级龙头企业 7 家，市级龙头企业 12 家。

现代农业园区的集聚、示范和带动功能日益显现。至年末，全市有 176 个规模化、现代化蔬菜园艺场；12 个市级现代农业园区投入各类建设资金 43.6 亿元，引入产业开发项目 112 个，有 123 个科研成果在园区推广应用。

工业

以大项目、大企业为依托，重点行业为龙头，工业新高地建设发挥积极效应。全年实现工业增加值 2865.85 亿元，比上年增长 17.6%，增幅比上年提高 4.9 个百分点。其中，轻工业增加值 895.84 亿元，增长 11.9%；重工业增加值 1970.01 亿元，增长 20.7%。全年工业总产值首次突破万亿元大关，达到 11266.62 亿元，比上年增长 31.4%，其中规模以上工业总产值 10342.82 亿元，增长 31.4%。

工业生产产销衔接良好，经济效益总体水平大幅提高。全年规模以上工业企业产品销售率达到 99%。全年工业企业经济效益综合指数为 194.99，比上年提高 21.99 点。工业企业实现利润 805.65 亿元，比上年增长 46.1%；实现税金 524.05 亿元，增长 20.7%。其中，国有及国有控股工业企业实现利润 473.15 亿元，增长 52.7%，占工业利润总额的 58.7%；实现税金 356.08 亿元，增长 21.1%，占工业税金总额的 67.9%。

新产品开发力度继续加大。全年开发新产品 2 万多项，规模以上工业企业实现新产品产值 1496.9 亿元，比上年增长 35%，占工业总产值的比重达到 14.5%，比上年提高 0.2 个百分点。

区县工业增势强劲，工业园区能级不断提升。在全市规模以上工业总产值中，区县工业总产值 5018.78 亿元，比上年增长 41.7%，高于全市工业平均增幅 10.3 个百分点，对全市工业增长的贡献率达到 50.9%。全年“1+3+9”工业园区完成产值 4695.59 亿元，比上年增长 45%。其中，市级九个工业园区完成产值 852.25 亿元，增长 45.5%。

高新技术产业快速发展。全年高新技术产业工业总产值 2980.64 亿元，比上年增长 43.5%，占全市工业总产值的比重达到 26.5%，比上年提高 3.1

个百分点。重点发展行业对工业快速增长的拉动作用明显。电子信息产品制造业、汽车制造业、石油化工及精细化工制造业、精品钢材制造业、成套设备制造业、生物医药制造业等六个重点发展的行业完成工业总产值 6559.56 亿元，比上年增长 38.6%，拉动全市工业增长 25.5 个百分点，占全市规模以上工业总产值的比重达到 63.4%，其新增产值占全市规模以上工业新增产值的比重达到 77.1%。

高技术导向型、出口导向型工业产品产量快速增长。全年半导体集成电路产量比上年增长 17%，移动电话机产量增长 38.9%，彩色电视机产量增长 15.4%，微型电子计算机产量增长 6.2 倍，轿车产量增长 49.9%，发电设备产量增长 1.2 倍，乙烯产量增长 18.5%，金属切削机床产量增长 23.3%。

建筑业

建筑业生产全面增长。全年实现建筑业增加值 264.87 亿元，比上年增长 1.3%。

本市建筑企业全年完成施工产值 1055.88 亿元，比上年增长 28.4%；施工面积 8547.12 万平方米，增长 37%；竣工面积 2802.43 万平方米，增长 15.5%。建筑企业组织结构逐步向技术密集、管理密集、资金密集相结合的方向调整，市场竞争力不断增强，经济效益继续提高。按施工产值计算的全员劳动生产率达到人均 15.39 万元，比上年提高 15.1%。

金融业

金融业加强服务创新，市场规模进一步扩大。全年实现金融业增加值 629.08 亿元，比上年增长 7.6%。

金融市场对外开放继续加快。至年末，在沪经营性外资金融机构达到 89 家，其中，银行及财务公司 62 家（含 11 家同城支行），保险机构 19 家，证券机构 8 家。在沪经营的 62 家外资银行及财务公司资产总计达到 274.29 亿美元。其中获准经营人民币业务的有 47 家，人民币资产总额达到 525.96 亿元。有 24 家在沪外资银行被其总行确定为中国境内业务的主报告行。

中外资银行各类营运中心的集聚态势初步显现。年内建设银行、招商银行在上海设立了总行直属的“信用卡中心”；工商银行在上海设立了南方数据中心和软件开发中心；中国银行上海分行在上海设立了华东数据中心；汇丰银行在上海设立了数据处理中心；4 家外资银行在上海设立了总代表处。

金融存贷款业务量继续增加。至年末，全市金融机构各项存款余额 17318.38 亿元，当年新增 3325.82 亿元；贷款余额 13168.05 亿元，当年新增 2582.51 亿元。其中中长期贷款增加 1781.58 亿元，占新增贷款的 69%。个人消费贷款余额 1930.03 亿元，当年新增 734.4 亿元，其中住房按揭贷款余额 1709.13 亿元，当年新增 622.43 亿元。金融机构资产质量进一步提高，不良贷款率进一步降低。全市中资金融机构不良贷款率为 4.79%，比年初下降 2.39 个百分点。全年金融机构现金收入 15378.63 亿元，现金支出 15730.94 亿元，收支相抵现金净投放 352.31 亿元。

资本市场稳步发展。全年上海证券交易所各类证券成交额 8.28 万亿元，比上年增长 70.6%。其中，股票成交额 2.08 万亿元，增长 22.8%；债券成交额 6.16 万亿元，增长 98.6%；基金成交额 362.16 亿元，比上年下降 35%。证券市场证券品种不断增加。至年末，上市证券数 914 只，比上年增加 88 只，其中股票 824 只，增加 65 只。全年筹资 689.86 亿元，比上年增长 10.2%。其中，发行新股筹资 453.51 亿元，比上年下降 12.3%；再次发行(增发、配股和国有股配售)筹资 107.45 亿元，比上年增长 10.4%；发行可转换公司债券 128.9 亿元，增长 10 倍。全年中国外汇交易中心外汇成交额 1511.3 亿美元，比上年增长 55.5%。银行间同业拆借市场成交金额 17.2 万亿元，比上年增长 45.4%。

保险业收入迅速增长。至年末，全市有各类保险公司 41 家，比上年增加 5 家；保险中介机构 59 家，增加 45 家。全年保费收入 289.93 亿元，比上年增长 22%。其中，财产险保费收入 57.43 亿元，增长 29.6%；人身险保费收入 232.49 亿元，增长 20.3%。在全年保费收入中，中资保险公司保费收入 252.09 亿元，比上年增长 21.6%；外资保险公司保费收入 37.84 亿元，增长 24.9%。全年支付各类保险赔款及给付 61.97 亿元，比上年增长 24%。其中,财产险 27.1 亿元，增长 25.5%；人身险 34.87 亿元，增长 22.8%。

国内商业

努力改善消费环境，不断加快布局结构和经营业态调整，商业企业的集聚、辐射能力不断增强。全年实现国内商业增加值 395.5 亿元，比上年增长 9%。

消费品市场销售平稳增长。全年完成社会消费品零售总额 2220.64 亿元，比上年增长 9.1%。其中，吃的商品零售额 887.29 亿元，增长 7.5%；穿的商品零售额 287.59 亿元，增长 7%；用的商品零售额 1027.27 亿元，增长 11.1%。居民消费升级趋势日趋明显，轿车、家居类商品消费进一步扩大。全年汽车零售量 7.84 万辆，比上年增长 22.5%，其中轿车 7.11 万辆，增长 30%；移动电话 130 万部，增长 1.1 倍；摄像机 4.1 万架，增长 35.4%；影碟机 57.74 万架，增长 32.3%；家用空调器 80.76 万台，增长 46.9%；全自动洗衣机 28.88 万台，增长 28.1%。

购物中心、连锁超市、折扣店等新型商业业态发展势头强劲，规模效应进一步显现。至年末，全市共有连锁商业业态 69 种，其中年内新增 10 种。全市连锁网点达到7609家,其中,连锁超市门店1396家，便利店 4137 家。全年连锁商业销售额 800.43 亿元，比上年增长 27%。

商业流通规模不断扩大。全年实现商品购进总额 4872.01 亿元，比上年增长 10.3%；商品销售总额 5555.3 亿元，增长 10.6%，其中批发销售 3565.06 亿元，增长 11.9%。

商品交易市场交易活跃。至年末，全市共有商品交易市场 856 个，全年成交额 1650 亿元，比上年增长 6.7%，其中农副产品市场成交额 289 亿元，增长 8.3%。

交通运输、仓储和邮政业

交通运输、仓储和邮政业加快发展，综合服务水平不断提高。全年实现交通运输、仓储和邮政业增加值 311.41 亿元，比上年增长 4.5%。

交通运输业运营能力不断增强。全年各种运输方式完成货物运输总量 61073.1 万吨，比上年增长 7.7%。其中，铁路运输 3627.1 万吨，增长 8.6%；公路运输 30678 万吨，增长 3.1%；水路运输 26607 万吨，增长 14.8%；民用航空运输 161 万吨，增长 21.9%。全年完成旅客发送 7211 万人次，比上年下降 1.5%。其中，铁路 3391 万人次，下降 3.6%；公路 2052 万人次，比上年增长 0.3%；水路 528 万人次，增长 0.5%。上海浦东、虹桥两大机场全年共起降航班 24.4 万架次，比上年增长 8.2%；进出港旅客达到 2474.26 万人次，增长 0.1%，其中发送旅客 1240 万人次，增长 0.4%。在民用航空进出港旅客中，国内航线进出港旅客 1645 万人次，比上年增长 7.5%；国际及地区航线进出港旅客 829.26 万人次，比上年下降 11.9%。

国际航运中心建设取得新进展。全年港口货物吞吐量达到 3.16 亿吨，比上年增长 19.9%。全年港口集装箱吞吐量突破 1000 万国际标准箱，达到 1128.2 万国际标准箱，比上年净增 267 万国际标准箱，增长 31%，跃居世界第三大集装箱港。至年末，上海港拥有 15 条国际集装箱班轮航线，与近 200 多个国家和地区的 500 余个港口建立业务联系。

邮政业务加快发展。全年完成邮政业务总量 31.68 亿元，比上年增长 12.7%。邮政服务门类增多，投递速度加快。全年发送信函 5.4 亿件，比上年增长 7.9%；国际特快专递 79.1 万件，增长 18.2%。

房地产业

房地产业保持持续快速发展。全年实现房地产业增加值 461.88 亿元，比上年增长 13.7%。

房地产投资增长加快，市场供需总量相对均

衡。全年完成房地产开发投资额 901.24 亿元，比上年增长 20.3%；商品房施工面积 8267.51 万平方米，增长 20.6%；竣工面积 2491.84 万平方米，增长 25.6%；商品房销售面积 2376.4 万平方米，增长 20.5%，其中商品住宅销售面积 2224.47 万平方米，增长 20.5%。全年商品房销售额 1216.34 亿元，比上年增长 49.2%，其中商品住宅销售额 1109.86 亿元，增长 50%。存量房产交易持续攀高。全年成交过户面积 2306.28 万平方米，比上年增长 28.8%。

二、改革开放

所有制结构

所有制结构调整不断完善，非公有制经济加快发展。在全市国内生产总值中，公有制经济增加值 4010.09 亿元，比上年增长 5.5%；非公有制经济增加值 2240.72 亿元，增长 25.3%，占国内生产总值的比重由上年的 31.9%上升到 35.8%。

各种所有制工业企业共同发展。全年规模以上国有及国有控股工业企业完成工业总产值 4471.44 亿元，比上年增长 29.1%。在规模以上工业总产值中，股份制工业企业总产值 2324.2 亿元，比上年增长 20.5%；股份合作制工业企业总产值 153.59 亿元，增长 11.7%；外商及港澳台投资工业企业总产值 6426.75 亿元，增长 37.8%。

非国有商业企业快速发展。在全市社会消费品零售总额中，股份制商业企业零售额 412.75 亿元，比上年增长 11.5%；外商及港澳台投资商业企业零售额 254.49 亿元，增长 35.7%；私营和个体商业企业零售额 332.57 亿元，增长 27.4%；国有商业企业零售额 581.36 亿元，比上年下降 1%。

国有资产管理和国有企业改革

理顺国有资产管理体制，不断加快国有资产重组步伐。全市 921 家市属大中型企业有 667 家完成改制，占 72.4%。已改制企业的总资产额和净资产额占 921 家企业总资产额和净资产额的比重分别达 85.4%和 89.3%。年内组建了百联、锦江国际、盛融等大型企业集团、投资公司。国有资产通过重组，结构优化，质量提升，活力增强。全年有 31 家含国有股的上市公司通过协议转让、划转、资产置换进行了资产重组，涉及资金总额 115.22 亿元。有 3 家企业通过增资配股、增发新股等方式，累计筹集资金 32 亿元。全年实施破产的国有企业 46 户。其中，完成 30 户，16 户正在清算过程中。组建联合产权交易所，产权交易市场快速发展。全年共成交各类产权 7601 宗，比上年增长 17%；交易金额 3244.25 亿元，增长 43%。其中，涉及国有、国有控股、国有参股企业产权出让 2375 宗，增长 27%；交易金额 620.38 亿元，增长 24%。

行政审批制度改革

行政审批制度改革深入推进。全年完成第三批取消、调整的行政审批事项 243 项，其中取消 101 项，调整 142 项。经过三批清理，至年末，全市原有的 2027 项审批事项中被取消、调整的项目达到 1044 项，占 51.5%。年内确定了 38 项行政审批事项在全市范围内实行“告知承诺”制度。在浦东、长宁、闵行等区开展的清理和规范有收费行为的行政审批、深化建设项目审批改革等试点工作取得成效，审批方式和审批程序进一步简化。

进一步加强依法行政和政府立法工作。全年制定、修订政府规章 16 件，废止规章 3 件。

行业协会与市场中介

行业协会加快调整、组建。年内基本完成了对原有 137 家行业协会的改革调整。在现代金融业、现代服务业、现代农业等重要领域新建了珠宝玉石加工、专利代理、种子等 20 家行业协会。行业协会在整顿和规范市场秩序、建设社会诚信体系以及推进知识产权等工作中发挥积极作用。

各类市场中介机构在规范中加快发展。全市经济鉴证类中介机构达 950 多家，从业人员 2.5 万多人。年内，对注册会计师、资产评估师、注册税务师等 2000 多名具有执业资格的人员开展了相关法律法规知识的培训，对留学中介、会计师事务所服务收费等内容制定了相关的规范文件。

社会保障

多层次的社会保障体系不断完善。至年末，全市已有 12.64 万家城镇机关、企事业单位、个体工商户以及自由职业者共 461.06 万人参加城镇基本养老保险，享受养老保险待遇的离退休人员为 254.6 万人。全年有 441.14 万人参加失业保险。年内出台并实施了《上海市小城镇社会保险暂行办法》，参保人数 2.07 万人。

医保改革逐步深化。至年末，全市有 10.38 万家城镇机关、企事业单位，共 689.93 万人（包括离退休人员）加入城镇职工基本医疗保险。全市共有 23.11 万个体工商户、自由职业人员参加基本医疗保险。外来从业人员综合保险参保人数 77 万人。年内在全市全面推行医保门急诊就医记录册制度，与 491 家医院和 77 家药店签订了医保定点医药机构契约化管理协议。医疗保险事务服务点覆盖全市所有街道（镇），服务点总数达 243 个，配备医保专管员 478 名。积极支持经济药店纳入医保定点范围，年内批准 5 家“平价药店”为医保定点药店。年末，医保定点药店扩展到 110 家。

国内合作

积极参与西部大开发，大力推动长江三角洲地区的联动发展，深入开展对口支持和国内合作交流，不断提高服务全国的水平。年内新增国内各地来沪投资企业 10920 家（注册资本 100 万元以上独资或控股企业），注册资本总额 1275 亿元，其中注册资本 1 亿元以上的有 54 家。年内上海与全国各地投资签订合作项目 578 项，项目总金额达 653 亿元。全年上海与西部省市签订各类经济技术合作项目 140 项，总金额 227 亿元，涉及工业、农业、商贸、旅游、房地产、教育、文化、卫生、人才交流和基础设施等领域。

上海对云南、西藏日喀则地区、新疆阿克苏地区、三峡库区等地对口帮扶与协作力度不断加大。全年实施帮扶项目 488 个，投入资金 1.53 亿元。

商业部门开拓国内市场的进程继续加快。至年末，上海在外省市开设的商业连锁企业网点达到 3038 家；全年实现销售额 276.39 亿元，比上年增长 17%。

对外贸易

积极实施促进外贸出口的政策措施，推进出口加工区建设，外贸出口实现了高速增长。全年外贸进出口总额 1123.97 亿美元，比上年增长 54.7%。其中，进口总额 639.15 亿美元，增长 57.4%；出口总额 484.82 亿美元，增长 51.2%。在外贸出口总额中，内外资企业出口共同发展。全年外商投资企业出口 308.13 亿美元，比上年增长 60.8%，占全市出口总额的 63.6%；国有企业出口 151.88 亿美元，增长 26.6%；集体企业出口 6.46 亿美元，增长 14.8%；私营企业出口 18.18 亿美元，增长 4.6 倍。出口产品结构进一步优化，高新技术产品出口增势强劲，全年高新技术产品出口 163.61 亿美元，比上年增长 1.2 倍，占全市外贸出口总额的比重由上年的 23.3% 提高到 33.7%。机电产品出口继续保持快速增长。全年机电产品出口 292.52 亿美元，比上年增长 73.8%，占全市外贸出口总额的比重由上年的 52.5% 提高到 60.3%。出口市场多元化战略效果明显，主要市场和新兴市场外贸出口保持同步增长。在主要出口市场中，对亚洲出口 217.87 亿美元，比上年增长 34.7%；对欧洲出口 106.15 亿美元，增长 84.5%；对北美洲出口 127.63 亿美元，增长 63.1%；对拉丁美洲出口 14.49 亿美元，增长 39.2%；对大洋洲出口 10.08 亿美元，增长 49%。在新兴出口市场中，对东盟出口 38.64 亿美元，比上年增长 36.3%；对俄罗斯出口 1.81 亿美元，增长 71.8%。积极培育外贸出口新增长点。年内新增松江、青浦、漕河泾和闵行 4 个出口加工区，使全市已封关验收的出口加工区面积达到 10.2 平方公里。

深化“大通关”工作，试行“5+2”工作制，上海口岸的服务功能不断增强。全年上海口岸进出口总额 2012.01 亿美元，比上年增长 41.2%。其中，进口总额 888.95 亿美元，增长 46.5%；出口总额

1123.06 亿美元，增长 37.3%。

吸收外资

以现代制造业、现代服务业、高新技术产业为发展重点，加大招商引资力度，提高引资质量。全年批准外商直接投资合同项目 4321 项，比上年增长 43.5%；吸收外资合同金额 110.64 亿美元,增长 23.5%；实际到位金额 58.5 亿美元，增长 30.1%。工业吸收外资增速加快，比重提高。全年批准工业吸收外资合同项目 1896 项，比上年增长 18.8%；吸收外资合同金额 71.67 亿美元，增长 30%，增幅比上年提高 5.1 个百分点。全年工业吸收外资合同金额占全市外商直接投资合同金额的比重为 64.8%，比上年提高 4.7 个百分点。服务贸易领域吸收外资不断增长。全年第三产业吸收外资合同金额 37.02 亿美元，比上年增长 12.4%，占全市外商直接投资合同金额的比重为 33.5%。其中，交通运输、仓储、邮电通信业合同金额 3.82 亿美元，比上年增长 1.1 倍；批发、零售贸易及餐饮业合同金额 4.31 亿美元，增长 59.7%。资金规模大、技术含量高的大项目继续成为外商投资的主体。全年批准总投资在 1000 万美元以上的外商投资大项目 371 项，比上年增长 58.5%；吸收外资合同金额 77.53 亿美元，增长 16%。外资企业增资力度继续加大。

全年外商投资企业合同增资 38.07 亿美元，占全市外商直接投资合同金额的 34.4%。至年末，在上海投资的国家和地区已达 108 个，跨国公司地区总部、投资性公司和研发中心分别达到 56 家、90 家和 106 家。

至年末，在沪经营性外资金融机构实到资本金（营运资金）24.34 亿美元，年内新增 4.18 亿美元。其中，银行及财务公司实到资本金（营运资金）18.11 亿美元，年内新增 2.8 亿美元；保险机构实到资本金（营运资金）3.2 亿美元，年内新增 0.78 亿美元；证券机构实到资本金（营运资金）3.03 亿美元，年内新增 0.6 亿美元。

对外承包工程和劳务合作

上海企业积极实施“走出去”战略，对外投资、工程承包和劳务合作持续稳步增长。全年批准对外投资项目 81 个，投资总额 1.72 亿美元。新签订对外承包工程和劳务合作合同 928 项，比上年增长 15.7%；合同金额 16.64 亿美元，增长 7.9%；实际完成营业额 13.26 亿美元，增长 4.9%；派出劳务人员 1.27 万人次，增长 15%，涉及房屋建筑、加工制造、交通运输、电子通讯、石油化工和环保等领域。至年末，上海对外承包工程和劳务合作涉及的国家和地区已达 120 个。

旅游

积极扶持新兴旅游业态，大力推进旅游产业结构调整，努力扩大旅游业规模。全年实现旅游产业增加值 338.23 亿元，比上年增长 3.3%。

至年末，全市星级宾馆已达 338 家，其中五星级宾馆 20 家。全市已有旅行社 611 家，其中，国际旅行社 41 家，国内旅行社 570 家。全年接待国际旅游入境人数 319.87 万人次，比上年下降 14.1%。其中，入境外国人 211.57 万人次，下降 15.6%；港、澳、台同胞 87.31 万人次，下降 14%；华侨 20.99 万人次，比上年增长 4.8%。在国际入境旅游者中，入境过夜旅游人数 244.71 万人次，比上年下降 10.2%。国际旅游外汇收入 20.53 亿美元，比上年下降 9.8%。全年接待国内旅游者 7603.61 万人次，比上年下降 13.2%，其中外省市来沪旅游者 5630.23 万人次，下降 17.2%。国内旅游收入 1079.8 亿元，比上年增长 10.9%。

浦东开发开放

浦东新区在功能开发、产业升级和扩大开放等方面的综合优势进一步显现。全年浦东新区实现增加值 1503 亿元，比上年增长 17.5%；外贸出口总额 211.91 亿美元，增长 55.8%；签订外商直接投资合同金额 28.75 亿美元，增长 7.8%。陆家嘴金融贸易区金融服务功能日趋完善。至年末，已有 143 家中外营业性金融机构集聚区内。外高桥保税区贸易、仓储、分拨等现代物流功能进一步拓展。全年物流企业营业收入 595.9 亿元，比上年增长 24.4%。外高桥港口货物吞吐量达 5577.4 万吨，比上年增长 42.5%；集装箱吞吐量 661.4 万国际标准箱，增长 42.8%。金桥出口加工区产业升级不断提升。全年工业总产值突破 1000 亿元，达到 1038.19 亿元，比上年增长 30.2%。张江高科技园区聚焦战略效应凸现，微电子产业带不断壮大并向高端发展。至年末，区内拥有集成电路企业 140 家，经认定的各类研发机构 30 家，已形成 33.48 万平方米的孵化基地用房，孵化企业达 382 个。

三、城市建设和管理

重大工程建设

重大工程建设继续大规模投入、高速度推进。全年重大工程建设完成投资 621.52 亿元。年内建成或基本建成徐家汇公园三期、广场公园三期、轨道交通 5 号线、竹园污水处理厂等 25 项重大工程。外环线隧道、卢浦大桥和大连路隧道相继建成启用，中心城区黄浦江越江车道由 26 条增至 44 条，有效地减轻了市中心的越江压力。沪闵高架二期、大连路拓宽等一批城市道路工程建成通车，城市交通网络进一步完善。嘉金、亭枫等一批高速公路网进入建设高峰，在建高速公路里程达到 285 公里。启动了苏州河综合整治二期、轨道交通 6 号线等项目。洋山深水港一期工程建设进入高潮，港区、东海大桥和临港新城工程按照节点目标顺利推进。

公用事业

城市交通体系逐步改善，交通服务效率进一步提高。年内新辟、调整 191 条公交线路；新增 2 条轨道交通线路，轨道交通线路总长由 65 公里提高到 112 公里。至年末，全市公交线路达到 952 条，公交运营车辆 1.86 万辆，运营出租车 4.87 万辆。全年市内公共交通客运量 41.46 亿人次，比上年增长 2.9%。其中，轨道交通客运量 4.06 亿人次，增长 13.6%；公共汽电车客运量 27.31 亿人次，比上年下降 1.6%。积极改善交通设施，大力整治交通秩序，努力缓解局部地区交通拥堵状况。年内更新公交车 2254 辆，出租车 8812 辆；建成吴淞码头、蕴川路等 4 个市郊交通换乘枢纽站；完成了 16 个瓶颈或堵头、错位路段的拓宽改造。

公用事业综合服务水平不断提高。全市自来水日供水能力 1064 万立方米，与上年持平。全年自来水售水量 20.66 亿立方米，比上年增长 2%，其中生活用水 12.54 亿立方米，增长 5.5%。全年全市用电量 745.97 亿千瓦 · 时，比上年增长 15.5%，其中城乡居民生活用电 82.87 亿千瓦 · 时，增长 34%。至年末，全市人工煤气及液化气家庭用户达到 534 万户，比上年增长 2.2%；全市天然气家庭用户达到 87.5 万户，增长 24.8%。全年人工煤气供应总量 25 亿立方米，比上年增长 7.3%。全年天然气售气量 4.3 亿立方米，比上年增长 12.9%。年内上海天然气主干网开始接受“西气”，建成了东海平湖油气田扩建一期工程。

城市环境保护和治理

进一步完善环境保护和环境建设协调推进机制，全面启动第二轮“环保三年行动计划”，有序推进水环境和大气环境治理，城市整体环境质量全面提升。全年用于环境保护的资金投入达 191.53 亿元，相当于全市国内生产总值的比例达到 3.06%。

水环境治理力度不断加大。苏州河综合整治二期和污水治理三期等一批重大治理项目开工建设，中小河道整治得到加强，全市水环境质量稳步改善。大气环境治理成效显著，主要污染物排放总量总体保持稳定。城区可吸入颗粒物年日平均值比上年下降 11%，二氧化氮、二氧化硫浓度与上年基本持平，达到国家环境空气质量二级标准。年内完成 493 台燃煤锅炉清洁能源替代，创建“基本无燃煤街道”21 个、“基本无燃煤区”114 平方公里。新机动车尾气排放实施了等效于欧 II 标准的国家第二阶段排放控制标准。全年空气质量指数达到一级的天数有 60 天，达到二级的天数有 265 天，空气质量指数达到二级和优于二级的天数占全年天数的 89%。城市废弃物处置利用网络建设不断完善。年内全市新增居民生活垃圾压缩收集站、综合处理站 54 座，废品回收利用交投站 152 个。年内江桥生活垃圾焚烧厂试运行、浦东生活垃圾生化处理厂投入使用。

城市绿化

以创建国家园林城市为重点，全面推进绿化建设，城市生态环境进一步优化。全年新建绿地 4155 公顷，新增 3000 平方米以上的城市景观绿地 56 块。年内中心城区建成广场公园三期、徐家汇公园三期、延虹绿地等大型开放式公共绿地。全年新建居住区绿地 457.5 公顷。至年末，城市绿化覆盖率达到 35.2%；人均公共绿地面积 9.16 平方米。积极推进免费开放公园进程。全市免费开放公园达到 88 座。郊区片林建设有序推进。年末实有造林面积 5.48 万公顷。九段沙湿地和崇明东滩申请国家级自然保护区工作进展顺利。至年末，全市森林覆盖率达到 15.1%。

四、城市信息化信息产业

信息产业持续快速发展。全年信息产业增加值 622.04 亿元，比上年增长 17%，占全市国内生产总值的比重达到 10%。其中，信息产品制造业增加值 350 亿元，增长 12.5%；信息产品销售业增加值 19.84 亿元，增长 21.7%；信息服务业增加值 252.2 亿元，增长 24%。全市用于信息化建设的固定资产投资 252.49 亿元，占全市固定资产投资总额的比重为 10.3%。

信息技术应用

信息技术社会化应用加快推进。电子政务建设取得新进展。“中国上海”门户网站全年主页访问数达 5793.95 万人次，比上年增长 88.5%；实现网上办事 549 项，提供表格下载 653 项。经济领域信息化加快实施。至年末，个人信用联合征信服务系统共采集 360 万市民的信用记录，比上年增加 70 万人；累计出具个人信用报告 143.5 万份，增加 57 万份；数字证书累计发放超过 37 万张。银行信用卡累计发放 4080 万张，全年交易 1556 亿元，比上年增长 46%，其中持卡消费 640 亿元，增长 1.1 倍。电子商务发展迅速。全年完成电子商务交易额 504 亿元，比上年增长 98.5%。年内“大通关”电子平台基本形成。口岸通关单证电子化率从上年的 50% 提高到 70%；日均传输报文从 2.59 万份增加到 5 万份。社会公共服务领域信息化深入推进。社保卡累计发放 855 万张，全年社保卡服务热线（962222）咨询人数达 53.7 万人次。交通卡累计发放 1037.34 万张，比上年增加 561.44 万张，全年销售 10.16 亿元。上海信息化服务热线（9682000）全年接受咨询 4.67 万人次。信息安全监管进一步加强。累计完成系统安全测评 194 个，比上年增加 101 个。信息技术人才培训继续开展。至年末，全市有 347 万人次的市民参加了计算机等级考试，其中 192 万人次取得合格证书。

信息基础设施

信息基础设施建设不断完善。全年新增电话交换机 62 万门，总容量达到 873 万门。至年末，全市电话用户 733 万户，其中住宅电话 528 万户；移动电话用户达到 1097 万户，比上年末增加 185 万户。全年长途电话通话时长 80.6 亿分钟，比上年增长 43.9%。其中，国际电话长途通话时长 25.6 亿分钟，增长 14.3%；移动电话长途通话时长 19.8 亿分钟，增长 46.7%；IP 电话通话时长 35.2 亿分钟，增长 75.1%。在长途电话通话时长中，对国际及港澳台电话通话时长 4.3 亿分钟，比上年增长 10.3%。至年末，国际互联网出口带宽达到 7695 兆，比上年增长 92.4%；国际互联网用户达到 431.6 万户，比上年增加 12 万户；宽带接入用户 92.49 万户，增加 57.7 万户；卫星站点 906 个，增加 69 个。至年末，集约化信息通信管线累计完成 1010 沟公里，比上年增加 150 沟公里。超级计算中心计算能力大幅增长，主机平均使用率为 86%。至年末，有线电视双向改造完成 170.5 万户，比上年增加 9 万户；有线电视用户达到 367 万户，增加 40 万户。年内完成 4000 个公用电话亭标准化更新。

五、社会事业

科技

坚持科教兴市主战略，不断增强科技创新能

力。全年用于研究与发展（R＆D）经费支出相当于国内生产总值的比例达到 2.06%。全年共取得科技成果 1508 项。其中，属于国际领先的有 71 项，达到国际先进水平的有 532 项。燃料电池、信息安全、磁悬浮、数字信号处理芯片等一批重大项目研究取得进展。知识产权保护不断加强，专利申请与授权量大幅增加。全年受理专利申请量 22374 件，比上年增长 12.1%，其中发明专利 5936 件，增长 49.9%。全年专利授权量 16671 件，增长 1.5 倍。

不断优化科技创新环境，科技成果产业化进程取得新进展。至年末，全市已累计建成 25 家国家级企业技术中心和 103 家市级企业技术中心。年内共有 543 项高新技术成果转化项目获得认定。在认定的项目中，电子信息、生物医药和新材料三大重点领域的项目占 71%；拥有各类专利和软件著作权的项目占 84.3%；达到国际先进水平的项目占 96.6%。至年末，共认定高新技术成果转化项目 2393 项，其中 70%的项目已实施产业化，累计新增产值 1055 亿元。技术交易稳步发展。全年共签订各类技术交易合同 2.73 万项，比上年增长 4.9%；合同金额 142.78 亿元，增长 18.8%。

教育

加快教育发展与改革，继续推进高等教育体系建设。至年末，全市共有普通高等院校 57 所。其中，本科院校 27 所，专科院校 6 所，高等职业技术学院 24 所。全年普通高等院校、高等职业技术学院招收本科、专科、高职学生 12.03 万人，比上年增长 10.2%；在校学生 37.85 万人，增长 14.1%；毕业学生 7.12 万人，增长 29%。全年招收研究生 2.25 万人，比上年增长 17.3%；毕业研究生 1.01 万人，增长 27.2%。深化教育投融资体制改革，加快高校新校舍建设。年内完成了松江大学园区一期、上海中医药大学浦东新校区共 48.4 万平方米的校舍建设。

加快推进基础教育均衡化、优质化、现代化，中小学教育质量不断提高。至年末，全市共有小学 686 所，在校学生 64.83 万人，比上年下降 3.6%。普通中学 844 所，在校学生 75.47 万人，比上年下降 4.4%，其中普通高中在校学生 29.67 万人，比上年增长 9%。中等专业学校 83 所，在校学生 13.69 万人，比上年增长 8.1%。全市九年制义务教育入学率达到 99.9%，高中阶段入学率 99.2%。年内启动了崇明、奉贤、南汇和金山 4 所寄宿制高中建设。加快推进中小学、幼儿园二期课程教材改革，课改教材已在全市 179 所课改实验基地学校的起始年级试用。

积极发展多元办学，民办教育健康发展。至年末，全市共有 15 所民办高校，在校学生 3.78 万人；187 所民办普通中学，在校学生 13.33 万人；40 所民办小学，在校学生 5.93 万人。

文化

文化、新闻、出版和广播电影电视事业取得新成就。年内成功地举办了第五届中国上海国际艺术节、2003 年上海国际服装文化节、第七届上海国际电影节等一系列国内外大型文化交流活动。在全国和国际性重要文艺评奖中，上海共获奖 20 余项，其中话剧《商鞅》和京剧《贞观盛事》入选年度国家舞台艺术精品剧目；电影《父亲》获二十七届开罗电影节最佳影片奖。至年末，全市有市、区（县）文化馆、群众艺术馆 36 个，公共图书馆 35 个，档案馆 45 个，博物馆 23 个。年内上海博物馆成功举办了《淳化阁帖》最善本特展，共展出 38 天，接待观众 14.3 万人次。文化部门艺术表演团体 28 个。全年共摄制电影故事片 9 部。广播电视播放时间延长，节目丰富多彩。上海文广新闻传媒集团专业频率共有 10 套，平均每天播音时间 172.7 小时。其中，上海人民广播电台节目 4 套，平均每天播音 75.9 小时；上海东方广播电台节目 6 套（其中对台广播 1 套），平均每天播音 96.8 小时。专业频道共有 11 套，平均每周播出时间 1475.1 小时。其中，上海东方电视台节目 4 套，平均每周播放 523.8 小时；上海电视台节目 7 套，平均每周播放 951.3 小时。上海教育电视台平均每周播放 122.5 小时。全国有 27 个省、市、自治区卫星电视节目进入上海电视网播放。至年末，有 30 个有线台（网）收转了上海卫视节目，其中澳门、日本、澳大利亚各 1 个。年内上海东方电影频道正式开播，成为全国第一个地方电影频道。新闻出版事业发展步伐加快。年内组建了新的上海文艺出版总社和上海世纪出版集团。全年共出版报纸 17.05 亿份、各类杂志 1.83 亿册、图书 2.74 亿册（张）。

卫生

以优化医疗卫生资源配置，提高医疗服务质量为重点,不断深化卫生体制改革，满足市民不同层次的医疗卫生服务需求。至年末，全市分类登记的医疗机构 1487 所，其中，非营利性 574 所，营利性 913 所。年内有 997 名医师和 679 名护士进行了注册登记。不断改善就诊环境，方便市民就医。年内完成 18 家市级医院急诊室改造，全市 69 家区县中心以上医院实行了延长门诊服务时间制度。基本完成了 40 所乡镇卫生院标准化建设。加强公共卫生建设，年内实施了《上海市加强公共卫生建设三年行动计划》和《上海市建设健康城市三年行动计划》；启动了应急控制系统、医疗救治系统等七大系统支撑的公共卫生体系建设。临床医学中心在建项目达 33 个，质量和规模效应逐步体现。全面实施区域卫生规划，制定实施了《关于本市促进社会办医发展民办医疗机构的若干意见》，鼓励社会力量参与办医。

体育

体育事业取得新成绩。年内成功地举办了上海喜力网球公开赛、上海国际友好城市运动会等 11 项国际体育赛事和 23 项国内重要体育赛事。在国际重大比赛中，上海运动员获得 5 项世界冠军和 9 项亚洲冠军。在全国最高级别比赛中，上海运动员共获 27.5 枚金牌、31.5 枚银牌和 28.5 枚铜牌。上海女足在全国女足超级联赛、全国女足锦标赛和全国女足联赛中，均获得冠军，创下历史最好成绩；上海申花、国际足球队分别夺得全国甲 A 联赛冠亚军。

群体性体育活动广泛开展。年内成功举办了上海市第八届全民健身节、上海市第七届社区健身大会、上海市职工足球赛等 20 项大型群众性体育活动和赛事。年内新增 577 个社区全民健身活动场所，建成 13 个健身苑、563 个居委会健身点、1 个健身中心，总面积达 37 万平方米。全年为各居住小区的健身苑、健身点配置各类健身器材 7713 件。

社会福利与救助

整合政府救济与社会帮困资源，完善救助帮困信息平台，社会福利与救助事业持续发展。至年末，全市共有养老机构 444 家，床位 3.8 万张，其中，年内新增养老床位 3062 张，改扩（新）建薄弱养老机构 57 家。由社会投资开办的养老机构 151 家，床位 1.41 万张。全年新建 40 个老年人日间服务中心，315 个老年活动室。在全市范围内全面实现“应保尽保”。至年末，享受城镇最低生活保障人数 44.59 万人，享受农村最低生活保障人数 10.46 万人。全市有 9.31 万协保人员享受政府生活困难补助，12.98 万人享受粮油帮困。扎实推进残疾人救助事业。年内新办福利企业 93 家，新安置 1449 名残疾人就业；新建盲道 121.95 公里、坡道 1843 个，完成 376 处公共场所无障碍设施改造。全市共有 5.82 万人次的大病重病患者获得医疗救助，医疗救助金额达 6339.8 万元，人均救助金额 1089 元。年内在全市 170 个街道（镇）建立了为老年人提供“居家养老”的服务网络。

六、人民生活

人口

年末，全市户籍人口 1341.8 万人，人口出生率为 4.26‰，死亡率为 7.55‰，自然增长率为-3.29‰。

不断完善人才流动政策，吸引优秀人才来沪创业。至年末，已有 2.78 万名境内外人才获得上海市居住证。其中境外人才 0.14 万名，境内人才 2.64 万名。在获得上海市居住证的人才中，本科以上学历占 68.7%，硕士、博士以上占 9.8%。

就业

落实促进就业社会责任体系，拓展多渠道就业形式。至年末，全市城镇从业人员 582.1 万人，比上年增加 5.7 万人。其中，城镇单位从业人员 335.1 万人，比上年减少 15.8 万人；城镇私营企业从业人员和个体劳动者 171.6 万人，比上年增加 33.2 万人；非正规劳动组织就业人员 22.9 万人，增加 2.7 万人；自由职业者 15.9 万人，增加 1.8 万人。

实施职业技能振兴计划，加强再就业培训工作力度，开拓新的公益性就业岗位，积极化解就业压力。至年末，全市职业介绍机构 402 个。全年新增就业岗位 46 万个。“4050”工程累计开发 626 个创业项目，安置 2.6 万名“4050”人员上岗就业。加大就业援助力度，缓解困难群体就业矛盾。全年政府出资购买的社区保洁、保绿、保安、保养等公益性劳动岗位，共安置就业特困人员近 9 万名。加强就业技能培训，适应劳动力市场需要。年内政府投资建成的开放式公共实训基地完成实训鉴定 26.3 万人次。至年末，全市有青年职业见习基地 719 家，见习学员 2.5 万多人，见习后一次性就业率接近 60%。积极推进非农就业，拓宽离土农民就业渠道。年末新增农村富余劳动力就业岗位 12.5 万余个。年内还实施了“万人就业项目”、“灰领型技能人才培训”等就业新政策。

高校毕业生就业情况良好。至年末，全市有 7.54 万名当年毕业的大学生实现就业，就业率达 93.6%。

至年末，全市城镇登记失业人员 30.1 万人，比上年增加 1.32 万人，登记失业率为 4.9%。

居民收入和储蓄

城乡居民收入水平不断提高。全市职工年平均工资 22160 元，比上年增长 13.8%。据抽样调查，城市居民家庭人均年可支配收入 14867 元，比上年增长 12.2%；农村居民家庭人均年可支配收入 6658 元，增长 7.2%。

城乡居民家庭耐用消费品拥有量明显增加。据抽样调查，至年末，平均每百户城市居民家庭耐用消费品拥有量：彩电 168 台，家用空调 136 台，影碟机 74 台，移动电话 133 部，家用电脑 60 台，热水器 81 台；平均每百户农村居民家庭耐用消费品拥有量：彩电 125 台，轻骑、摩托车 88 辆，洗衣机 75 台，热水器 61 台，移动电话 91 部，影碟机 31 台，家用空调 37 台，家用电脑 15 台。

居民储蓄继续增加。年末全市城乡居民储蓄存款余额 6054.6 亿元，当年新增 1139.02 亿元。其中，城镇居民储蓄存款余额 5740.57 亿元，新增 1077.58 亿元；农村居民储蓄存款余额 314.03 亿元，新增 61.44 亿元。

居住

居民居住条件和居住环境不断改善。全年全市完成住宅建设投资 684.52 亿元，比上年增长 19.1%；住宅竣工面积 2171.34 万平方米，增长 23.8%。建成为住宅配套服务的公共设施面积 258.8 万平方米，相当于全市住宅竣工面积的 11.9%。年内建成高起点规划、高标准设计、高质量施工和高水平管理的“四高”优秀小区 101 个。年内完成平顶改坡顶 1637 幢，水箱改造 265 个。旧区改造有序推进。全年拆除旧住宅建筑面积 475.47 万平方米，比上年下降 20%。至年末，市区人均住房使用面积 19 平方米，比上年增加 0.9 平方米；人均住房居住面积达到 13.8 平方米，增加 0.7 平方米。居民住宅成套率达到 92.3%。

进一步扩大廉租房制度受益面。廉租房认定标准从人均居住面积 5 平方米提高到 7 平方米，受益困难家庭累计达到 7724 户。不断完善住房保障体系，满足中低收入家庭的购房需求。年内开工建设中低价住宅 300 万平方米。已竣工重大工程配套商品房 101.9 万平方米，其中 1.3 万余套供动迁居民购买。

物业管理不断完善。年内完成 555 万平方米旧住房整治，更新维修影响正常运行的旧大楼电梯 115 台。全面实行居住物业管理小区经理责任制，年内 5279 名物业管理小区经理取得了执业资格。

国民经济和社会发展中存在的主要困难和问题是：产业结构战略性调整的任务仍然比较艰巨；电力等能源供需紧张矛盾还未得到有效缓解；商品房价格上涨偏快，房地产市场调控有待加强；扩大就业的任务依然很重；社会事业发展，特别是郊区的卫生、教育、文化等事业发展相对滞后等。

说明：

1. 本公报数为初步统计数。

2. 本公报国内生产总值、各产业增加值和总产值绝对数按当年价格计算，增长速度按可比价格计算。

3. 国内商业统计范围包括国内贸易、物资供销和饮食业。

4. 民间投资是指除国有和外商及港澳台商以外的其他经济类型主体进行的投资。

5. 信息产业包括信息产品的制造、销售和信息服务等活动。旅游产业包括与旅游有关的交通、邮电、旅馆、餐饮、贸易及文化娱乐等活动。信息产业、旅游产业的增加值是依据若干行业的有关资料进行跨行业核算的，不能将其与国内生产总值中其他行业的增加值进行简单加总，否则会造成重复计算。

6. “1+3+9”工业园区中的“1”是指浦东新区；“3”是指三个国家级经济开发区——漕河泾新兴技术开发区、闵行经济技术开发区、上海松江出口加工区；“9”是指九个市级工业园区——莘庄工业区、康桥工业开发区、嘉定工业区、上海市工业综合开发区、松江工业区、青浦工业园区、金山嘴工业开发区、宝山城市工业园区和崇明县工业园区。

7. “5+2”工作制，即 365 天天天能通关，是指在上海口岸对货物通关实行每周 7 天的新工作制度。实行这一制度后，口岸各相关部门将按照周一到周五同样操作规程和工作标准，周六、周日也为企业提供报检、报关和晚上的预约报检报关服务，并在口岸各现场提供通关查验、放行服务。

2003年重庆市国民经济和社会发展统计公报

2003年，在市委、市政府的正确领导下，全市人民坚持以“三个代表”重要思想为指导，全面贯彻落实党的十六大精神，抓住机遇,扎实工作,成功抵御非典疫情等不利因素的冲击，顺利实现全面建设小康社会和新一届政府工作的良好开局，国民经济呈现出快速、稳健增长势头，经济运行质量和效益明显改善，各项社会事业全面进步，城乡人民生活水平稳步提高。

一、国民经济快速增长，运行质量稳步提高

全年实现本市生产总值2250.56亿元，首次突破2000亿元大关。按可比价格计算，比上年增长11.5%，增幅高于上年1.2个百分点，是重庆直辖以来经济增长速度最快的一年。

随着经济增长速度加快，经济运行质量稳步提高。2003年，全市国有及年销售收入500万元以上的非国有工业企业实现利润85.97亿元，比上年增长89.5%，企业亏损面下降到19.6%，降低了2.8个百分点。工业经济效益综合指数达129.7，比上年提高19.9个百分点。财政收入继续保持较快增长，全年实现地方预算内财政收入206.93亿元，比上年增长31.1%，完成地方预算内财政支出391.37亿元，增长13.4%。

市场物价平稳回升，景气指数持续走高，运行环境明显改善。全年城市居民消费价格指数为100.6，比上年价格总水平提高了0.6%。全年企业家信心指数和企业景气指数平均值为118.4点和116.2点，分别比上年提高8.1点和6.8点，均为直辖以来最高水平。

就业人数继续增加。年内新增城镇就业岗位17.10万个，17.80万下岗职工和城镇失业人员实现就业和再就业，全年通过各种途径转移农村富余劳动力43万人。年末全市就业人员1726.36万人，比上年增加15.86万人，增长0.9%。城镇登记失业率为4.1%。

二、结构调整稳步推进，三次产业竞相发展

农村经济稳步发展。全年实现第一产业增加值336.36亿元，比上年增长4.2%，拉动全市经济增长0.7个百分点。种植业结构调整稳步推进，全年粮食播种面积241.04万公倾，比上年减少7.5%；油料播种面积23.67万公顷，增长0.17%；蔬菜播种面积38.70万公顷，增长7.6%。粮经结构达到75：25调整到77：23。主要农产品产量继续增长，全年粮食总产量1087.20万吨，比上年增长0.5%；油料总产量38.27万吨，增长9.2%；肉类总产量159.51万吨，增长4.7%；水产品总产量22.5万吨，增长6.3%。农业产业化百万工程进展较好，柑橘、草食牲畜、出口创汇瘦肉型猪、天然香料等产业化工程优势产业带逐步形成。

工业生产快速增长。全年实现工业增加值768.37亿元，按可比价格计算，比上年增长16.4%，拉动全市经济增长5.7个百分点。其中，规模以上工业企业实现工业增加值477.85亿元，比上年增长20.2%。工业产品产销率达到97.8%。支柱产业发展加快。以汽车、摩托车制造为主的交通运输设备制造业完成总产值635.86亿元，比上年增长30.9%，占全市规模以上工业企业总产值的比重达40.0%。工业新产品开发继续加快，全年完成新产品产值410.94亿元，比上年增长32.0%，新产品产值占全市规模以上工业企业总产值的比重为25.9%。

建筑业快速发展。全年完成建筑业增加值208.93亿元，比上年增长14.1%。全市具有新资质等级的建筑企业单位工程施工26953个，建筑施工面积9754.10万平方米，比上年增长12.0%；竣工面积4939.62万平方米，增长4.9%；实现利税32.96

亿元，增长 25.1%。

第三产业虽受非典冲击但仍保持了平稳增长。全年实现增加值 936.90 亿元，比上年增长 9.4%。其中，交通运输和邮电通信业实现增加值 136.56 亿元，增长 8.0%；旅游业接待国内外游客 4262.80 万人次，比上年减少 7.7%；房地产市场继续保持较快增长，全年商品房竣工 1676.97 万平方米，比上年增长 20.6%，销售 1316.83 万平方米，增长 29.5%；2003 年全市金融机构新增存款 617.57 亿元，比上年增长 17.1%，其中，新增城乡居民储蓄存款 301.55 亿元，增长 8.9%。新增贷款 530.09 亿元，比上年增长 42.2%。年末全市共有上市公司 29 家，股票流通市值达 164.14 亿元。营业性保险分公司 13 家，保费收入 57.93 亿元，比上年增长 25.5%。

三、三大需求同向增长，投资、消费双轮驱动

固定资产投资继续保持较快增长。全社会固定资产投资总量创历史新高，达 1269.35 亿元，比上年增长 27.5%。基本建设投资仍居于主导地位，全年完成投资 665.49 亿元，比上年增长 40.2%，占全市固定资产投资的比重为 52.4%。非国有投资快速增长，全年完成投资 717.63 亿元，比上年增长 34.1%，增速快于国有投资 14.3 个百分点，占全社会投资总量的比重为 56.5%，比上年提高 2.8 个百分点。重点建设项目进展顺利。全年新开工重点建设项目 27 项，续建 53 项，完工或基本完工 25 项，共计完成投资 344.95 亿元，占全社会投资总量的 27.2%。国债项目投资力度有所减弱，全年完成国债项目投资 185.99 亿元，比上年减少 4.31 亿元，下降 2.3%。

市场销售稳步增长。全年实现社会消费品零售总额 835.53 亿元，比上年增长 9.5%，增幅比上年提高 0.4 个百分点。其中，批发和零售业社会消费品零售总额为 719.13 亿元，增长 9.3%；餐饮业 107.32 亿元，增长 11.0%；其他行业 9.07 亿元，增长 7.3%。城乡消费同向增长。全年城市实现社会消费品零售总额 482.31 亿元，比上年增长 9.4%；农村实现社会消费品零售总额 353.22 亿元，增长 9.6%。通讯器材、汽车和家电持续旺销。2003 年，全市限额以上批发和零售企业通讯器材类完成零售额 6.48 亿元，比上年增长 57.7%；汽车类完成 39.93 亿元，增长 62.3%；家用电器及音像器材类完成 33.02 亿元，增长 28.7%。假日、会展经济持续发展，“双十百千工程”加快实施，沃尔玛、欧倍德、北京华联、北京王府井等国内外知名商家纷纷入驻重庆。

外贸出口增长加快，出口多元化战略取得新进展。据海关统计，2003 年全市完成外贸进出口总值 25.95 亿美元，比上年增长 44.6%，其中，进口 10.10 亿美元，增长 43.7%，出口 15.85 亿美元，增长 45.3%。全市产品出口国家和地区达 173 个，比上年增加 13 个。伊朗、缅甸等新兴出口市场增长较快。机电产品出口份额继续扩大，全年完成出口 9.27 亿美元，占出口总值的比重为 58.5%，比上年提高 4.2 个百分点。民营企业出口额占全市的比重增至 37.4%，以力帆、宗申、隆鑫、南川矿产为代表的民营企业逐步成为外贸出口的骨干企业。

四、改革攻坚纵深推进，对外开放成效明显

2003 年，新一轮市级政府机构改革基本完成，事业单位改革进一步深化；国有企业改革继续推进，年内完成股份制改造 23 户，破产终结 10 户，市属大中型国有企业改制面达 73.0%；企业集团继续做大做强，资产和营业收入 5000 万元以上的企业集团为 102 户，其年末资产总额为 1561.70 亿元，全年实现利润 35.20 亿元，分别较上年增长 13.8% 和 81.3%。投融资体制改革加快推进，八大建设性投资公司完成投资 180 亿元，资信能力和投融资能力显著增强；金融改革取得突破，外资银行开始经营人民币业务，信用社完成县级联社统一法人和股份制改革；财政体制和农村税费改革不断深化，西部大开发优惠政策措施进一步落实；发展环境整治工作深入推进，年内取消行政审批项目 233 项，减少收费项目 9 项。

对外经济合作进一步加强。2003 年全市对外承包工程、劳务、设计咨询合同额 1.35 亿美元，比上年增长 10.2%；实际完成营业额 0.88 亿美元，增长 10.7%。外派劳务 2608 人，增长 9.6%。利用外资进展顺利。2003 年全市新签利用外资合同项目 218 个，合同外资金额 7.14 亿美元，分别比上年增长 29.0%和 10.1%；实际利用外资 5.67 亿美元，比上年增长 25.8%，其中，外商直接投资 3.11 亿美元，增长 10.8%。利用内资不断扩大。全年实施 100 万元以上国内经济合作项目 541 个，合同金额 263.30 亿元，吸纳从业人员 3.6 万人。实际利用境内市外资金 57.28 亿元，比上年增长 11.2%。

五、基础设施投资力度加大，生态环境继续改善

以交通运输、城市基础设施、电力建设为主的基础设施建设完成投资 489.80 亿元，比上年增长 28.1%，占全社会投资总量的 38.6%。道路交通建设取得新进展，年末全市公路通车里程达 31407 公里，比上年增长 1.1%，其中，高速公路 580 公里，增长 45.4%；一、二级公路 3792 公里，增长 7.2%。城市建设全面提速，年内完成危旧房改造 120 万平方米，新建广场 38 个，新增城镇日供水能力 6.34 万立方米，新增城镇公共绿地 510.85 万平方米，人居环境质量继续改善。

生态建设取得新进展。年内新增国家级森林公园 4 个、国家级自然保护区 1 个。成片造林 35.20 万公顷，落实天然林资源保护任务 245.13 万公顷，森林资源总量超过 1 亿立方米，森林覆盖率为 27.1%。当年水土流失治理面积 1004 平方公里。

环保工作力度加大，"五管齐下"净空工程和尘污染控制措施加强，城市环境质量继续改善，主城区空气质量达二级以上频率达 65.2%，全年实测大气二氧化硫年日均值 0.12 毫克/立方米。主城九区区域环境噪声平均值为 54.9 分贝，交通干线噪声平均值控制在 67.5 分贝以内。

六、科教兴渝战略稳步推进，各项社会事业蓬勃发展

科技事业健康发展。全年新上国家级科技计划项目 322 项，市级科技计划项目 860 项。年内受理专利申请 4595 件，专利授权 2873 件，比上年增长 45.9%和 63.1%。科技市场交易日趋活跃，全年技术合同总金额达 55. 51 亿元，比上年增长 35.6%。高新技术产业蓬勃发展，全市新认定高新技术产品 237 个、高新技术企业 92 家，年内完成高新技术产品产值 427.01 亿元，占全市工业总产值的比重提高到 18.9%。

教育事业继续加强。"两基"工作加快推进，累计"两基"人口覆盖率达 95.3%，比上年提高 6.0 个百分点。高等教育继续加强，年内新组建职业技术学院 5 所，新增硕士学位授予单位 3 家，新增博士点 55 个、硕士点 107 个。全市学龄儿童入学率达 99.9%，普通初中毛入学率达 105.0%。普通高校录取率为 82.6%，大学毛入学率达 18.0%。15 岁及其以上人口人均受教育年限提高至 7.7 年。

文化、新闻、出版和广播电影电视事业取得新成就。川剧《金子》入选国家舞台艺术精品工程十大精品剧目。重庆人民广播电台都市频道、重庆有线数字电视节目建成开通。全市广播人口覆盖率达 92.3%，电视人口覆盖率达 95.7%。

卫生事业快速发展，卫生基础设施建设进一步加强，新型农村合作医疗试点稳步推进，社区卫生服务发展加快。年末全市卫生机构已达 2705 个，拥有专业卫生技术人员 7.86 万人，医疗保障能力进一步提高。突发公共卫生事件应急处理系统初步形成。非典疫情防治工作取得胜利，成功实现非典病人零死亡、医务人员零感染、继发感染零病例的目标。

体育事业蓬勃发展。全年举办或承办全国以上单项比赛 10 次。参加国际比赛获金牌 5 块，参加国内比赛获金牌 11 块。建设摩托围棋队取得全国围甲联赛五连冠。全民健身活动蓬勃开展，新建全民健身工程 44 个，全市体育人口达 1215 万人，青少年体育达标率达 92.7%。

社会保障制度进一步完善。国有企业下岗职工再就业服务中心的职工生活有所保障，地方国有企业下岗职工基本生活保障与失业保险并轨。年末全市失业保险、养老保险和医疗保险参保人数分别达 199.47 万人、187.65 万人和 121.77 万人。社会保障工作继续推进，全年共发放城市居民最低生活保障金 6.28 亿元，年末享受最低生活保障的城镇居民达 34.22 万户、70.21 万人。城镇廉租住房保障试点成功，年内 632 户“双困家庭”迁入廉租房。

七、城乡居民收入继续增加，人民生活水平不断提高

2003 年，城市居民人均可支配收入 8094 元，比上年增长 11.8%。城市居民人均消费性支出 7118 元，比上年增长 11.9%，其中，交通与通信支出增长 28.5%、居住支出增长 24.7%、衣着支出增长 18.8%。城市居民恩格尔系数为 38.0%。

全年农村居民人均纯收入 2215 元，比上年增长 5.6%。其中，工资性收入 859 元，比上年增长 9.6%；家庭经营性收入 1185 元，增长 1.8%，工资性收入依然是农民纯收入增长的主体。全年农村居民人均生活消费支出 1583 元，比上年增长 5.7%。其中，交通和通讯支出增长 25.9%、医疗保健支出增长 17.1%、居住支出增长 15.8%、家庭设备用品支出增长 15.8%，而其他商品和服务以及食品支出分别比上年下降了 33.3%和 0.4%。农村居民恩格尔系数为 52.5%。

八、移民工作进展顺利，扶贫开发取得成效

移民工作进展顺利。二期移民搬迁安置和库底清理全面通过国家验收。三期移民正式启动，全年完成移民搬迁安置 11.34 万人，复建各类房屋 230.96 万平方米，实施并完成库区淹没工矿企业结构调整 120 户，引进对口支援重点经济合作项目 12 个。全年完成动态移民投资 28.44 亿元。

扶贫开发取得成效。2003 年中央及市级财政性专项扶贫资金达到 4.79 亿元，比上年增长 11.0%。其中，投入产业开发的扶贫资金 2.04 亿元，新解决 25 万人口饮水问题。启动特困村建设项目 750 个，续建 1280 个，完成高山移民迁建和贫困户住房改造 2025 户，又有 13.5 万绝对贫困人口解决温饱问题。

过去的一年，重庆经济和社会发展取得了显著成绩，但也存在着城镇就业形势严峻、农村富余劳动力转移难度加大、农民收入增长缓慢、城乡居民收入差距继续扩大、三峡库区产业“空心化”问题较为突出和区域之间协调发展尚待加强等困难和问题。对此，我们必须进一步把握机遇，深化改革，采取措施，积极推动投资提速，消费升级，着力培育经济增长的内生动力，努力促进产业结构的战略性调整，力争实现经济增长方式的根本转变，才能最终从根本上解决这些问题和困难，推动全市经济和社会的健康可持续发展。

第六篇

三大都市经济区经济社会发展比较

SANDA DUSHI JINGJIQU JINGJI SHEHUIFAZHANBIJIAO

统计图

三大都市经济区地区生产总值比较
（单位：亿元）

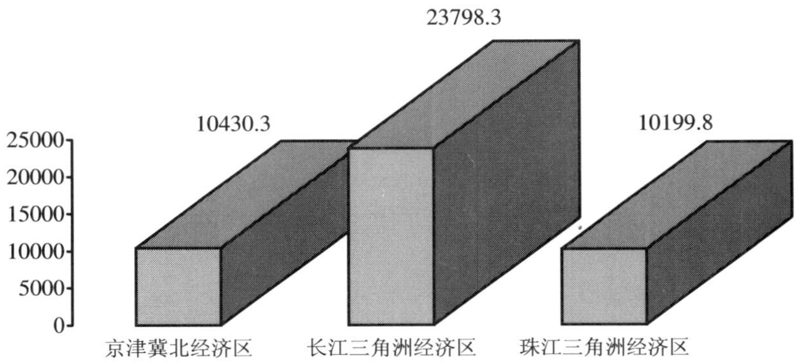

三大都市经济区地方财政一般预算收入比较
（单位：亿元）

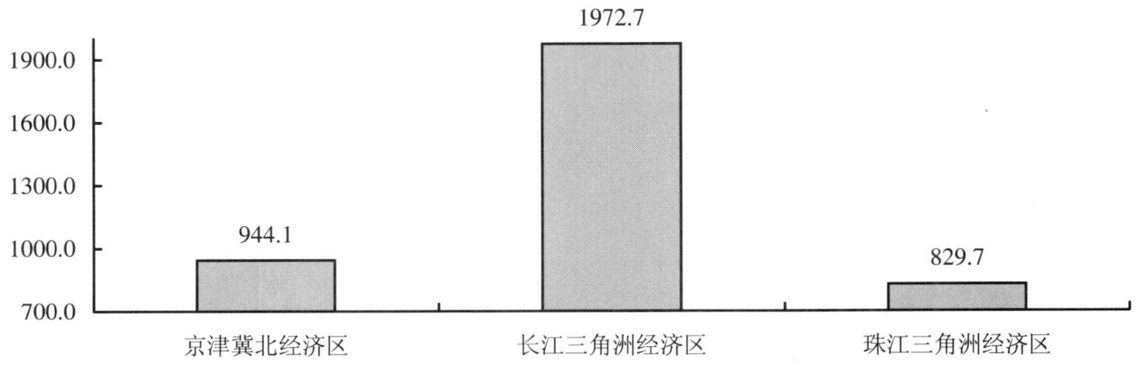

三大都市经济区金融机构人民币存贷款情况比较
（单位：亿元）

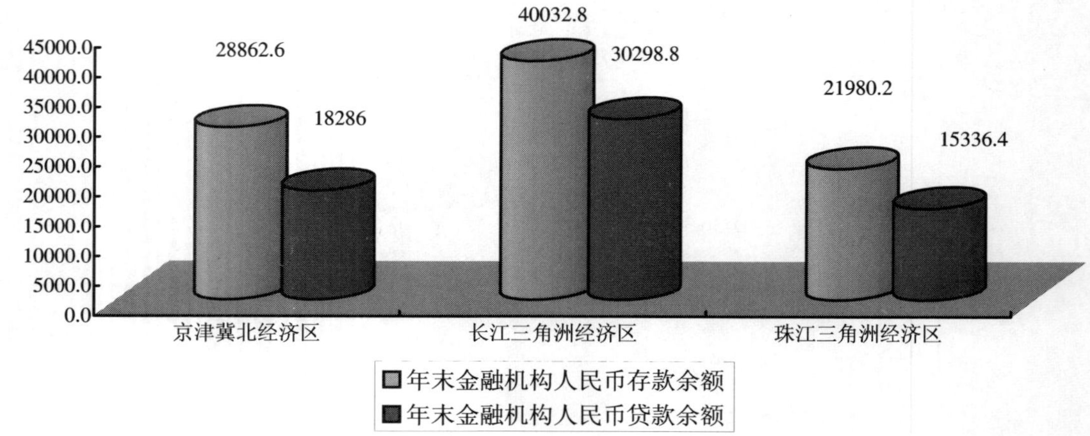

三大都市经济区实际利用外商直接投资情况比较
（单位：亿美元）

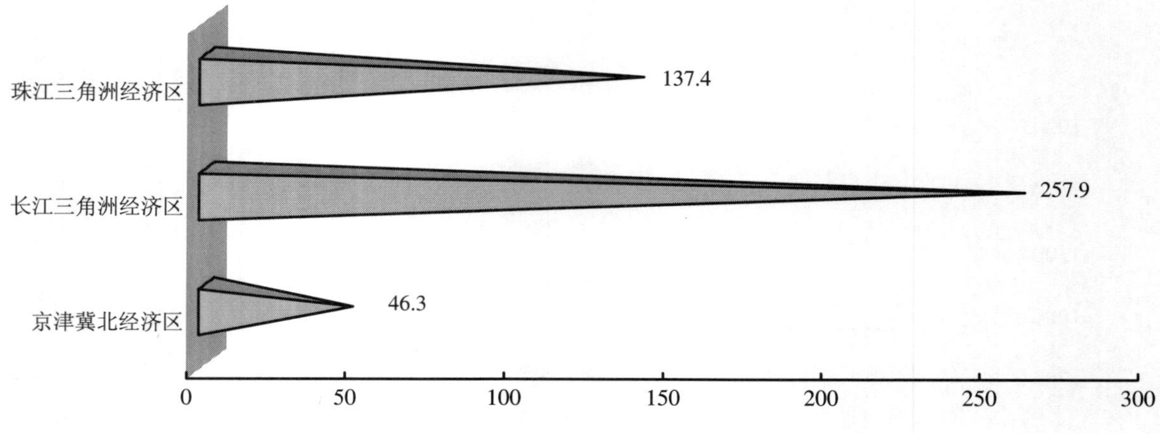

6-1 三大都市经济区主要指标对比

——土地、人口

单位：万人

城　　市	土地面积(平方公里)	常住人口			户籍人口			# 农业人口		
		2003	2002	2003年为2002年%	2003	2002	2003年为2002年%	2003	2002	2003年为2002年%
全　　国	**9600000**	**129227.0**	**128453.0**	**100.6**						
京津冀北经济区										
北　　京	16807.8	1456.4	1423.2	102.3	1148.8	1136.3	101.1	318.0	329.4	96.5
天　　津	11919.7	1011.3	1007.2	100.4	926.0	919.1	100.8	376.3	377.9	99.6
唐　　山					706.0	703.0	100.4			
廊　　坊					387.0	384.0	100.8			
秦 皇 岛					273.0	270.0	101.1			
承　　德					359.0	358.0	100.3			
张 家 口					450.0	451.0	99.8			
保　　定					1077.0	1070.0	100.7			
沧　　州					680.0	677.0	100.4			
长江三角洲经济区										
上　　海	6340.5	1711.0	1625.0	105.3	1341.8	1334.2	100.6	300.4	315.4	95.2
南　　京	6582.3	572.2	563.3	101.6						
无　　锡	4787.6	442.5	438.6	100.9						
常　　州	4375.0	346.2	343.2	100.9						
苏　　州	8488.4	591.0	583.9	101.2						
南　　通	8001.0	777.6	780.3	99.7						
扬　　州	6634.0	453.6	452.2	100.3						
镇　　江	3847.0	267.2	267.1	100.0						
泰　　州	5791.0	503.4	504.0	99.9						
杭　　州	16596.0				642.8	636.8	100.9	379.1	384.8	98.5
宁　　波	9365.0				549.1	546.2	100.5	380.3	383.8	99.1
嘉　　兴	3915.0				333.0	332.4	100.2	231.7	247.3	93.7
湖　　州	5817.0				256.8	257.1	99.9	182.3	184.8	98.6
绍　　兴	8256.0				433.8	433.6	100.1	330.8	342.7	96.5
舟　　山	1440.1				97.1	97.8	99.3	63.5	65.2	97.4
台　　州	9411.0				552.6	550.5	100.4	457.3	456.7	100.1
珠江三角洲经济区										
广　　州	7434.4				588.3	583.9	100.7	131.3	118.6	110.8
深　　圳	1952.8				150.9	139.5	108.2	28.5	27.4	104.1
珠　　海	1687.8				82.0	78.6	104.3		22.8	
佛　　山	3848.0				344.2	339.0	101.6	0.5	164.5	0.3
惠　　州	2672.0				108.7	40.0	271.6	47.7	4.6	1041.3
东　　莞	2465.0				159.0	156.2	101.8	102.1	99.9	102.2
中　　山	1800.0				137.9	136.0	101.3	79.1	92.5	85.5
江　　门	1818.0				132.5	131.5	100.7		71.5	
肇　　庆	664.0				47.8	47.3	100.9	12.0	12.1	99.4

6-2 三大都市经济区主要指标对比

——地区生产总值

单位：亿元

城　市	地区生产总值			第一产业			第二产业		
	2003	2002	2003年为2002年%	2003	2002	2003年为2002年%	2003	2002	2003年为2002年%
全　国	**117251.9**	**105172.3**	**109.3**	**17092.1**	**16117.3**	**102.5**	**61274.1**	**52980.2**	**112.7**
京津冀北经济区									
北　京	3663.1	3212.7	110.7	95.6	98.1	103.3	1311.9	1116.5	111.9
天　津	2447.7	2051.2	114.8	89.7	84.0	106.1	1245.3	1001.9	118
唐　山	1295.3	1102.3	113.2	193.7	187.1	105.1	715.1	570.3	117.4
廊　坊	528.6	460.0	112.1	76.6	69.4	106.0	291.9	249.2	113.6
秦皇岛	387.0	335.7	112.1	38.9	41.7	103.2	153.5	123.7	115.9
承　德	235.0	200.0	112.1	43.5	38.2	106.8	109.8	86.7	117.8
张家口	319.9	278.4	111.5	46.9	35.7	123.1	145.4	121.2	112.1
保　定	924.8	823.5	112.7	149.2	150.7	107.5	439.7	372.9	116.4
沧　州	628.9	531.3	112.1	93.9	86.4	109.6	329.2	261.5	113.2
长江三角洲经济区									
上　海	6250.8	5408.8	111.8	93.0	88.2	102.3	3130.7	2564.7	116.1
南　京	1576.3	1297.6	115.0	65.1	62.4	104.5	804.5	613.9	118.7
无　锡	1901.2	1580.7	115.4	54.0	56.9	103.1	1093.0	868.0	117.8
常　州	901.4	760.6	114.5	47.2	48.8	102.4	520.3	431.5	116.5
苏　州	2801.6	2080.4	118.0	75.8	91.7	94.5	1771.9	1211.5	121.7
南　通	1006.7	887.3	113.4	138.8	140.9	104.1	517.8	438.6	116.7
扬　州	647.2	558.9	113.4	69.9	70.8	102.1	332.4	272.6	117.0
镇　江	641.1	560.9	114.0	32.5	34.7	104.6	367.0	313.1	116.0
泰　州	580.0	504.6	113.4	72.6	71.8	103.0	300.4	249.7	117.6
杭　州	2099.8	1781.8		126.6	114.6		1089.3	901.8	
宁　波	1786.9	1500.3		112.2	105.7		1001.2	828.9	
嘉　兴	858.0	706.4		68.4	61.7		508.7	403.8	
湖　州	490.8	422.5		55.4	51.5		261.8	228.5	
绍　兴	1089.3	928.2		82.5	80.1		644.9	539.4	
舟　山	172.3	146.0		33.0	32.9		71.1	53.3	
台　州	995.0	858.3		92.9	90.2		578.1	492.0	
珠江三角洲经济区									
广　州	3187.7	2731.1	15.3	78.4	71.1		1311.3	1060.3	
深　圳	2895.4	2256.8	19.2	16.5	19.1		1723.7	1234.7	
珠　海	473.3	406.3	17.5	18.0	16.2		266.8	224.1	
佛　山	1381.6	1175.9	16.1	77.7	72.1		764.6	625.8	
惠　州	365.0	183.8	19.7	17.5	3.3		248.0	134.9	
东　莞	948.0	672.9	19.5	28.1	30.3		512.3	369.7	
中　山	501.4	415.7	18.6	27.3	26.2		315.9	246.3	
江　门	340.0	306.9	11.6	22.3	22.3		157.6	144.4	
肇　庆	107.5	96.0	13.8	7.8	7.5		44.6	39.7	

6-2-1

单位：亿元

城　市	# 工业			第三产业			人均地区生产总值（元）		
	2003	2002	2003年为2002年%	2003	2002	2003年为2002年%	2003	2002	2003年为2002年%
全　国	**53092.9**	**45975.2**	**112.8**	**38885.7**	**36074.8**	**107.3**	**9101**	**8214**	**108.7**
京津冀北经济区									
北　京	1032.0	874.2	112.2	2255.6	1998.1	110.3	32061	28449	109.4
天　津	1136.2	909.2	118.6	1112.7	965.3	111.8	26532	22380	114.0
唐　山	668.8	533.1	117.1	386.5	344.9	110.8		15715	
廊　坊	258.5	221.4	113.4	160.1	141.3	112.3		12015	
秦皇岛	129.0	103.1	116.3	194.6	170.2	111.1		12463	
承　德	89.7	70.6	117.3	81.7	75.2	108.3		5608	
张家口	128.9	107.1	111.7	127.6	121.5	107.2		6190	
保　定	374.4	316.5	117.0	335.9	299.8	110.5		7723	
沧　州	298.0	233.1	113.6	205.7	183.4	111.3		8065	
长江三角洲经济区									
上　海	2865.9	2312.8	117.6	3027.1	2755.8	108.0	46718	40646	111.2
南　京	659.0	501.1	118.4	706.7	621.3	112.5	27307	22858	113.1
无　锡	990.1	784.5	118.3	754.2	655.7	113.0	43155	36151	114.5
常　州	468.9	387.8	117.3	334.0	280.3	113.3	26149	22215	113.7
苏　州	1586.6	1106.9	120.3	954.0	777.1	115.0	47693	35733	117.0
南　通	454.3	384.6	117.7	350.1	307.8	112.6	12924	11356	113.7
扬　州	290.5	237.4	117.8	244.9	215.5	112.1	14290	12368	113.1
镇　江	312.2	265.7	117.5	241.6	213.1	112.4	23995	21018	113.9
泰　州	252.7	209.8	118.3	207.1	183.1	111.7	11513	10021	113.3
杭　州	948.7	775.1		883.9	765.4		32819	28150	
宁　波	892.7	749.6		673.4	565.8		32639	27541	
嘉　兴	441.5	353.3		281.0	240.9		25792	21268	
湖　州	229.1	199.0		173.6	142.5		19102	16454	
绍　兴	572.3	481.2		362.0	308.7		25115	21414	
舟　山	55.6	43.4		68.1	59.8		17679	14910	
台　州	520.3	447.2		324.1	276.1		18041	15620	
珠江三角洲经济区									
广　州	1156.8	914.4		1798.0	1599.7		54391	47053	
深　圳	1540.7	1076.6		1155.3	1003.1		54545	46388	
珠　海	223.9	189.7		188.5	166.0		37675	32682	
佛　山	728.1	595.4		539.2	478.0		40444	34850	
惠　州	220.4	127.5		99.4	45.6		33955	46754	
东　莞	477.2	346.6		407.7	272.8		60158	43401	
中　山	294.0	226.8		158.2	143.2		36614	30693	
江　门	151.3	138.5		160.1	140.2		25762	23365	
肇　庆	37.0	33.6		55.1	48.8		22621	20318	

6-3 三大都市经济区主要指标对比

——财政、金融

单位：亿元

城　　市	财政收入			财政支出		
	2003	2002	2003年为2002年%	2003	2002	2003年为2002年%
全　　国	**21715.3**	**18903.6**	**114.9**	**24650.0**	**22053.2**	**111.8**
京津冀北经济区						
北　　京	592.5	534.0	118.2	734.8	628.3	116.9
天　　津	204.5	171.8	124.8	312.1	265.2	117.8
唐　　山	41.4	34.7	119.5	73.0	59.6	122.5
廊　　坊	16.5	14.2	119.2	32.7	28.2	
秦 皇 岛	16.1	14.6	113.8	30.4	25.7	118.4
承　　德	8.4	7.4	115.7	29.3	27.8	
张 家 口	11.7	10.2	116.3	37.7	39.5	95.5
保　　定	29.8	27.1	112.3	59.6	53.7	
沧　　州	23.3	21.4	110.6	43.6	38.0	113.1
长江三角洲经济区						
上　　海	899.3	719.8	132.5	1102.6	877.8	125.6
南　　京	136.5	144.1		155.3	161.5	
无　　锡	104.3	106.5		109.4	111.4	
常　　州	56.7	56.5		63.1	61.0	
苏　　州	170.5	147.0		183.6	158.6	
南　　通	48.8	48.6		62.0	59.5	
扬　　州	30.6	30.0		40.2	39.3	
镇　　江	28.6	29.6		36.7	34.6	
泰　　州	26.6	28.6		40.6	41.1	
杭　　州	150.4	118.3		163.6	140.5	
宁　　波	139.4	111.8		180.3	145.3	
嘉　　兴	41.2	31.7		47.2	38.5	
湖　　州	25.3	18.6		30.5	24.3	
绍　　兴	50.5	39.6		57.1	45.2	
舟　　山	11.4	9.0		23.1	20.0	
台　　州	52.7	43.1		68.9	55.6	
珠江三角洲经济区						
广　　州	262.9	236.3		352.4	312.6	
深　　圳	290.8	265.9		349.0	307.8	
珠　　海	34.8	31.2		45.4	41.8	
佛　　山	95.4	85.0		120.5	104.2	
惠　　州	18.9	10.9		26.2	15.8	
东　　莞	67.5	55.3		76.5	65.0	
中　　山	36.6	31.2		39.9	35.0	
江　　门	16.8	14.3		22.8	19.2	
肇　　庆	5.8	5.4		10.6	9.1	

6-3-1

单位：亿元

城市	年末金融机构人民币存款余额			年末金融机构人民币贷款余额			城乡居民人民币储蓄存款余额		
	2003	2002	2003年为2002年%	2003	2002	2003年为2002年%	2003	2002	2003年为2002年%
全国	**208056**	**170917**	**121.7**	**158996**	**131294**	**121.1**	**103618**	**86911**	**119.2**
京津冀北经济区									
北京	18321.9	15276.0	119.9	12043.1	9683.7	124.4	5293.5	4389.7	120.6
天津	4033.5	3018.3	133.6	3426.0	2519.0	135.9	1825.3	1486.4	122.8
唐山	1076.4	892.3		717.6	568.6		723.0	623.9	
廊坊	512.0	433.8		327.6	264.8		363.9	316.6	
秦皇岛	469.2	409.4		320.2	269.7		310.3	272.4	
承德	258.2	219.0		204.8	178.8		184.9	160.6	
张家口	375.6	322.3		290.0	261.6		285.6		
保定	967.8	844.5		531.6	494.1				
沧州	694.0	605.6		425.1	373.8		551.8	487.1	
长江三角洲经济区									
上海	15576.9	12325.9	126.4	11520.3	9366.4	123.0	6054.6	4915.5	123.2
南京	3622.6	2794.8	129.6	3375.3	2450.5	137.7	1133.6	908.6	124.8
无锡	2156.9	1626.8	132.6	1435.8	1047.0	137.1	997.8	812.6	122.8
常州	1170.6	904.7	129.4	799.1	559.9	142.7	622.9	499.9	124.6
苏州	3149.8	2232.0	141.1	2359.3	1491.0	158.2	1470.5	1164.3	126.3
南通	1279.3	1035.3	123.6	702.3	511.0	137.4	849.9	721.2	117.8
扬州	721.0	592.8	121.6	433.9	356.2	121.8	449.1	378.1	118.8
镇江	580.9	457.5	127.0	425.1	328.0	129.6	338.2	281.3	120.2
泰州	596.3	488.6	122.0	348.7	287.6	121.3	395.0	336.0	117.6
杭州	4439.5	3373.2	131.6	3686.9	2752.4	134.0	1466.4	1183.4	123.9
宁波	2629.0	1906.2	137.9	2102.8	1479.5	142.1	1059.6	862.4	122.9
嘉兴	1028.0	763.4	134.7	757.8	521.9	145.2	541.5	436.4	124.1
湖州	486.4	369.6	131.6	365.5	261.9	139.5	260.6	214.7	121.4
绍兴	1280.2	970.2	131.9	986.8	695.1	142.0	664.9	539.6	123.2
舟山	259.4	211.0	122.9	190.1	140.0	135.8	127.9	110.4	115.9
台州	1056.2	811.8	130.1	809.1	571.6	141.5	542.2	436.3	124.3
珠江三角洲经济区									
广州	8365.5			5969.8			3512.3	2955.4	118.8
深圳	6079.5			4525.1			2199.5	1756.5	125.2
珠海	673.2			412.7			357.4	297.2	120.2
佛山	2949.6			1972.1			1784.0	1535.9	116.2
惠州	403.3			262.5			244.6	136.1	179.8
东莞	2126.8			1206.7			1231.1	1001.7	122.9
中山	845.2			495.7			543.7	462.9	117.5
江门	338.7			318.1			213.4	297.6	71.7
肇庆	198.5			173.8			115.3	99.0	116.5

6-4 三大都市经济区主要指标对比

——投资、消费

单位：亿元

城市	全社会固定资产投资额			# 房地产投资额			社会消费品零售额		
	2003	2002	2003年为2002年%	2003	2002	2003年为2002年%	2003	2002	2003年为2002年%
全　国	**55566.6**	**43499.9**	**127.7**	**10153.8**	**7790.9**	**130.3**	**45842.0**	**42027.0**	**109.1**
京津冀北经济区									
北　京	2157.1	1814.3	118.9	1202.5	989.4	121.5	1916.7	1673.3	114.5
天　津	1046.7	811.3	129.0	211.4	175.8	120.2	922.3	831.8	110.9
唐　山	306.1	220.6		27.7	21.6	128.2	307.4	277.4	110.8
廊　坊	224.1	173.9		28.5	19.3	147.5	120.6	108.0	111.7
秦皇岛	115.2	91.6		25.7	25.3	101.6	117.7	105.8	111.2
承　德	110.6	77.2		14.5	9.5	152.0	91.7	86.5	106.0
张家口	95.1	81.4		16.1	10.8	149.4	124.9	117.9	105.9
保　定	359.1	268.5		19.1	13.6	1402.7	316.2	283.1	111.7
沧　州	178.5	138.0		13.1	10.1	130.2	165.4	150.6	109.8
长江三角洲经济区									
上　海	2452.1	2187.1	112.1	901.2	748.9	120.3	2220.6	2035.2	109.1
南　京	794.4	496.8	159.9	183.8	137.6	133.5	600.2	525.2	114.3
无　锡	597.9	276.8	216.0	131.8	77.0	171.1	487.1	444.3	109.6
常　州	304.9	147.4	206.9	52.8	41.0	128.7	280.7	248.8	112.8
苏　州	855.1	438.5	195.0	177.9	107.3	165.8	526.1	451.6	116.5
南　通	230.8	150.9	153.0	48.3	36.0	134.4	331.3	297.1	111.5
扬　州	175.4	136.0	128.9	43.8	26.2	167.3	198.0	182.8	108.3
镇　江	153.2	110.8	138.3	32.3	19.8	163.1	168.2	150.9	111.5
泰　州	136.1	93.2	146.0	31.2	19.5	160.0	173.8	161.2	107.8
杭　州	1006.7	769.8	130.8	258.9	198.3	130.6	587.5	523.5	112.2
宁　波	837.6	601.3	139.3	184.3	126.0	146.3	521.5	462.9	112.7
嘉　兴	525.6	379.3	138.6	72.4	48.0	150.9	279.4	249.2	112.1
湖　州	268.0	200.3	133.8	41.5	29.6	140.4	182.3	170.9	106.7
绍　兴	535.0	367.5	145.6	74.5	49.1	151.7	292.0	269.3	108.4
舟　山	98.0	64.5	151.9	18.2	18.7	97.3	75.1	74.1	101.4
台　州	386.1	274.4	140.7	56.5	46.8	120.8	262.3	232.1	113.0
珠江三角洲经济区									
广　州	1088.3	937.3	116.1	391.1	401.1	97.5	1395.0	1279.9	109.0
深　圳	949.1	799.8	118.7	412.7	355.4	116.1	801.8	689.6	116.3
珠　海	141.1	120.5	117.0	38.8	37.2	104.3	159.2	143.5	111.0
佛　山	423.7	290.4	145.9	88.5	81.6	108.5	473.2	419.8	112.7
惠　州	188.3	33.4	564.1	25.3	11.9	211.8	101.3	46.8	216.5
东　莞	319.4	191.6	166.7	55.1	26.8	205.4	338.0	225.0	150.3
中　山	262.1	219.0	119.7	51.9	36.6	142.1	151.7	134.3	112.9
江　门	72.6	61.5	118.1	17.4	18.2	95.7	99.7	86.6	115.2
肇　庆	37.3	33.2	112.3	12.9	11.7	110.4	52.3	47.4	110.3

6-5 三大都市经济区主要指标对比

——对外经济贸易

单位：亿美元

城市	进出口总额			# 出口总额			实际利用外商直接投资		
	2003	2002	2003年为2002年%	2003	2002	2003年为2002年%	2003	2002	2003年为2002年%
全　国	**8509.9**	**6207.7**	**137.1**	**4382.3**	**3256.0**	**134.6**	**535.1**	**527.4**	**101.4**
京津冀北经济区									
北　京	189.3	140.4	134.8	73.7	59.0	124.9	21.5	17.9	119.8
天　津	293.7	228.3	128.7	143.7	115.9	124.0	16.3		162.9
唐　山	10.3	7.3	140.4	4.5	3.9	116.4	1.8	1.3	140.0
廊　坊							1.3	0.9	139.5
秦皇岛	16.9	7.9	120.4	10.1	3.5	104.1	1.5	1.0	148.0
承　德	1.4	1.2	111.7	0.6	0.5	117.7	0.7	0.5	144.0
张家口	2.5	1.3	196.0	1.2	0.9	133.3	0.2	0.1	220.0
保　定				4.8	3.6	131.7	2.7	0.9	268.5
沧　州	4.3	3.3	129.7	3.0	2.2	134.7	0.3	0.2	174.7
长江三角洲经济区									
上　海	1124.0	726.6	154.7	484.8	320.6	151.2	58.5	50.3	130.1
南　京	147.1	100.9	145.7	76.7	60.1	127.5	22.1	15.0	147.1
无　锡	143.8	97.4	147.6	73.2	51.5	142.4	27.0	17.4	155.2
常　州	52.5	39.2	134.0	35.3	26.6	132.9	8.6	5.6	152.4
苏　州	656.6	363.9	180.4	326.3	185.2	176.2	68.1	48.1	141.4
南　通	51.6	39.0	132.5	32.9	25.3	129.8	7.3	2.4	307.1
扬　州	20.2	15.1	133.6	11.1	8.0	138.8	4.8	2.6	187.9
镇　江	26.7	21.0	127.3	12.9	10.1	127.5	8.1	5.0	160.9
泰　州	8.8	5.7	153.6	6.3	4.2	151.0	3.0	1.8	167.4
杭　州	182.4	131.1	139.1	109.6	84.8	129.2	10.1	5.2	193.3
宁　波	188.1	122.7	153.3	120.7	81.6	147.9	17.3	12.5	138.5
嘉　兴	57.1	37.0	154.5	36.2	25.5	141.9	8.0	4.8	166.1
湖　州	12.2	8.9	137.2	10.1	7.1	142.6	5.4	3.8	139.6
绍　兴	59.6	38.7	154.0	45.3	29.0	156.3	7.4	3.8	194.7
舟　山	6.2	5.0	125.2	5.4	4.4	121.6	0.2	0.1	151.2
台　州	32.9	21.9	150.1	26.5	18.0	147.1	2.2	1.2	183.2
珠江三角洲经济区									
广　州	349.4	279.2	125.1	168.9	137.8	122.6	25.8	22.8	113.0
深　圳	1174.0	872.2	134.6	629.7	465.4	135.3	36.2	31.9	113.6
珠　海	167.8	128.3	130.8	69.1	52.0	132.8	8.5	7.0	121.6
佛　山	164.7	129.7	127.0	102.3	78.9	129.6	12.3	9.8	124.6
惠　州	131.3	112.3	117.0	71.5	58.9	121.3	14.1	10.8	130.0
东　莞	520.1	442.4	117.6	279.1	237.3	117.6	17.5	14.6	120.2
中　山	131.3	93.4	140.5	82.5	57.2	144.2	7.7	6.4	120.6
江　门	58.8	47.8	123.0	36.6	29.5	123.9	8.5	7.4	115.5
肇　庆	15.6	13.4	116.7	11.0	9.0	121.9	6.8	5.5	125.0

6-6 三大都市经济区主要指标对比

——旅游

城市	入境旅游人数(万人次)			旅游创汇(亿美元)		
	2003	2002	2003年为2002年%	2003	2002	2003年为2002年%
全国	**9166.21**	**9790.83**	**93.6**	**174.1**	**203.9**	**85.4**
京津冀北经济区						
北京	185.1	310.4	59.6	19.0	31.1	61.1
天津	48.9	50.6	96.6	3.3	3.4	96.2
唐山		3.6			0.2	
廊坊						
秦皇岛	8.2	14.2	57.9	0.3	0.7	50.2
承德	8.0	15.8	50.5	0.1	0.2	50.9
张家口	0.5	0.5	101.0	…	…	100.9
保定	2.8	4.7	60.0	0.1	0.1	47.0
沧州						
长江三角洲经济区						
上海	319.9	372.4	85.9	20.5	22.8	90.2
南京	51.5	56.1	91.8	3.2	3.2	98.5
无锡	39.4	47.7	82.5	1.6	1.5	107.4
常州	11.1	8.1	136.7	0.8	0.6	136.1
苏州	70.8	73.8	96.0	2.9	2.8	104.3
南通	8.4	7.8	108.2	0.8	0.7	115.9
扬州	12.9	12.1	106.4	0.6	0.5	118.8
镇江	15.7	15.0	105.1	0.7	0.7	110.4
泰州	2.1	1.2	174.0	0.1	0.1	108.3
杭州	86.1	105.6	81.5	4.2	4.8	88.6
宁波	22.2	20.5	107.8	1.0	0.9	112.9
嘉兴	18.9	22.4	84.4	0.6	0.7	81.6
湖州	4.8	4.1	115.0	0.1	0.1	100.1
绍兴	8.7	10.1	86.1	0.3	0.4	96.9
舟山	5.5	8.5	65.1	0.3	0.4	64.6
台州	4.8	4.4	108.9	0.4	0.4	103.6
珠江三角洲经济区						
广州	362.5	474.0	76.5	16.2	18.7	86.7
深圳	435.1	449.4	96.8	13.0	17.2	75.5
珠海	105.5	130.0	81.1	4.6	5.0	92.1
佛山	51.9	69.0	75.2	1.6	2.1	77.5
惠州	22.3	30.2	73.6	0.6	0.6	89.9
东莞	66.6	67.8	98.2	1.4	1.2	116.7
中山	57.6	66.0	87.2	1.9	2.1	87.8
江门	23.0	30.9	74.4	0.8	1.0	74.7
肇庆	10.1	14.5	70.2	0.4	0.6	70.2

6-7 三大都市经济区主要指标对比

——物价

单位：%

城市	居民消费价格指数		工业品出厂价格指数		原材料、燃料、动力价格指数	
	2003	2002	2003	2002	2003	2002
全　国	**101.2**	**99.2**	**102.3**	**97.8**	**104.8**	**97.7**
京津冀北经济区						
北　京	100.2	98.2	101.5	96.6	104.7	97.1
天　津	101.0	99.6	102.5	95.9	108.7	95.9
唐　山	102.6	98.6				
廊　坊	100.7	98.4				
秦皇岛	102.8	97.5				
承　德	101.5	98.4				
张家口	101.9	98.2				
保　定	101.1	99.0				
沧　州	102.6	99.3				
长江三角洲经济区						
上　海	100.1	100.5	101.4	96.4	106.4	97.7
南　京	101.4	97.9				
无　锡	101.0	99.2				
常　州	100.7	98.5				
苏　州	100.8	100.4				
南　通	101.6	100.0				
扬　州	101.6	99.9				
镇　江	101.8	99.1				
泰　州	101.3	99.5				
杭　州	99.5	98.8				
宁　波	101.2	99.2				
嘉　兴	100.7	100.0				
湖　州	100.0	99.4				
绍　兴	100.0	100.1				
舟　山	101.3	99.5				
台　州	100.4	99.0				
珠江三角洲经济区						
广　州	100.1	97.6				
深　圳	100.7	101.2				
珠　海	99.2	97.6				
佛　山	100.6	97.3				
惠　州	100.5	98.2				
东　莞	100.7	98.1				
中　山	101.2	99.3				
江　门	100.1	97.8				
肇　庆	99.9	97.7				

6-8 三大都市经济区主要指标对比
——劳动力

单位：万人

城　　市	从业人员			第一产业			第二产业			第三产业		
	2003	2002	2003年为2002年%	2003	2002	2003年为2002年%	2003	2002	2003年为2002年%	2003	2002	2003年为2002年%
全　　国	**74432.0**	**73740.0**	**100.9**	**36546.0**	**36870.0**	**99.1**	**16077.0**	**15780.0**	**101.9**	**21809.0**	**21090.0**	**103.4**
京津冀北经济区												
北　　京	703.3	679.2	103.5	62.7	67.6	92.8	225.8	235.3	95.9	414.8	376.3	110.2
天　　津	510.9	492.6	103.7	83.2	82.3	101.1	219.4	205.4	106.8	208.3	205.0	101.6
唐　　山	84.9	87.0	97.6									
廊　　坊	25.8	25.5	101.1									
秦 皇 岛	32.7	33.8	96.6									
承　　德	27.4	29.4	93.4									
张 家 口	47.9	49.8	96.2									
保　　定	68.6	69.6	98.6									
沧　　州	43.3	45.0	96.2									
长江三角洲经济区												
上　　海	813.1	792.0	102.7	73.7	84.2	87.5	317.1	320.9	98.8	422.2	386.9	109.1
南　　京	280.7	270.3	103.8	51.5	57.7	89.3	101.0	93.3	108.3	128.2	119.3	107.5
无　　锡	260.1	222.5	116.9	39.3	45.0	87.3	139.5	110.7	126.0	81.3	66.8	121.7
常　　州	199.7	192.1	104.0	38.8	46.2	84.0	98.9	88.5	111.8	62.1	57.5	108.0
苏　　州	346.2	323.8	106.9	55.0	61.7	89.1	195.3	161.4	121.0	95.9	100.7	95.2
南　　通	430.9	396.2	108.8	172.1	185.0	93.0	160.1	140.2	114.2	98.7	70.9	139.2
扬　　州	224.7	219.2	102.5	58.0	65.3	88.8	90.3	79.3	113.9	76.4	74.6	102.4
镇　　江	139.8	141.0	99.1	38.9	44.2	88.0	60.1	55.0	109.3	40.9	41.9	97.6
泰　　州	242.3	245.0	98.9	78.9	96.7	81.6	86.9	75.2	115.6	76.5	73.0	104.8
杭　　州	450.6	441.1	102.2	102.3	107.5	95.2	182.4	169.7	107.5	165.9	163.9	101.2
宁　　波	386.2	377.9	102.2	88.1	93.3	94.4	198.4	194.4	102.1	99.7	90.2	110.5
嘉　　兴	200.2	197.1	101.6	49.3	56.2	87.7	100.4	92.3	108.8	50.6	48.6	104.1
湖　　州	147.2	147.0	100.1	48.7	56.9	85.6	57.2	50.3	113.7	41.4	39.8	104.0
绍　　兴	284.7	284.0	100.2	80.2	82.0	97.8	136.7	134.0	102.0	67.8	68.0	99.7
舟　　山	55.2	54.8	100.7	19.4	19.7	98.5	18.3	17.4	105.2	17.5	17.7	98.9
台　　州	358.9	347.3	103.3	122.3	125.9	97.1	127.4	120.9	105.4	109.2	100.5	108.7
珠江三角洲经济区												
广　　州	521.1	514.1	101.4									
深　　圳	422.3	359.3	117.5									
珠　　海	88.8	88.3	100.6									
佛　　山	286.4	205.7	139.2									
惠　　州	206.7	216.6	95.4									
东　　莞	184.0	104.1	176.7									
中　　山	144.7	131.6	109.9									
江　　门	202.7	210.0	96.5									
肇　　庆	193.9	204.4	94.8									

注:河北省从业人员的口径为职工人数。

6-9 三大都市经济区生活质量指标对比

城　　市	城镇登记失业率(%)		在岗职工人数(万人)			在岗职工平均工资（元）		
	2003	2002	2003	2002	2003年为2002年%	2003	2002	2003年为2002年%
全　　国	**4.3**	**4.0**	**10492**	**10558**	**99.4**	**14040**	**12422**	**113.0**
京津冀北经济区								
北　　京	1.4	1.4	436.3	434.2	100.5	25312	21852	115.8
天　　津	3.8	3.9	174.9	177.0	98.8	18648	16258	114.7
唐　　山			69.9	70.7	98.9	11632	10393	111.9
廊　　坊			23.3	23.0	101.1	11325	10294	110.0
秦 皇 岛			27.9	28.6	97.7	13479	12257	110.0
承　　德			23.3	24.1	96.4	10760	9542	112.8
张 家 口			36.4	37.8	96.3	10497	8961	117.1
保　　定			59.1	59.6	99.2	10584	9696	109.2
沧　　州			37.6	38.7	97.1	9747	8842	110.2
长江三角洲经济区								
上　　海	4.9	4.8	279.3	290.6	96.1	27304	23959	114.0
南　　京			86.0	89.6	96.0	22190	19148	115.9
无　　锡			47.5	48.5	97.9	18927	15796	119.8
常　　州			34.7	35.9	96.6	17259	14907	115.8
苏　　州			81.1	74.2	109.3	19790	15924	124.3
南　　通			50.7	51.1	99.2	13547	12110	111.9
扬　　州			35.7	38.3	93.1	13801	12006	115.0
镇　　江			29.0	30.0	96.8	15264	13198	115.7
泰　　州			30.9	32.8	94.3	11424	10059	113.6
杭　　州						23969	20712	115.7
宁　　波						23486	20748	113.2
嘉　　兴						20067	17237	116.4
湖　　州						19250	16019	120.2
绍　　兴						19342	16503	117.2
舟　　山						18184	16003	113.6
台　　州						20418	18246	111.9
珠江三角洲经济区								
广　　州	2.7	3.2	182.3	157.3	115.9	28806	26219	109.9
深　　圳	2.6	2.4	108.2	100.4	107.8	30611	28218	108.5
珠　　海	2.9	2.9	35.4	29.9	118.4	19202	18505	103.8
佛　　山	2.3	3.1	45.4	44.9	101.1	17641	15872	111.1
惠　　州	2.7	2.8	50.2	16.5	304.7	13265	11318	117.2
东　　莞	1.7	1.3	16.6	16.4	101.3	22598	17804	126.9
中　　山	2.4	2.4	15.8	13.9	114.1	21020	18803	111.8
江　　门	3.2	3.1	34.1	17.2	198.0	12405	11170	111.1
肇　　庆	2.9	3	23.7	10.0	236.4	13071	11185	116.9

注：广东省在岗职工人数为平均人数。

6-9-1

单位：元

城　　市	城市居民人均可支配收入			农民人均纯收入		
	2003	2002	2003年为2002年%	2003	2002	2003年为2002年%
全　国	**8472**	**7703**	**110.0**	**2622**	**2476**	**105.9**
京津冀北经济区						
北　京	13883	12464	111.4	6496	5880	110.5
天　津	10313	9338	109.4	5861	5315	110.3
唐　山	8067	7466	108.1	3790	3628	104.5
廊　坊	8385	7755	108.1	4053	3876	104.6
秦皇岛	8032	7334	109.5	2891	2742	105.4
承　德	7137	6662	107.1	1696	1561	108.6
张家口	5688	5233	108.7	1777	1534	115.8
保　定	7435	7041	105.6	2920	2806	104.1
沧　州	6728	6150	109.4	2691	2549	105.6
长江三角洲经济区						
上　海	14867	13250	112.2	6658	6212	107.2
南　京	10194	9157	111.3	4923	4579	107.5
无　锡	11647	9988	116.6	6329	5860	108.0
常　州	11307	9933	113.8	5550	5138	108.0
苏　州	12362	10617	116.4	6681	6140	108.8
南　通	9598	8640	111.1	4393	4133	106.3
扬　州	8700	7833	111.1	4172	3926	106.3
镇　江	9451	8202	115.2	4733	4452	106.3
泰　州	8517	7788	109.4	4079	3834	106.4
杭　州	12898	11778	109.5	5740	5242	109.5
宁　波	14277	12376	115.4	6221	5764	107.9
嘉　兴	12954	11500	112.6	6127	5532	110.8
湖　州	12607	11388	110.7	5536	5052	109.6
绍　兴	13152	11747	112.0	6143	5690	108.0
舟　山	12745	10985	116.0	5018	4659	107.7
台　州	13609	11817	115.2	5359	4970	107.8
珠江三角洲经济区						
广　州	15003	13380	112.1			
深　圳	25936	21941	118.2			
珠　海	16602	15320	108.4			
佛　山	14827	13582	109.2			
惠　州	12673	11190	113.3			
东　莞	18471	16949	109.0			
中　山	14906	14208	104.9			
江　门						
肇　庆	8040	7335	109.6			

注：上海市农民人均纯收入为农民人均可支配收入。

相关链接

关于首都经济圈与京津冀大城市群的思考

一、经济全球化背景下的发展指向

1．全球化背景下区域经济的突起

（1）经济全球化将使中央政府对经济的控制力下移。经济全球化引发了全球经济、政治各领域的复杂变化。催生这种变化的关键是：加入WTO的各国都必须按照WTO的章程、制度，即按照全球经济“游戏规则”行事。在各国按照这个“游戏规则”制定或修正本国的规章制度时，实际上各国政府已经削弱了对本国经济的控制力。中央政府对经济活动控制力的弱化，把各级地方政府推上了经济竞争的前沿，他们不得不更多地直接面对愈来愈激烈的国际竞争。

总之，一句话：经济全球化的大趋势，将使区域经济在激烈的国际竞争中突起。

（2）区域产业集群与产业带形成区域经济的核心竞争力。在区域经济走上国际竞争前沿的形势下，产业集群，继而形成产业带，其战略作用已经远远超出了他所表现出的现实意义。在全球化的背景下，行业化在空间上的集聚，不仅要打破原来意义上的行业分割、区域分割，甚至正在打破国界。产业带形成了区域经济的核心竞争力，在区域经济大发展中，形成了区域经济竞争的新格局。

所谓产业集群，绝不是一种简单的企业集聚，而是一种以生态链形式组成的产业空间的集聚，即产业的上、下游之间，整体与零部件之间，制造业与生产性服务业之间的相互依存、衔接与空间上的合理组合，形成低成本、高效率、紧密型的产业带。也可以说，产业集群实际上是把产业发展与区域经济，通过分工专业化与交易的便利性有效地结合起来，从而形成一种有效的生产组织方式。在这样的产业带中，主导产业的选择，以及与其带动的相关产业的合理结构与布局，将直接构成该区域的核心竞争力。

目前，区域经济发展的强劲势头，以及它所展示的生命力，主要得力于这种以有效的生产组织方式形成的产业带。打破行政区划的限制所形成的这种产业带，是经济全球化所必须经历的一种过程。而驱动这种进程的，是世界范围的激烈竞争。

2．在区域经济中大城市的作用

（1）大城市的重要性显著强化。经济控制力的下移，区域经济在竞争中崛起，城市作为参与国际竞争的个体单元，以其独特的优势在区域经济中成为龙头。世界各大城市的重要性显著强化。各城市间的竞争也由此加剧。各城市政府推出各种战略和策略来增强城市的吸引力，争取成为全球市场网络或区域网络上的重要结点。①

（2）城市建设的生产性日益突出。②主导全球竞争规则的是跨国公司。跨国公司是公认的产业结构调整的主力和经济全球化的载体。在信息革命的推动下，其数量、规模、经济实力和科技开发能力都得到空前发展，成为世界经济发展的支柱力量。一个以跨国公司为核心的“国际生产体系”正在形成。由于每一家跨国公司都有数十亿乃至上百亿、上千亿美元的资产，其规模比世界上许多国家的财政预算还要大，所以预言未来这些巨型企业将成为世界性的权力中心，也并非危言耸听。目前，跨国公司正以其活动重塑商品、服务及生产要素跨国流动的全球性规则，主导着全球化的进程。

---

① 张庭伟主持：“城市化作为生产手段及引起城市规划功能转变”，海外快递2002年第26卷第4期。
② 同注1。

在这样的形势下，除了城市的大小、基础设施和城市空间的质量诸多“硬件”，还有财务税收、地价、环保、用地、用水、耗能等规范标准，以及文化氛围等“软环境”，都成为是否吸引投资者，特别是大跨国集团的重要条件，受到城市决策者的重视。原来作为“消费活动”的城市建设，已经越来越作为软硬环境的先期投入，嵌入到生产活动中，成为一种不可缺的条件因素。城市建设的两个目标：吸引外资；拉动内需越来越清晰。城市基础设施的全面更新；城市内部空间的重新组合；城市空位与城市形象都成为在与城市经济、社会发展互动中才能完成的事情。

（3）大城市群正在成为区域经济的龙头。综上所述，可以看出，城市的功能与建设活动的内涵正在发生着重要的变化。但是，城市一旦成为全球经济网络的结点，它也必是区域经济的龙头。没有区域经济的网络，也就不可能出现区域网络结点。同时，应当清楚：这种龙头地位，是与一组高增长的产业群所带动的产业带紧密联系在一起的。实际上，城市的竞争力就是产业的竞争力。这里，我们所以提出产业带，是因为产业集聚形成的产业带，可以大幅度地提高产业的竞争力。可以看出，中央政府对经济活动控制力的弱化，国际竞争已经通过各个城市结点，直接转向产业活动。所以要通过城市结点，那是因为城市是产业集聚的空间结合部。

从世界近年来发展的趋势看，由于产业集聚，在空间上形成了以大城市为核心的大城市群。大城市群可以定义为：由产业集聚形成的产业带把多个大城市圈聚合而成的一个高密度的关系紧密的城市空间。大城市圈是大城市群的核心或龙头。

世界目前已经形成了五大城市群：美国东北部大西洋沿岸城市群；北美五大湖城市群；日本太平洋沿岸城市群；英国以伦敦为核心的城市群；欧洲西北部超级城市带。五大城市群已经成为最具世界竞争力的五大增长极。可以预言：有能力进入 21 世纪国际竞争舞台的真正参与者，是由有竞争力的产业集聚支撑的大城市群。

因此，从一个城市的发展来说，就不能立足于一个城市在国际竞争环境中的单打独斗；而应该把自己的城市圈放在由产业集聚经济带支撑的区域经济发展的基础之上，或者说要依托于区域性大城市群的发展战略。这是审视首都经济圈的一个新视角。立足于这一认识，那么，大城市群的形成，就是一个区域竞争力的整合，既包括产业结构的空间调整，也绝不可忽视空间的社会经济机制的调整。

我国城市圈和城市群发展的滞后，将成为经济发展的重要障碍。对于这一点必须有清醒的认识。

二、首都经济圈与京津冀大城市群的现状、趋势与问题

1．京津冀大城市群是我国的三大城市群之一

（1）已具雏形。1957 年，法国学者弋特曼提出了“大都市带”的概念和形成的基本条件，他认为：一是区域内有比较密集的城市；二是区域内有相当多的大城市形成了自己的都市区，而且核心城市与都市区外围地区有密切的社会联系；三是有便利的交通走廊把核心城市连接起来，各城市间没有间隔，联系紧密；四是必须有相当大的总规模，人口在 2500 万以上；五是属于国家的核心区域，具有国际交往枢纽的作用。

如果按照这一标准衡量的话，我国目前只有京津唐、长三角和珠三角地区具备形成这种大都市群的初步条件。[①]

实际上，大都市群的形成有着漫长的历史过程。我国古代的人口和经济文化中心在黄河流域。晋、宋、唐时期出现多次人口、经济和文化的南移高潮。虽然京津唐、长三角和珠三角地区的城市群是在近现代才形成的，但是，形成这样一种格局的深厚的历史积淀是无法改变的，也是历史赋予我们的一笔财富。在全球经济一体化的形势下，从国际竞争的角度看，一个国家真正能够参与到国际竞争

① 倪鹏飞主编：《中国城市竞争力报告》，第 114 页，社会科学文献出版社，2003。

中的，实际上是大城市、大城市圈、大城市群。就是说，21 世纪国际竞争的真正主体应该是大城市圈、大城市群。机遇在呼唤，我们不能等待。

首都经济圈也应该在京津唐大城市群的这样一种迎接全球竞争挑战的理念下去考虑。

（2）三大城市群发展的内在驱动因素。迎接全球竞争的挑战是三大城市群发展的一个重要的外在驱动因素。在强调其重要性的同时，还必须看到我国发展中内在的驱动因素。

第一，区域发展板块和城市群形成的大背景，是我国的工业化进入了一个新的发展阶段。最终消费的升级与结构调整，使工业化的驱动力大大加速，这是形成新阶段的一个主要内因。改革开放以后经济的快速发展，老百姓的生活得到大幅提升。在收入差距逐步拉大的情况下，收入较高的地区和群体已经从万元级消费开始进入以住房和汽车为代表的十几万元、几十万元的大额消费阶段。汽车和住房都是以重工业为支撑的耐用消费品，在强有力的最终消费支持下，我国的工业化进入了钱纳里模型概括的工业化的第三阶段，即以资本品工业为主导的发展阶段。从发达国家的发展进程来看，一旦工业化进入重工业大发展的第三阶段，工业化和经济发展的速度将会出现一个相对较长的快速发展时期。

近些年来，我国在基础设施建设上投入了很大的力量，建成了一大批交通、能源、通讯、水利等基础设施。这些建设一方面为重工业提出了巨大需求；另一个方面在重工业对基础设施依赖性较大的情况下，也为重工业的进一步发展打下了坚实的基础。同时，我国也在以网络化和信息化为标志的新技术革命中，下力气抓机遇，为现代制造业在我国的兴起，起到了有力的支撑作用。

应该说，我国在进入工业化新阶段的过程中，比较稳步地增强了工业竞争力，同时，制造业的定位，已经站到了全球化这个平台上，瞄准的是世界制造业中心。这种战略定位是迎挑战、抓住国际产业向我国转移的历史性机遇的结果。

世界制造业中心要求有一批世界性的行业顶级企业。他们必须具有可以在世界竞争中立足的核心竞争力。而产业的区域集聚则是现代制造业形成这种顶级企业和核心竞争力的主要途径。

第二，我国城市群形成的另一大背景是我国城市化过程的加速。1978 年以来，我国的城市化速度明显出现逐步加快的趋势，特别是 20 世纪末和 21 世纪初，更是以前所未有的速度和规模大步进行。预计在今后的 20—30 年内，大部分生活在农村的农民将会转移到城镇。这是一个史无前例的人口大迁移，其规模是世界史上经历过这一过程的所有国家都望尘莫及的。有的学者预测，到 2030 年，长江三角洲和珠江三角洲地区都将形成一个人口总数为 3 亿人的高密度空间。[①]预计华北与环黄渤海大城市群的人口规模也不会少于这个数字。

发达国家的人口迁移不仅没有如此规模，在时间跨度上也较长。我国是工业化的后发国家，赶超型工业化的进程不可能给我们那么多的时间去从容地应对这种前所未有的人口大迁移。我们不仅要在很短的时间内走过工业化先发国几百年走过的道路，还要应对劳动力从农业几乎同时向所有现代产业进行转移。就是说，区域经济和三大城市群必须具有相应的城市功能和产业集聚的支撑，才能承载大规模转移的人口。也可以说，我国加速的城市化进程，要求新阶段的工业化为其提供产业支撑，而城市化形成的大规模人口的空间集聚，也为新一阶段的工业化准备了产业集聚的条件和空间。

总之，农村人口对现代生活模式和水平的渴望，将和城市人口对更高收入水平的追求汇成一股巨大的能量流，形成现有城市群和新城市群发展的无法抗拒的力量。总之，我国的城市化加速形成的激流和巨流，将成为未来几十年城市群快速成长的重要内在推动力。

---

① 周牧之："经济发展呼唤大城市群"，《经济日报》2003 年 9 月 24 日。

2．京津冀大城市群与首都经济圈形成中存在的最根本问题

京津冀大城市群主要指的是以京津唐为骨干的城市群或城市圈。应该说，这一大城市群目前已经具有北京大城市圈、天津大城市圈和唐山城市圈。但是，大城市圈之间的紧密关系并没有建立起来。最主要的原因表现在以下四个方面。

（1）北京虽然已经形成了第三产业为主导的格局，但是第三产业内部的结构调整尚未完成，新兴第三产业的主导地位还未完成确立，其与第一、二产业的高效链接与融合还有待进一步培育。所以首都经济与京津冀其他城市的差异性尚未展开，其独特的辐射力还没能充分发挥作用。

（2）除北京外，其他各地产业结构雷同，形不成具有层次结构的产业集聚。

（3）计划经济下的行政区划意识还比较强，跨行政区进行产业结构大调整的机制目前尚没有形成。

（4）京津冀大城市群中，国有经济比重比较大，私有经济的成长较长三角、珠三角弱得多。目前，国有经济改革还处于攻坚阶段，最活跃的私有经济还没有足够的力量由下向上打破行政区划的空间限制，进行跨行政区域的行业集聚和整合。

在以上多种因素的作用下，目前的情况仍然是各城市单打独斗，形不成互联互动的城市群。2003年9月17的《经济日报》第四版上，刊登了这样一条消息：《“饿着肚子”忙扩建》，说得是在环黄渤海的640公里长的海岸线上，从南到北密集的四大港口（天津、秦皇岛、京唐和黄骅港）的扩建问题。这四大港口目前都吃不饱，但仍在进行“大跃进”式的扩资和重复建设。这不仅造成了吞吐能力的闲置和浪费，还必将形成区域内的恶性竞争。

为了适应加入WTO以后的竞争格局，不少地区的高层决策者已经意识到，以行政区划为界的国内竞争过时了，以产业集聚为支撑的区域联动和大城市群正在成为世界竞争舞台的主体。长三角和珠三角中的各大城市都在找准各自模式的基础上努力寻找区域合作的路径和空间，用合作博弈替代恶性竞争。加速区域经济的优化和提升，正在成为一种识时务的战备。京津冀的区域整合战略也应当抓住机遇，尽快出台。

三、促进首都圈与京津冀大城市群加速形成的政策建议

1．北京、天津等大都市圈的规划与建设，都应当放在京津冀大城市群的基点上予以考虑。这是一种在全球经济一体化，竞争加剧形势下审时度势，发展理念的重要变化

如果把北京放在这一角度来看的话，应该说首都圈要因“势”而动，而这一“势”就是：第一，首都的发展正在形成强大的聚集、辐射功能；第二，首都的发展需要产业的梯度转移；第三，首都的发展需要产业集聚；第四，首都的发展需要区域联动；第五，首都的可持续发展需要人口密度和人口规模的优化。

首都圈的规划与建设要全面考虑以京津冀大城市群为龙头的产业集聚和产业带核心竞争力的形成。这不仅有利于北京城市的可持续发展，避免大都市发展中出现的“城市病”，更重要的是还将奠定北京在经济全球化中的竞争地位。

2．京津冀大城市群的功能定位

从我国目前正在崛起的三大产业带的情况看，长三角和珠三角正在以蓬勃之势打造“中国制造”的东南板块，四省一市（江苏、浙江、福建、广东和上海市）制造业的产值2002年已经占到全国制造业产值的49.4%，拿下了中国制造的半壁江山。

在世界经济的大调整中，抓住制造业正在由发达国家向发展中国家进行梯度转移的机遇，发展现代制造业，构造世界性的制造业中心，是一个重要的发展战略。首都大城市圈和京津冀大城市群如何抓住这个机遇期，构造区域经济的制高点，在未来的世界竞争中占有一席之地，已经迫在眉睫。

在与世界经济大调整的互动中，我国经济结构与空间布局也在进行调整。在这种迅速发展的动态中，三大经济带都有一个功能性战略定位问题。但是，我们认为，首都大城市圈和京津冀大城市群的发展有着与长三角和珠三角非常不同的特点，区域性合作和协同发展，从观念到实际操作，都比长三角和珠三角要慢一些，也和对这种特点的认识有关。下面的思索虽然还是理论层面的问题，但是基本问题不说清楚，是难以形成战略性政策的支撑体系的。

（1）北京作为首都，从 20 世纪 80 年代以来的产业结构大调整，已经从一个典型的重化工业城市，变为全国惟一一个第三产业增加值比重在 2002 年超过 60%的城市。在全国领先团队步入工业发展的第三阶段，即重化工业为主导的新阶段之时，北京不可能再重走以重化工业为主的回头路，那战略性步伐该如何迈出，又如何在首都大城市圈和京津冀大城市群中发挥龙头作用呢?

首先需要明确的一点是：北京为了支撑首都的功能，已经有了比较发达的第三产业，开始显露出某些后工业化时代的特征。但是，即使如此，它也是先头兵，不可能完全脱离进入重工业化过程的主力部队。它的第三产业将以为后续大部队服务的新型第三产业为主导。

（2）如何审视新兴第三产业在未来经济中的作用。一是科技革命推动生产力进步的一个重要着力点是促进社会分工的扩大和深化。随着分工的细化，各经济部门间的相互联系和依赖性的强度也加大了。体现各部门内部相互联系的一个个专业性很强的服务部门逐步从生产各阶段自然分离出来，形成新的服务行业。生产的全过程都有这种专门服务的分离。比如生产的“上游”阶段，分离出来的专业化服务有：投资和新产品生产的可行性研究；风险资本；产品概念、品牌设计；市场接受程度与容量的研究、咨询服务，等等。在生产的“中游”阶段，与生产本身结合在一起的有：质量控制；设备租赁；后勤供应；保存和维修服务，等等。与生产并行的有：会计、人事管理、电信、法律、保险、金融、安全服务，等等。在生产的“下游”阶段的有：广告、运输、销售、售后服务，等等。[①]可以看出，这其中已经包括了众多的生产性服务。与生产现代化并行而兴起的这些服务称为新兴服务业，与和仅为居民生活服务的传统服务业相区别。总之，新兴第三产业的崛起是科技革命促进社会分工逐步细化的结果，是社会进步的表现。在以现代制造业为主的工业化第三阶段，这种分工细化过程也是十分重要的。它不仅体现了一个国家经济发达的程度，同时是一个国家科技现代化的标志。

二是如果仅仅看到诸多生产性服务从生产性企业分离出来，融入了第三产业的服务行业流，认识到此还是不够的。从近年来的趋势看，第三产业所覆盖的领域，有物流、资金流、信息流、知识流、技术流、人力资本流，等等，这些社会资源在新兴第三产业的运作中已经逐步流动化，这些活化的资源在新机制驱动下的聚集和流动，不仅囊括了生产领域各部门内在联系的方方面面，而且通过高效的资源配置，有力地促进了经济的发展。第三产业在资源配置上的主导作用，已经彻底改变了第三产业在三次产业中的地位。区域经济的迅速突起，也将得益于资源的活化和配置上的高效。

三是“知识经济”或称为以信息技术革命为主的“新经济”的兴起，对第三产业的作用更要拭目以待。在人类社会发展的不同阶段，经济增长的主导要素在进化中不断地演变：从自然资源、劳动，到资本，而在近半个世纪的工业化进程中，则逐渐转向科学技术。特别是 20 世纪 70 年代以来，高新技术在世界各国取得重大进展，引发了工业发达国家产业结构的深刻变化，技术进步的主导作用在明显提高，并以强劲的态势推动着经济的增长。随着资本、劳动与技术进步在经济增长中角色的转换，经济增长方式的集约化也将向更高层次演进。在这

[①] 世贸组织：《1998 年国际贸易报告》，转引自张汉林：《世界贸易组织知识读本》，中国经济贸易出版社，1999。

一过程中，知识密集型服务日益起着技术进步转化为生产能力，强化国际竞争力的作用。这些顶尖服务人才的流动和聚集则直接关系着高科技中的核心技术掌握在哪些国家的手里，哪些国家可以控制国际竞争的制高点。

四是新兴第三产业中的一些行业，特别是信息和金融，涉及国家的主权、机密和安全。所以越来越多的国家把新兴第三产业的发展提到重要的战略高度。

总之，第三产业已经不再是仅为居民生活服务的一些传统行业，其中新兴服务业，不仅包括居民由于生活提高而新产生的一些消费服务需求，还包括生产性服务，而且其已经逐步上升为第三产业的主体。同时第三产业还在活化资源配置，提高生产效率和国际竞争力上起着独特的作用。

现代制造业需要新型第三产业服务相匹配。预计 21 世纪的头 20 年里，北京第三产业将完成内部结构调整。新兴第三产业的布局也将快速适应现代制造业的布局。

（3）随着传统产业的世界性梯度转移，发达国家将在新兴的高科技产业展开新一轮的竞争和市场争夺。权威人士预计：以 IT 为主导的信息产业将从技术创新转向技术扩散；而下一轮技术革新的制高点将在生物技术产业。到 2002 年底，全世界生物企业主要分布在美国、加拿大、德国、英国、法国、澳大利亚、瑞典和瑞士八个发达国家，发展中国家只有印度进入竞争行列。在这一领先行列中，仅美国的生物企业就拿走了全球收益的 3/4。

预计首都将以其深厚的研究力量和高科技产业的实力，在新一轮高科技产业的全球竞争中找准目标，奋起直追。

（4）在京津冀大城市群中，北京与其他城市将显示出较强的差异性。在区域经济的发展中，北京将以第三产业的辐射力见长。新兴第三产业对跨入工业化新阶段的区域经济协作，特别是现代制造业的集聚将起到领航、保驾护航的作用，使首都经济圈和京津冀大城市群以崭新的面貌和实力，步入世界区域竞争的行列。

3．战略：整合“双子星座”，形成京津冀地区区域龙头

从目前大城市群或区域产业布局的发展规律来看，是以一个大城市为核心，若干个具有专业产业分工的中小城市或镇形成外围状的辐射区域。从空间上看，宛如一种岛巢状的分层结构。区域资源按照产业链合理配置。

但是，京津唐地区却有两个直辖市，人们称之为“双子星座”。吴良镛教授称之为“双核”。权威人士认为，大城市群的活跃与世界级竞争力的形成，关键在于是否有世界级的超级城市作为龙头或内核。北京和天津虽为“双核”，但是 2002 年这“双核”的 GDP 总值（北京为 3130 亿元；天津为 2000 亿元）只等于上海一个“核”的 GDP 总值，更称不上世界级。所以只有“双核”共同携手，共筹共建环渤海地区的京津唐大城市群，才能争取尽早进入世界竞争的行列。

北京以第三产业为主导，天津以第二产业为主导，应该强化这种差异，并在这种不同构的情况下形成优势互补。

应该看到，我国北方大城市群发展的滞后已经影响到整个经济的竞争力。迫切需要整合，需要在历史已经奠定的基础上，整合我们可能具有国际竞争力的空间，形成有利于大城市群形成的社会协调机制。

4．强化城际间的交通网络

在整合“双子星座”，形成京津唐、环渤海地区区域龙头的大战略已定的情况下，首要的任务是强化京津唐城市之间的交通网络，迅速完善大城市群之间的交通功能。同时，推动要素资源沿这些交通网络便利而有效地流动起来，形成“点线布局”大中小城镇相结合的经济带。

有一点必须引起注意：从世界大都市群的发展来看，以汽车为主的交通骨骼已经不可能支撑起高密度城市群的经济和社会生活。应该尽快形成以通勤铁路和高速铁路以及地铁为主的高速轨道交通体系。目前，北京与天津之间的火车一天只有十几个班次，与东京至大阪的新干线高峰期几分钟对开一班不能相比。①

北京市的城市交通也要从北京经济圈的角度进行重新思索。城市群是以区域内各主要城市的城市圈的扩大，经济的辐射力加强为基础的。近年来北京的交通网络及其功能有了迅速的发展，但是，如果以目前城铁速度为准的话，一小时的通勤圈仅为32.8公里，不仅低于高速交通网的50—70公里/每小时，更低于目前世界级大城市群的100公里通勤圈。

可靠消息指出，在天津和北京的协同发展上，有关方面已经有了思路。据悉，加强京津合作，改善两市之间的交通，已成为两市领导人的共识。两市已在酝酿策划京津唐城际铁路专线，增建2条京津高速公路，接通京津唐轻轨交通等建设方案。

城际间的交通网络是形成大都市圈的基本条件，京津唐城际间的交通网络的完善与强化，将成为京津唐经济迅速整合的加速点。

5. 弱化行政区划，强化市场功能，培育新的经济区域的合作机制

在阻碍大城市群形成的因素中，行政区划已经成了各界县有广泛共识的最重要因素。原因在于：第一，我国各级行政区划划分严格，行政管理以行政区划为限，已经成了一种定式。第二，政府对区划内的经济活动干预过多、过大。即使在经济改革已经深入的今天，由于京津唐地区国有经济份额较多，国有经济改革难度较大，从而使得行政对经济的干预程度难以降低。第三，改革开放以来，我国实行了“分灶吃饭”的财税体制，从利益机制上刺激了地方对经济的控制管理。从地方的经济利益考虑，以财权为中心的各自为政自有道理。

在这样的体制下，我国的地区经济具有十分强烈的地域属性也就不奇怪了。大城市群要求各大城市圈的功能有科学地分工，在分工基础上形成紧密地协作。这些分工与协作并不以地域属性为界。这就要求打破这种长期形成的以行政区划为资源配置限界的体制，在大城市群的建设中引入、培育区域合作机制。应该说，这种新的合作机制是我们所不熟悉的，必须进行大胆探索。既要考虑市场运作机制，也要考虑非市场运作机制，因为市场也有失效的领域，不是万能的。可以预料，这对我国的行政体制将是一次巨大的撞击，同时也是对市场功能的强化。我国的三大城市群都将接受这一洗礼，能够顺势而动者，将在改革中成为世界级的竞争参与者。

6. 促进产业集聚

产业集聚与产业带的形成是大城市群核心竞争力的基础。目前，京津唐地区并没有形成能够凝聚本地区大中小各类城市的这种具有竞争力的产业带。

形成产业带的基础是专业化分工。目前，这个地区形不成专业化分工的原因主要有两点：一是群龙无首。虽然北京和天津都想成为龙头，但是都不具有龙头式的企业或行业，经济辐射力不强。两个“双核”又存在着强烈的竞争动机，互补合作的动力不足。这状况如不彻底改变，就会形不成核心城市，带不起这一地区的城市群。二是在核心城市缺失的情况下，虽然环渤海地区围绕京津唐的诸多城市都处于城市开发的热潮中，但是都还没有从区域经济，从大城市群的角度去审视和规划，仍盲目地以能源和重化工业为主，形成结构雷同，相互之间进行低水平的恶性竞争。这种内耗的开发，造成了资源的极大浪费。

这两个问题是京津冀城市群成长不起来的关键。而解决这两大问题的牛鼻子，是京津打破行政区划的界限，变内耗式的竞争为合作式的竞争，把单打独斗变为京津唐城市群的真正的“双核”。

长三角和珠三角已经以积极的姿态，冲破行政区划，打造跨区域经济带，撑起“中国制造”的半

①世贸组织：《1998年国际贸易报告》，转引自张汉林：《世界贸易组织知识读本》，中国经济贸易出版社，1999。

壁江山，京津冀也没有时间再等待了。

7．产业整合与集聚，要同时促进经济、社会与自然的生态产业链的形成

华北地区是水资源的匮乏区。水资源是制约该地区经济、社会发展的最硬的约束条件。这一点是毫无疑问的。为此，我们提出以下四点建议。

（1）产业集聚的战备是以生态产业链的形成为基本条件。不仅要求主导产业的上、下游之间，整体与零部件，制造业与生产性服务之间相互依存、合理衔接，还要求其以本区域的可持续发展为目标，建立符合生态平衡的产业链。

（2）在水资源严重短缺的情况下，产业的集聚要考虑相关带动的人口集聚。因此，空间格局以及空间规模经济，首先要把可持续发展的经济性给予充分地计算和考虑，正确处理人地关系和人与生态的关系。

（3）在充分认识水资源短缺的制约性的同时，要看到华北地区水务市场的重要性。大城市群的建设，可以首先协同培育水务市场。这一领域与区域高速交通网络的形成同等重要，而且商业前景要比前者更为看好。

（4）以人为本，通过经济、社会、自然生态环境的和谐来促进区域经济的发展。这种发展观要作为一种根本的理念深入区域经济发展的每一个环节。应该说，这也是一种核心竞争力。

8．以信息化促进区域规划和决策的科学化

在城市化激流冲击的形势下，以信息化促进区域的战略规划，实现区域决策科学化以及资源配置合理化，是当务之急。以地理信息为主的大城市群基础信息系统不是可有可无的。特别是在人口的大规模迁移，形成区域聚集，城市的发展快步加速的情况下，城市的，以及城市之间的人口管理、地籍管理、交通管理、投资与基础设施建设，如果没有动态的确切信息，如果信息系统不能走在前面的话，势必影响城市群的战略选择和正确决策。

由于城市与城市群的有关信息大都具有明显的空间定位特征，所以，以地理信息系统为主干的城市与城市群的信息系统，应该说是城市与城市群社会、经济活动的神经网络，是现代城市和城市群发展中不可或缺的重要组成部分。如果说，以前只要记住若干组数据就可以大致明确城市或一个地区的经济、社会发展的基本形势的话，在大规模的人流迁移，城市建设加速的今天，以往惯性的思维方式已经不能适应了。

以地理信息系统为主干的城市信息系统，从80年代初期在中国科学院资源与环境信息系统国家重点实验室立项，到首先走向沿海城市；从面向土地资源管理到面向城市规划，再到面向城市可持续发展的能力建设，已经与社会、经济的发展不断磨合、不断创新，成为不仅具有存储、查询、检索功能的空间信息载体，还具有了模拟、评估和科学预测的功能。[①]显然，这对于现代城市或城市群的建设与管理是一种必要的智能工具。

从目前多数城市地理信息系统来看，还局限于土地资源管理。虽然在交通、通讯、水、气管网等方面，已经从静态记录开始走向动态监测与模拟，但是对于动态人流、物流这样一些城市的最基本经济、社会元素的空间布局，还没有不定式。

据此认为，这方面的探索具有广阔的前景。在大城市辐射力逐渐加强，周围卫星城市环境，城市群落由产业带的联系渐渐形成的情况下，龙头城市的建设与管理必将辐射所及腹地。在城市化的推动下，区域经济将快速发展，地理信息系统为主干的城市信息系统，也将通过联网而形成更大范围的信息系统，并逐步具有宏观调控的支持功能。

北京要强化以城市地理信息系统为主干的城市信息系统。这与北京在华北城市群，即京津唐城市群中的核心作用是相一致的。

（本文选自《中国区域经济发展报告》）

[①] 陈述彭主编：《城市化与城市地理信息系统》，第15—16页，科学出版社，1999。

第七篇

Seven

北京在全国的位置

BEIJING ZAI QUANGUO DE WEIZHI

统计图

全国与北京GDP比较(单位：亿元)

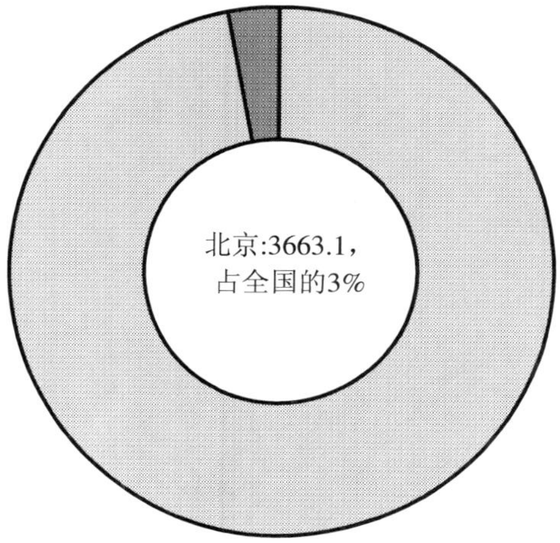

全国与北京财政收入比较（单位：亿元）

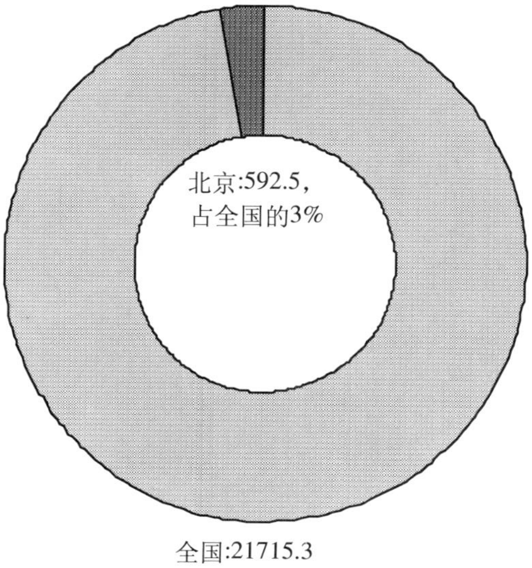

全国与北京社会消费品零售额比较（单位：亿元）

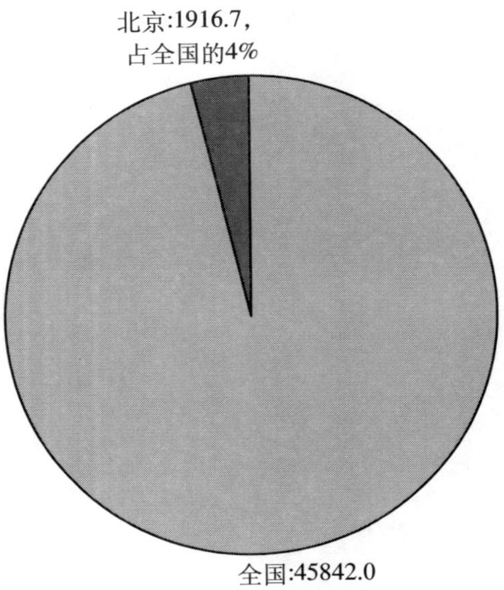

全国与北京固定资产投资比较（单位：亿元）

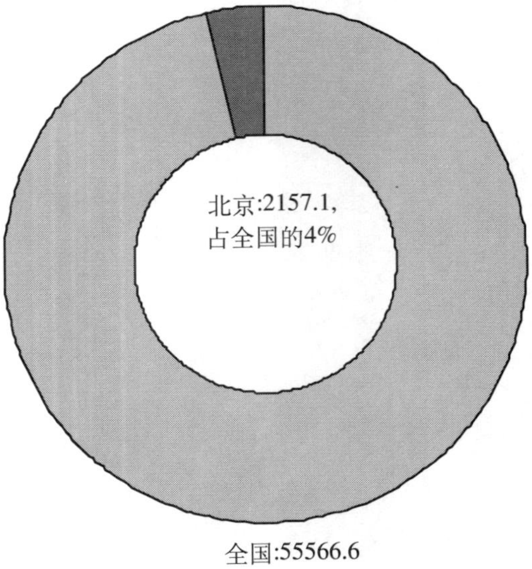

7-1 北京与全国主要指标对比

——经济指标

指标	单位	北　京	全　国	北京占全国%
GDP	亿元	3663.1	117251.9	3.1
第一产业	亿元	95.6	17092.1	0.6
第二产业	亿元	1311.9	61274.1	2.1
第三产业	亿元	2255.6	38885.7	5.8
财政收入(一般预算)	亿元	592.5	9850.0	6.0
财政支出(一般预算)	亿元	734.8	17229.8	4.3
工业总产值（现价）	亿元	3810.4	142271.2	2.7
全社会固定资产投资	亿元	2157.1	55566.6	3.9
社会消费品零售总额	亿元	1916.7	45842.0	4.2
海关出口总额	亿美元	168.5	4382.3	3.8
海关进口总额	亿美元	516.1	4127.6	12.5
利用外资签约项目数	项	1360	41081	3.3
协议外资金额	亿美元	32.7	1169.0	2.8
实际利用外资	亿美元	21.5	561.4	3.8
金融机构存款余额	亿元	20476.0	208055.6	9.8
金融机构贷款余额	亿元	12043.1	158996	7.6

注：此部分数据取自《北京统计年鉴》及《中国统计年鉴》。

北京的“协议外资金额”及“实际利用外资”为外商直接投资数。

北京金融数据包括本外币,全国数据只含人民币数据。

7-2 北京与全国主要指标对比

——社会指标

指标	单位	北 京	全 国	北京占全国%
户籍人口	万人	1148.8	129227	0.9
农业	万人	318.0	76851	0.4
非农业	万人	830.8	52376	1.6
从业人员	万人	703.3	74432	0.9
登记结婚对数	万对	9.4	811.4	1.2
登记离婚数	万对	1.0	133.1	0.8
普通高等学校在校学生数	万人	45.1	1108.6	4.1
普通中等学校在校学生数	万人	97.8	9613.8	1.0
小学在校学生数	万人	54.7	11689.7	0.5

7-3 北京与全国主要指标对比

——人民生活及城市公用事业指标

指标	单位	北 京	全 国	北京占全国%
城乡居民储蓄存款余额	亿元	5293.5	103617.7	5.1
建成区面积	平方公里	654.5	28308	2.3
煤气管道长度	公里	194.7	57017.4	0.3
城市桥梁	座	1332	50732	2.6
城市路灯	盏	256032	8731143	2.9
出租汽车	辆	65984	903381	7.3
清运垃圾	万吨	425.1	14856.5	2.9

相关链接

2003年北京主要经济指标在全国的位次

北京GDP总量在全国30个省市中(未包括西藏)居第15位，增速居第19位。2003年，全国国内生产总值116694亿元，按可比价格计算，比上年增长9.1%。北京市生产总值为3611.94亿元，占全国的3.1%；增速为10.5%，高于全国1.4个百分点。在全国30个省市中，北京GDP总量居第15位，与上年相同。GDP总量居第一位的是广东（13449.9亿元)，第二江苏（12451.8亿元)，第三山东（12370亿元)。从GDP增速来看，北京由2002年的第15位下降到第19位，增速居前三位的地区为内蒙古（16.3%)、天津（14.5%）和浙江（14%)。

社会消费品零售总额在全国居第11位，增速居首位。2003年，全国社会消费品零售总额45842亿元，增长9.1%；北京社会消费品零售额为1916.7亿元，增长14.5%，增速高于全国5.4个百分点，由2002年的第22位上升到首位。社会消费品零售总额在全国排第11位，与上年相同，排在前三位的依次是广东(5587.2亿元)、山东(3670.1亿元)和江苏(3566.5亿元)。

固定资产投资总量在全国居第6位，增速居第26位。2003年，全国完成固定资产投资（不含集体和个人投资）42643亿元，比上年增长28.4%。北京完成固定资产投资1996.6亿元，投资总量占全国的4.7%，居第6位，与上年相同；投资增幅为18.3%，低于全国10.1个百分点，增幅由2002年的第14位下降到第26位。固定资产投资总量居第一位的是广东（4111.6亿元)，江苏第二(3664.8亿元)，山东第三(3584.7亿元)。投资增速居前三位的地区分别为内蒙古（76.7%)，江西（59.5%）和江苏(57.4%)。

地方财政收入（均为一般预算收入）在全国居第6位，增幅居第16位。2003年1——11月(2003年全国财政收入数据尚未公布，以下数据均为2003年1——11月数据)，全国地方财政收入为8767.7亿元，比上年同期增长20.8%；北京地方财政收入546.6亿元，增长16.7%，占全国地方财政收入的比重为6.2%。地方财政收入规模在全国居第6位，与上年相同。财政收入排名第一的是广东（1173.5亿元)，居第二、三位的是上海（840.9亿元）和江苏(706.2亿元)。从地方财政收入增幅看，北京由2002年的第4位下降到第16位，增速居前三位的地区是上海（33.9%)、重庆（29%）和内蒙古（27.2%)。

工业增加值总量在全国居第14位，增速居第28位。2003年，全国规模以上工业企业实现增加值41045亿元，比上年同期增长17%。北京规模以上工业企业实现增加值970.8亿元，增长12.3%，增幅比全国低4.7个百分点，工业总量由2002年的第13位下降到第14位，但增速由2002年的末位上升到第28位。工业总量广东居于首位（5606.3亿元)，山东第二(4695.2亿元)，江苏第三(4620.6亿元)。工业增速居前三位的地区依次为内蒙古(31.5%)、海南(26.8%)和山西(24.2%)。

出口总值在全国居第7位，增速居第14位。2003年，全国海关出口总值4384亿美元，增长34.6%。北京地区出口168.5亿美元，出口规模占全国的

注：由于本文撰写时间较早，故使用数据为初步统计数据。

3.8%，出口增幅 33.6%，低于全国 1 个百分点。出口总值在全国排第 7 位，增幅由 2002 年的第 23 位上升到第 14 位。出口总值排在前三位的分别是广东(1529.4 亿美元)、江苏(591.4 亿美元)和上海(484.8 亿美元)；增速排在前三位的是新疆（94.3%）、青海（81.3%）和甘肃(59.9%)。

金融机构人民币存款余额在全国排第 2 位。2003 年全国金融机构人民币存款余额为 208056 亿元，北京金融机构人民币存款余额为 18321.9 亿元，占全国的 8.8%，在全国居第 2 位。排在第 1 位的广东金融机构人民币存款余额为 27171.3 亿元。

金融机构人民币贷款余额在全国排第 4 位。2003 年全国金融机构人民币贷款余额为 158996 亿元，北京金融机构人民币贷款余额为 11343.3 亿元，占全国的 7.1%，在全国居第 4 位。排在前 3 位的是广东（18190.9 亿元）、上海（13168.1 亿元）和浙江(12014.3 亿元)。

居民消费价格指数在全国居第 28 位。2003 年全国居民消费价格指数为 101.2%，北京的居民消费价格指数为 100.2%，低于全国 1 个百分点，由 2002 的末位上升到第 28 位。居民消费价格指数最高的省是湖南，为 102.4%，上海和海南最低，均为 100.1%。

城市居民可支配收入在全国居第 2 位。2003 年，全国城市居民人均可支配收入为 8500 元，实际增长 9.3%，北京为 13882.6 元，实际增长 11.2%，增幅高于全国 1.9 个百分点，是全国平均水平的 1.6 倍，在 30 个省市中居第 2 位。城市居民可支配收入最高的地区是上海（14867 元），排在第三位的是浙江（13179.5 元）。

Eight

附录

港、澳、台地区及世界主要国家统计资料

GANG AO TAI DIQU JI SHIJIE ZHUYAO GUOJIA TONGJI ZILIAO

附1 香港特别行政区主要统计指标

项　目		1999	2000	2001	2002	2003
人口及生命事件						
年中人口	(万人)	660.7	666.5	672.5	678.7	680.3
粗出生率	(‰)	7.8	8.1	7.2	7.1	6.9
粗死亡率	(‰)	5.0	5.1	5.0	5.0	5.4^
劳工						
劳动人口	(万人)	332.0	337.4	342.7	348.7	350.1
劳动人口参与率	(%)	61.3	61.4	61.4	61.8	61.4
失业率	(%)	6.2	4.9	5.1	7.3	7.9
就业不足率	(%)	2.9	2.8	2.5	3.0	3.5
选定行业的就业人数	(千人)					
(i)制造业		353.9	333.7	326.4	290.2	272.4
(ii)建筑业		286.8	301.7	291.4	286.5	266.1
(iii)批发、零售、进出口贸易饮食及酒店业		935.1	981.7	981.1	983.4	993.2
(iv)运输、仓库及通讯业		339.4	356.6	353.4	345.8	346.4
(v)金融、保险、地产及商用服务业		437.7	452.7	478.1	474.4	470.2
(vi)社区、社会及个人服务业		732.9	754.7	798.9	825.1	850.8
实际工资指数	(1992年9月=100)	109.0	112.8	114.6	117.8	118.6
对外商品贸易						
进口	(亿港元)	13927.2	16579.6	15681.9	16194.2	18057.7
港产品出口	(亿港元)	1706.0	1809.7	1535.2	1309.3	1216.9
转口	(亿港元)	11784.0	13917.2	13274.7	14295.9	16207.5
贸易价格比率指数	(2000年=100)①	101.0	100.0	100.9	102.1	101.0
对外服务贸易						
服务出口②	(亿港元)	2655.4	3018.1	3076.6	3354.1	3473.7@
服务进口	(亿港元)	1840.5	1915.4	1924.5	1996.8	1960.8@
工业生产						
工业生产指数	(2000年=100)	100.5	100.0	95.6	86.2	78.3
工业电力消费量	(万亿焦耳)	17547	17769	16759	16112	14851
工业煤气消费量	(万亿焦耳)	914	982	1011	987	1015
经销贸易业、运输业、服务业						
增加值	(亿港元)					
批发贸易业		138	125	136	124	
零售贸易业		271	288	274	279	
进出口贸易业		1986	2254	2272	2316	
运输及有关服务		803	880	849	895	
仓库、通讯、财务(银行除外)及商用服务业		863	995	910	896	

附1-1

项　　目	1999	2000	2001	2002	2003
土地、楼宇、建筑					
已登记物业买卖合约涉及的价值 (亿港元)					
住宅	2119.94	1683.93	1509.16	1542.52	1535.78
非住宅	446.47	541.27	418.92	311.41	358.40
总计	2566.41	2225.20	1928.08	1853.93	1894.18
楼宇售价指数 (1999年=100)					
私人住宅单位	100.0	89.6	78.7	69.9	61.6
私人写字楼 (甲级、乙级及丙级)	100.0	89.9	78.7	68.4	62.5
楼宇租金指数 (1999年=100)					
私人住宅单位	100.0	98.1	95.4	83.4	73.6
私人写字楼 (甲级、乙级及丙级)	100.0	98.5	101.0	85.4	74.7
建筑工程完成名义总值 (亿港元)	1264	1221	1140	1060	990
获批准可动工兴建					
私人居住单位 (个)	44323	31366	27274	18271	30012
房屋					
新落成房屋委员会					
租住单位③ (个)	31806	47552	33629	18290	15148
新落成居者有其屋					
计划的居住单位③④ (个)	13778	23542	5080	8272	2848
新落成私人机构参建居屋					
计划的居住单位③④ (个)	2780	9172	1540	2470	2010
运输、通讯、旅游					
进出香港货运车辆 (万辆)	887.48	937.98	912.88	975.51	988.26
进出香港货物					
总卸下 (万吨)	12794	13035	13205	14210	15045
总装上 (万吨)	8175	8692	8552	9265	9959
集装箱吞吐量 (万标准集装箱单位)	1621	1810	1783	1914	2045
领牌车辆 (千辆)	504.0	516.8	525.4	525.5	524.2
电话服务 (万条操作线路)	384	395	393	384	382
访港旅客⑤ (万人次)	1132.8	1305.9	1372.5	1656.6	1553.7
酒店入住率 (%)	79	83	79	84	70
政府收支、货币、金融 (亿港元)					
政府储备结余③	4443	4303	3725	3114	2753
政府收入总额③	2330	2251	1756	1775	2073
政府开支及					
证券投资总额③	2230	2329	2389	2392	2475
货币供应量M3@					
港元⑥	19355	20024	20166	20042	21229
外币⑦	14990	16904	15775	15576	17352
总计	34345	36928	35941	35619	38580
在港使用的贷款及垫款@	18198	18615	17901	17429	17085
港汇指数⑧(贸易总值加权)					
(2000年1月=100)	100.9	101.7	104.7	104.0	100.7

附1-2

项　目		1999	2000	2001	2002	2003
居民消费价格指数						
(1999年10月至2000年9月=100)						
综合消费价格指数		103.2	99.4	97.8	94.8	92.4
甲类消费价格指数		102.5	99.5	97.8	94.7	92.7
乙类消费价格指数		103.4	99.4	97.7	94.7	92.1
丙类消费价格指数		103.9	99.3	97.8	95.1	92.3
教育						
日校小学学生人数	(人)	491851	493979	493075	483218	468792
日校中学学生人数	(人)	453465	456693	456455	461289	467223
教资会资助院校学生人数	(人)	79917	78295	81664	85602	90355
卫生						
登记死亡人数	(人)	33387	33993	33305	34316	36421
死于心脏病人数⑨	(人)	5220	5537	4730	4969	5236^
死于恶性肿瘤人数⑨	(人)	10977	11222	11406	11658	11907^
婴儿死亡率(按每千名						
登记活产婴儿计算)		3.2	2.9	2.7	2.4^	2.3^
社会保障						
综合社会保障援助③						
个案数目⑩	(个)	228015	228263	247192	271893	290705
发放款项	(亿港元)	136.23	135.60+	144.05‡	161.31~	173.06
公共福利金③						
个案数目⑩	(个)	535452	550585	561208	560215	563908
发放款项	(亿港元)	48.83	51.30+	52.41‡	52.81~	52.14
交通意外伤亡援助③						
获批个案数目	(个)	5797	5998	6733	7102	7190
发放款项	(百万港元)	133.5	130.0	142.0	151.3	151.1
治安						
举报罪案合计	(件)	76771	77245	73008	75877	88377
暴力罪案总计	(件)	15705	14812	13551	14140	14542
犯罪被捕人数总计	(人)	40745	40930	38829	39665	42051
本地生产总值						
按2000年不变价格计算						
年增长率	(%)	3.4	10.2	0.5	1.9@	3.2@
本地生产总值	(亿港元)	11695	12883	12943	13187@	13610@
人均本地生产总值	(港元)	177019	193299	192465	194304@	200061@
按当年价格计算						
年增长率	(%)	-2.6	3.4	-1.4	-1.8@	-2.2@
本地生产总值	(亿港元)	12461	12883	12699	12474@	12198@
人均本地生产总值	(港元)	188622	193299	188835	183790@	179308@

附1-3

项　目		1999	2000	2001	2002	2003
本地居民生产总值						
按当年价格计算						
本地居民生产总值	(亿港元)	12809	13101	13111	12641@	12540@
人均本地居民生产总值	(港元)	193886	196565	194958	186250@	184324@
国外净要素收入	(亿港元)	347.77	217.68	411.74	166.98	341.28@
国际收支平衡表						
经常账(11)	(亿港元)	798.16	551.93	775.31	982.41@	1257.38@
资本及金融账(11)	(亿港元)	-833.74	-578.63	-973.59	-1511.79	-1514.50@
净误差及遗漏(12)	(亿港元)	35.57	26.70	198.29	529.38@	257.12@
整体的国际收支	(亿港元)	778.67	783.21	365.30	-185.41@	75.89@
		(盈余)	(盈余)	(盈余)	(赤字)	(盈余)
		(in surplus)	(in surplus)	(in surplus)	(in surplus)	(in surplus)
国际投资头寸(13)						
国际投资头寸						
净值(14)	(亿港元)	-	17295.5	20679.6	26773.7	30875.3@
对外金融资产	(亿港元)	-	88993.0	83506.2	80327.4	91248.9@
对外金融负债	(亿港元)	-	71697.5	62826.6	53553.8	60373.6@

注：①贸易指数已更新，新系列是以2000年为基期。2000年以前的新系列指数是将以往发表的旧系列指数(以1990年为基期)按比例换算得来，所用的换算因子是根据新旧系列在2000年重叠期间的数值而计算的。

②数字已根据香港旅游发展局在2003年11月份所发布一套新的到港旅客境内消费开支的数字作出修订。

③数字是以相应的财政年度为根据。例如2003年的数字代表2003至2004财政年度数字。

④从2003年起，居者有其屋计划 / 私人机构参建居屋计划单位已经无限期停止兴建和出售。至于已落成和兴建中的居者有其屋计划 / 私人机构参建居屋计划单位，除了少量剩余及回购单位将会售予现有公屋租户和准公屋租户外，其余则基于不与私人市场直接竞争的原则下改为其他用途。

⑤访港旅客数字包括经澳门访港的非澳门居民。

⑥所列数字已包括外币掉期存款。

⑦所列数字已扣除外币掉期存款。《中华人民共和国香港特别行政区基本法》说明，港元是香港特别行政区的法定货币。外币指港元以外的其他货币，因而人民币亦视作外币。

⑧由2002年1月2日起公布的新系列。详情请参阅刊载于《香港统计月刊》2001年12月号题为《新系列港币汇率指数》的专题文章。

⑨由2001年起，疾病及死因分类乃根据《疾病和有关健康问题的国际统计分类》(ICD)第十次修订本。2001年起的数字未必可与以往年份以(ICD)第九次修订本编制的数字作比较。

⑩于财政年度终结时的数字。

(11)经常账差额的正数显示盈余而负数则显示赤字。在资本及金融账方面，正数显示净资金流入而负数则显示净资金流出。由于对外资产的增加是属于借方账目而减少则属贷方账目，因此负数的储备资产变动净值显示储备资产的增加，而正数则显示减少。

(12)原则上，贷方和借方各项账目的净总和应相等于零。但实际上，贷方和借方账目的资料是通过不同的来源搜集，基于各种原因会有差异。为了令贷方和借方账目的总和相等，便须加进一个余额项目，以反映平衡表的“净误差及遗漏”。

(13)期末头寸。

(14)国际投资头寸净值是对外金融资产总值与对外金融负债总值之差。

^　临时数字。

@　日后会作出修订。

+包括2001年4月1日所发放的款项。

‡包括2002年4月1日所发放的款项，但不包括2001年4月1日所发放的款项。

~不包括2002年4月1日所发放的款项。

附2 澳门特别行政区主要统计指标

项　目		1999	2000	2001	2002	2003
人口及生命事件						
年中人口估计	（万人）	42.7	43.1	43.4	43.9	44.5
出生率	（‰）	9.7	8.9	7.5	7.2	7.2
死亡率	（‰）	3.2	3.1	3.1	3.2	3.3
劳工①						
劳动人口	（万人）	20.9	20.9	21.7	21.4	21.6
劳动力参与率	（%）	65.5	64.3	64.8	62.3	60.9
失业率	（%）	6.3	6.8	6.4	6.3	6.0
就业不足率	（%）	1.3	3.0	3.6	3.4	2.7
就业人口	（万人）	19.6	19.5	20.3	20.1	20.3
制造业		4.3	3.8	4.4	4.1	3.7
批发及零售业		3.0	3.0	3.0	3.1	3.3
酒店及饮食业		2.1	2.1	2.2	2.3	2.2
公共行政、社会及个人服务业		5.5	5.6	5.6	5.9r	6.0
对外贸易						
出口	（亿澳门元）	176	204	185	189	207
本地产品出口	（亿澳门元）	150	171	151	148	163
再出口	（亿澳门元）	25	33	33	42	44
进口	（亿澳门元）	163	181	192	203	221
贸易条件指数（1996年 =100）		103.1	100.7	100.0	99.7	100.9
工业生产						
工业电力消耗量（亿千瓦小时）		1.8r	1.6r	1.5r	1.9r	2.0
建筑(私人部门)						
新建及扩建私人楼宇单位数目	（个）	5389	3146	2622	381	1566
新建及扩建私人楼宇总面积	（万平方米）	67	37	40	10	24
新动工的私人楼宇单位数目	（个）	3619	1167	812	1326	2658
新动工的私人楼宇总面积	（万平方米）	42	20	16	16	53
楼宇单位买卖数目	（个）	11039	10211	27016	16831r	18556
不动产买卖契约数目	（宗）	12230	12484	12992	17513	14400
不动产按揭贷款数目	（宗）	7363	7367	8206	9902	9198
运输、通讯、旅游						
进出澳门货运车辆数目	（万次）	24.2	45.4*	45.8*	47.8*	47.8*
进出澳门的客船班	（万次）	6.8	7.5	7.4	7.7	7.7
澳门国际机场的商业航班	（万次）	2.1	2.4	2.9	3.4	2.9
登记车辆	（万辆）	11.4	11.4	11.6	12.4	13.2
电话线	（万条）	30.0	31.8	37.1	45.2	53.9
访澳旅客	（万人次）	744	916	1028	1153	1189
酒店入住率	（%）	54	58	61	67	64
财政收支、货币、金融	（亿澳门元）					
财政总收入②		169	153	156	152r	141
财政总支出②		166	150	152	135r	115
货币供应(广义货币供应量M2)						
澳门元③		280	232	261	275	296
港元		441	445	469	512	594
其他货币		140	172	185	202	220
总计		861	849	916	990	1111
本地机构及私人贷款及垫款		414	382	355	336	331

附2-1

项　　目		1999	2000	2001	2002	2003
居民消费价格指数						
(1999年10月至2000年9月=100)						
综合消费价格指数		101.1	99.5	97.5	94.9	93.5
甲类消费价格指数		101.0	99.6	98.2	95.9	94.6
乙类消费价格指数		101.0	99.4	97.4	94.6	93.1
房屋（期末值）						
公共房屋④	（个）	9084	9084	9405	9656	7037
教育⑤						
学前教育学生	（人）	16083	14978	13638	12737	
小学生	（人）	47059	45474	43709	41535	
中学生	（人）	34761	38156	41132	43999	
高等教育学生	（人）	7094	8358	8520	11995	
医疗卫生						
死亡登记人数	（人）	1374	1338	1327	1415	1474
死于心脏病人数	（人）	274	326	291	296	329
死于癌症人数	（人）	366	383	401	439	421
婴儿死亡率		4.1	2.9	4.3	3.5	0.6
（按每千名出生登记活产婴儿计算）						
社会保障						
受益人数目	（人）	115698	122327	127703	138514	145677
供款单位数目	（个）	7609	8451	8919	9421r	10078
总发放援助次数	（万次）	15.8	16.3	17.7	23.6	30.4
总发放金额	（万澳门元）	14716	20191	22132	34610	53003
治安						
罪案数目	（宗）	9262	8925	8905	9088	9920
囚犯数目	（期末值,人）	788	847r	886	928	913
本地生产总值②						
按1996年不变价格计算						
支出法本地生产总值实际增长率	(%)	-3.0	4.6	2.2	10.0r	15.6
本地生产总值（亿澳门元）		510.2	533.8	545.6	600.3r	694.1
人均本地生产总值	（万澳门元）	11.9	12.4	12.6	13.7r	15.6
按当年价格计算						
支出法本地生产总值名义增长率	(%)	-5.6	1.5	0.2	8.9r	16.7
本地生产总值	（亿澳门元）	490.2	497.4	498.6	542.9r	633.7
人均本地生产总值	（万澳门元）	11.5	11.6	11.5	12.4r	14.3

注：①“劳工”资料及报表25-4、25-5及25-6的数据来自就业调查，由于作为就业调查推算基础的人口估计，已根据2001人口普查结果作出修正，因此2001年以前的就业数据亦作出相应修正。

②因2003年自治机构的指定账目未能提供，故2003年的总收入及总支出不能与2002年直接比较。2003年数字在日后得到更多资料时会作出修订。

③《中华人民共和国澳门特别行政区基本法》规定，澳门元是澳门特别行政区的法定货币。

④不包括已出售者。

⑤不包括特殊教育学生。第n年的学生人数是指n/n+1学年年终学生人数。

* 包括关闸及路氹城边检站。

附3 台湾省面积和人口主要指标

项　　目		1999	2000	2001	2002	2003
面积	(万平方公里)	3.6	3.6	3.6	3.6	3.6
年底人口数	(万人)	2209.2	2227.7	2240.6	2252.1	2260.5
男		1131.3	1139.2	1144.2	1148.5	1151.5
女		1078.0	1088.5	1096.4	1103.5	1108.9
出生率	(‰)	12.89	13.80	11.65	11.02	10.06
死亡率	(‰)	5.7	5.7	5.7	5.7	5.8
婴儿死亡率	(‰)	7.23	6.99	6.33		
妇女生育率	(‰)	45	48	41	39	36
人口自然增长率	(‰)	7.16	8.10	5.94	5.29	4.27
结婚率	(‰)	7.87	8.20	7.63	7.69	7.60
离婚率	(‰)	2.23	2.40	2.53	2.73	2.87
平均期望寿命	(岁)					
男		72.46	72.67	72.80	72.45	73.34
女		78.12	78.44	78.48	78.39	79.33
性别比(女=100)		104.95	104.66	104.36	104.08	103.84
人口密度	(人/平方公里)	610.5	615.6	619.1	622.3	624.6

附4 台湾省劳动力和就业状况

项　　目		1999	2000	2001	2002	2003
劳动力总人数	(万人)	966.8	978.4	983.2	996.9	1007.6
男		581.2	586.7	585.5	589.6	590.4
女		385.6	391.7	397.7	407.4	417.2
就业人数	(万人)	938.5	949.1	938.3	945.4	957.3
男		562.4	567.0	555.3	554.7	557.9
女		376.1	382.1	383.0	390.7	399.4
失业人数	(万人)	28.3	29.3	45.0	51.5	50.3
失业率	(%)	2.9	3.0	4.6	5.2	5.0

附5 台湾省本地居民生产总值

年　份	本地居民生产总值			人均本地居民生产总值	
	新台币亿元	比上年增长%	亿美元①	新台币元	美元
1992	54598	7.3	2170	264338	10506
1993	60322	6.7	2286	264196	10011
1994	65710	6.8	2483	286191	10812
1995	71291	6.3	2691	336042	12686
1996	77876	5.9	2836	364115	13260
1997	84174	6.3	2933	390103	13592
1998	90066	4.3	2692	413582	12360
1999	93758	5.6	2905	427097	13235
2000	98033	6.4	3139	443087	14188
2001	96980	-1.1	2868	435321	12876
2002	100030	3.1	2893	446636	12916
2003	101814	1.8	2959	452719	13157

注:①按当年价格计算。

附6 中国与世界主要国家对比资料

——国土面积和人口

项　　目	国土面积（万平方公里）	2002 年中人口数（万人）	2002 人口增长率（%）	2002 人口密度（人/平方公里）
世　　界	**13427.9①**	**622497.8**	**1.3**	**46**
亚　　洲	**3187.0**	**377594.8**	**1.3**	**118**
中　　国②	960.0	128453	0.6	134
日　　本	37.8	12748	0.2	337
印　　度③	328.7	104955	1.6	319
印度尼西亚	190.5	21713	1.3	114
菲 律 宾	30.0	7858	1.9	262
泰　　国	51.3	6219	1.0	121
马来西亚	33.0	2397	2.0	73
新 加 坡	0.1	418	1.9	6747
巴基斯坦	79.6	14991	2.5	188
缅　　甸	67.7	4885	1.3	72
孟加拉国	14.4	14381	2.1	999
土 耳 其	77.5	7032	1.5	91
蒙　　古	156.7	256	1.2	2
朝　　鲜	12.1	2254	0.6	187
韩　　国	9.9	4743	0.6	478
越　　南	33.2	8028	1.4	242
非　　洲	**3030.9**	**83209**	**2.2**	**27**
埃　　及	100.1	7051	2.0	70
尼日利亚	92.4	12091	2.6	131
欧　　洲	**2297.6**	**72702**	**-0.1**	**32**
德　　国	35.7	8241	0.1	231
英　　国	24.3	5929	0.3	244
法　　国	55.2	5985	0.5	109
意 大 利	30.1	5748	-0.1	191
捷　　克	7.9	1025	-0.1	130
波　　兰	31.3	3862	-0.1	124
罗马尼亚	23.8	2239	-0.2	94
保加利亚	11.1	797	-0.8	72
俄罗斯联邦	1707.5	14408	-0.5	8
北 美 洲	**2272.5**	**50075**	**1.2**	**22**
美　　国	962.9	29104	1.0	30
加 拿 大	997.1	3127	0.8	3
墨 西 哥	195.8	10197	1.5	52
南 美 洲	**1783.4**	**35733**	**1.4**	**20**
巴　　西	854.7	17626	1.3	21
阿 根 廷	278.0	3798	1.2	14
大 洋 洲	**856.4**	**3184**	**1.3**	**4**
澳大利亚	774.1	1954	1.0	3
新 西 兰	27.1	385	0.8	14

注：①是指有定居人口的各大洲面积，未包括尚无定居人口的南极洲。如包括南极洲，全世界陆地面积为 14950 万平方公里。②中国为年底总人口。③不包括查谟、克什米尔和锡金等地区。

资料来源：联合国粮农组织数据库。

附7 中国与世界主要国家对比资料

——按三次产业划分的就业构成

单位：%

项目	第一产业		第二产业		第三产业	
	2000	2001	2000	2001	2000	2001
中　　国	50.0	50.0	22.5	22.3	27.5	27.7
孟加拉国	62.1		10.3		23.5	
印度尼西亚	45.3	43.8	17.3	17.0	37.3	37.5
以 色 列	2.2	19.3	24.0	23.4	73.0	56.0
日　　本	5.1	4.9	31.2	30.5	63.1	63.9
韩　　国	10.9	10.3	28.0	27.4	61.0	62.3
马来西亚	18.4		32.2		49.5	
巴基斯坦	48.4		18.0		33.5	
菲 律 宾	37.4	37.4	16.0	15.6	46.5	47.0
新 加 坡	0.2	0.3	34.2	25.4	65.4	74.2
泰　　国	48.8	46.6	19.0	19.5	32.2	33.9
土 耳 其	34.5	32.6	24.5	24.3	40.9	43.1
埃　　及	29.6		21.3		49.1	
加 拿 大	3.3	2.9	22.6	22.7	74.1	74.4
墨 西 哥	17.5	17.6	26.9	26.0	55.2	56.0
美　　国	2.6	2.4	22.9	22.4	74.5	75.2
阿 根 廷	0.7	0.4	22.7	22.9	76.2	76.3
巴　　西	24.2①	20.6	19.3①	20.0	56.5①	59.2
委内瑞拉	10.6	9.6	22.8	22.1	66.5	68.2
保加利亚	26.2	26.3	28.3	27.6	45.5	46.0
捷　　克	5.1	4.8	40.0	40.4	54.8	54.8
法　　国	1.6	1.6	24.5	24.4	73.9	74.1
德　　国	2.7	2.6	33.4	32.5	63.8	64.7
意 大 利	5.4	5.3	32.4	32.1	62.1	62.5
荷　　兰	3.3	2.9	21.3	21.2	72.9	73.4
波　　兰	18.8	19.1	30.9	30.5	50.4	50.4
罗马尼亚	42.8	42.3	26.2	26.2	31.0	31.5
俄罗斯联邦	11.5②	11.8①	29.4②	29.4①	59.1②	58.8①
西 班 牙	6.6	6.4	31.3	31.6	62.0	61.9
乌 克 兰	20.5	19.7	31.4	30.8	42.4	43.9
英　　国	1.5	1.4	25.4	24.9	72.7	73.4
澳大利亚	4.9	4.9	22.0	20.9	73.1	74.1
新 西 兰	8.7	9.1	23.2	22.8	67.6	67.9

注：①1999 年数据。②1998 年数据。

资料来源：世界银行数据库。

附8 中国与世界主要国家对比资料
——国内生产总值及其增长率

项 目	2003 国内生产总值 (亿本币)	国内生产总值增长率(比上年增长%)			
		2000	2001	2002	2003
世 界		**4.7**	**2.4**	**3.0**	**3.9**
中 国	117252	8.0	7.5	8.3	9.3
孟加拉国	31495	5.6	4.8	4.9	5.4
印 度	267826	5.4	4.0	4.7	7.4
印度尼西亚	17866909	4.9	3.5	3.7	4.1
伊 朗	11216936	5.9	5.4	7.2	5.9
以 色 列	4943	7.5	-0.9	-0.8	1.3
日 本	4987253	2.8	0.4	-0.3	2.7
哈萨克斯坦	43756	9.8	13.5	9.5	9.5
韩 国	7213459	8.5	3.8	7.0	3.1
马来西亚	3920	8.6	0.3	4.1	5.2
蒙 古	13622	1.1	1.0	3.9	5.0
缅 甸	86604	13.7	10.5	5.5	5.1
巴基斯坦	42085	3.4	2.7	4.4	5.5
菲 律 宾	42945	4.4	3.0	4.4	4.5
新 加 坡	1591	9.7	-1.9	2.2	1.1
斯里兰卡	17866	6.0	-1.5	3.9	5.5
泰 国	59391	4.8	2.1	5.4	6.7
土 耳 其	3586996285	7.4	-7.5	7.9	5.8
越 南	5716290	5.5	5.0	5.8	6.0
埃 及	4150	5.1	3.5	3.2	3.1
尼日利亚	72968	5.4	3.0	1.5	10.6
南 非	12071	3.5	2.7	3.6	1.9
加 拿 大	12146	5.3	1.9	3.3	1.7
墨 西 哥	67548	6.6	-0.2	0.7	1.3
美 国	109855	3.7	0.5	2.2	3.1
阿 根 廷	3762	-0.8	-4.4	-10.9	8.7
巴 西	15223	4.4	1.3	1.9	-0.2
委内瑞拉	1365815	3.2	2.8	-8.9	-9.2
白俄罗斯	359301	5.8	4.7	5.0	6.8
保加利亚	347	5.4	4.1	4.8	4.3
捷 克	24101	3.3	3.1	2.0	2.9
法 国	15515	4.2	2.1	1.2	0.2
德 国	21302	2.9	0.8	0.2	-0.1
意 大 利	13009	3.0	1.8	0.4	0.3
荷 兰	4534	3.5	1.2	0.2	-0.8
波 兰	8150	4.0	1.0	1.4	3.7
罗马尼亚	18907780	2.1	5.7	5.0	4.9
俄罗斯联邦	133047	10.0	5.1	4.7	7.3
西 班 牙	7430	4.2	2.8	2.0	2.4
乌 克 兰	2632	5.9	9.2	5.2	9.3
英 国	11005	3.8	2.1	1.7	2.3
澳大利亚	7797	3.2	2.5	3.8	3.0
新 西 兰	1489	4.0	2.5	4.3	3.5

资料来源：国际货币基金组织数据库。

附9 中国与世界主要国家对比资料

——居民消费价格指数

单位：% (1990年=100)

项目	总指数			其中：食品		
	2001	2002	2003	2001	2002	2003
中　国	201.8	200.1	202.5			
孟加拉国①	142.1	147.0		143.0	147.0	
印　度②	246.2	256.5	267.0	241.9	248.2	257.0
印度尼西亚	387.4	433.5	462.0	462	511.9	516.0
伊　朗	981.3	1121.9	1307.0	1021.2	1185.7	1398.0
以色列	248.6	266.0	250.0	223.2	235.0	
日　本	108.6	107.0	107.0	106.7	105.0	105.0
韩　国	170.9	175.5		176.2	183.4	
马来西亚	143.7	146.3	148.0	162.5	163.6	166.0
蒙　古	193.9	197.6				
缅　甸(仰光)③	183.8	288.6		252.9	298.6	
巴基斯坦	249	259.0	267.0	250	261.4	267.0
菲律宾	240.8	248.3		213.2	217.5	
新加坡	119.8	119.7	120.0	117	117.0	118.0
斯里兰卡（科伦坡）	287.5	314.9	335.0	297.4	329.1	348.0
泰　国(曼谷)	158.1	161.0	162.0	166.2	170.4	173.0
土耳其①	4586.3	6648.6	9622.0	3886.7	6787.4	7502.0
越　南	417.7	434.0		443.2	465.0	
埃　及	229.4	235.7		210.7	219.6	
南　非	248.9	287.6	288.0	290.6	357.9	364.0
加拿大	124.8	127.6	131.0	122.4	125.6	128.0
墨西哥	572.9	622.1	629.0	530.5	569.3	580.0
美　国	135.5	137.6	141.0	131.4	133.1	136.0
阿根廷(布宜诺斯艾利斯)	397.8	500.7	568.0	362.0	487.0	580.0
巴　西①	254.3	275.8		201.7	221.1	
白俄罗斯④	17877800.0	25490200.0	32718600.0	21869300.0	30381100.0	37310300.0
保加利亚⑤	3700.9	3915.9	4008.0	3199.1	3198.6	3186.0
捷　克	366.5	373.0	371.0	124.7	124.8	124.0
法　国	120.5	122.8	125.0	119.4	122.5	125.0
德　国⑥	125.8	127.4	128.0	111.5	112.3	112.0
匈牙利	681.9	740.0		611.6	662.2	
意大利	144.0	154.0	156.0	135.0	147.8	150.0
荷　兰⑦	127.4	138.7	140.0	115.6	117.6	118.0
波　兰	124.6	126.9	128.0	116.8	116.4	115.0
罗马尼亚⑥	55617.4	68152.0	78562.0	46391.4	54879.8	62927.0
俄罗斯联邦	1135160	1206930.0		1148100.0	1208500.0	
西班牙	151.6	156.2	107.0	127.8	131.9	109.0
乌克兰	929180.0	969251.0		878102.0	913588.0	
英　国	137.5	139.7	144.0	124.0	125.0	127.0
澳大利亚	124.4	136.9	138.0	129.5	147.7	148.0
新西兰	122.2	125.4	128.0	120.4	123.7	124.0

注：① 1994年=100。②指产业工人。③ 1997年=100。④1992年=100。⑤1995年=100。⑥1991年=100。⑦1996年=100。

资料来源：联合国数据库。

附10 中国与世界主要国家对比资料

——进出口贸易额

单位：亿美元

项目	2002		2003	
	进口	出口	进口	出口
世　界	**66850**	**64240**	**77650**	**74820**
中　国	2952	3256	4128	4382
孟加拉国	75	57	97	68
印　度	563	500	697	547
印度尼西亚	313	520	324	607
伊　朗	214	229	276	334
以色列	352	295	364	316
日　本	3364	4160	3830	4719
哈萨克斯坦	65	96	83	129
韩　国	1521	1625	1788	1943
马来西亚	802	957	811	1007
蒙　古	7	5	8	5
缅　甸	28	28	25	28
巴基斯坦	111	99	130	119
菲律宾	355	356	393	371
新加坡	1162	1256	1279	1441
斯里兰卡	61	47	65	51
泰　国	645	686	757	803
埃　及	124	47	133	58
尼日利亚	75	151	109	203
南　非	294	297	381	365
加拿大	2276	2525	2456	2721
墨西哥	1765	1608	1790	1653
美　国	12025	6935	13056	7240
阿根廷	90	254	138	293
巴　西	495	604	507	731
委内瑞拉	127	269	93	237
保加利亚	73	54	107	74
捷　克	406	368	513	487
法　国	3264	3295	3884	3847
德　国	4933	6122	6017	7484
意大利	2411	2520	2890	2902
荷　兰	2177	2434	2611	2934
波　兰	548	404	669	523
罗马尼亚	179	137	240	176
俄罗斯联邦	600	1069	745	1352
西班牙	1537	1189	2001	1519
乌克兰	167	175	230	231
英　国	3398	2759	3883	3039
澳大利亚	727	650	886	704
新西兰	150	144	186	165

资料来源：世界贸易组织数据库。

图书在版编目（CIP）数据

北京区域统计年鉴. 2004 / 北京市统计局编.
北京：同心出版社，2004
ISBN 7－80593－989－6

Ⅰ. 北... Ⅱ. 北... Ⅲ. 统计资料—北京市—2004—年鉴
Ⅳ. C832. 1－54
中国版本图书馆 CIP 数据核字（2004）第 130470 号

责任编辑：魏海萍
审 图 号：京 S（2002）051 号

2004 北京区域统计年鉴

出版发行：同心出版社
出 版 人：刘霆昭
地　　址：北京市朝阳区和平里西街 21 号
邮　　编：100013
电　　话：（010）84276223　84279112
E-mail：txcbszbs@bjd.com.cn
印　　刷：北京源海印刷有限责任公司
经　　销：各地新华书店
版　　次：2004 年 12 月第 1 版
　　　　　2004 年 12 月第 1 次印刷
开　　本：889×1194　16 开本
印　　张：18 印张　　　彩插：2 印张
字　　数：453 千字
印　　数：3500 册
定　　价：150.00 元